巴黎女人

在纳粹占领下的
生死与爱情

著 / ［英］安妮·塞巴
（Anne Sebba）
译 / 师小涵

LES PARISIENNES: HOW THE WOMEN OF PARIS LIVED,
LOVED AND DIED UNDER NAZI OCCUPATION By ANNE SEBBA

Copyright: © 2016 BY ANNE SEBBA
This edition arranged with AITKEN ALEXANDER ASSOCIATES
through Big Apple Agency, Inc., Labuan, Malaysia.

Simplified Chinese Copyright © 2021 by SDX Joint Publishing Company.
All Rights Reserved.

本作品简体中文版权由生活·读书·新知三联书店所有。
未经许可，不得翻印。

图书在版编目（CIP）数据

巴黎女人：在纳粹占领下的生死与爱情／（英）安妮·塞巴著；师小涵译．—北京：生活·读书·新知三联书店，2021.8
(She)
ISBN 978-7-108-07095-1

Ⅰ．①巴… Ⅱ．①安… ②师… Ⅲ．①女性－社会生活－研究－巴黎－1939-1949 Ⅳ．① D756.586.8

中国版本图书馆 CIP 数据核字（2021）第 019035 号

责任编辑　崔　萌　王振峰
装帧设计　张　红　李　思
责任印制　张雅丽
出版发行　生活·讀書·新知 三联书店
　　　　　（北京市东城区美术馆东街 22 号 100010）
网　　址　www.sdxjpc.com
图　　字　01-2018-4878
经　　销　新华书店
印　　刷　河北鹏润印刷有限公司
版　　次　2021 年 8 月北京第 1 版
　　　　　2021 年 8 月北京第 1 次印刷
开　　本　787 毫米 × 1092 毫米　1/32　印张 15
字　　数　320 千字　图 16 幅
印　　数　0,001－5,000 册
定　　价　49.00 元
（印装查询：01064002715；邮购查询：01084010542）

热尔梅娜·吕班（中）成为第一个在拜罗伊特演绎伊索尔德的法国出生的女高音歌唱家。她得到了希特勒的亲口称赞，说她对伊索尔德的演绎是他听到过的最好的版本。尽管吕班此时笑靥如花，但这张照片成为她战后遭受痛苦惩罚的依据

法兰西喜剧院的女星贝亚特丽斯·布雷蒂穿着戏服,出演莫里哀的名剧《伪君子》。1940 年,她离开了剧院,全力支持她的犹太情人、前政府部长乔治·曼德尔。此时曼德尔已被维希政府关押

勇敢的画廊老板让娜·比谢不顾纳粹的禁令，继续在巴黎组织现代艺术展览。她展出的作品被纳粹斥为"堕落"

萨迪·里加尔——现在是法国舞者弗洛朗斯,于1943年在德国柏林进行了有争议的巡回演出。这张照片拍的是她在勃兰登堡门前摆造型。最左边的是她的舞伴弗雷德里克,伊迪丝·琵雅芙是右起第三个

玛丽-弗朗斯·若弗鲁瓦-德肖姆积极地参与了抵抗运动,主要在诺曼底沿海地区活动。她在那里救助逃亡的飞行员,制造炸弹并在铁路沿线设置炸弹

梵克雅宝珠宝公司的继承人勒妮·皮桑在占领期间搬到维希并在那里开设了珠宝店。这张照片摄于1942年她自杀前的几个星期

1942年，宝诗龙品牌推出的晚宴手包，里面有一个小镜子，还有存放粉饼、口红、眼影、梳子、香烟盒和打火机的分格。这样的小盒子十分时髦，因为当时已经很难购买到像样的珠宝

莉莉·帕斯特雷伯爵夫人是一个富家女。占领期间,她离开巴黎,在她马赛附近的城堡里庇护了众多犹太艺术家

雅克利娜·梅尼尔-阿马尔是一名彻底融入法国的犹太作家,战后她设立机构帮助曾被驱逐的犹太人

女帽设计师阿涅丝夫人使用诸如人造棉之类的新式的德国面料混合羊毛制成了她1941年的设计系列,她因此被夸奖是"法国设计、德国生产"的典范。大使夫人苏珊·阿贝茨在模特背后右侧看秀

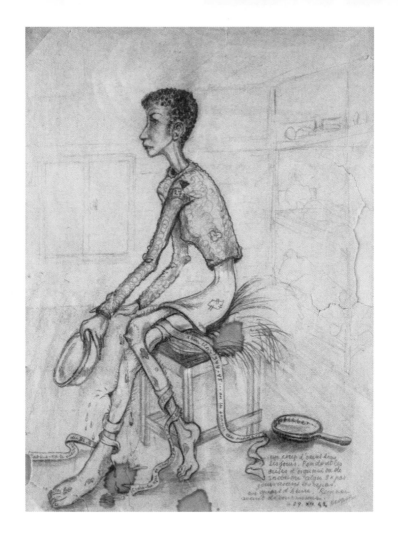

骨瘦如柴的奥黛特·法比尤斯在拉文斯布吕克集中营时期的画像。作者是她的狱友莫普思·冯·多萝泰·德·里佩尔。法比尤斯没有想到她能在囚禁生涯中幸存下来

让娜·浪凡设计的圆柱形手包,主要的用途是携带防毒面罩。毡布材质,有红绿两种颜色可选,上面缀着小星星。一经问世就大受欢迎。连续数月,所有的巴黎人都戴着防毒面具,一些设计师也马上利用了这个机会

美国士兵排队等着领取免费派发给他们的香奈儿5号香水

茱莉娅·蔡尔德站在她位于巴黎左岸的公寓的小厨房里。她对法国美食的热爱改变了数以千计的美国女性的烹饪方式

1948年,墨菲姐妹在前往巴黎的"伊丽莎白女王"号客船上。她们在船上结识了十几岁的伊丽莎白·泰勒

面容平静的热尔梅娜·德·伦蒂伯爵夫人。她是一名抵抗者,也是拉文斯布吕克集中营的幸存者

献给托马斯、伊莎贝拉、索菲娅和夏洛特

人类最后的自由是在某种特定的情况下选择应对的态度,选择属于自己的方式。我们总有许多选择要做。每一天,每个小时,我们都需要做出选择,每个选择都会决定你是否能保留自我和内在自由的力量。

——维克多·弗兰克尔,《活出生命的意义》

伊尔莎(英格丽·褒曼饰):"这么说,里克,我们会永远拥有巴黎。你还记得巴黎吗?"

里克(亨弗莱·鲍嘉饰):"我记得每个细节。当时你穿一身蓝色衣服,德国人都穿灰色衣服。"

——《卡萨布兰卡》

目前的战争有一个特点,它给女性强加了一个非常危险的女性化的角色。由于我们的领土全部被占领,外国男性的阳刚之气无所不在,于是女人开始打扮得像小女孩或者女学生一样。无论背后的动机是什么,我都不会怪罪,毕竟这不是她们最好的一面。但是她们剪短了头发,发卷也变得更加高调,裙子不够长,经不住风吹和不经意的注视——所有这些都显示,法式魅力愈发成为一种挑逗。

——科莱特,《窗外的巴黎》

如何定义阿莱特?她整个人一直到指尖都是属于巴黎的。她有一种巴黎式的魅力,调皮的眼神,流畅的礼节,还有某种从祖母那里继承而来的漫不经心。她的祖母是温特尔哈尔特很喜欢描绘的那种美丽女人。

——皮埃尔·孔贝思科,《不同寻常的一生·序》

目录

序：巴黎女人　/ 1

第一部 战争

第一章 1939：战争边缘的巴黎　/ 002
第二章 1940：弃城而逃　/ 036
第三章 1941：巴黎在分裂　/ 075
第四章 1942：巴黎惨遭蹂躏　/ 118
第五章 1943：巴黎在颤抖　/ 165
第六章 1944（1—6月）：巴黎在等待　/ 209

第二部 解放

第七章 1944（6—12月）：剃光头　/ 242
第八章 1945：巴黎归来　/ 263
第九章 1946：巴黎在调整　/ 305

第三部 重建

第十章 1947：巴黎换新颜　/ 342
第十一章 1948—1949：巴黎美国化　/ 364

结语：和平时期的巴黎　/ 389

主要人物　/ 416
致谢　/ 427
引文　/ 431
参考书目　/ 452

序：巴黎女人

2015年仲夏的巴黎格外炎热。7月19日，雷雨欲来，我坐在一个临时舞台边等天放晴。台上，一位样貌普通的八旬妇人正在讲述一段不同寻常的往事。我被吸引住了。她叫安妮特·克拉伊采尔（Annette Krajcer），是法国20世纪最为臭名昭著的逮捕行动中极为少数的幸存者之一。1942年7月，法国警方用大巴车将年仅十二岁的安妮特和她的母亲、妹妹一起带到巴黎冬季自行车赛场。这次行动共抓捕了13000人，其中包括四千多名儿童。安妮特她们在这个肮脏不堪且毫无卫生设施的赛场里停留了三天，水米未进。随后，她们被塞上拉牲畜的卡车，带到巴黎以南50英里（1英里≈1.6千米）的皮蒂维耶监狱。这里条件略好，至少她们能睡稻草铺，并领取些许口粮。然而，两个星期后，她们的母亲被带走了，再也没能回来。安妮特和妹妹丽雅则被带回巴黎，关押在巴黎市郊的德朗西监狱。和她们一起回来的孩子大多没能活太久，他们很快被送到奥斯维辛集中营的毒气室。但安妮特和丽雅却奇迹般地获救了。她们的一位表亲恰好在营地工作，他在在押者名单上看到了两人的名字，便设法解救。随后三年，两姐妹藏了起来，战争结束后才得以与她们的父亲团聚。她们的父亲此前作为战俘在德国阿登市的农场劳动。

如今,安妮特再次讲起这段往事。台下的观众大多是老年人,也有巴黎的政要和记者。这段故事最令人不安之处在于,当时,法国的犹太人被迫向政府报告他们的名字和地址。安妮特感慨,她每天都会想起其余四千多个没能像她那样得到亲戚帮助的孩子。

与安妮特一样,在这个天色阴郁的早晨,三十三岁的教师赛佛林·达克(Séverine Darcque)也讲述了自己的故事。当年,如果不是得到勃艮第地区一位鳏夫农民皮埃雷特·波沙尔(Pierrette Pauchard)的帮助,赛佛林不可能来到这个世界。最近,皮埃雷特刚获得"国际义人"的称号——以色列官方用这一称号表彰那些冒着生命危险在纳粹的种族灭绝行动中拯救犹太人的非犹太人。皮埃雷特正是冒着生命危险帮助犹太人的法国人之一。赛佛林充满戏剧性的故事也展示了许多法国普通人在"二战"期间是何其勇敢。皮埃雷特至少拯救了五个犹太儿童,并视如己出地将他们抚养大。其中一个孤儿名叫科莱特·摩根贝瑟(Colette Morgenbesser),被皮埃雷特收养时只有十八个月大。赛佛林正是科莱特的孙女,但她也把自己看作皮埃雷特的后裔。

1995年,法国总统雅克·希拉克在演讲中破天荒地正式承认了法国政府在1942年的逮捕行动中犯下的罪行。此后,法国每年都会举行这样的纪念活动。如今,冬季自行车赛场不复存在,纪念活动就在赛场遗址附近的埃菲尔铁塔下举行。1942年,由皮埃尔·拉瓦尔(Pierre Laval)执政的维希政府帮助纳粹占领者逮捕了数以千计的外籍犹太人,甚至包括他们的孩子,这些孩子中不乏在法国出生的法国公民。如今,这次逮捕行动的幸存者逐年减少,许多来参加纪念活动的都是他们的子女。在不到一个小时的时间里,安妮特·克拉伊采尔和赛佛林·达克讲述了两个截然不同的故事,共同交织成为法国"黑暗年代"的复杂历史。她们用不同的方式表明"过去"尚未过去。但最重要的是,她们的故事也表明了当时艰难的抉择经常需要由女性(特别是母亲)做出,而她们的选择范围又是如此狭小。

历史不断地在今天的法国社会重演,20世纪40年代留下的那些深深的伤疤许多还没有愈合,有些人还担心这些伤疤会被重新揭开。将近八十年后,我在为本书做调研时,还时常有人提醒我:对于许多人来说,那段历史仍是高度敏感的"当下",有些人也许不愿向我开口。这种敏感性在今天的法国维希市体现得尤为明显。1940年法国被纳粹占领后,法国温泉之都维希市成为国家政府驻地。贝当元帅等政府官员当年下榻的酒店如今成了维希市旅游信息中心。然而,当我拜访这里时,年轻的工作人员却对20世纪40年代这座城市的生活细节所知甚少。1940年7月10日,法国国民议会在维希市歌剧院投票赋予菲利普·贝当元帅执政权,从而结束了法兰西第三共和国。歌剧院里有块牌匾正是为纪念这一历史性的时刻而设计的。但当我要求前去参观这块牌匾时,对方却拒绝了我。这块牌匾显示,国民议会的八十个成员用选票"申明了他们对共和国的支持、对自由的热爱和必将战胜德国的信念"。而事实却是,569名议员就此否决了法兰西第三共和国,由此为纳粹占领下继续统治法国的维希政府铺平了道路。

有一次，我在巴黎遇上了一场抗议活动，成千上万的法国人选择在母亲节这天上街反对刚刚合法化的同性婚姻。在这样一个以宽容著称的现代国家，这样的事件略显奇怪，但我却能够从另一个角度去理解。维希政府时期，母亲节是一项重要的政治活动。贝当政权利用这样的场合来加强道德和文化的保守主义倾向，强调在一个体面的家庭里，男人是一家之主，女人的位置就是慈祥的母亲。这一时期，低出生率长期困扰着法国，讽刺的是，这正是法国此前欢迎成千上万的外国犹太人前来定居的原因。贝当政府治下，十八岁以下的[1]法国中学女生每周至少有一小时的家务必修课。她们在这些课程中学习简单的制衣、洗衣、熨烫、烹饪、营养和家庭卫生等方面的知识。"二战"期间，法国进行了一场全国性的革命，试图塑造一个彻底背离共和主义价值的社会。我目睹的这场抗议活动基本上是和平的，警方估计约有15万人参加了这次抗议。对我来说，这正是历史在当今法国社会持续的显现。即便是在今天，生育三个以上孩子的法国女性仍能获得不少福利。

在过去的几年里，我试图与一些人谈论他们"二战"时期的经历和家庭生活。许多人拒绝了我的采访要求。而那些同意我的请求的人一聊起"黑暗年代"几乎都会说："啊，这非常复杂……"一旦开始对话，就不难发现，这些人或者他们的父母在黑暗年代的选择与他们在第一次世界大战期间的经历（法国人也称为"1914年战争"）紧密相关。那场战争的记忆成为法国人教养的一部分，战争遗物成为文物，被战争摧毁的城镇的照片获得了几乎神圣的地位，这一切都让法国人对他们的邻居德国保持着深深的不信任。在20世纪20—30年代，法国家长经常教训淘气的孩子："如果你不听话，德国鬼子就会把你抓走。"

但后来，随着"二战"的进行，巴黎成了一个奇怪的空城，街上基本看不到法国男人或车辆，而其他因素也开始起作用。许多巴黎女人开始积极地回应德国男子。为了获取唯一的食物来源，包括知识分子和反抗者在内的众多女性都在发挥她们的女性气质，来换取她们想要或急需的物品。这些关心外表和时尚的女人有时使用性，有时被用于性。对她们来说，熔化家传的餐具来打造一枚时髦胸针或者买颜料在腿上描摹丝袜的纹路有时比寻觅食物更为重要。

我想在书中讨论的是哪些因素决定了这些女人在如此恶劣和困难的情况下做出某种反应。英国特别作战执行部的历史学家福特（M.R.D. Foot）了解当时有多少女人（通常是少女）从占领一开始就帮助男人们逃跑。福特写道："侵略者经常发现他们不得不完全信任女性。如果没有那些邮递员和管家（几乎都是女性）的勇气和奉献，就不可能有逃亡线路。"[2] 她们为什么选择用年轻的生命甚至整个家庭去冒险？虽然我知道在战争年代许多人并没有真正的选择，但我仍会用"选择"这个词。对于女性来说，选择通常更为复杂：不只是简单地过好自己的生活，还要保护自己的孩子，有时还要保护她们年迈的父母和公婆。在一次采访中，我的提问突兀地打断了整个采访。我问著名编剧让-克劳德·格伦贝格（Jean-Claude Grumberg）是否可以理解他母亲做出的在我看来难以想象的勇敢选择[3]——花钱把两个儿子托付给一个从事偷渡人口的女人，后者承诺可以将两兄弟带到更安全的法国南部。保险起见,他的母亲没有被告知孩子们将被带去哪里,以防被捕后供出相关信息。格伦贝格最初沉默了,然后他用难以置信的眼神久久地盯着我。

"'选择'这个词不太恰当吧。"他最终回答。

"选择"这个词确实难以反映他母亲所面临的情况的复杂性——这个出生在罗马尼亚的犹太女人于1942年生活在占领下的巴黎。她的丈夫被捕了,她的法语说得也不流利。她被禁止自由活动,甚至不能在炎热的日子里在特定的时间、地点为她的孩子买一杯饮料。此外,她还要照顾生病的婆婆。

他重复念叨:"选择?你怎么能说这是选择?"但我坚持了我的观点。我澄清这并非故意冒犯,因为无论这些选择何等令人心碎,被迫做出这些选择的确实常常是女性。

出生在埃及的萨莎·约索皮维奇(Sacha Josipovici)独自带着孩子坐火车从尼斯到法国中部的拉布尔布勒(La Bourboule)市。她希望用伪造的文件为孩子争取到更多的安全。"如果火车停了,我被要求说明个人情况,我很可能无视我的假文件,说我是犹太人。即使这意味着把你(她三岁大的儿子)留给陌生人,但我觉得这是我必须要做的事情。生活中这样的时刻并不多。"[4]她对儿子说。不过她最终没有被迫做出这个选择。在旅途中,一些女人会把假文件装在孩子的包里。我后来见到了那些儿童,也看到了这些行为的后果。

"你没得选。"珍妮·德·克拉朗子爵夫人(Jeannie de Clarens,原名珍妮·鲁索)坚持说。她从战争一开始就立即展开抵抗行动。当我问她为什么冒生命危险时,她用罕见的决断回答:"我甚至不明白你的问题……尽己所能,这是一种道义上的义务。作为女人,你不能加入军队,但你可以使用你的大脑。这是必然的,你怎么能不这样做?"[5]其他女人则直截了当地坦承她们"对危险着迷……驱使我们的首先是快感、感觉自己派上了用场的兴奋感和战斗中的友情,我们所有的武器都来源于爱"[6]。

当然,许多女性需要不断做出更为琐碎的选择。如果你的孩子消瘦、生病,在黑市上购买帮孩子补充维生素的食品能否算是通敌?你能否接受把自己的孩子送到一个农场主表亲的家里?当德国士兵走进餐厅或咖啡厅,你是否能选择直接离开,而这是否会被视作挑衅行为而给你带来杀身之祸?那些开列名单救助亲人的孩子先于救助陌生人的孩子的人有罪吗?或者说,我们是否首先应该责怪那些迫使他们创建名单的人?

我希望本书能避免善恶分明的判断,而是去揭示无休止的道德困境。就像一个万花筒,每次转动都会产生不同的图像,这样的多面图像并非全是灰色的。那些留在巴黎继续转动齿轮、按动按钮、运营商店和在剧院或夜总会演出的人是否以某种方式成为德国人的共谋?但也正是他们保证了这座城市即便被占领却仍然生机勃勃、光彩照人。"占领"是种反常到近乎不真实的场景,与战争相比,它更容易造成道德困境。诚然,占领造成的伤亡人数较少,但恐惧、耻辱、愤怒、可怕的无力感,强烈的想要做点什么的冲动,仇恨交织着的自利本能已经复杂到令人头疼——更不用说那些爱情故事——人们很难做出简单直接的反应。我想用尽可能少的"后见之明"去思考这些反应——毕竟我们英国人没有遭受过占领,我们又有什么资格去评判别人的选择？留给他们的又有哪些可能性？有一件事是确定的——"我想，为了孩子，我会愿意牺牲一切。"一些女人甚至拼尽全力保护其他人的孩子。但这些都是极端的案例，本书所写的案例并非全都如此。我们大多数人的生活犹如深陷泥沼，这也是为什么众多作家和历史学家对法国1939—1949年这段历史感兴趣，尤其是通过女性的视角来审视这段历史。把万花筒转向一边，我们看见被战争毁灭的女人；转向另一边，可以看到那些由此找到生命意义和成就感的女人。

当我开始写作本书时，一位男性历史学家建议我花几个小时在国立图书馆阅读诸如埃尔韦·勒·博特夫（Hervé Le Boterf）和让·加尔捷-布瓦西埃（Jean Galtier-Boissière）等人的日记。虽然这些人可能很重要，我却试图寻找那些更安静、往往不为人知的声音取而代之。我依靠的是对那些经历过黑暗年代的女性的采访（一些人当时还是孩子），以及那些已过世的人已经出版或未出版的日记、信件、配给卡和回忆录。我看了些极具戏剧性的电影，读了几百封告发信，触摸了用软木塞等简易材料做成的空心首饰和木跟鞋子，这些鞋跟敲击地面的声音成了占领时期的背景音。一些人会在本书的不同位置反复出现，另一些人则因死亡或离开法国而从叙述过程中消失。我们很难找到亲口承认她们叛国的女性，因此偶尔我也依靠男性口述的与女性有关的情况，或使用一些女性叛国的历史记录。

令人兴奋和欣慰的是，女性在这些年的影响和行动力远远超过了大众期待中她们被允许扮演的角色。1939年之前，法国女性毫无社会地位，她们没有投票权，需要丈夫或父亲的允许才能工作和拥有财产。然而，女性却在积极地武装抵抗、收容潜逃者、制作假身份证，同时继续做她们熟悉的所有家务——烹饪、购物和照顾家人。女人们需要照顾老小，有时她们甚至还要做一份工作，也因此她们难以逃离。由于物资短缺、制冷设备不足，她们每天不得不为了买齐全家的口粮而平均排队四个钟头。她们有的因此通敌，有的则是完完全全的受害者。

"巴黎女人"这个词可能会唤起许多人的某种想象：别致、苗条的女人穿着时尚优雅的衣服，充满性的诱惑力。无可否认，时尚成了巴黎女人蔑视占领者的一种小办法，比如在燃料耗尽时穿上短裤骑自行车，或者制作红白蓝相间的陶瓷纽扣。尽管时尚对巴黎女人本身以及对德国占领者都很重要，但这不是一本关于时尚的书。我承认自己在本书中用浓墨重彩描摹了一些时尚女性，但我为她们的时尚赋予了更广泛的意义：她们穿着设计师为她们定制的时装，冒着生命危险提供情报，或者相信戴上夸张的大礼帽也是一种抵抗的形式。许多典型的巴黎女人因生活所迫搬出巴黎，而本书中不少留在巴黎的女人并非来自这里。你可能会问，那些被囚禁在集中营里衣衫褴褛、疮疤满身、辫发肮脏的女人是否算是"巴黎女人"？我觉得，如果她不吃掉每天分配给她的那一盎司脂肪，而是用它来涂抹双手，并认为双手比胃更需要这份油脂，她就是一个十足的巴黎女人。

第一部

———

战 争

第 一 章

1939：战争边缘的巴黎

当女人感到前途未卜时,她们有的会结婚,有的会离婚,而更多的女人会把钱换成金银珠宝隐藏起来,只有非常少的女人会开办盛大的舞会,仿佛真实世界与她无关。

出生在美国的室内设计师埃尔西·德·沃尔夫(Elsie de Wolfe)曾有过一段失败的演员生涯。1939 年 7 月 1 日,时年八十一岁的埃尔西举办了有史以来最宏伟、最奇特的私人聚会。1926 年,她出人意料地与退休的外交官夏尔·门德尔爵士结婚。在第一次世界大战期间,埃尔西就显露出了鲜明的个性,她主动留在巴黎,在医院做志愿者。她对燃气烧伤病人的救助工作为她赢得了战争十字勋章和荣誉军团勋章。如今,埃尔西又满怀热情地投入聚会组织。她买下了美轮美奂的特里亚侬别墅(Villa Trianon)——这座路易十五时期的城堡坐落在凡尔赛宫的花园里。从此,埃尔西成了欧洲最著名的美式女主人。她把人生最后的三十五年花在修复和装修这栋之前长期被废弃的别墅上。在这三十五年间,她曾是戏剧经纪人伊丽莎白·马勃伯的亲密伴侣,随后又成为门德尔夫人,举办新奇而奢华的聚会成了她的全职工作。她特地用进口的弹簧地板装潢一间舞厅，还在那里装上玻璃墙，这样客人们就能将整个花园尽收眼底。在她的朋友道格拉斯·费尔班克斯（Douglas Fairbanks）的帮助下，她还为整个舞厅装置了音响系统。

在整个30年代，埃尔西组织了一连串的晚餐聚会、化装舞会和主题派对。她还发明了神秘谋杀派对。偶尔，她也为四十几位密友举行一些小型聚会。现在，年过八旬的埃尔西精神丝毫不减，她仍然注意饮食并每日锻炼身体。她的反手倒立十分出名，科尔·波特（Cole Porter）甚至因此为她创作了一首歌曲，名字就叫《凡事皆有可能》（*Anything Goes*）。正如她的朋友和仰慕者沃利斯·辛普森（Wallis Simpson）所说："她像混合鸡尾酒一样让不同的人相遇，产生绝妙的结果。"[1]

1939年之前，埃尔西整整一年都在策划壮观至极的舞会。前一年夏天，她举办了一场奢华的马戏团舞会，主打杂技表演。她决定第二年重复这个主题，并超越自己，这次还要有大象、小丑、走钢索者和杂耍者。这或许是因为她受到了印度之行的启发，又或许是她想起三十年前温和的大象曾在波士顿街头行走。无论灵感来自哪里，她知道大象会成为一个无与伦比的社交热点。无论世界局势如何岌岌可危，埃尔西都不会放弃举办一场令人难忘的派对的机会。

1939年7月1日，夜色温柔。9点刚过，司机们驾驶着梅赛德斯、劳斯莱斯和出租车将七百多位客人带到圣安托万大道的特里亚依别墅入口。男士们系着优雅的白色领结，身着燕尾服，不免感到闷热。而那些身着由可可·香奈儿、埃尔莎·斯基亚帕雷利（Elsa

Schiaparelli）、让娜·浪凡（Jeanne Lavin）和吕西安·勒隆（Lucien Lelong）设计的晚礼服的女士则需要在聚会结束前的黎明时分披上一件披风外套。

埃尔西身着一件美丽的象牙白丝绸礼服，披一条长而惊艳的粉红披风，这件礼服是由她最喜欢的设计师曼波彻（Mainbocher）设计的，上面装饰着银色亮片和宝石色蝴蝶图案。曼波彻此时已凭借他为沃利斯·辛普森设计的那套淡蓝色婚纱驰名世界，沃利斯的丈夫正是此前退位的温莎公爵。而正是埃尔西把曼波彻介绍给了沃利斯·辛普森。虽然埃尔西个子不高，但她头戴钻石、蓝宝石相间的卡地亚发冠，显得身材高挑。她甩着手里的皮鞭，勇敢地在大象的腿间穿行，把八匹小马和狗带到草坪上的马戏舞台中间，"犹如要击败命运一般"[2]。此外，她还雇了一个手风琴手四处穿梭演奏、一个夏威夷吉他手在游泳池里的小船上漂浮演奏以及三个管弦乐队交替在舞厅里演奏。在花园一角的大树旁，埃尔西支起一顶条纹图案屋顶的圆形帐篷作为香槟酒吧。不远处是一个开到凌晨 5 点的自助餐厅，为客人提供热的羊排、炒鸡蛋、蛋糕以及更多的香槟酒。（这对埃尔西来说很不寻常，她一般并不注重给客人提供食品。）

社交圈普遍认为这个超现实的时刻很成功。人们纷纷谈论着壮丽的花园、不同寻常的树木修剪和构思独特的娱乐活动。尽管也有些人抱怨那些随地方便的动物产生的臭味，但 *Vogue* 和其他媒体对这场盛大舞会的报道中并没有记录这些令人不快的细节。时尚杂志最关心的还是派对的客人们——贵族、外交官、公爵及其夫人、公主、作家、设计师和艺术家（其中许多人的名字将在本书反复出现）——他们的服装和珠宝配饰被仔细地描摹。巴西美人艾梅·德·索托马约尔（Aimée de Sotomayor）被认为是20世纪最迷人的女人。她成了这场舞会上最美的客人之一。一个月后，她微笑的照片出现在了 Vogue 上。这位头戴栀子花的金发女郎当晚穿着一件由克里斯蒂安·迪奥（Christian Dior）设计的礼服。这是迪奥早期的设计之一。当时他尚不为人知，也没有自己的品牌。迪奥本人并未收到舞会邀请，艾梅表示，迪奥对此"有点难过"[3]。然而，艾梅的礼服还是给其他客人留下了深刻的印象，其中包括纺织业巨头马塞尔·布萨克（Marcel Boussac）。战后，在布萨克出资支持下，克里斯蒂安·迪奥成立了自己的品牌和设计工作室。

在这个夜晚，巴黎的名流们很少有人忧心欧洲其他国家的危局，他们并不认为法国会受到什么严重的或长期的影响。马其诺防线——那个在法德边境上延伸的大型水泥工事一定会保护法国，不是吗？整个春天和初夏，社交活动都正常开展。事实上，在上流社会，没有人认为尽情开派对的想法有什么过分或不得体。

出生在蒙特卡洛的埃莱娜·雅宝（Hélène Arpels）此时已经结束了她的模特儿生涯，嫁给了梵克雅宝珠宝家族中的小儿子路易·雅宝（Louis Arpels）。她的父母是俄罗斯人。1939年4月，她被拍到与朋友一起观看龙骧（Longchamp）的跑马比赛，所有人都穿着设计师为他们定制的光鲜服装。一个月后，埃莱娜又在尚蒂伊赛马场被拍到，那里的观众同样衣着精致。埃莱娜当天穿着一件由玛吉·鲁夫（Maggy Rouff，这位设计师以她的皇室客户为傲）设计的服装。埃莱娜还戴着一顶瑞邦（Reboux）牌的白色礼帽，正是这个品牌的设计师两年前设计了沃利斯·辛普森在婚礼上戴的光环帽。

梵克雅宝珠宝家族自从1938年阿尔弗雷德·梵克（Alfred Van Cleef）去世后，珠宝业务就由他的女儿、年轻的寡妇勒妮·皮桑（Renée Puissant）打理。勒妮曾与赛车手埃米尔·皮桑（Emile Puissant）有过短暂的婚姻，两人由勒妮的母亲伊斯特介绍相识。"一战"期间，伊斯特曾是埃米尔的护士。1926年，埃米尔在一次车祸中丧生，勒妮自此开始承担起家族企业的管理工作。

和巴黎的高级时装业一样，高端艺术业也繁荣发达。那年7月，狂热的音乐爱好者前往拜罗伊特——一座专门上演瓦格纳歌剧的城市，去观看第一位在瓦格纳故乡演绎伊索尔德[①]的法国女演员热尔梅娜·吕班（Germaine Lubin）。人们认为，出生在巴黎的吕班能扮演这个角色是个巨大的成就，她似乎已经达到了职业生涯的顶峰。此前，演绎瓦格纳曲目的女歌唱家都是德国人，而吕班取得的突破令法国人感到骄傲。吕班曾就读于巴黎著名的塞维涅（Collège Sévigné）私立女中。这所学校成立于1880年，致力于将学生培养成医生，而吕班的父亲正是一名医生，但她却被人说服到巴黎音乐学院学习声乐。在那里，吕班给加布里埃尔·福莱[②]留下了深刻的印象，并得到了福莱的不断鼓励，而吕班优美的声音和美丽的身段确保了她早期的成功。从施特劳斯的歌剧到一些不太知名的法国作曲家的作品，她都能演绎。但是从1930年开始，吕班投身到了一个小领域——扮演瓦格纳歌剧的角色，包括《女武神》中的齐格琳

[①] 亚瑟王传说中的主角。——译者注
[②] 法国著名作曲家。——译者注

德、《罗恩格林》中的埃尔莎、《尼伯龙根的指环》中的布伦希尔德，以及《帕西法尔》中的昆德丽。她也因此而出名。

1913年，吕班与法国诗人保罗·热拉尔迪（Paul Géraldy）成婚，三年后育有一子。然而，这段婚姻并不成功，两人最终在1926年离婚。吕班的周围总是围着一圈追求者，其中包括菲利普·贝当（Phillipe Pétain）元帅。他们在1918年初次见面，当时贝当作为凡尔登战役的功臣而名扬四海。他是一个风流成性的军人，很快就迷恋上了吕班甚至向她求婚，即便他当时并非单身①。不过，两人最终保持了朋友关系，热切地互通信件，直到1951年贝当去世。

但是，吕班却总是不受女同事的欢迎。澳大利亚女高音玛乔丽·劳伦斯（Marjorie Lawrence）也是一位演唱瓦格纳歌剧的女歌手，她认为吕班这个巴黎女人傲慢且被高估。劳伦斯在她的回忆录中写道："我和吕班之间的战争开始了。"那是1933年，在一场《罗恩格林》演出末尾鞠躬感谢观众的时候，"我把手伸向吕班，但她拒绝与我握手。吕班比我更熟悉歌剧这行的小聪明，她冲在我前头，表现得好像所有的欢呼都是冲她去的"[4]。劳伦斯当时扮演的是奥尔图德。②

在拜罗伊特，吕班与瓦格纳家族的几个成员建立了友谊，甚至得到了希特勒本人的赞扬。一张她与希特勒的合影最终决定了她的命运。希特勒告诉吕班，她的版本是他听到过的对伊索尔德最精

---

① 1920年，贝当与欧仁妮·哈顿（Eugénie Hardon）女士结婚，当时他已年过六旬。哈顿是他的众多情人之一，是一个离过婚并有一个孩子的女人。讽刺的是，尽管维希政府强调提高生育率并保护家庭，据我所知贝当并没有子嗣。
② 1941年，劳伦斯离开了巴黎，这段竞争关系从此结束。

湛的演绎。吕班希望趁热打铁，到纽约的大都会歌剧院表演，并得到了挪威女高音克里斯滕·弗拉格斯泰德（Kristen Flagsted）的推荐。然而，由于无法在战争期间旅行，她最终也没能在美国舞台上献唱。

此时，来自英国的尤妮蒂（Unity）和戴安娜·米特福德（Diana Mitford）两姐妹也在拜罗伊特。她们是希特勒亲自邀请来的客人，刚刚到达就收到了两束花，一束来自瓦格纳的孙子赫尔·瓦格纳（Herr Wagner），另一束则来自慕尼黑市长。8月2日，音乐节的最后一天，希特勒邀请她们共进午餐。戴安娜记得希特勒说英格兰似乎已经决定与德国开战，战争已经不可避免。

但是，时尚名流并不是唯一不能面对现实的群体。20世纪30年代末，作家西多妮·加布丽埃勒·科莱特（Sidonie Gabrielle Colette）已经声名鹊起，但她一辈子也是出了名的对政治无动于衷。1935年，已经六十二岁的科莱特仍然没有动笔警告世人希特勒在德国施行的政策的危险性，抑或法国人民阵线政府的失败以及极右翼势力的抬头。她的丈夫莫里斯·古德凯（Maurice Goudeket）是一位犹太记者。在她职业生涯的这一阶段，她经常写一些短篇小说。在战争的第一个星期，她通过广播向美国人描述了巴黎的气氛，内容则主要是清晨穿着性感的睡衣在巴黎漫步的见闻。1939年，让她心动的两则新闻都是关于精神错乱的杀人犯：一则是一位牙齿掉光了的老鸨，她认为女性没有价值，折磨并杀害了她的摩洛哥雏妓；另一则是一个有许多别名的男人，他残忍而随机地杀害了五个人，只为了获得一小笔钱。这个男人叫厄让·魏德曼（Eugen Weidmann），后来成了法国历史上最后一个被公开砍头的人。作为《巴黎晚报》的特派记者，科莱特在这起案件的庭审中花费了大量时间和心思调查魏德曼感知真实的灵性能力，但她为什么没能对正在慕尼黑煽动乌合之众、不久后便开启大屠杀的暴君展现出兴趣？是不是因为在科莱特的世界观里，战争和政治只是男人的蠢事？科莱特的本性是关注在痛苦和爱中挣扎的女性，直到战争影响到了她本人，科莱特才真正参与进来。《纽约客》驻法国的记者珍妮特·弗兰纳（Janet Flanner）发现了一件更为不平常的事：1939年，尽管法国与德国已经处在战争边缘，但"魏德曼是德国人这一点并不被认为是额外的罪过"[5]。

如今看来，人们只能惊叹，那个夏天无忧无虑地生活的人们是如何被某种超现实感遮蔽了双眼。他们把心思都花在了让人们看到他们戴着最时髦的礼帽这类事情上。香榭丽舍大街上的昂贵酒店住满了美国和英国的游客，路边的咖啡馆也生意兴隆。人们无法忽视那些像丰盛甜点一样的礼帽，女人们漫不经心地戴着或大或小的礼帽，上面装饰着羽毛、花朵或珠宝。埃尔莎·斯基亚帕雷利认为："巴黎的女人仿佛觉得这是她们最后的机会，因此打扮得格外精致。"[6] 弗兰纳对这一现象则有不同的见解："战争的威胁反而使法国人放松下来，享受一段真正华丽和文明的好时光。"[7]

但也有例外。正如《纽约时报》政治版报道的，埃尔西·门德尔的马戏团舞会为法国外交部长乔治·博内（George Bonnet）和德国驻巴黎大使约翰内斯·冯·韦尔切克（Johnnes von Welczeck）伯爵提供了当天第二次会面的场合。法国外长警告德国大使，如果德国入侵波兰,法国不会像几个月前德国入侵捷克斯洛伐克时那样袖手旁观。马戏团舞会结束两周后,法国庆祝了攻占巴士底狱和法国大革命一百五十周年。那些参与了筹备已久的游行、阅兵和街头舞会的人,有多少感受到了这场庆祝1789年暴政终结、民主诞生的活动的讽刺意味呢?显然,并不是所有人都忽略了这个日子的深意,而法国人对革命遗产的接受程度也将很快受到考验。

加泰罗尼亚战争结束后,成千上万的西班牙共和军穿越国界进入法国。他们很清楚,法西斯暴政远远没有被打倒,它正在西班牙以佛朗哥政权的形式存在着。此时,约有17000名西班牙难民居住在法国西南部匆忙建成的格尔(Gurs)难民营,那里的环境恶劣而且拥挤。这是法国领土上最早集中外国难民的营地之一,这样的营地共有五十多个。住在格尔难民营里的人成立了一个乐团,并修建了一个操场。1939年7月14日,他们自己在操场上组成了军事方阵,还热闹地演绎了《马赛曲》。他们后来还在许多体育赛事、合唱和交响音乐会上露面。从一开始,格尔难民营就人满为患。1939年战争爆发,这里开始关押德国战俘和政治倾向可疑的法国人,而在德国战败时,这里关押的主要是犹太人。被关押在格尔难民营的人们并没有遭受折磨或殴打,但这里食物匮乏且经常无法下咽,环境也难以忍受:没有卫生设施,没有自来水,降雨倒是十分频繁;没有水管,也没有成形的排水系统,因为这里的建筑还是半成品。没有人以为这种情况会长期持续。格尔还有一个独立的女性营。[1] 有一段

---

[1] 艺术家夏洛特·所罗门、哲学家汉娜·阿伦特、瓦尔特的妹妹多拉·本杰明都被关押在这里。

时间，管理员会准许一些女人租一辆马车，离开营地购买生活物资。

哈佛大学的历史学教授克兰·布林顿（Crane Brinton）主要研究的是革命。1939年7月15日，这位颇有才华的学者以他的先见之明在一篇文章中提及，前方即将"有雨"。当他沉思一百五十年前巴黎人民攻占巴士底狱时，他预言："从纯逻辑角度讲，如今种种变化与前人在1789年时所追求的截然相反……民主制度将经受在19世纪从未经历过的巨大困难。"[8]

○ ○ ○

9月1日，也是埃尔西·门德尔的马戏团舞会结束两个月后，德国闪电袭击波兰，民主制度确实在遭受考验。法国立刻开始对本国十八岁到三十五岁的所有年轻人发起战争动员。9月3日，法国、英国正式向德国宣战。

出席马戏团舞会的名流中有些人以最快的速度逃离了巴黎。温莎公爵夫妇当机立断，离开巴黎返回英格兰。但是，由于英国王室没有给他们预留宫殿、城堡或其他皇家住所，他们被迫寄宿在他们忠实的朋友、昔日的伴郎梅特卡夫位于苏塞克斯的房子里。很明显，英国当局不打算为他们提供一个战时住宅，和许多人一样，他们很快又回到了巴黎，并继续生活在不确定性、观望和等待中。巴黎名流中许多人没有了用人，于是搬进了丽兹酒店。

在那里，剧作家诺埃尔·科沃德（Noël Coward）观察着这群人。1939年9月，他在巴黎为英国政府工作。他评论道："巴黎成了美丽的'战时欢场',人们穿着随意,从马克西姆餐厅叫外卖。"[9] 科沃德在美丽的旺多姆广场找到了一所公寓,正好在丽兹酒店对面,"那里有准备最充分的防空洞"。丽兹酒店的防空洞配备皮毛地毯和爱马仕的睡袋,因此十分出名,经常受到巴黎最时髦的女性的光顾。战争一爆发,极具影响力的设计师加布丽埃勒·(可可)·香奈儿(Gabrielle "Coco" Chanel)就关闭了康朋街的精品店,此举令数百位女性失去了工作。她宣称:"这不是一个应该时尚的时刻。"[10] 这似乎是个爱国决定。然后,她搬进了丽兹酒店的套房,整个战争期间都住在那里。当时香奈儿品牌的香水和珠宝业务继续保持开放,但她已不再是所有者,战后她也为此打了官司。

住进丽兹酒店后,年近六十岁的香奈儿很快就与汉斯·京特·冯·丁克拉格(Hans Günther von Dincklage)男爵勾搭在一起。冯·丁克拉格是一个身材高大、金发碧眼的英俊的德国情报军官,人称"斯帕茨"(Spatz),而他先前已经与马克西米利亚诺·冯·舍恩贝克(Maximiliane von Schoenebeck)结婚十五年。这个小名叫卡茜(Catsy)的女人是犹太作家西比尔·贝德福德的同父异母的妹妹。西比尔后来到了英国定居。1935年,纽伦堡法案的反犹太人条款在德国一经生效,斯帕茨就悄悄地与卡茜离了婚。两人后来仍保持着不错的交情,以至于很少有人意识到他们已经分手。分手后的几个月里,斯帕茨还有过一段风流事,后来他才与香奈儿在一起。倒霉的卡茜曾因涉嫌"间谍罪"[11]在1938年被短暂关押,此前的两年她已经被监视,一定程度上这是因为她是一个德国人。1939年,法国军事情报部门还将她称为"丁克拉格男爵夫人"。11月,法国当局下令拘留了她,原因是她对法国造成了威胁,这想必是基于恐惧冯·丁克拉格与纳粹众所周知的关系。20世纪30年代初,这对夫妇曾在法国土伦市西部的滨海萨纳里市(Sanary-sur-Mer)生活。这个度假胜地当时挤满了难民。有传闻说冯·丁克拉格从事着间谍活动,但没有证据表明卡茜真的参与其中,但她却被惩罚了。

1939年,埃尔西·门德尔坚持留在巴黎观望,尽管她的丈夫夏尔·门德尔爵士敏锐地意识到他的犹太血统将给他带来危险,即便他坚称自己是无神论者,纳粹还是会毫不犹豫地把他视为犹太人。一天晚上,埃尔西邀请诺埃尔·科沃德用餐,同时在座的来宾还有温莎公爵夫妇,他们沉浸在某种深思熟虑后的失败主义情绪当中。公爵就即将到来的战争发表了长篇大论,他坚持认为"德国人的精神是非常重要的,因为他们非常顽强,并且在面对任何情况时都有着令人吃惊的忍耐力,这是非常重要的"[12]。1939年,很少有巴黎人相信这种言论。

虽然德国已经大军进驻波兰,但只要法国国土还没有被侵犯,许多巴黎人对迫在眉睫的危险就选择视而不见,因为他们确信法国会迅速击退德国人。对于他们来说,战争似乎是事不关己的遥远之事。因此,这个时期很快就演化为静坐战,法国人称之为"荒唐的战争",英国人称之为"假战争"。剧作家、前卫艺术家让·科克托(Jean Cocteau)想念他远赴前线的情人,于是,当他的一个朋友主动提出开车送他去那里时,他愉快地接受了。他憧憬着与情人私下会面,也因此忽略了所有的风险。

这位朋友是维奥莱特·莫里斯(Violette Morris)。这个退役运动员是个女同性恋者,她经营着一家汽车零部件商店,因此掌握着一些运输业的资源。她与她的女明星情人住在塞纳河的船屋上。然而,莫里斯是个想法有些危险的古怪的局外人,并不是一个合适的打交道的对象。她在修道院接受了教育,曾是一名拳击手和标枪运动员。1928年,法国女子田径联合会禁止她参加即将召开的奥运会,这主要是因为她高调的女同性恋的生活方式。自1919年以来,短发的莫里斯一直是一身男装打扮。她还是一个老烟枪,这在女性中是不被接受的。莫里斯对禁令提出了上诉,但她输了。她随后摘除了双乳,以便更舒服地坐进赛车里。虽然她是一个有才华的运动员,擅长多种体育运动并曾在"一战"的索姆河战役中担任护士,但莫里斯越来越多地感受到法国社会对她的抵触。她宣布:"我们生活在被金钱和丑闻腐坏的国家……这里由煽动家、阴谋家和懦夫管理着。这个充斥着小人的国度不值得我生存。总有一天,它的衰落会导致它的国民遭受奴役。但我,如果我仍然在这里,我不会成为一个奴隶。相信我,这不是我的性格。"[13]

1935年底,纳粹接触了莫里斯。1936年,莫里斯受希特勒本人的邀请,访问了柏林奥运会。在那里,她大受欢迎。法国对待她的方式让她深感厌恶,因此她与纳粹保持着联系。1937年,她杀了人,但以自卫为由逃脱了谋杀指控。对于科克托这个自称毫无政治主张的艺术家来说,被别人看到与莫里斯一同出行本身就是有风险的。而对莫里斯来说,驱车送人去前线也存在风险——他们两人都没有去往前线的通行证。

显然,1930年的法国社会不能容纳维奥莱特·莫里斯。无法在国际体育赛事中大展身手的莫里斯很快就和那些邂逅的轻罪犯人以及仰慕德国的极右翼分子混迹在一起。莫里斯究竟为德国做了什么，以及她是否最终犯下了叛国罪行，这些至今仍是学术争论的话题。但是，随着静坐战宣告结束，维奥莱特·莫里斯像很多中立的人一样，最终投奔了盖世太保。

○ ○ ○

那一年，还有成千上万的巴黎人，他们既不是马戏团舞会的客人，也没有参加其他的夏季盛会，他们没有去观看音乐会或歌剧，也没有参加法国国庆日的庆祝活动，更没有去多维尔（Deauville）——深受巴黎人青睐的时尚度假胜地。对这些普通人来说，早在1939年9月3日之前，巴黎的不安全感就已经演变成了一场噩梦。在过去的几年中，一些巴黎女人的生活就已经发生了天翻地覆的变化。如今，她们也看到了眼前的危险。米丽娅姆·桑贾尔（Miriam Sandzer）1930年与家人从波兰移居巴黎，当时她十六岁。1936年以来，她几乎每天都要去巴黎警察局，帮从德国、波兰和其他受到希特勒威胁的国家涌来的难民办理居留手续。她的父亲在巴黎19区拥有一家内衣厂，他还建立了一个犹太教小教堂。除了长时间在工厂工作，米丽娅姆还要帮这些难民争取居留文件，他们其中一些人只带着一点换洗衣服，也有人带着珠宝首饰以供变卖，但所有人都面临着无处容身的境遇。难民既不能入住旅馆，也不能露宿街头，因为可能会有路过的警察随时对他们进行盘问："请出示您的证件。"如果被查的人不能出示带有有效入境签证的护照，或者有任何可疑的迹象，就会被警方拘留并驱逐出境。

桑贾尔一家深入地参与了帮助犹太难民安家和寻找住宿地点的行动，他们对即将到来的厄运不抱有任何侥幸的幻想。有时，他们在自家多余的卧室里安置难民家庭，并劝说他们的朋友也这样做，直到难民拿到临时居留许可，可以合法地入住酒店。当家里没有空间容纳更多难民时，桑贾尔先生会付给隔壁妓院老板一年的租金，将妓院的 23 个房间用来安置难民。近来的几个月，米丽娅姆已经和警察局长逐渐熟识，她很快了解了"这些人多么腐败，而钱是国际通用的语言……贿赂可以帮难民们延长临时居留许可证，这样他们就有充足的时间获得第三国的签证并顺利出境"[14]。

随着时间的推移，难民们对救命的居留证的需求无限膨胀，而获得证件变得越来越难。由于难民不断涌入，越来越多的任务落在了米丽娅姆身上，无论是在工厂，还是在警察局。她的哥哥杰克已经离开巴黎，与妻子和孩子定居在翁弗勒尔，而她的母亲年事已高，并且还要照顾米丽娅姆的弟弟，以及为大量的寄居人口做饭。因此，米丽娅姆不仅是家族工厂的采购员，还从事服装的裁剪、缝纫和设计工作。然而，在四年前，她已经和本（Ben）订婚，对方是桑贾尔家族远在波兰的朋友的儿子，现在定居英国。1939 年，本到巴黎求婚，并启程去伦敦。她事后写道："但我怎么能在战争来临前离开我的父母？我怎么可以一走了之？"[15] 在花费大量时间帮别人申请旅行许可证的同时，米丽娅姆发现自己已经不能出国，因为她的波兰护照已经过期。如果想更新护照，她的护照上必须有一个显示她在过去五年里到过波兰的红色公章,然而她没有。所以,当她去更新护照时,护照反而被没收了。婚姻是米丽娅姆逃跑的唯一希望。本的情况同样不容乐观。如果他想要在法国获得结婚证就需要住满两个礼拜。但由于深信漫长而毁灭性的战争即将到来,他已经于1938年加入了志愿军,因此没有办法请两个礼拜的假期。像许多其他在巴黎的年轻女性一样,米丽娅姆·桑贾尔陷入了双重困境,一边是她对家庭的责任感,另一边是繁冗的文书事务。

那些在此前的一年里读过报纸的人都知道,1938年英国首相尼维尔·张伯伦和法国总理爱德华·达拉第一直避免去捷克斯洛伐克打仗。他们坚持认为,只要同意纳粹的要求,他们就能实现"我们这个时代的和平"。50万人在布尔歇机场热情地迎接了达拉第,感谢他避免了战争。不过,有人认为这只是为战争争取了一些喘息的时间而已。而在英国,声名狼藉的张伯伦在克罗伊登机场挥舞着一纸协约的场景很快被证明是毫无意义的。水晶之夜最终还是发生在了巴黎:年轻的犹太人赫舍尔·格林斯潘(Herschel Grynszpan)在德国驻巴黎的大使馆枪杀了德国外交官恩斯特·冯·拉特(Ernst von Rath)。两天后,1938年11月9日晚上和10日凌晨,暴徒恶毒地攻击了犹太人在德国各地的商店和企业,这次事件粉碎的不只是商店的橱窗,还有一些人残存的幻想——希特勒会满足于吞并苏台德地区。犹太人或政治难民逃离德国变得越来越困难。1939年3月,希特勒的军队侵占了捷克斯洛伐克,而法国和英国仍然保持中立。但6个月后德国入侵波兰不再被宽容。反抗行动开始了,这没什么值得庆幸的,因为人们对"一战"仍记忆犹新。

动员行动立刻开始了。法国政府给选定的年轻男子打电话，或直接差遣信使去他们家里，并张贴了《紧急召集》的告示。计划常常毫无预兆地改变，这给人们带来了普遍的混乱和充满压迫感的焦虑。19岁的雅克利娜·德·拉·罗施布罗莎（Jacqueline de La Rochebrochard）来自布列塔尼地区的一个老牌贵族家庭。她计划在当年晚些时候与约瑟夫·达兰库（Joseph d'Alincourt）中尉成婚。但是，考虑到他即将在几小时后去法国东部服役，"我们毫不犹豫地决定当天就结婚，做出决定的时候已经是深夜，我们叫醒了市长，他同意在小城市政厅也是学堂为我们举行婚礼。第二天，我们教区的牧师为我们举行了宗教结婚仪式，随后约瑟夫马上离开了"[16]。

最强烈的情感表达通常出现在火车站，赶赴前线的男人在那里告别他们的父母、妻子和孩子。车站的餐厅开始供应自助餐，这个新现象的出现是由于大部分服务员都已经应征入伍。也有红十字会工作人员给孩子发放少量的牛奶和干面包，童子军的成员们则帮助难民搬运行李。

虽然战斗对巴黎人来说仍然遥不可及，但实际上，希特勒和他的将军们可没打算来虚的：他们正在训练预备役人员，并把大量设备送到前线。1939年8月，同盟国政府和许多欧洲的共产党人在惊恐中得知纳粹和苏联签订了条约，德军以此杜绝了在东线被夹击的可能性。

1933年希特勒上台以来，德国通过了大量针对犹太人和其他族裔群体的法律，以阻止他们过上正常的生活。来自德国、奥地利和东欧的难民想尽办法寻找工作和家园。许多人相信，至少法国这个率先在欧洲解放了犹太人的国家,他们会找到避难所。但除了长期的革命理想和总结法国哲学思想的《人权宣言》外,法国的反犹主义也由来已久,阴魂不散,并且时不时兴风作浪,卷土重来。

从1894年持续到1904年的德雷福斯事件在法国社会留下了根深蒂固的伤痕。20世纪20年代,反犹主义在法国一度消退,部分原因是在第一次世界大战中许多犹太人为法国做出了牺牲,因此很难指责犹太人不爱国。然而,30年代,反犹主义再次复活。此时,逃离纳粹统治的外国犹太人大量涌入法国,加上19世纪初,从东欧国家涌来了大量逃离屠杀的贫穷的犹太人。1936年,法国迎来了第一位犹太总理——莱昂·布鲁姆——人民阵线联合政府的首脑。布鲁姆推出了几项重要的社会改革,其中包括职工带薪休假。在某种程度上,他也是女性权利的守护者。但是,尽管有三个女人在他的内阁任职,女性在法国仍然没有投票权,也没有权利在自己的名下开设银行账户。布鲁姆的任期是短暂的。由于无法顺利解决经济问题,他于1937年辞职。反犹的极右分子们不惮于挥舞"希特勒强过布鲁姆"之类的标语。此时,他们甚至能够笼络到原本远离反犹主义的主流保守派和社会主义者。他们谴责犹太人在法国的影响力,并认为这不仅会违背国家利益、将法国推向与德国的战争,还会使国家成为"欧洲的垃圾桶"。

"二战"之初,法国大约有33万犹太人。而在两次世界大战期间,这个数字只有15万。仅巴黎的犹太人口就从1914年之前的大约7.5万人猛增到了20世纪30年代的约15万人。剧烈的犹太人口增长滋养了法国潜在的反犹主义,并助长了极右翼法西斯媒体。除了天主教徒和保皇党人夏尔·莫拉斯（Charles Maurras）创办的《法国行动》之外（他还领导着同名的政治运动），还有三个主要的刊物：奥拉斯·德·卡布西亚（Horace de Carbuccia）主编的周刊《甘果瓦》(*Gringoire*)、《老实人》(*Candide*)和《我无处不在》(*Je suis partout*)，后者的反犹色彩最为强烈。1936年，《甘果瓦》的发行量已经从年初的64万份攀升至年底的96.5万份。罗贝尔·布拉西亚克（Robert Brasillach）在1937—1943年是《我无处不在》杂志的主编。1939年2月，该杂志用整整一期的篇幅攻击法国的犹太医生和医学生。

但也有自相矛盾的地方。《甘果瓦》《老实人》和《我无处不在》都用和政治评论相同的篇幅来刊登文学批评，并以此为傲。例如，《甘果瓦》在声讨莱昂·布鲁姆的檄文旁边刊登了伊莱娜·内米洛夫斯基（Irène Némirovsky）的作品。这位俄罗斯裔犹太小说家在出版了小说《大卫·戈尔德》(*David Golder*)之后就成了极右翼媒体热捧的对象。这本小说讲述了一个贪婪的犹太人银行家和他不忠的妻子、需索无度的女儿的故事。该书在1929年取得了巨大的成功，并很快被拍成电影。布拉西亚克和《甘果瓦》的文学评论家都非常钦佩内米洛夫斯基。然而，1938年，布拉西亚克号召将所有从外国来的犹太人视为"外国人，并最大程度上阻拦他们加入法籍"[17]。

1939年6月，伊莱娜·内米洛夫斯基在接受采访时表示："我怎么会写这样的东西？如果现在让我写《大卫·戈尔德》，我会写得完全不同……大环境完全变了！"[18]她明白，法国主流社会并没有接受她，只是容忍她而已。虽然她随家人在大革命之后就离开了，然而，截至1939年，伊莱娜已经在法国生活了二十年。法语是她后天选择的语言，她从小讲法语，在索邦大学读书，用法语写作。法国是她选择的国家。她想成为一个法国作家，想要写法国资产阶级的生活。1926年，她与银行家米歇尔·爱泼斯坦（Michel Epstein）结婚，爱泼斯坦是她在法国遇到的一个犹太人。1939年，这对夫妻已经有了两个女儿，生于1929年的丹尼丝和生于1937年的伊丽莎白。由于出生在法国，两个女儿都是法国公民。伊莱娜拥有优雅的华服，她在巴黎7区靠近荣军院的康斯坦·科克兰（Constant Coquelin）大道的一栋七层公寓里拥有一套房子。她雇了法国保姆、女用人和厨师。表面上看，她是一个地道的巴黎女人，而她的稿费很大程度上支撑着这种生活方式。然而，伊莱娜和她的丈夫确实也是外国人，他们在1938年以前都没有申请入籍。事实上，1921年，伊莱娜来法国三年后就已经符合入籍资格。米歇尔向警察局的相关部门提出入籍申请时，他的材料包括雇主推荐信、他在北方银行的账户资料以及一些伊莱娜的崇拜者们的推荐信。然而，他们并没有得到任何答复。1939年4月，他们被要求重新提交之前已提交过的文件。然而直到9月都毫无下文。他们被告知，这样的延迟是战争的"大环境"所致。他们的申请完全被忽略了。伊莱娜为此深感伤心，他们现在是没有祖国的人了。

这年的早些时候，伊莱娜和家人皈依了天主教。2月2日，他们在巴黎古老的圣玛丽修道院接受了洗礼。这可能不是一个深刻的精神层面的行为，但她确实不认为自己是犹太人（她的婚礼在一座犹太教堂举行，但她坚称这是为了取悦米歇尔的父亲），并真诚地认为自己与基督教更亲近。想必伊莱娜也是想在这个日益充满反犹情绪的世界给家人一点保护。

1939年8月，苏德条约签订后，米歇尔开始担心他和妻子可能不仅被视为无国籍人士，而且更糟糕地被视为德国人——法国的敌人。此外，如果他失去在巴黎的工作，他们的整个家庭可能就需要依靠伊莱娜一个人的收入来养活。因此，他写信给伊莱娜的出版商寻求支持，随后收到了热情洋溢却毫无用处的回复。接着，米歇尔一家到巴斯克海岸的昂代伊市度暑假。9月，战争开始了，伊莱娜把女儿送出巴黎，寄养在过去十年间都为她工作的护士家中。这名护士叫塞西尔·米肖（Cécile Michaud），家住巴黎东南部有四小时车程的伊西-莱韦克村。战争开始后的第一个冬天，伊莱娜常常来这里看望她的女儿，但她自己却没有搬家。她觉得尚且没有必要离开巴黎。

那年夏天，战争终于打响，许多法国家庭还在度假中，很多父母还把孩子送去了夏令营。那是个特别炎热的夏天，塞维涅女中的英语老师克莱尔·谢弗里永（Claire Chevrillon）在瓦尔可颂山区的德龙（Drôme）省。整个8月，她都在管理一个童子军营地。营地有大约100个对巴黎都市生活习以为常的小男孩，他们的父母把他们送到遥远的丘陵山谷中，希望他们能体会大自然的美丽与危险。克莱尔的父亲安德烈·谢弗里永（André Chevrillon）是法国著名的文学评论家，她的母亲来自一个富裕且已经完全融入法国社会的犹太家庭。克莱尔很快理解了全国总动员意味着什么。几个月来，她的家人很清楚纳粹思想在整个欧洲蔓延的危险。现在，家长们愤怒地给克莱尔发电报，要求他们的孩子立即返回巴黎。克莱尔在营地的同事则马上离开并成为一名随军护士。克莱尔独自一人在疯狂的24小时之内关闭了营地，并将所有的孩子带回巴黎的里昂火车站，交还给他们的父母。"这是幸福生活的终结"[19]，她记得她当时这样想。

很快，法国各地的女性开始理解了战争的意义。对许多人来说，即便女性没有投票权、已婚女人无权拥有或处置家庭财产，但毫无疑问，她们都将在即将到来的戏剧里扮演举足轻重的角色。女人没有投票权的原因之一是有人认为她们经济不独立，因此不能做出自由选择。20世纪初，有人进一步辩称，女人的职责是做母亲和妻子，这与行使投票权不兼容。直到1938年，女人才有不经丈夫或父亲许可就外出工作的权利。此时有人议论，这种改变可能给女人不切实际的想法。一位参议员甚至宣称："如果因为战争，女人被要求在其正常属性之外发挥作用，她们应该知道，这仅仅是特殊时期的特殊措施。"[20]这位老参议员的想法当然是绝望而徒劳的。不过，法律先是禁止，然后又鼓励已婚女人出门工作，这深刻地揭示了法国社会对女性的矛盾态度。期待女性作为妻子和母亲的理想角色一直在与女人对工作的需要和欲望产生冲突。

○ ○ ○

娱乐业则是一个不受战争影响并接受女性来工作的领域。9月24日，法兰西喜剧院成了法国宣战以后第一个重新开张的剧院。当天早上的节目是诗歌表演。为了保护这座历史悠久的建筑，剧院入口处堆着10英尺高的沙袋。剧院里的大理石像、珍贵道具都已被转移,男性工作人员也减少了一半。该公司的一些女演员已经搬到乡下,但另一些从那年秋天开始仍然按照原计划的时间表演出。

直到1939年,法国仍然在拍电影,巴黎人像往常一样蜂拥至电影院。他们去看被誉为"新一代嘉宝"的年轻女演员科琳娜·吕谢尔(Corinne Luchaire)。吕谢尔童年时一直在四处奔波,她的父母离婚后,她随母亲来到德国。在那里,她和一些高级别纳粹军官成为朋友。但她对犹太人并不陌生,她的祖父、剧作家朱利安·吕谢尔的第三任妻子就是一个犹太女人;而她的姑姑吉塔(Ghita)也嫁给了犹太哲学家泰奥多尔·弗伦克尔(Théodore Fraenkel)。无论如何,科琳娜一直梦想着当演员,她在十六岁时出道,出演了她祖父编写的剧目《海拔3200米》。十七岁时,她又主演了电影《没有栅栏的监狱》。这部法国电影于1938年推出了同名英文版,科琳娜同样是女主角,因为她可以讲一口流利的英语,这在法国演员中很不寻常。1939年,科琳娜出演了改编自小说《邮差总按两次门铃》的电影《最后的转角》。科琳娜是新一代渴望工作的女性的象征,对她们来说,成为一个电影明星不仅是一种解放,也可以带来不少收益,并且这不需要什么执业资格。对于任何一个享受被男人仰慕的感觉的女人来说,这都是一条令人满足的职业道路。不过很快,这也意味着被纳粹仰慕。

类似的情况也发生在歌舞厅和夜总会,那里从不缺少年轻的女舞者,整个行业呈现出前所未有的繁荣。1939年初,刚来巴黎不到一年的年轻的南非女孩萨迪·里加尔(Sadie Rigal)来到蒙马特歌舞厅试镜。萨迪二十一岁那年离开了约翰内斯堡，她的父亲和她的五个兄弟姐妹住在那里的一个招待所里。萨迪决心在欧洲独立生活，她梦想加入俄罗斯芭蕾舞团。1919年，萨迪两岁的时候，她的母亲受到了儿子患流感后死亡的刺激，被送到了一家精神病医院。从此，萨迪的父亲大卫·里加尔独自承担起了抚养家庭的重任。里加尔一家生活艰难，但萨迪显然天赋异禀。她帮一位开舞蹈学校的表亲打杂，以此换取免费的舞蹈课程。很快，她开始赢得比赛，并师从更资深的老师。1938年，她成功地在开普敦表演独舞。随后，她启程前往巴黎，师从俄罗斯教师（当时，巴黎有许多俄罗斯舞蹈教师）。这都是为了实现她的人生理想——加入俄罗斯芭蕾舞团。

同时，为了补贴家用，她到著名的塔巴林舞厅面试。这家舞厅坐落在维克多·马西大街36号，背靠皮加勒广场，1904年开业后一直生意兴隆。塔巴林舞厅的席间歌舞表演是巴黎最有名的，几乎全裸的女孩们用不同寻常的姿势进行优雅的杂技表演：她们围在一个笼子周围，或咬住笼子的栏杆，或用脚勾在笼子上向下倒挂。超现实主义摄影师曼·雷（Man Ray）在1936年为这种表演拍摄了一组著名的照片，里面的女孩们用身体组成了梦幻般的树冠。1928年，皮埃尔·山德里尼（Pierre Sandrini）成为塔巴林舞厅的艺术总监和联合持有人。他在歌舞表演中引入了芭蕾舞，舞蹈服装由埃尔泰（Erté）设计，这将舞蹈表演变为了美丽的画卷。他每年都会有新节目和新主题，比如行星或交响乐。一些节目还受了历史人物的启发，比如埃及艳后克娄巴特拉或者蓬帕杜夫人。

山德里尼后来在风雨飘摇的岁月成为萨迪的救世主。1939

年夏天,山德里尼鼓励萨迪和一个朋友去伦敦面试俄罗斯芭蕾舞团。两人都被录取了,她们被告知留在巴黎,因为芭蕾舞团将在12月到巴黎进行演出。萨迪和朋友随后回到了巴黎。但战争爆发后,俄罗斯芭蕾舞团一直没来,她们就像被搁浅在岸边的船。父亲大卫·里加尔为萨迪凑足了回南非的路费,但她却拒绝了。她决定拥抱不确定性,在巴黎碰碰运气。

塔巴林舞厅的名气一直没能赶上女神游乐厅(Folies Begère),后者自1918年以来一直被视为某种国家历史文物。曾经有人大胆宣称,那里舞者的华丽乳房代表了法国的精华,法国人在"一战"中为之而战。成千上万的男人被传说中的"欢乐巴黎"和巴黎式放荡吸引,付费观看脱衣舞以及日益丰富的服装和舞台布景。然而,女神游乐厅培养的不只有衣着暴露的脱衣女郎,还包括很多明星,比如莫里斯·舍瓦利耶(Maurice Chevalier)、歌手和女演员米丝廷盖特(Mistinguett),还有黑人爵士歌手、舞者约瑟芬·贝克(Josephine Baker)。

另一个出生在都柏林的女孩也在这里学会了跳舞和娱乐。她没有钱,也不知道她的父母是谁,但很有才华。她的名字叫玛格丽特·凯利(Margaret Kelly)。由于她有深邃的蓝眼睛,人送绰号"风信子"。在女神游乐厅表演了几年后,她自立门户,成立了"风信子女郎"舞团。当时她只有二十二岁。她的舞团有时在女神游乐厅演出,有时则到卡普琴大道的派拉蒙电影院表演。这座电影院是巴黎最华丽的老牌电影殿堂,每天一大早就有电影放映。那里的氛围自然和蒙马特的那些席间歌舞秀不同。凯利迅速成为一个成功的编舞、舞会承办人和管理者，带着她的舞团在欧洲各地巡演，并为自己获得了相当的知名度。多年以来，她和在女神游乐厅工作的罗马尼亚的犹太作曲家、钢琴家马塞尔·莱博维奇（Marcel Leibovici）是密友。尽管所有后台的恋情都被剧场官方禁止，但马塞尔还是在1938年向她求婚。当时他三十四岁，她二十八岁。

两人在结婚的过程中遇到了不少麻烦。如果和罗马尼亚人结婚，凯利就会失去她的英国国籍。为此，马塞尔请罗马尼亚使馆出具了一份放弃国籍的证明，从此他成了没有祖国的人，这对他来说是一个勇敢的承诺。之后，他们又遇到了宗教问题，因为凯利想在天主教堂举办婚礼，而马塞尔是犹太人，尽管他并不尊崇犹太戒律。凯利决心要得到教会的祝福，她上书巴黎大主教，后者又把她的申请递到梵蒂冈。马塞尔后来与大主教进行了正式会面，他承诺以后有了孩子会让他们皈依天主教。终于，1939年3月1日，两人举行了民事婚礼，随后又到巨大的圣三一教堂举行了宗教婚礼。他们还在巴黎郊区著名的旅行胜地圣日耳曼莱耶的亨利四世酒店举行了婚庆派对，并包下一辆巴士带来尽可能多的舞者。不过他们没有度蜜月。婚礼第二天，舞团照常营业。1939年7月1日，他们的第一个孩子帕特里克出生。

1939年，许多情侣决定结婚。这让几大珠宝商的婚戒生意十分兴隆。毕竟，如果士兵战死沙场，他的遗孀至少还有一枚婚戒作为补偿。但是，在不断变化角色、搬家、担心险境中的亲属等种种疯狂的混乱中，离婚的夫妻与结婚的情侣几乎一样多。年届五十的莉莉·帕斯特雷（Lily Pastré）伯爵夫人被迫在1939年开始了一段新生活。这年年底,她终于与丈夫协议离婚。她的丈夫、拥有万贯家财的让·帕斯特雷(Jean Pastré)伯爵出轨了,而这几乎摧毁了她。

莉莉出生于1891年,她的婚前姓名叫玛丽·路易斯·杜布勒·圣-朗贝尔(Marie Louise Double Saint-Lambert)。她是一个富家女,她的母亲有俄罗斯血统,而她的爷爷则是辛勤工作的企业家,与人合伙成立了诺里·普拉特牌苦艾酒公司。作为家族财产继承人,莉莉本身就很富有。尽管如此,她的童年并非娇生惯养,而是在天主教影响浓厚的专制家庭长大。她年轻的时候身材高挑苗条,金发碧眼,还是一个出色的网球运动员。

1916年,莉莉经历了人生中第一次巨大的悲痛——她的哥哥莫里斯在索姆河战役中丧生。两年后,她接受了与帕斯特雷伯爵的包办婚姻,这一定程度上是马赛资产阶级家庭为加强势力而结成的联盟。帕斯特雷夫妇有三个孩子——纳迪亚、妮可和皮埃尔。但莉莉并不打算在孩子身上花太多时间,这在她的圈子里很正常。她的孩子被保姆和一个英语老师带大。尽管生活留给她的选项不多,但莉莉还是选择把时间花在巴黎的音乐厅和歌剧院里,并对前卫音乐、戏剧和艺术颇有研究。

1939年,四十八岁并育有三个成年子女的莉莉选择离婚,随后她离开了巴黎。作为离婚协议的一部分,她搬到了马赛附近的蒙特东(Montredon),住进家族拥有的城堡。在那里,她震惊地发现,法国外省的人都回避她,尽管她离婚的原因是她丈夫出轨在先。她失去了生活的意义,在听到丈夫在巴黎的风流韵事之后,她彻底崩溃,暴饮暴食。对于莉莉来说,战争成为她的救赎。

印度公主努尔·伊纳亚特汗（Noor Inayat Khan）与家人生活在富裕的巴黎郊区叙雷讷。1939年，她正从一段漫长的感情生活中挣脱出来。她意识到战争即将爆发，她作为儿童文学作家的职业生涯将被扼杀在萌芽中。努尔1914年出生于莫斯科。她的父亲是一位杰出的苏菲教派导师，其直系祖先提普苏丹（Tipu Sultan）是18世纪印度迈索尔王国的穆斯林统治者。努尔的妈妈奥拉·贝克是美国人。一家人定居法国前曾在伦敦居住。他们在叙雷讷买下了一座名叫法扎尔·曼齐尔（Fazal Manzil）的大房子。在这里，努尔多年学习竖琴和钢琴，并最终进入了纳迪亚·布朗热（Nadia Boulanger）主持的巴黎音乐学院。随后，她又在索邦大学修读了儿童心理学的课程。努尔的朋友和老师常常把她描述成一个平静却充满幻想的女孩，兼具才华和聪明。努尔在二十几岁时陷入了感情的旋涡，终日毫无缘由地以泪洗面，濒临崩溃。这很可能是因为在过去的六年里，她与土耳其犹太钢琴家戈德堡展开了一段激烈的恋情（戈德堡是姓氏，他从没用过自己的名字）。戈德堡与他的母亲一同住在巴黎。

努尔和戈德堡相识并相恋于音乐师范学院。有段时间，努尔的家人接受了戈德堡，还给他起名叫胡祖尔·纳瓦兹（Huzoor Nawaz）。但是，努尔的家人对这段恋情并不满意，他们坚持认为阶级的鸿沟不可逾越。戈德堡来自一个贫困的工人阶级家庭，他的母亲在一家洗衣房工作，勉强能支付日常用度。而努尔是一位高贵的公主。她的家人认为，努尔喜欢戈德堡正是因为她同情他的贫困出身，她担心如果她与戈德堡分手，他会试图自杀。

1938年夏天，努尔考取了儿童心理学教师的资格。但她的家人并不希望女人做专业的带薪工作。于是,努尔成为一个作家,经常在《费加罗报》周日版发表基于古印度和古希腊传说改编的儿童故事,而且写诗。她的一些故事在巴黎广播电台的《儿童时间》中播放,这为努尔赢得了极高的评价。努尔常常在房间里独自写作到很晚。1939年中旬,努尔似乎变得快乐了一些,她准备结束与戈德堡的关系,接受加尔各答的荷兰籍苏菲贵族彼得·约翰尼斯的求婚。他之前曾追求过努尔,但她拒绝了。然而,由于缺乏去加尔各答的路费,她暂时搁置了行程,继续为报纸写故事,并写完了第一本书《二十个本生故事》(*Twenty Jakata Tales*),这本书于当年夏天在英国出版。在这次成功之后,她计划创办一份儿童报纸,并开始为之搜集素材。对于努尔来说,宣战几乎马上结束了她为广播和报纸所做的工作,这不仅是因为纸张短缺,还由于在这个时期讲述森林中神奇动物的故事已经显得不合时宜。和她一起创办儿童报纸的记者也离开了。那人告诉努尔这个时候人们只想看硬新闻,儿童报纸的项目不可持续。

整个9月,巴黎弥漫着一种恐慌的气氛。难民大量涌入,士兵不断入伍,许多家庭不知道是应该留在巴黎还是去海边,到处游荡着寻找安身之所。大部分私家车已经被征用了。从此时起,不管是坐火车还是骑自行车,出行都变得极其困难,几乎成了不可能完成的任务。为了逃避可能出现的轰炸,英语教师克莱尔·谢弗里永和她的社工朋友们开始护送妇女和儿童离开巴黎去乡下。克莱尔穿着童子军制服,戴着防毒面具,显得专业而鼓舞人心。她几次前往蒙帕纳斯火车站,与惊恐的女人、鲁莽的儿童和生病的老人一起挤在火车上。之后的几个月，由于担心出现毒气战，巴黎人都被强制佩戴防毒面具。但是，许多报纸也写道："巴黎女人不会在战争中放弃时尚。"[21] 设计师们趁机不断推出更精致的面具盒。人们经常能看到皮革或绸缎材质的面具盒子，或者用来与衣服搭配的、不同材质的面具袋。当时最流行的设计师之一让娜·浪凡发明了圆柱形手包，售价180法郎，备受富裕的巴黎女人的青睐。

年轻的苏格兰女人珍妮特·泰西耶·杜·克罗（Janet Teissier du Cros）嫁给了法国人弗朗索瓦。她观察到，时尚的巴黎女人总能设法在黑暗、肮脏和混乱的首都里保持别致。她和她的丈夫一直住在爱丁堡，但他们决定尽快带小儿子安德烈返回法国，这样弗朗索瓦便可以参军战斗。珍妮特此时选择在法国支持丈夫。她后来回忆说，时局充满了混乱、动荡和不确定性，这一点在火车站体现得尤为明显，但不参军仍然是一件极其可耻的事情。她嫁给美国人的妹妹说："如果法国和英国不宣战，我又怎么好意思面对美国人？"珍妮特曾在婚前学习音乐，对于像她这样受过教育的女人来说，问题不是如何避免战争，而是一旦开战了如何赢得胜利。送走丈夫后，珍妮特以最快的速度带着安德烈去法国南方投奔公婆。她乐观地认为，战争将很快结束。她倒了好几趟火车，最后爬上一辆没有车顶的牛车。她意识到在这个阶段"我们都显得很邋遢，安德烈更是脏兮兮的，如果他是别人的孩子[22]，我可能连碰他的勇气都没有"。但是，她在牛车上看到了另一个女人，大概是要去探望她的军人丈夫。那是一个真正的巴黎女人——一袭美丽的黑色定制西装，里面的白色衬衫及内衣"当时仍然洁白"，头戴一顶巴黎特有的小黑帽。"她就像是一股巴黎的气息。虽然她和我们一样坐在牛车上,但她从来没有失去整洁优雅的气息。她让我深感愧疚,我意识到我趁机降低了自我要求,这在法国是不可原谅的事情。"[23]

○ ○ ○

1939年4月,巴黎各大时装品牌已经向世界各地的买手展示了秋冬新款。秋天,全市数千名裁缝和辅助工人在车间里忙着应付订单。正如高级时装工会主席吕西安·勒隆强调的:"我们的作用就是给法国一个宁静的外表;任何问题都不应该打扰设计师。他们的职责就是对困难保持超然的态度。法国女人越优雅……我们的国家就越能向外界展示我们对未来无所畏惧。"[24]

对于那些愿意开眼看世事的人来说,1939年从一开始就显得十分危险。《时尚花园》(*Le Jardin des Modes*)是众多假装一切如常的女性杂志之一。该刊1939年1月号建议女人们"向温莎公爵夫人一样"把发髻梳在后颈,3月号则告诉女性"如何美化乳房,让它们看起来年轻而坚挺",并坚称"这是法国女人热衷的新发现"。读者群更高端的 *Vogue* 则刊登了一幅赫莲娜化妆品的广告,上面写着:"如今,向爱人传达源于自信的乐观精神,这是所有人特别是女人的责任。"这则广告背后的逻辑十分有趣,好像使用赫莲娜彩妆有助于赢得即将到来的战争。这年秋天,所有女性杂志的社论都持这样的态度。[25]

为了回应战争,一些时装品牌在设计中引入了叠门襟、肩章之类的军装元素。温暖的流苏花边大衣在当时缺乏暖气的长途火车旅行中也成了必需品。一些设计师还从英式高筒军帽和法式三角军帽中汲取了设计灵感。但大多数杂志用男性对女性的嘱托来回应战争。《时尚花园》9月号头版上写着:"为了那些在前线的人们,你必须保持他希望看见的样子,不能变丑。"在内页里,这期杂志解释了所有的期刊都被要求减少50%的纸张用量,但"我们决定,无论时局多么艰难,我们的职责都是向世界展示:法国时尚在艰难的环境仍将引领全世界女性优雅的潮流"。

只要还能出版,女性杂志就会告诫巴黎女人坚持"维护她们那些令全世界羡慕的特权,用时尚打赢身边的战争。时尚会陪伴在巴黎女人身边"。一份杂志的秋季刊社论写道:"你要简洁优雅地打扮自己,因为那些前线的战士希望你美丽而精致。"这样的话鞭策着女人竭尽全力去完成一项重要任务:不要让巴黎奢侈品业死去,因为这是巴黎的重要资源之一。

到了12月,时尚杂志的语气终于跟上了时事,稍微清醒了一些。它们开始告诉女人如何准备送给前线战士的小包裹,如何做肉酱更省钱,如何编织绒帽或毛衣,抑或在预算减少的情况下如何将旧裙子翻新成当年的流行款式。一些杂志甚至会问读者更倾向于将现有的杂志页数减半还是保持同样的页数但降低出版频率。然而,1940年初,物资短缺最终迫使大多数杂志休刊。*Vogue*和《时尚芭莎》两本杂志在困难中坚持了更长的时间。

不过,就像吕西安·勒隆1939年11月接受采访时所说的那样,维持时尚业的动力并不只是浮华。"眼下国家正需要外汇,我们必须尽一切努力提振出口。我们的海外客户仍保持着以往的生活方式……我们还有另一个义务,巴黎的时装业养活着两万名女工和五百名男工,还决定着纺织、丝绸、皮草、蕾丝花边等其他产业的生死。"他表示,必须尽一切努力保护这些人在巴黎的工作。随后的几个月,他更加积极、迫切地重申这个立场。对大多数人来说,巴黎意味着时尚、美食、歌舞表演和法兰西喜剧院。在1939年,人们还不清楚这些生活的方方面面将会如何在未来的五年变化,但每一个方面都在发生变化。

○ ○ ○

然而,仅仅是维持优雅精致的外表当然不够。正如美国前女演员德鲁·塔蒂埃(Drue Tartière)所说,很多法国士兵的装备差得可怜,完全不足以应付眼前的险恶局面。他们穿着绒布拖鞋,而不是靴子。[26] 德鲁是战前仍然生活在大巴黎地区的3万多名美国人之一。她在巴黎世界广播电台工作,致力于向美国人传达巴黎的艰难氛围。科莱特、法国女演员米丝廷盖特和塞西尔·索雷尔(Cécile Sorel)以及美国著名记者多萝西·汤普森(Dorothy Thompson)等都是她节目中的常客。虽然美国大使威廉·布利特(William Bullitt)建议所有美国公民离开法国,但仍有大约五千人出于家庭原因或情感原因选择留下。德鲁与她的法国丈夫雅克·塔蒂埃(Jacques Tartière)结婚刚满一年。由于丈夫一直在前线作战,德鲁从阿尔萨斯聘请了一名年轻女子作为管家。这位名叫娜丁的女孩一直渴望在大城市生活。聘用娜丁之前,德鲁问她对德国人印象如何。娜丁回答:"夫人,我的父亲总是说,根治德国的办法只有一个,那就是杀光那里的女人和儿童。"德鲁对这个回答感到满意,但也觉得似乎有点偏激。当时,对德国人有这种感觉的巴黎女人并不多。

第 二 章

1940：弃城而逃

1939年初冬到1940年初春，包括法国在内的众多欧洲国家遭遇了严寒天气。冷空气的中心位于荷兰和德国北部，但极端天气遍布了芬兰、瑞典、挪威南部、丹麦和英格兰西南部、法国北部、德国、匈牙利、南斯拉夫、罗马尼亚、波兰、波罗的海国家和俄罗斯西部。即使在西班牙北部，气温也一度下降至零下18摄氏度。有些法国人甚至开始怀疑他们是生活在西伯利亚。

恶劣的天气下，人们开始相信静坐战已经无以为继，必须尽力为即将到来的灾难做好准备。很多家庭主妇都开始储存糖、面粉、罐头等必需品。她们震惊地发现，连花瓶里的水也结了冰。但有一些不同寻常的女人则想要尽快给他人提供力所能及的帮助。

1940年初，众多巴黎资产阶级女性应征加入医疗和社会志愿服务。奥黛特·法比尤斯（Odette Fabius）就是其中之一。她还记得"一战"期间，她家在巴黎的宽敞的联排别墅的整个一个楼层都变成了临时医院，她的母亲穿着笔挺的白色护士制服照顾病人。当时年仅四岁的奥黛特在大人的鼓励下给病人们挨个送香烟。奥黛特生于史默勒（Schmoll）家族，这是法国最古老和最杰出的犹太家族之一，在阿尔萨斯和波尔多颇有影响。她的祖先、法国政治家亚伯拉罕·弗塔多（Abraham Furtado）是拿破仑·波拿巴的顾问。她父亲是一位高级律师，在司法部工作。她和弟弟长大的过程中从不缺乏父母的关爱和投入，更不缺物质享受。她的金色童年让她感到生活是"一个了不起的礼物"，充满了美好。她有一个英国保姆——爱丽丝·达令（Alice Darling），因此，她的第一外语是英语。1940年，爱丽丝为这家人服务了三十二年。尽管一家人是犹太人，但他们的日常生活与他人并无差异。

1929年，奥黛特经人介绍结识了比她大十岁的罗贝尔·法比尤斯。出身于古董商家庭的罗贝尔颇有魅力。不过，史默勒先生却轻蔑地认为，罗贝尔只是一个小店主。然而，正是这个职业最终挽救了他的生命。同年，奥黛特和罗贝尔在巴黎结婚，次年在巴黎大拉比的主持下，两人在维克多瓦街犹太大教堂举行了婚礼——四十年前，同样在这个教堂，阿尔弗雷德·德雷福斯（Alfred Dreyfus）上尉迎娶了露西·阿达玛。此时的奥黛特刚满二十岁。她的婚纱由她最喜欢的设计师浪凡制作，光是蕾丝裙摆就长达10米。她的众多表兄弟和朋友也前来参加婚礼，其中就包括珠宝商的女儿勒妮·梵克。随后，他们在乔治五世酒店举行了奢华的婚宴。

之后不到一年，他们的女儿玛丽-克劳德就出生了。一家人搬到了时尚的梅耶贝尔街的一套公寓里。在那里，包括英国保姆在内的三个家丁都有充足的生活空间。但是奥黛特并不快乐，她的生活无非是去时尚的伯夫苏勒图瓦餐厅用餐，或者去观看歌舞表演。而她的丈夫很快就学会了喝酒、赌博和包养情妇。这并不是什么大不了的事情，奥黛特的父亲也是这样的。作为高级资产阶级，他们都会保持最起码的低调。对于奥黛特这样的年轻母亲来说，在20世纪30年代，她们的生活并没有多少选择空间。1937年，她心爱的母亲去世了。此前，奥黛特时常和母亲讨论如何继续这不快乐的生活，此时，她连这样的谈话对象都没有了。于是，她开始去巴黎著名的精神分析学家迪米特里安（Démétrian）博士那里看病。然而，迪米特里安博士也很快应征入伍了，无法继续对奥黛特进行治疗。突然间，"对我来说，生活才刚刚开始"[1]。

奥黛特加入了移动医疗行动小组（SSA），成为志愿救护车司机。在救护车和司机都短缺的情况下，法国战争部在法国红十字会的援助下组建了移动医疗行动小组，专门从战场转移伤员。1939年4月24日，该项目在荣军院的庭院里举行了简短的启动仪式，随后，一些成员马上就开始了行动。移动医疗行动小组里的许多女性都来自法国最知名家族，且常常有着伯爵夫人或公主的头衔。事实上，她们的职能远远超出了运送受伤的英国和法国士兵，她们还帮助难民南下离开巴黎，并向战俘营里运送急需的物资。这项工作危险且劳累，这些女人常常接连几天都无法睡觉。被派往法国北部前线的小组成员很快开始应对激烈的战斗和大量的伤员，她们不得不夜以继日地在德军的枪林弹雨中开车运送伤员。最终，在德军的猛烈进攻下，救护车司机们陆续接到撤退的命令。

奥黛特最后执行的任务之一是用救护车运送红十字会的金库到波尔多。她很熟悉波尔多，法国政府正打算在德国入侵之后迁都波尔多。途中，她在奥尔良的酒店里停留了一晚。次日凌晨，酒店遭受了德国飞机的轰炸，二十人死亡。奥黛特侥幸活了下来，继续上路。"我可不想别人指责我丢了红十字会的百万财产。"[2] 1940年初，移动医疗行动小组正式解散，但许多已经面对过恐惧和危险的女性成员后来又参与到了进一步抵抗德国的行动中，成了某种早期的抵抗组织。

温莎公爵夫人沃利斯也短暂地加入过移动医疗行动小组，并给马其诺防线后的医院运送过血浆、绷带和香烟。她坦言："我更忙了，而且也许比我生命中的任何时候都更有用。"[3] 当时，温莎公爵正在巴黎近郊的文森市执行英军的任务。让他烦恼的是，英国报纸没有兴趣报道他勇敢的妻子，尽管他曾骄傲地告诉记者他的妻子"在枪林弹雨中"[4]。5月10日，德军入侵荷兰，法国唇亡齿寒。很快，公爵以及一些国际名人决定是时候逃离巴黎了。这些人包括富家名媛黛西·费洛斯（Daisy Fellowes），夏尔·门德尔爵士和门德尔夫人，作家、收藏家格特鲁德·斯坦（Gertrude Stein）和她的情人爱丽丝·托克拉斯（Alice B. Toklas）。爱德华先是把沃利斯送到比亚里茨（Biarritz），随后回到巴黎处理事务。

到了5月底，爱德华迫切地盼望与妻子团聚，于是把位于巴黎苏切大道85号的房子托给德国管家看管，随后匆匆离开。就这样，他一声招呼都没打就抛弃了他最长久和忠实的朋友、侍从官梅特卡夫少校。这也迫使爱德华在没有任何交通工具的情况下自己想办法回英格兰。不出意料，梅特卡夫把这种行为视为对他们二十多年的友谊的漠视，并威胁再也不会原谅他。梅特卡夫甚至对妻子说：

"1936年,他放弃了他的工作,现在,当办公室里每个人甚至是残疾人员都在试图做点什么的时候,他放弃了整个国家。一切都结束了!"[5]

一些历史学家捍卫温莎公爵,认为他可能是得到赴外执行军事任务的批准后离开巴黎的。更重要的也许是,温莎公爵认为,在这个似乎所有人都反感公爵夫人的时刻,他必须和她在一起,支持并捍卫她。公爵夫妇从比亚里茨到了他们位于安提布半岛的家——拉克罗城堡(La Croë)。在那里,他们听到了德军前进、法国崩溃的新闻。在征得当地英国大使馆的同意后,公爵夫妇赶在法国政府逃离之前去了西班牙。

○ ○ ○

1940年,温莎公爵在巴黎繁忙的最后两星期里,仍然抽出时间去卡地亚的门店取他最新定制的珠宝。1940年3月4日,他拜访了卡地亚的设计总监让娜·图桑(Jeanne Toussaint)为沃利斯6月19日的生日下了订单。当时,他的口袋里装满了从一条项链上取下的宝石和四只手镯。他希望打造一枚精致的火烈鸟形状的胸针:用红宝石、蓝宝石和绿宝石制作一个亮眼的尾羽,鸟的腿部可伸缩,这样沃利斯弯下身子的时候不至于被它扎到。

图桑是20世纪30年代晚期巴黎一群不同寻常的女人的代表——她们自力更生、有良好的品位和风格,并急于解放和表达自我。"一战"之前,珠宝行业维持着既定的惯例和传统,但到了20

世纪20年代，女性奋起争取更高的社会地位，珠宝和服装也反映了她们对更大程度的自由的渴望。图桑的客户主要是那些拒绝被局限在狭窄空间里的女人。她的母亲是比利时的蕾丝制造商。矮小瘦削但充满活力的图桑年仅十六岁时就离开了家乡沙勒罗瓦（Charleroi）来到巴黎，成了一个贵族的情妇，并成为第一个当模特儿挣钱的人。后来，那位贵族抛弃了她，她又和另外几名男子保持关系，她的朋友圈里主要是情妇和交际花。这样的圈子兴起于巴黎，她在这个圈子里的好友包括香奈儿，两人一直维持着亲密的友情。

1918年，让娜·图桑结识了路易·卡地亚，随即坠入爱河。路易·卡地亚是成立卡地亚珠宝公司的三兄弟之一，他们在巴黎和平路上的店铺生意蒸蒸日上。卡地亚的招牌设计是用精致的铂金衬托印度或俄罗斯进口的宝石。当时，卡地亚在伦敦和纽约已有分店，在国际舞台上大获成功。四十三岁的路易·卡地亚此前离过婚，他想要图桑为妻，但他的家人则无法接受让娜·图桑。在他们看来，图桑是个骄奢淫逸的交际花，他们担心这会对公司产生负面影响。于是，图桑一直保持着情妇的身份。

尽管图桑既不会画画也不会素描，却被路易任命为设计总监，这在卡地亚公司内部乃至整个巴黎上流社会都算得上是个举足轻重的角色。她很了解法国男人宠爱"多情女子"的传统，也清楚奢华珠宝在婚外情中扮演的角色——毕竟她和香奈儿都在婚外情这一领域崭露头角。在卡地亚和其他巴黎珠宝商那里，一个男人保持两个户头的情况十分常见：一个用来给妻子买东西，另一个用来给情妇买东西。店员认真地记录下所有的买卖记录，低调保密至关重要。

他们通常经过了严格的训练，不会混淆两个账户的记录——直到今天这仍然是行规。

比图桑年轻十岁的苏珊·贝尔佩龙（Suzanne Belperron）是当时最有才华的珠宝设计师之一。她也在十几岁时就搬到巴黎，在打扮女人方面颇有天分。苏珊·贝尔佩龙婚前原名叫维勒姆（Vuillerme），1900年出生在法国汝拉（Jura）。她的家庭在当地颇有渊源。十八岁开始，她就屡次在贝桑松高等美术学院组织的比赛中获奖，很快她就去为让娜·博伊文（Jeanne Boivin）工作。后者是时装设计师保罗·普瓦雷（Paul Poiret）的妹妹，也是当时巴黎最有名的珠宝商勒内·博伊文（René Boivin）的夫人。在博伊文旗下，苏珊永远以她高度个性化的作品出名，但她本人必须保持匿名。对于天赋过人且个性强烈的苏珊来说，这种情形不可持续。

1932年，巴黎知名珠宝交易商贝尔纳·赫茨（Bernard Herz）邀请苏珊出任他的艺术工艺总监，并承诺给她更大的创作自由度。苏珊欣然接受。从此，*Vogue*常常整页刊登"香奈儿或曼波彻设计的礼服，搭配贝尔佩龙的珠宝"，从而用新的方式把时装设计师和珠宝商联系起来。此后的几个月，奢侈品行业的这两个分支之间的关系显出它至关重要的作用。贝尔佩龙突然开始与老牌的卡地亚和梵克雅宝争夺注意力，但人们对贝尔佩龙品牌背后的女人知之甚少，这种神秘感也增加了品牌的吸引力。

苏珊于1924年与工程师让·贝尔佩龙（Jean Belperron）结婚。这对年轻夫妇住在蒙马特，在那里他们结识了很多前卫艺术家。她的朋友努什·艾吕雅（Nusch Eluard）是个女演员，偶尔也做珠宝模特儿。努什·艾吕雅是超现实主义诗人保罗·艾吕雅的妻子，也是保罗的灵感来源。她曾戴着苏珊·贝尔佩龙制作的珠宝拍照，由摄影师曼·雷掌镜。然而，苏珊的私人沙龙设在并不时髦的巴黎9区夏头敦街59号，她在那里接待客人。尽管她从来没有过正式的店面，但她的设计却备受追捧——自然主义的树叶和贝壳的搭配，用乌木或玉髓之类的非传统材料与宝石混合，这些都成了对当时流行的装饰艺术风格的一剂解药。她的常客包括温莎公爵夫人、黛西·费洛斯和斯基亚帕雷利。巴黎女人常常根据口耳相传的建议去购物，她们知道去哪里能找到贝尔佩龙，并一眼就能认出贝尔佩龙大胆而低调的设计。同时，苏珊也因她的个人风格而出名：她的头发很短，常用头巾覆盖。而且，尽管她非常注重隐私，但她有时也会戴着华丽的耳环，穿大袖口的衣服，并在长长的手指上戴上戒指，让霍斯特（Horst）和曼·雷给她拍照。

赫茨是一个英俊男人，比贝尔佩龙年长二十三岁。他在尚蒂伊（Chantilly）乡下有一套大别墅，还在时髦的16区威尔逊总统大道上买下一套公寓。他的孩子都已经长大成人：女儿艾琳·索林斯基（Aline Solinsky）已经出嫁，儿子让（Jean）曾是战俘。他在苏珊的生活中扮演了父亲的角色，很可能也是她的情人。苏珊最宝贵的财产之一是一个白金和铂金打造的手持双筒镜，上面还悬挂着两个心形的挂件，两个镜筒里各有一张照片，一个上面是她的母亲，另一个上面是赫茨。尽管赫茨出生在巴黎，却是个犹太人。这意味着从1940年初，苏珊·贝尔佩龙就开始研究如何将公司转移到自己名下，并独自管理贝尔纳·赫茨的所有生意。

○ ○ ○

尽管美国在1940年尚未加入战争，但在巴黎，美国医院却是少数几个为战争做了准备的机构之一。重建于"一战"后的美国医院位于巴黎西边的富人区——塞纳河畔讷伊市。它有一百二十张病床，能接待内科、外科和产科的病患。20世纪20年代，美国医院被视为一家高档医院，专门接待富人或欧内斯特·海明威、斯科特·菲茨杰拉德之类的名流。如今，它已经成为面向所有住在巴黎的美国人的优质医院。在布利特大使的帮助下，美国医院此时要再次转型，成为一个能够处理因子弹、毒气、爆炸等受伤的人员的军事机关。此外，它还设立了专门的血液捐赠中心。

美国医院最资深的医生之一是生殖泌尿科专家萨姆纳·沃尔德伦·杰克逊（Sumner Waldron Jackson）。他来自缅因州，他的妻子图凯特（Toquette）生于瑞士。这对夫妇已经经历过一次与德国的战争。和圈子里的很多人一样，近两年来，他们在广播中不断听到希特勒的威胁及因此引发的与日俱增的恐怖气氛。图凯特出生于瑞士的一个富裕的清教徒家庭，她的全名是夏洛特·西尔维·巴雷莱特·德·里库（Charlotte Sylvie Barrelet de Ricout）。她的父亲是一名律师，他年轻的时候就带着全家移居法国，住在巴黎近郊的翁吉安雷班（Enghien-les-Bains）。图凯特在那里长大，她热爱网球，并喜欢在翁吉安湖上驾驶帆船。

1914年，图凯特成为一名护士，随后在美国红十字会二号医院结识了萨姆纳，两人在医院的亚麻床单储藏间里一吻定情。那家医院常常收治从战壕里带回的重伤员，这些人抵达医院时往往濒临死亡。1917年11月，图凯特和萨姆纳完婚，当时他三十二岁，她二十七岁。1919年，他们短暂地回到美国费城。但图凯特在美国生活得并不开心，她太"法国"了，很难把美国当成自己家。两年后，她说服丈夫返回巴黎。萨姆纳对妻子言听计从，他不仅要学习法语，还要重新参加医学考试——这也显出图凯特的强硬个性。1929年1月，他们唯一的儿子菲利普降生。此时，萨姆纳已经成了美国医院的外科医生和泌尿科专家。一家人住在巴黎16区福克大道11号的公寓里。美国医院转型为军事机关的同时，医生也跟着移师枫丹白露，在一个由赌场改建的临时医院里为法国士兵和受伤的难民提供急救服务。

然而，无论医院准备如何充足，几乎所有人都被德国入侵的速度和效率震惊了。德国的闪电战始于5月13日，它迅速粉碎了法国人对坚固的马其诺防线的信任。在空军俯冲轰炸机的支持下，德意志国防军卓越的机械化装甲师绕过了法国的防御工事。一个月内，荷兰、比利时和挪威的部队全部投降，这些国家所有的难民都逃向法国。不堪重负的英法联军此时被困在敦刻尔克。虽然在5月27日之后的九天里，八百多条匆忙组装的船营救了338226名士兵，但英国远征军还是在法国战场失去了68000名士兵，并被迫放弃了几乎所有的坦克及其他车辆和设备。梅特卡夫始终认为温莎公爵应该留守巴黎监督敦刻尔克海滩的惊险撤退。"这会让他看起来是个英雄，而不是一个懦夫。"[6]梅特卡夫对女儿说道。但是，5月16日，温莎公爵夫妇已经逃离了巴黎,来到时髦的比亚里茨,下榻皇宫大酒店。那里的生活比首都平静多了。

6月10日,法国政府也离开巴黎,取道图尔,前往波尔多。尽管战斗还没有完全结束,但这次搬迁给了民众一个信号:首都已经不再安全。"街道上空空如也,商店也关门了。唯一能打破沉寂的是铁皮百叶窗降下时令人不寒而栗的金属声。对于那些住在遭遇过战乱的城市里的人,这个声音非常熟悉。"小说家伊莱娜·内米洛夫斯基在她的纪实小说《法兰西组曲》中如此描述当时的场景。

四天后,6月14日,法国政府宣布巴黎开放城门。只要没有军队或民众的抵抗,这一决定就能保护巴黎。否则,巴黎会被视为战场,进而被毁坏。希特勒希望保护巴黎,这样德国就可以与之结盟,分享它的独特魅力。尽管希特勒从来不承认巴黎的优越性,还批评法国女人的堕落和声名狼藉的习惯,但他还是希望每一个德国士兵都能享受一次巴黎的乐趣。"享受巴黎,人人有份"是当时德意志国防军中的流行语。

就在德军进入巴黎、在凯旋门和埃菲尔铁塔上升起卐字旗的那一天,整个城市共有14起自杀事件记录在册。其中最有名的是美国医院的外科主治医师亨利·马特尔(Henry Martel)。六十五岁的马特尔是一个复杂的人,他反德,同时也是反犹主义者。他曾因在"一战"中立下战功而受勋,但也是法国极右翼的莫拉行动组织的成员。他出身法国贵族家庭,一家人毫不掩饰地认为德雷福斯有罪,并对一众犹太新贵嗤之以鼻。他也是追随戴高乐的抵抗者雅克·塔蒂埃的叔叔,后者的妻子正是美国女演员德鲁·雷顿(Drue

Leyton）。亨利·马特尔在"一战"中失去了一个儿子，从那以后他发誓再不和德国人说话。

马特尔自杀后，萨姆纳接任主任外科医师，主导科室管理。5月，美国医院开始收治被击落的美国和英国的飞行员。尽管没有决定以任何形式加入抵抗运动，但图凯特和她的妹妹塔特（Tat）都拒绝离开法国。不过，她们一致认为带着菲利普搬到巴黎南边、让萨姆纳独自留在巴黎是更安全的办法。

法国的军事崩溃导致了大混乱。法国官方没有制订任何大规模的疏散计划，但巴黎500万居民中几乎300万人都争先恐后地离开了，其中包括政府官员和外交官。《巴黎晚报》建议女性穿舒适的平底鞋和耐用的厚袜子，而不是飘逸的丝绸材质。但是，没什么能够打消人们对于被捕入狱的恐惧。6月9日，西蒙娜·德·波伏娃写道："我把德军的前进视为对我个人的威胁。我只有一个想法：不要和（让·保罗）萨特分开，不要在占领下的巴黎像过街老鼠一样被抓起来。"[7]

富裕的巴黎人意识到威胁与日俱增，于是迅速离开。而那些没有私人交通工具的穷人只能挤上已经人满为患的列车，在那里，包括洗手间在内的每一寸空间都挤满了人。于是，在漫长的旅途中，上厕所变成了难以忍受的麻烦事。迫切的生理需要让许多女人不得不抛下矜持。有一次，火车停下来，强壮的男子通过车窗把女人们抬出列车，她们撩起裙子，就地蹲下解手，同时与火车保持着令人尴尬的近距离——她们担心，在她们沿着铁路蹲成一排解手的时候，火车随时可能开走。

成千上万的人试图以任何可行的方式逃离巴黎。从比利时来的难民已经把公路挤得水泄不通，如今开着私家车逃亡的绝望家庭又加入进来。他们经常在车顶绑上床垫，天真地以为这样就能减少炸弹的威力。其他人则骑着自行车，或者干脆步行，用婴儿车或者用自制手推车运送体弱的老年人。一些历史学家估计，多达一千万法国人在德军逼近时逃离了家园。他们并不知道要去哪里，只是向西边或者南边走，因为去往北边的路已经被封死了。整个人群十分悲惨，走路的人往往和开车的人速度一样快，车上的司机们愤怒地涨红了脸，徒劳无功地按着喇叭。

离开巴黎的人群中大多数是女人、儿童和老人。男人不是在工厂工作就是在军队服役。学校提前关停，考试取消。宠物被屠宰，或者放生野外等着被人枪杀。女人们在这场噩梦般的旅途中的穿着成了人们津津乐道的话题。她们中有些人相信路途不会太遥远，考虑到天气炎热，就只穿着夏天的短裤。另一些人则更加谨慎，尽管热浪令人窒息，但还是把衣柜中的大部分衣服都穿在了身上——这是唯一避免背负过多行李的办法。"女性穿很多层衣服的现象相当普遍，衬衫里套着衬衫，短裙外套着长裙，大衣裹着夹克。整个造型由围巾、手套和礼帽画龙点睛——即便已经成为流浪者，中产阶级女性基本的穿衣原则仍不容忽视。"[8]

一出巴黎，有些人就趁着阳光明媚，在拥挤的道路两旁的乡间林荫下野餐。更常见的情况是，一些家庭马上出现了食物短缺。更恐怖的是，德军的飞机会在平民拥挤的道路上方低空飞行、轰炸和扫射，而路旁的沟渠起到的保护作用极其有限。这种残酷的景象在美丽盛夏的碧蓝天空下显得格外凄惨。鉴于空袭的危险性,一些抱着孩子、精疲力尽的母亲接受了陌生人为她们抱孩子的提议,然后这些人和孩子一起下落不明,这些母亲只好到处张贴寻人信息。这表明,正常的人类社会行为已经暂停,没有人知道这出正在上演的戏剧将会到何种规模,将会有何种结果。后来的几周,不断传来母亲撕心裂肺地寻找走失儿童的消息。

记者乔治·萨杜尔(Georges Sadoul)嘲笑了一些女青年轻佻的行为以及她们不计成本地维持巴黎式优雅的决心。他谈到了某种"难民时尚"——穿着衬衣和窄腿裤,化着妆,就像要去郊游一样。作家安德烈·弗莱努(André Fraigneau)曾提及,他看到一个女人冲到车外拿来一些昂贵的汽油用作洗甲液,原来,这是因为她帽子的颜色与她指甲油的颜色不匹配。但"难民时尚"并没有持续很久,这个庞大的人群不能洗澡,缺乏食物,寸步难行。一些老年女性趴在路边,精疲力竭,无力继续前行;许多年轻女性在丈夫已经离开的情况下成为一家之主,生活变得难以应付。一些罕见的历史记录也展示了女性的良好表现。作家安妮·雅克写道:"我可以告诉你,女人没有被压力或虚弱摧毁,她们理智、冷静,互相帮助,且往往十分英勇。女校长们有条不紊地组织了学校的撤离。"[9]

数以百计的回忆录提到了法国全境的绝望和恐怖的逃离,史称"大出逃"。小说家维奥莱特·勒杜克(Violette Leduc)备受波伏娃的熏陶,两人也是好友。在勒杜克的半自传体小说《私生女》(*La Bâtarde*)中,她提到她和母亲对敌人恐惧到不敢动弹,直到最后一刻才决定出逃。关于敌人残暴行为的谣言广为流传,比如德国人会"掳走"年仅十五岁的男孩。某天早上5点30分，勒杜克母女终于离开巴黎，当时，"街上一片死寂，建筑静默得如同坟墓。砖瓦、石头、柏油马路、人行道、教堂、长椅、广场、公交车站、窗帘、百叶窗全被弃置在孤寂中，一切都令人遗憾。巴黎成了一片无人的废墟。狗、猫、苍蝇都哪儿去了？一切都哪儿去了？"然后，勒杜克提到她和家人离开巴黎后不久，混乱愈演愈烈："我们跟在公路两旁的人群后边。有的母亲在沟渠里喂奶，轻浮的女孩穿着路易十五式的高跟鞋，投机者在卡车上一边唱歌一边向一个老人扔烟头，而那个老人会跑到路边把烟头捡起来……一个孤独的男人头顶着一个大床垫。"皈依犹太教的女作家雅克利娜·梅尼尔-阿马尔（Jacqueline Mesnil-Amar）带着小女儿西尔维和保姆逃离了巴黎，她的丈夫当时已入伍。她把逃亡时的情景比作"燃烧的庞贝，人们都在逃离熔岩一般滚滚而来的德军"。[10]

许多当代对"大出逃"的描写会拿女人开玩笑，把她们描绘成软弱和虚荣、只想着该往行李箱里装什么的人，这样的指责有一定的现实基础。当桑贾尔一家终于决定要抛弃内衣厂并离开巴黎时，米丽娅姆的母亲想到的是去银行里拿回她寄存的珠宝。然而，当时所有银行都已关门。于是，她带了一些银质餐具和烛台，以备万一需要用它们来交换食物，但一家人没有带很多私人物品。车子的后备厢里全是食物和饮料，还有几瓶拿破仑时期的白兰地酒，用作贿赂。正当一家人即将出行时，老友萨姆索诺维奇（Samsonowiczes）一家也赶来了，请求和桑贾尔一家共同出行，还威胁如果他们不答应，他就从埃菲尔铁塔上跳下自杀。这样的情感敲诈是无可抵挡的，随后这对夫妻搬来了一个大纸箱,不肯打开,坚持要带在身边。战争过后人们发现纸箱里是一件裘皮大衣。

当桑贾尔一家迟迟不能出行时,他们的两名前女客户也赶来乞求帮助,她们的丈夫被关押在战俘营。她们有一辆车,但已经几个月没有用过,她们俩都不会开车。然后,一个工厂工人也带着婴儿来恳求桑贾尔一家带他们上路。此时,桑贾尔家庭的逃亡队伍已经扩展到十名成人、两辆不可靠的汽车、一个婴儿和一个大纸箱。他们就是这样加入了漫长而伤感的逃亡大部队离开巴黎,但对要去哪里一无所知。那个婴儿最终没能在逃亡途中活下来。

《1940—1945:糜烂年代》一书的作者帕特里克·比松(Patrick Buisson)这样描写大出逃:"大多数人在巨大的匆忙和惊慌中离开,发疯一样地关起旅行箱。另一些人则有条不紊地准备,好像是应邀去参加周末家庭聚会、出国旅行或是去参加印象派画家描绘的那种下午茶聚会。"他举了一个例子,热纳维耶芙·德·塞雷维勒(Geneviève de Séréville)是演员萨沙·吉特利(Sacha Guitry)的第四任妻子,她在逃亡的行李里装了几十瓶指甲油,还有面霜和香水,因为她有一辆宽敞的凯迪拉克。伊莱娜·内米洛夫斯基同样提到了弗洛朗斯,一个虚构的作家的情妇,在收拾行李时在作家的手稿和她的化妆品之间犹豫。如果她两样都带,就无法关闭手提箱。"她拿出首饰盒,再次尝试,还是不行,一定要拿出一样东西来。但放弃什么呢?一切都至关重要。她用膝盖压住行李箱,试图用压力关闭行李箱,最终还是失败了。她被惹恼了。有一刻,弗洛朗斯在化妆品和手稿之间犹豫,最终她选择了化妆品,关闭了手提箱。"[11]

温斯顿·丘吉尔驻法国的私人代表爱德华·斯皮尔斯（Edward Spears）爵士严厉地批评了一些逃亡者的行为："我看到，逃亡的车队中大多数车里都坐着这类女人——她们有宽敞的空间，还对人颐指气使，一看就是高级官员的妻子或情妇。"[12] 他经过的每个镇、每个村好像都有许多空军机组，他们的飞机停在地面上，"还有无所事事的军人。他们并没有在训练，只是穿着制服到处闲逛"[13]，不知道该去哪里做什么。同时，德国空军的飞机盘旋在他们头顶，扫射那些推着小车带着行李的可怜路人。在斯皮尔斯眼中，这就是"法兰西民族的瘫痪"。

斯皮尔斯还对法国总理保罗·雷诺（Paul Reynaud）持极度批判的态度。雷诺在前总理爱德华·达拉第辞职后继任总理，但他只关心如何取悦情妇，连内阁成员对他的侮辱都懒得回应。当每个人都在争取前往波尔多的时候，斯皮尔斯认为，法国军队已经完全崩溃——许多法国女人也同意这种观点，她们感到被这些没用的男人背叛了。一个年轻女子①"代表许多女人"说道："入侵就像强奸。直到今天，当我读到审判强奸案的新闻，我都会想起占领时期。这是真正的侵犯，侵犯了我的国家，我无法坐视不管。"[14] 就像斯皮尔斯刻薄的评论中所说，法国政府刚迁到波尔多，就有大量的情妇跟着政府车队一起到来："那些部长的情妇们炫耀着她们的亲密关系，其中许多人确实十分富有。"[15]

---

① 这名女子原名叫玛丽-安托瓦妮特·莫拉（Marie-Antoinette Morat），战争开始后，她成为一个抵抗者。她把她的身份给了一个逃亡中的犹太小女孩，自己则使用了一套假身份证件，把名字改为吕西安娜·盖泽内克。

车队最前面的是聪明的内政部长乔治·曼德尔（Georges Mandel），他同样带着情妇。丘吉尔曾希望在法国继续抵抗的情况下与曼德尔合作。曼德尔的情妇贝亚特丽斯·布雷蒂（Béatrice Bretty）和斯皮尔斯鄙视的那类情妇有所不同。布雷蒂在1940年已经四十七岁①，是法兰西喜剧院最资深的女演员之一，深受观众欢迎。她的原名叫贝亚特丽斯·安妮-玛丽·波彻西（Béatrice Anne-Marie Bolchesi），出身于中产阶级家庭。十五岁时，她在观看了莎拉·伯恩哈特（Sara Bernhardt）的表演后，决心成为一名演员。她给自己取的艺名"布雷蒂"来自她的昵称"苏布莱特"②，她有一种轻快的女高音的声音。她在二十岁左右加入了有名的剧团，当时她已经与克莱蒙·丹格尔（Clément Dangel）结婚，但这段婚姻很短暂。1916年，丹格尔在凡尔登战役中身亡，布雷蒂从此再没有结婚。守寡近二十年后，1935年，她因工作关系认识了曼德尔，当时他是法国广播电视公司的负责人。两人很快变得难舍难分。他们都是美食家，是巴黎时髦晚宴的常客，还经常被看到共同出入巴黎最好的餐厅。布雷蒂进入曼德尔的生活前，他一直是个鳏夫，被视为一个聪明的落单者，绰号"政界和尚"。但拜温柔的布雷蒂所赐，他的生活有了起色。布雷蒂成了曼德尔的日常伴侣，陪他出席官方晚宴和公干。此外，布雷蒂还负责照顾曼德尔失去母亲的六岁女儿克劳德，"之前，几乎没有人知道克劳德的存在"[16]。

从停战的那一刻起，布雷蒂就拒绝留在剧院。她认为剧院的

---

① 法兰西喜剧院的档案记录，布雷蒂的生日在1893年10月，但文件里也有其他的生日日期。
② Soubrette，古典戏剧中活泼轻佻的女性角色。——译者注

独立性迟早会受到影响，于是毫不犹豫地跟随她的情人离开了巴黎——这不仅把她暴露在巨大的危险中，也可能让她失去她作为法兰西喜剧院股东应得的巨额养老金。1940年8月开始，她多次请假，而不是直接退休。她坚持认为这并不是为了钱，因为当时她并不需要钱。但同时，她的回忆录显示，她感到别无选择，必须离开法兰西喜剧院，因为在纳粹的控制下，她无法和犹太伴侣一起在巴黎生活。

斯皮尔斯深知这对情侣的密切关系，他告诉曼德尔，如果他愿意第二天一道乘飞机或驱逐舰去英格兰，他会给曼德尔预留两个位子。斯皮尔斯催促道："必须有一个具官方权威的法国领导人承诺绝不投降，担起引领法兰西帝国的重任。"[17] 曼德尔备受煎熬，他清楚，作为犹太人，如果他留在纳粹占领下的法国，迎接他的将会是什么。但他坚信，正因为他是犹太人，所以必须留下来，如果他离开了法国，就会被认为是逃跑的懦夫，而非一个"真正的"法国人。但留给他考虑的时间不多了。

在这个危急时刻，斯皮尔斯看到一个感人的小插曲。他意识到"丰满可人"的布雷蒂太太正透过门缝看着他们，她的存在令人平静。"她看着我们两个，然后我第一次也是最后一次听见她的声音。那是一个愉快的、亲切的声音，我一直没有忘记。她的语气里有轻微的焦急，她恳求曼德尔，犹如一个孩子高举双手要求被抱起。'木已成舟，乔治。'她说。行李箱已经填满。我不知道她是否听到了我们在大房间里讨论的回音或者是否希望曼德尔接受我的邀请。门关上了。我再也没有见过她。"斯皮尔斯相信曼德尔是"伟大的人"。

随后，斯皮尔斯带着刚刚入选内阁的副国防部长夏尔·戴高乐准将去了英国。此时，戴高乐尚不为人知，他的妻子伊冯娜被留在了法国。

6月17日，菲利普·贝当元帅面向全体国民发表了讲话，他傲然地说："为了减轻法国的苦痛，我将自己献给法国。"这位凡尔登战役的老将在八十四岁时成了新政府的领导者——这是法兰西第三共和国的最后一届政府，定都温泉之都维希。维希有数不清的酒店、电话亭、歌剧院、露天舞台、公园，这与时髦的巴黎形成鲜明对比。贝当在这里踏上了腐败和放荡的邪路。第二天，6月18日，戴高乐在伦敦通过英国广播公司的电波号召法国士兵、工程师、军工业从业者和他一起在伦敦继续战斗。很少有法国人听到过他著名的号召，甚至连他年轻的侄女热纳维耶芙（Geneviève）也没听到。而那些有收音机的人则对戴高乐充满牵挂的语气日渐熟悉："无论如何，法国抵抗的火焰不能熄灭，也不会熄灭。"对于那些听到演讲的人来说，这句话仿佛充满魔力。

"我记得姐姐莫尼克跑进我的房间，高呼'一切还没有结束，我们还有办法抵抗'，"维沃·谢弗里永（Vivou Chevrillon）回忆说（直到今天，她的声音里还带着兴奋），"姐姐把戴高乐将军的号召转达给我，我又告诉了所有我认识的人。号召就是这样传播开来的"[18]。维沃当年十七岁，在音乐学院学习小提琴。她和姐姐都是克莱尔·谢弗里永的堂亲——她们的父亲是安德烈·谢弗里永的哥哥。从那时起，她们的抵抗生涯就开始了。

6月21日，曼德尔、布雷蒂、十岁的克劳德·曼德尔、他们的男用人巴巴·迪亚洛（Baba Diallo）与其他二十七名乘客一起坐"马西利亚"（Massilia）号客船前往北非。船上大多是议员，他们希望继续在法国殖民地进行抵抗斗争。在海上，他们听说贝当已经同意了停战的条件，并将在 1940 年 6 月 22 日签署协定。希特勒特意将签字地点选在贡比涅（Compiègne）——1918 年，德国和法国也在这里签署过停战协定，当时法国是战胜国，而德国是屈辱的战败方。此时，法国的北边和西边已经设立了占领区，剩下的大量地区被叫作"自由区"，由法国政府管辖。还有一个意大利区，大西洋沿岸和东部设有封闭的无人区。从占领区到非占领区时需要获得旅行许可。

在海上航行了三天后，"马西利亚"号停靠在卡萨布兰卡。船上的人被当成逃兵，而没有被当作继续抵抗的爱国者。贝当剥夺了曼德尔的议员豁免权，曼德尔漫长的逃亡和监禁生活就此开始。布雷蒂一直与他相守并照顾克劳德，斯皮尔斯认为这显示了她"极大的勇气和献身精神"。他们现在无家可归，德国人搜查并洗劫了曼德尔在巴黎的公寓。尽管布雷蒂深爱着舞台，但她在占领期间从没考虑过回剧院。

总理雷诺也拒绝了和斯皮尔斯去英格兰的邀请。此刻，已停战六天，他急切地想回里维埃拉的度假屋，然后再去华盛顿。雷诺和他的情妇埃莱娜·德·波特（Hélène des Portes）的关系是公开的秘密，他们已经同居多年。这不仅是个人丑闻，还给他带来了严重的政治后果。据美国外交官罗伯特·墨菲（Robert Murphy）说："美国大使馆邀请保罗·雷诺夫妇出席宴会时，总是要面对哪位夫人会来的问题。有一次，两位夫人都来了，从而带来了礼节上的麻烦。"埃莱娜·德·波特是一个意志非常坚定的法国女人。她疯狂的政治活动和对战争的疑虑都成了巴黎人的谈资。战争爆发后，她还坚持敦促雷诺和他的部长们与德国进行和平谈判。

作为法西斯主义的同情者，埃莱娜十分反感英国，希特勒甚至因此特地派出使者去博得她的好感[19]。长期以来，埃莱娜一直敦促雷诺投降，这让美国外交官十分困惑。墨菲对埃莱娜嗤之以鼻，他回忆说："我认为，不能低估她在关键时刻鼓励雷诺投降时所起到的作用。她在我的办公室哭哭啼啼一个小时，就是为了让我们催促雷诺尽快停战。"[20]

现在，贝当接管了政府，埃莱娜·德·波特夫人希望她和雷诺可以逃到华盛顿，开始新生活。但在去南方的路上，雷诺乘坐的汽车因装满行李箱而超载。车子在急转弯时，车顶上的帽盒掉到了车头上，挡住了驾驶员的视线。他们撞上了一棵树，埃莱娜·德·波特当场身亡。雷诺遭受轻微颅脑损伤，他对布利特说："我失去了我的国家、荣誉和爱人。"①

7月10日，法国议会在维希歌剧院举行了辩论。贝当趁着反对派议员不在场，以新的国家元首的身份获得绝对权力。他精心选择"法兰西国"这一词组代替了法兰西共和国。贝当一直坚持认为，第三共和国政治家道德沦丧，而埃莱娜·德·波特伯爵夫人的死就说明了这一点。就在一年前，贝当还是驻马德里大使，受邀回

---

① 出院后，雷诺就在贝当的命令下被捕入狱。他被德军监禁在博塔雷堡（Fort du Portablet），直到战争结束。1945年5月7日，雷诺被盟军释放。

到巴黎接手政治大权。据美国外交官墨菲回忆，贝当曾说："我在巴黎能做什么呢？我又没有情妇！"[21]这话不免有些虚伪，毕竟贝当直到六十几岁还是单身汉，是出了名的到处留情。然而，7月12日，他任命了两位高级官员，这两个男人都不符合贝当推举的完美家庭的理想条件。皮肤黝黑的皮埃尔·拉瓦尔是个白手起家的报业巨头，他成为贝当政府的副总统和指定的继承人。拉瓦尔只有一个孩子——女儿乔塞·拉瓦尔（Josée Laval）。另一位是费尔南·德·布里农（Fernand de Brinon），一个天主教贵族，被任命为法国政府驻德军巴黎高级司令部的代表。他有一个犹太妻子，名叫让娜·路易斯·拉舍尔·弗兰克（Jeanne Louise Rachel Franck），是一位离过婚的巴黎名媛。几个月后，她给丈夫带来了不少尴尬。

○ ○ ○

与那些准备为国捐躯的女人截然相反的是一些年轻的女演员——这些神秘而迷人的巴黎女人如科琳娜·吕谢尔所言成了"欧洲新秩序的使者"。科琳娜最终成为一个自我沉迷的悲剧性的人物。1940年4月，意大利对法国宣战前两个月，十几岁的电影明星吕谢尔被介绍给了意大利外交部长、墨索里尼的女婿齐亚诺伯爵（Count Ciano）。她后来虚假而天真地回忆说，尽管她对于齐亚诺的爱慕感到受宠若惊，且知道他已婚，但她并不知道他对她的国家有危险的想法。她认为，他的狂热追求只是一个游戏。有一段时间，他们每天见面，但后来她声称，她意识到自己参与了一些"我也不太明白的事情"。

很多人像科琳娜·吕谢尔一样，起初感到局势并不明朗，在听说停战后又感到十分担心。但几天后，她见到的德国士兵又让她复归平静，他们站起来给她敬礼，显得十分尊重。一个酒店女佣告诉她："德国人在酒店没有做任何坏事，他们会自己支付酒水账单，围在小桌边吃饭，并不会打扰到酒店的其他客户。"[22] 科琳娜随母亲在纳粹德国度过童年，也因此成了安抚法国女人的绝佳人选。她告诉人们，德国人完全不是战前人们说的"大灰狼"，实际上，他们是能带来秩序感的文明人。

超现实主义诗人、记者罗贝尔·德斯诺斯（Robert Desnos）的妻子尤琪·德斯诺斯（Youki Desnos）是艺术家心中的缪斯和模特儿，也是蒙帕纳斯波西米亚艺术家圈子的核心。在回忆录中她提到第一次看到德国人和他们的纳粹党徽时，她吓得双腿直抖，赶紧坐在马克西姆餐厅的露台上。很快，一名德国海军军官搬了把椅子坐在她旁边，点了一瓶香槟，并邀她一起驱车前往鲁昂。她后来解释说攀谈变成了十分容易的事情。"瞧瞧我，正在与敌人共享香槟。哦，该死！但事实是，那个上将确实很有一套。"尤琪深爱着巴黎，她不想与罗贝尔逃跑。"巴黎人曾经特别害怕，但在德军到来后慢慢地恢复了信心，开始和侵略者逗趣，给他们起无伤大雅的绰号，比如'豆角'或者'小卷毛'。经历了战败的苦痛之后，巴黎弥漫着某种欣快的气氛。"[23]

那个夏天，巴黎大街小巷的咖啡馆里都有类似的轻快相遇：彬彬有礼的德国人并不都穿着军装，而优雅的巴黎女人则渴望听听别处的生活；她们被本国男人抛下不管，感到十分气愤，同时又享受着若有若无的调情。正是这样的契机让约翰和利西特[①]在这个夏天成了恋人，尽管利西特后来坚持说，如果约翰穿着军装，她断不会与他交谈。三十一岁的约翰是德军辅助部队的一员。作为一名翻译，他会讲一口流利的法语，还经常穿便装。这让两人很容易漫步在巴黎的各大景点，一起走楼梯登上埃菲尔铁塔（抵抗者破坏了电梯），一道出入浪漫餐厅。约翰可能并没有马上告诉时年二十七岁的利西特他已婚并有两个孩子。两人很快成了情侣。利西特还带约翰见了她的母亲弗朗索瓦丝，后者在巴黎市政厅附近的一个公寓楼做接待员。弗朗索瓦丝见了约翰非常高兴，马上管他叫女婿。

对于许多士气低落的法国人来说，1940年6月德军的到来几乎是一种解脱——担心的事情终于发生了，结果却没有那么糟糕。德国士兵衣冠楚楚、平易近人，还经常讲法语。他们奉命克制并保持良好的礼仪。许多巴黎的女人都看到了这一点。维也纳出生的基塔·瑟伦尼（Gitta Sereny）回忆道："德国士兵会在街上和地铁里不约而同地给我们这些穿护士服的女人让路，这点他们比任何法国人做得都好。"她当时是一个只有十几岁的护士，无家可归，并已经踏上了否认她的犹太血统的人生道路。对她来说，这是一个复杂的生存机制，这也允许她后来幸存时评论道："有时，我需要和德国军官因食品、衣服和证明文件等事宜打交道。他们总是彬彬有礼，并经常能给予极大的帮助。"[24]

[①] 为了保护相关家属，此处用了化名，但这对情侣的通信仍在美国华盛顿特区犹太人大屠杀纪念馆珍藏。详见卡洛琳·莫里海德（Carolin Moorehead）的著作《与敌人同眠》。

对于所有的巴黎人来说，日常生活中最明显也最直接的变化是德军在香榭丽舍大街上炫耀力量的鹅步操练。此外，巴黎人要把时钟推后一小时，这样就和德国处在同一时区。晚上10点到凌晨5点实行宵禁。再就是汇率——20法郎兑1德国马克——这种人为固定的汇率极大地有利于德国。这意味着德国士兵在法国买什么都能得到实惠。法国的大部分产品德国都没有，这也让购物对德军充满吸引力。一开始，几家店趁机大幅提价。例如兰姿（Lancel）牌的小羊皮手袋，十天内价格从950法郎涨到1700法郎。但后来，巴黎警察局执行检查任务时发现了这次提价，给兰姿开了罚单。巴黎本地的女人们则悲痛欲绝，她们被市场淘汰了，因为她们出不起德国买家能负担的价格。

德国贵族律师赫尔穆特·冯·毛奇（Helmuth von Moltke）尽管反对纳粹，但还是应征进入了德国情报机构阿伯维尔工作。他在给住在柏林的妻子的信中写道："涌入法国的德国军人和平民给人留下了丑陋的印象……人们能看到党的高级干部和他们的妻子来巴黎购物，坐着大轿车穿越巴黎的大街小巷。"他告诉妻子芙蕾雅（Freya），他听说一些将军来巴黎买了好多件裘皮大衣，他对此感到震惊。"最恶心的是从柏林来的人，他们能在一天内往返巴黎，买下你可以想象的所有东西。"[25]另一方面，他提到，当地人的态度"有所保留……但总体来说是种病态的友好……大家一致认为女人们几乎是排队等着和德国士兵上床。显然这是因为他们看起来很强壮，而和强壮的人上床更好玩"。德国人也迎合了这种态度，他们到处张贴海报，上面是一个英俊的德国士兵凝视着一个迷路的小孩，下面的口号是：

"被抛弃的人们，把你的信任交给德国士兵。"

教养良好、有二分之一犹太血统的西蒙娜·卡明克（Simone Kaminker）看到德国士兵后评价道："他们太棒了——高大，黝黑，瓦格纳式的。"1940年初，西蒙娜·卡明克还是个十几岁的女孩，住在布列塔尼，距离她巴黎的家有五小时车程。后来，她成了举世闻名的西蒙娜·仙诺（Simone Signoret，法国女演员，奥斯卡金像奖第一位法国得主）。一天，一个从汉诺威来的德国士兵来到她和母亲、弟弟一起租住的房子，询问她父亲的下落。她的父亲安德烈逃到了伦敦，加入了戴高乐的抵抗力量。西蒙娜和家人谎称她父亲下落不明，他只是在动荡中离开了。随后，她母亲差遣德国士兵帮她干活，打水、喂兔子，随后德国士兵很快就走了，就像来时一样突然。

1940年9月，卡明克夫人决定是时候收回巴黎近郊讷伊市的公寓了。这套有七个房间的公寓位于一个华美的大楼里。此时，这座大楼就像整个巴黎一样已经被废弃了。出人意料的是，卡明克家的男孩们发现他们离开时丢下的玩具还在原地。大楼里唯一的住客是不招人待见的接待员，她抱怨卡明克一家已经好几个月没付房租了。

卡明克夫人此时已准备好为男孩们安排基督教徒洗礼，而老大西蒙娜刚刚通过高中毕业考试，准备去找工作。她在这个巴黎的时髦街区感到孤独，在这里，贝当"对于那些法国的好资产阶级来说是一颗定心丸"，人们像什么也没发生过一样继续生活。"我这么说并不是要说他们不好，只是说他们也在等待。"那些会理解她的痛苦的富裕犹太家庭都已经离开了巴黎，而那些住在巴黎3区、4区的贫穷犹太家庭留了下来。"但4区离塞纳河畔讷伊市很遥远,我在那里谁都不认识。"[26] 虽然西蒙娜怀着当演员的梦想,但她首要的需求是找到工作以供养家庭。她想起了她在讷伊有个同学——年少成名的女演员科琳娜·吕谢尔。于是,西蒙娜去了科琳娜的电影首映仪式,科琳娜同意帮她,并让西蒙娜给她打个电话。

科琳娜的父亲让·吕谢尔(Jean Luchaire)是名记者,还是亲法国的德国教师奥托·阿贝茨(Otto Abetz)的老友。1940年11月,阿贝茨成为德国驻法国大使,并娶了吕谢尔的前秘书苏珊·布吕克(Suzanne Bruyker)。后来,吕谢尔应邀出任一个新创刊的晚报的编辑,在阿贝茨的帮助下,他获得了10万法郎的高额月薪,并报销各项开销。让·吕谢尔因此能够住上奢华公寓,经常出入银塔餐厅,还养得起开销高昂的情妇(他忠实的女儿科琳娜坚持认为她的父亲从没有过情妇)。现在,让·吕谢尔需要一个秘书。"这也是为什么,没有任何专业资格,不会打字……我就得到了这份月薪1400法郎的工作。让·吕谢尔也从没问过我'你的父亲哪里去了'。我的工作是通敌大报未来总编辑的私人助理,报纸的名字叫《新时代》(*Le Nouveaux Temps*)。"西蒙娜说。

西蒙娜坚称她比一个普通的办公室女文员体面一些。她拿着小笔记本,吕谢尔到哪里,她就跟到哪里。她以吕谢尔的名义给扎拉·利安德(Zarah Leander)之类的著名女演员送花,还负责接电话。她不止一次接到语气急迫的电话,对方说:"我是他妹妹的朋友。"西蒙娜明白,这是因为吕谢尔的妹夫泰奥多尔·弗伦克尔是犹太人。西蒙娜接到许多女人——"几乎是一整船的女人"——打来电话请求吕谢尔帮她们处理私人事务,往往是协助释放她们被关押的丈夫。西蒙娜在这个通敌报纸勉强工作了八个月,但她担心不久后办公室里的每个人都会知道她父亲是犹太人。她认为自己的职位十分危险,并可能让自己失去很多朋友。但对于她的家人来说,这份薪水是雪中送炭。他们太穷了,她的母亲为了避免一家人挨饿不得不拖欠电话账单。

9月,巴黎人开始使用食物配给卡,为了领卡,每个人都必须排队好几个小时。但是往往排队也领不到什么好吃的东西,主要是饲料甜菜——一种难吃的根类蔬菜。西蒙娜经常看到她的朋友科琳娜清风一般来到她的办公室参加聚会。科琳娜总是穿着由雅克·法特(Jacques Fath)设计的华服,"她从不忘记给她困于陋室的穷朋友一个见面吻"[27]。

停战协定的条款逐渐开始执行,法国不得不支付30万强大的德国军队的驻扎费用——每天高达2000万德国马克,而且是以20法郎兑1马克的人为确定的汇率标准支付。这是占领驻军实际成本的50倍。法国政府也负责防止公民逃逸和流亡。德国拘押了200万法国士兵作为战俘,其中之一是贝尔纳的儿子让·赫茨,他被发配到德国做苦工。在巴黎,新奇巨大的黑色德国标志开始出现,巨大的德国党徽开始出现在林荫大道和主要的公共建筑上,包括国民议院和参议院。街道上,拉着斗牛犬巡逻的德国士兵取代了拉着贵宾犬逛街的优雅女士,而最好的酒店和房屋迅速被德军征用,成千上万的酒店和餐厅的工作人员突然被要求为德国人服务。

1939年9月,卢浮宫闭馆。由于担心在轰炸中被毁,3691幅画被转移到既定的地点（大部分送到了卢瓦河谷）。如今，卢浮宫被要求重新开放，给人以城市生活重上正轨的假象。但卢浮宫此时只是部分重新开放，由于许多展品已经不在了，许多展厅完全是空的。尽管如此，德国人还是设计了一些参观线路，来访者有时需要盯着一堵空墙看。

1940年6月，停战协议签署的第二天，希特勒忽然低调地飞到巴黎——这是他第一次也是唯一一次到访巴黎。他简要地参观了卢浮宫这座宏伟的美术馆。有照片显示，他站在一些巨大的雕塑前参观，这些雕塑由于尺寸太大而无法搬运都留了下来。这次访问是要传达一个信号：希特勒的一大战争目标就是收编法国文化，从而证明德国文化在各方面都更加优越，不论是音乐还是时尚。他想在故乡林茨创建一个美术馆，这将需要大规模征缴犹太人的艺术品。后来，卢浮宫还被用作仓库，存放从犹太藏家那里偷来的艺术品。1943年的一张照片显示，一百七十多幅画被放在墙边，另一张照片显示一个大厅摆满装有雕塑和大件艺术品的板条箱。

征用或掠夺固然是一种经济需求，因为这些物品可以被变卖；但它同时也是摧毁人格过程的一部分。它是种族灭绝的前奏，让人迷失方向，用剥夺犹太人财产的方式慢慢地摧毁他们的归属感。征缴艺术品只是吸吮犹太人命脉的一部分。大部分犹太人首先把自己看作法国人，他们在法国如此根深蒂固以至于许多人曾在法国军队中战斗，或为法国献出了儿子，甚至将他们的全部家当捐给国家。

1940年8月以后，巴黎开始执行严格的食品配给制度，人们需要先到政府注册,再到面包店、肉店之类的个体商店里注册。他们需要到本地市政府领各色各样的粮票。一个美国记者报道,在静坐战期间,许多饭店似乎还可以提供"七种牡蛎和六七种鱼类作为选择,菜单上有马赛鱼汤、兔肉、鸡或咖喱、水果沙拉、菠萝配樱桃白兰地,或苏芙蕾配利口酒"。即使在1940年,一些巴黎高档餐馆,如马克西姆、银塔餐厅和伯夫苏勒图瓦等,还能为当权人士[28]大规模地提供类似的精美菜肴。但是大部分人口已经受到歉收的影响,侵略更使情况恶化。一旦德军开始征用食物和其他物资,对于那些不愿或不能去黑市买东西的普通人来说,日常生活充满了饥饿和长时间排队带来的痛苦。从一开始,配给品包括面包、糖、牛奶、黄油、奶酪、蛋、油脂、油、咖啡和鱼,随着战争的持续,配给品清单上的项目也继续增加。当然,那些在乡下有亲戚并能到黑市买东西的富人还没有遭受到匮乏,甚至可以对困境开玩笑。一个客人委托旺多姆广场的宝诗龙珠宝店制作了一条手链,上面挂着许多小汽车形状的挂件,每个汽车上都刻着一种配给食品的名称。

珍妮特·泰西耶·杜·克罗,这个嫁给了法国士兵的苏格兰女人,看到等待食品的长队怨声载道。女人们常常毫无保护措施地站在雨里,一寸一寸地向前挪动。"我们毫无保留地交谈,"她说,"我从来没有企图隐瞒我的出身,这只让她们变得更加友好。当终于轮到我时,我到派发食物的建筑里,从一个柜台走到另一个柜台,从一个队伍走到另一个队伍,收集不同的配给卡片。我总是担心我弄错什么导致拿不到我所需要的全部卡片。"珍妮特最痛恨的是站在柜台后面的女人们,她们其实也像其他人一样营养不良、劳累过度。

"她们中的大多数是第一次品尝权力的味道。"[29]

1940年10月11日,贝当在一个广播讲话中探索了欧洲重建和平后,法国和德国合作的可能性。在演讲中,贝当使用了"合作"(collaboration)一词来描述与德国维持和平的想法。当月,维希政府主动表现出与德国合作的意义——它出台了一系列的反犹太人的措施,并制定了犹太人这一特殊身份,从而便于将犹太人从公务机关、军队和媒体中清除。更严厉的政策还在后面。这让巴黎的犹太女性的生活愈发艰难。10月24日,贝当与希特勒在巴黎西南125英里的蒙图瓦尔(Montoire)进行了历史性会晤。会谈中,贝当、拉瓦尔与希特勒讨论了如何落实法德合作。贝当和拉瓦尔相信德国很快会成为主导法国乃至全欧洲的力量,因此他们认为与德国合作能在战后欧洲为法国谋求更好的地位。在短期内,他们还希望合作能达成一些立竿见影的成果:释放战俘、保证法国人的持续安全、减少法国的战争赔款,以及保证维希的主权在占领和非占领区得到尊重。

维希政府出台的严苛的反犹法律迫使苏珊·贝尔佩龙和许多其他女商人想明白了一点——如果想让公司继续生存下去,她就必须完全接手公司的所有权。因此,她决心留在巴黎。她拒绝了浮夸的纽约珠宝商保罗·弗拉托(Paul Flato)提出的将公司转移到美国的意见。许多人意识到,他们必须尝试逃离法国,尽管现在这变得越来越难了。毕加索的朋友、艺术品经销商保罗·罗森博格(Paul Rosenberg)已经离开巴黎,搬到了乡下。他试图把尽量多的画藏起来或送到国外。1940年9月20日,他与妻子和女儿辗转里斯本,到达美国。七十五年后,他的外孙女安妮·辛克莱①(Anne Sinclair)再次回到巴黎讲述他的故事。这个家庭至今仍然没有收集到所有的画。

也有一些人一开始离开了巴黎,现在又要回去,因为他们觉得灵魂被放逐了。罗斯玛丽·塞伊(Rosemary Say)是一个教养良好的英国年轻女子,她之前一直在阿维尼翁做女佣。1939年她已经来不及离开法国。当她终于决定带着她的行李箱和她珍贵的帽盒逃离时,她只能逆人流北上,最远也只能逃到巴黎。在火车上,她和一位回家探望病危母亲的年轻士兵共处一节车厢。漫长而炎热的旅程后,他突然用他的大背包顶住车门,把她抱起来,放在座位上,而她毫无反抗。"我们一言未发,直接做爱,整个过程简短、草率,并且完全沉默。我们都感到了安慰。"[30]之后,罗斯玛丽去了美国医院工作,在走廊里做清洁,还做服务员。她在那里只工作了三个星期,因为美国人认为雇用英国人会造成某种负担。后来,美国人霍伊提·韦伯格(Hoytie Wiborg)为罗斯玛丽另找了一份工作。韦伯格是个出身富家的同性恋者,在战前的巴黎艺术圈颇有名气,事实证明,她还是个可靠的朋友。

如今,法国首都一片沉寂,偶尔,纳粹在巴黎最喜欢的汽车——黑色雪铁龙前驱公务车——会打破沉寂,不知从哪里蹿出来,发出可怕的尖叫声。让·盖埃诺(Jean Guéhenno)是一名作家兼老师。占领期间,他持续私人写作,但决定不发表任何作品。他

---

① 法国著名电视主持人,前国际货币基金组织总裁多米尼克·斯特劳斯-卡恩的前妻。——译者注

发现在巴黎连鸟鸣也听不到了,这样的沉寂令人不安。德国大军压境时,巴黎人焚烧了大型储油罐和储气罐,黑烟笼罩了街道和公园,所有的鸟都被熏死了。"可以肯定的是,没有生物在屋后的大树里活动和歌唱……这增加了我们的悲伤。"[31]

年轻的塞西尔·罗尔-唐基(Cécile Rol-Tanguy)也经历了相同的绝望的悲伤。6月初,她与西班牙内战老兵亨利·罗尔-唐基(Henri Rol-Tanguy)结婚刚满一年,他们的第一个孩子弗朗索瓦丝突然因为极度脱水而病危。当时亨利已经到前线去了。二十一岁的塞西尔独自带着孩子冲向医院。6月12日,只有几个月大的女儿去世了。"我还记得当时巴黎燃烧的恐怖的黑烟,我当时想也许就是它杀死了我的孩子。那天晚上,我把孩子留在医院过夜,第二天我来的时候,她的病床上躺着另一个孩子。"塞西尔回忆道。她闭上眼睛,仿佛悲剧就发生在昨天。至今,当她谈起她第一个孩子的死亡,往日的痛苦总会卷土重来。更糟糕的是,亨利在法国政府逮捕共产党人的行动中落网。

根据雷诺政府的法令,在德国大军压境的时刻,一切"影响军队士气"的行为都可以被判处死罪。塞西尔的父亲、法国共产党的早期成员弗朗索瓦·勒毕昂(François le Bihan)当时已经被捕。随着法国陷入混乱,塞西尔之前为金属工人工会打印政治宣传册的工作不得不转入地下。"6月15日,弗朗索瓦丝下葬。前一天,德国人进了城……后来我才意识到工作是如何帮助缓和我可怕的悲伤。"她说。

1940年底法国投降后,亨利获释回到巴黎。但他与塞西尔的团聚是短暂的。在两名同志被捕后,他意识到他不得不转入地下,到处游走。这对夫妻在战争期间聚少离多,尽量创造见面机会。亨利战前是一位狂热的自行车业余运动员,战争期间他主要和这个圈子的朋友来往,他们往往不关心政治,起到了很好的掩护作用。塞西尔则大部分时间和母亲住在一起。

此时,巴黎还没有任何有组织的抵抗运动。不过,巴黎的女人们还是意识到她们需要选择某种态度。在短短一个多月的时间里,至少有150万法国士兵沦为战俘[32],被送到德国。尽管有些人通过行贿、帮忙、敲诈勒索或讨价还价换来了释放,其他人则不得不逃到英国或隐藏起来,留下的主要是年老体弱者。巴黎成为一个特别女性化的城市,女人不得不每天与男性占领者谈判。许多丈夫被俘的女人没有用来买食物的现金,因为战前时期,是丈夫们每月从工资中拿出一部分给她们做零花钱。更加司空见惯的是,一些女人没有自己的支票簿,必须与银行软磨硬泡,证明她们的丈夫还活在战俘营里。大多数人决定相安无事地活着,盼望着能给孩子们足够的食物,并希望永远不用与德国人接触。但是,如果她们接触了德国人,就要做出截然不同的选择,要么与占领者交朋友(尤其是如果她们相信德国可能最终赢得战争),要么进行微不足道的抵抗,比如在德国军人到来时离开酒吧,或者故意给德国人指错路。实际的破坏行为在1940年还是罕见的。

当时,巴黎还有一些英国女人,她们往往就像罗斯玛丽·塞伊一样做私人教师或者保姆。罗斯玛丽被美国医院辞退后,她艰难地生存着,并希望最终能回到英国老家。她每天工作15小时,主要是在巴黎的警察食堂里刷盘子。当时,巴黎设立了大量的警察食堂,旨在当他们的家属到乡下躲避德国人的时候给他们提供食物。她没有工资,但能在食堂和管理员们一起吃住。"食堂里的人迅速分成亲德派和亲英派……他们有时争得面红耳赤,甚至拳脚相向。亲德派的警察会在我提供服务时用英语骂我。"[33]

罗斯玛丽不顾一切地想告诉她的父母她还活着,但她无法从巴黎寄信,因为这也被禁止了。她恳求一个名为洛朗的警察帮忙,后者主要在图卢兹工作,但经常来巴黎。"代价当然是我和他上床。我们都履行了对彼此的承诺。我们走到食堂附近的一个妓院里,在一个四壁都是镜子的小房间里做爱。我至今还保存着他从图卢兹写来的信……"[34]

记者让·塔克西耶(Jean Texcier)被他在巴黎的所见所闻惊呆了。他为那些没有勇气积极抵抗,但仍想在不激怒对方的前提下,向占领者表示不欢迎姿态的女性写了三十多个建议。例如,不要光顾那些挂着"这里提供德语服务"牌子的商店,即使那是她们之前时常光顾的。他敦促女人们到其他地方去,找一家不讲德语的商店。科莱特也在专栏里写道,巴黎女人应该尽可能待在家里,只有需要寻找食物的时候才出去。但另一些人,如用人、犹太人和妓女并没有真正的选择。德国人在接管巴黎的当天就来到巴黎最著名的妓院、曾被皇室光顾的沙巴奈(Le Chabanais)。他们在妓院门口贴了一张告示:"本店下午3点开门"。然而,在城市的另一边,圣拉扎火车站后面备受德军青睐的妓院却成了被击落的英国飞行员的避难所,因为"老板娘和她的女孩们是戴高乐的热心支持者"[35]。

巴黎很快成为德意志帝国的性都。德国占领时期，超过两百家妓院继续开放。所有的妓院都提供某种外部世界的道德规则不复存在的幻想。合法妓院在法国根深蒂固，一个老板娘更以每周四为"一战"老兵提供免费服务而出名。妓院周围甚至衍生了一个名叫爱娃·理查德（Eva Richard）的特制内衣品牌。妓女们必须购买老板娘批准的诱惑内衣，这也给妓院创造了额外的利润。最为华丽的妓院如今都被德军征用，包括马格利永（Le Magueryon）、斯芬克斯（Le Sphynx）、123（位于普罗旺斯路123号）以及沙巴奈。尽管如此，赫尔曼·戈林有自己的偏好——圣乔治街50号的玛格丽特家（Chez Marguerite）。幸运的是，沙巴奈的老板娘玛格丽特·纳坦（Marguerite Nathan）是犹太人，她及时地逃到了尼斯，把妓院交给了副手打理。德军内部甚至流传着一份专门印制的解说手册，用翔实的图片介绍了每家妓院情况，以及如何避免感染性病等信息。

但另一方面，巴黎也有许多普通妓院以及一些非常粗糙和不卫生的妓院。在那里，女孩们没什么浪漫幻想的空间。一个妓女解释说："我会在上午9点到达那里，工作到凌晨2点，进行了170次交易后，我头晕目眩……"

妓院、夜总会和绅士俱乐部都提供了不同程度的娱乐和释放，这对德国人的生活幸福感十分重要。一些场所甚至被称为幻想之家，在那里，所有的社会和道德规则被抛弃，女孩们接受了特殊训练，能让罪大恶极的人也感到圣洁。这些场所构成了一个蓬勃发展的微型经济生态。一个从维也纳来的年轻的犹太难民出乎意料地在这个圈子里混迹了两年都没有被怀疑过。他用虚假的身份证，谎称他叫罗贝尔·梅茨纳（Robert Metzner），来自阿尔萨斯。那里的人经常会有一点日耳曼口音。他的工作就是给德国军人介绍巴黎著名红灯区——蒙马特山脚下的皮嘉尔广场周围的地点。

"当我看到一个士兵时，我会迎上去对他说：'你想让我给你介绍一个你能找到许多乐子的地方吗？'所有的小地方希望有更多的客户。有两个特别的歌舞厅——一个叫'天堂'，另一个叫'伊夫'，只要我带德国军人去那里，就能从他们的消费中提成。这救了我一命。"[36]

妓院的管理人可能相信战争并不会影响他们的生意，但对于巴黎的时装设计师和珠宝商来说，这是一个考验他们的时刻。他们既不知道常客们几个月后会在哪里，也不知道那些珍贵原材料将从哪里来。他们是否应该关闭门店，把生意南迁到维希，以此保护宝贵的存货不被德国侵略者征用。1940年，法国中央银行事实上禁止了黄金交易，除非客人自己能提供黄金。与之相似，如果一个女人希望买到新毛皮大衣，她需要把自己的旧毛皮大衣带到店里来，让裁缝改样。

尽管很多普通的零售商已几乎没有存货，甚至货架空空，但那些高级定制时装和奢侈品离关张还很远。1940年7月1日，设计师妮娜·里奇（Nina Ricci）重新开业，她解释说："我的客户已经在大出逃中失去了一切，如今，她们回来找我填充衣橱。"[37]10月底，巴黎高级时装工会主席吕西安·勒隆发布了他设计的新款式，他坚称"女人只想要明智和有尊严的衣着打扮"[38]。此时，休闲裤、裙裤、温暖的连帽罩衫和挡风衣等便于骑自行车的服装风头正劲（截至1943年，巴黎共有200万辆自行车，这一变化对时尚业影响可观）。勒隆凭借他设计的红、白、蓝三色短裙获得了巴黎优雅服装大奖，这明显给德国人传递了挑衅的信号。然而，由于女性抵抗者时常骑自行车出行，她们的穿着需要尽量低调。

1940年7月，五名德国官员来到巴黎高级时装工会总部，自顾自地查阅关于巴黎时装设计和出口的档案文件。从此，勒隆就在不断斗争。希特勒不仅想偷法国艺术，他还想把巴黎高级女装行业搬到柏林，从而确保巴黎不再是世界的时尚中心。勒隆相信他捍卫的不仅是法国的劳动力，还有法国文化。他坚持认为让巴黎高级时装业离开巴黎是行不通的。1940年11月，他去柏林陈情时坚称：如果让设计师和工人离开熟悉的环境，他们就无法生产。他赢得了这场斗争，拯救了约25000名女人的工作，她们往往在裁缝、刺绣或钉珠等专业领域工作。

到了1940年底，德国人组织了一系列华服舞会，从而有机会品鉴法国时装的精华。其中最豪华的一场是新年夜德国大使馆为巴黎上流社会举办的舞会，巴黎文学、艺术、政治、戏剧等各界人士纷纷到场。科琳娜·吕谢尔此刻已经从一个孩子摇身一变为媒体眼中的蛇蝎美人。当天她穿着纯白的晚礼服，觉得自己看起来"如处女一般"。她还发现，她父亲的前秘书、嫁给德国高官的苏珊·布吕克"衣着风格惊人，她戴了许多刚刚买来的硕大珠宝，在她（科琳娜）看来，这标志着苏珊在这个圈子里的崛起"[39]。

第 三 章

1941：巴黎在分裂

1914年,莱昂婷·赞塔(Leontine Zanta)成了法国第一位哲学女博士,她后来成了一名颇具影响力的天主教知识分子。1941年初,她提醒自己的女学生,她们真正的爱国义务是结婚、生子并在日常家务中得到满足:"年轻的女知识分子们应该仔细思考,扪心自问。我相信,如果她们足够真诚,许多人会承认一点——如果她们拒不结婚,无论是出于对家务操劳的恐惧还是因为没有找到心仪的丈夫,都意味着这些可怜的女孩盲目地忽视了自己的自私和罪恶的个人主义。而正是这种风气祸害了法国。如今,我们需要接受挑战,用圣女贞德一般纯洁的眼神正视生活。五个世纪前摆在圣女贞德面前的选择如今也摆在你们面前——是否拯救法国。"

在赞塔看来,如果女性想要为国家复兴做贡献,就要把接受教育的成果回馈自己的家庭。她敦促道:"我并不是让你们放弃教育的成果,而是将这一成果献给你的丈夫,成为一个贤惠的妻子和慈爱的母亲。你要有忍耐的勇气。我们的领导人也建议你这么做。别急着批评这些建议,试着去实践,实践会让你明白这些建议的价值所在,它比你的那些学位来得更有价值。"[1]

赞塔的建议在今天看来固然荒谬绝伦,但在当时,这可是维希政权的基本论断——法国战败的主要原因是道德的崩坏。随后,"劳动、家庭和祖国"取代了共和国时期的"自由、平等和博爱",成为法国的官方口号。维希政府甚至通过了一些相关的法律,其中许多几乎毫无可行性。比如,禁止已婚女人在公共部门就业,这严重违反了平等原则,1942年,由于政府急需女性劳动力,这条法律被推翻了。此外,维希政府还坚持给男女学生使用不同的教学大纲,女生需要学习烹饪、洗衣和家庭卫生。而且,维希政府在公开讲话中不断强调其保守的社会政策——"家庭"是政策的核心,女性的角色是母亲和家庭的照顾者,政策里唯一可接受的女性形象就是一个忙着做饭和生孩子的母亲。对于维希政府的政策制定者来说,女性的首要职责就是打理家务、做饭、打扮得漂漂亮亮地迎接孩子们那经常不着家的父亲。任何偏离这个理想女性形象的行为——诸如吸烟、穿裤子等男性化衣服——都会在政府宣传和立法行动中遭到抵制。①

这一年,科琳娜·吕谢尔患上了肺结核,无法继续拍电影。她开始从较为通俗的角度给女性类似的建议。此时的她主要待在上萨瓦省山中的疗养院里,玩桥牌、打扑克、喝香槟、写报纸专栏,并

---

① 1800年,法国出台了禁止女性穿裤子的法律,这项法律从未被真正执行。年后,2013年2月,这项法律被正式废除。1941年8月起,维希政府以避免"道德滑坡"为由,禁止女性领取烟草。对于一些女性来说,这造成了巨大的压力,例如下文中提到的让娜·比谢。

且仍然抽烟。她咳血，变得瘦弱。即使在自传里，她也从来没有提起这段山中岁月。当时，她与世隔绝，就像在梦境中。对她来说，真实的世界只存在于巴黎，在那里，她照顾服装设计师的生意，陪同父亲出席各种官方场合。在她父亲主编的周刊里，她写道："我的第一反应是放弃对优雅和新奇的追求。然而，一天晚上，当我穿过塞纳河，我明白，我们应该重提优雅。生活一定会继续，巴黎也一定会延续优雅的传统以及对艺术和美的追求。而对于我们巴黎女人来说，在完成了家庭和职业责任之后，我们的角色是穿上时装，戴上可爱又可笑的帽子，帽子上缀满花朵、小鸟图案以及丝带和羽毛。这种华丽对我们来说不可或缺。"[2]

维希政府认为女性低人一等、要求女性留守家中的主张激怒了许多聪明的年轻女性，促使她们加入了组织严密的法国共产党。住在巴黎左岸的美女牙医达尼埃尔·卡萨诺瓦（Danielle Casanova）正是该组织的领导人之一。当法国共产党被取缔，达尼埃尔躲了起来，而她的丈夫洛朗也在德国的战俘营里，两人没有孩子。

达尼埃尔在业余时间为西班牙内战的孤儿和法国贫困工人家庭的孩子奔走呼号。她和她的朋友麦·波利泽（Maï Polizer）、玛丽-克劳德·瓦扬-库特里耶（Marie-Claude Vaillant-Couturier）参与运营了和平主义的反法西斯青年组织"法国女青年联盟"（UJFF）。该组织旨在通过体育和文化活动，帮助工人阶级家庭出身的女孩们摆脱被剥削的命运。战争爆发时，该组织有2万多名成员。1940年秋，许多成员自愿分发传单和政府禁止的出版物，如《人道报》（*L'Humanité*）。她们把传单或报纸藏在路边的婴儿车里，分给态度友好的公寓管理员或者直接塞在排长队的女人的篮子里。此时，食物配给与日俱减。截至1940年底，法国女青年联盟全国委员会的30名委员中，已有25名成为新兴抵抗运动的积极成员。达尼埃尔本人除了坚持给地下出版物供稿，还帮忙成立了巴黎地区的妇女委员会。她还领导了1940年11月8日和11日在法兰西学院门口的反纳粹示威，抗议政府逮捕杰出的外科医生保罗·朗哲万（Paul Langevin）教授。几千名中学生无视集会禁令，在香榭丽舍大街游行。一些抗议者因此而被杀、被打伤，几百人因此被捕并送至劳改营。

1941年2月，食品配给制度运行半年后，负责照顾家庭的女人们就已经深陷绝望。她们每天排几小时的长队却只能领取微不足道的食物，甚至不得不看着家人忍饥挨饿。配给制也被人们称作D制度，D代表"想办法"（débrouiller）——如果想要得到足够的食物，就必须使出浑身解数。人们想出许多妙招，比如用焙烧大麦和菊苣来替代咖啡，或者在公寓里养小白鼠从而获取更多肉食，巴结住在乡下的远房表亲以讨要一点新鲜蔬菜。伪造粮票的做法更是普遍，尽管这样做是违法的，一经发现就会被罚款和审讯。即便如此，因饥饿引起的骚乱仍时有发生，一些女人在市政大厅里为婴儿讨要牛奶。1941年2月22日星期六，巴黎的中央市场就发生了大骚乱。当天，女人们为了领土豆排了几小时的队，德国占领军却二话没说取走了所有库存的土豆，愤怒的人群开始投掷石块。结果，德国当局在此后的四十天内禁止发放土豆。一位巴黎母亲回忆说，当时配给的食物只剩下土豆，丢掉一张面额1公斤的土豆粮票简直就是一个悲剧。几乎所有的公共绿地都变成了农田，连巴黎中心的杜乐丽花园也不例外,但到了夏天,食品供给的困局仍毫无起色。7月,《束簇》(*La Gerbe*)的记者写道:"吃,特别是吃得好,已经成为巴黎生活的主题。在大街上、地铁里、咖啡馆,你总能听到人们在谈论食物。在剧院或电影院里,当人们看到老剧目或老电影里巨大宴会的场景,都会禁不住欢呼。"[3]

除了主要由年轻人发起的偶发性的抵抗活动之外,法国第一个有组织的抵抗运动诞生在一群看似毫不起眼的中产阶级人群中——博物馆和图书馆管理员。三十八岁的伊冯娜·奥东(Yvonne Oddon)是刚开放不久的巴黎人类博物馆的图书管理负责人。她的父亲在她十几岁的时候就去世了。1940年6月,她和博物馆馆长保罗·里维(Paul Rivet)决定留在巴黎,维持博物馆开放,以这种方式展示他们拒绝投降的意志。这看起来微不足道,但很快,奥东就开始向战俘营里的法国军人送书和衣物,安置逃出战俘营的法国俘虏,并帮助把他们从占领区送到解放区。她也因此面临着巨大的风险。

很快,奥东遇见了一些"想要做点什么"的同道中人,比如中年历史学家阿涅丝·安贝尔(Agnès Humbert)。安贝尔觉得:"如果我什么都不做的话,我觉得我绝对会疯掉的!"[4]奥东还找到人类学家热尔梅娜·狄戎(Germaine Tillion)一起想办法。她们又找到了两个俄罗斯同伴:越狱的战俘鲍里斯·威尔第(Boris Vildé)和获释的战俘阿纳托利·列维斯基(Anatole Lewitsky)。他们一起在人类博物馆里展开了抵抗行动。他们的初衷是捍卫反种族主义的意识形态,这也是人类博物馆的核心价值所在。这些人并不是戴高乐的支持者,因为很少有人能真正听到戴高乐从伦敦发来的号召。这一小群男女定期在博物馆的地下室集会。1940年12月，他们开始忙着散发传单、海报和简讯，他们还出版了第一期内部杂志，名称就叫《抵抗》①。这些做法也是十分危险的，因为人们不知道谁是值得信赖的，而那些地下出版物太容易落入错的人手中。

负责打字的正是阿涅丝·安贝尔，她现在是艺术与民俗博物馆的工作人员。此前，她与丈夫、艺术家乔治·萨巴格（Georges Sabbagh）离了婚，两人育有两个儿子。她听到过戴高乐的号召，作为一个义不容辞的法西斯反对者，她决心听从号召，而不像她周围的男人、退伍士兵一样，表现得仿佛一切业已结束。不过，她对自己的行为可能产生的后果也心知肚明："由于我的干预，一些女人会成为寡妇、一些母亲会伤心欲绝、一些孩子会失去父亲……而我崇高的人道主义理想究竟在哪里？"但当她看到德国士兵将成捆的布料和大量鞋子掳去德国时，她想明白了："我们必须阻止他们。我们不能让他们把这里当作殖民地，眼睁睁地看着他们指使我们的男人、把我们的好东西背走，还能闲庭信步，笑逐颜开，连靴子和腰带都擦得锃亮。"[5]

但是，正当抵抗者们热火朝天地开展行动时，一个在组织里的双面间谍牧师已经向盖世太保告密。1941年1月，逮捕行动开始了。2月10日，奥东和列维斯基被捕，其他人也很快落网。在这个危急关头，正是阿涅丝说服了被维希政府开除的优秀教师皮埃尔·布罗索莱特（Pierre Brossolette）继续为《抵抗》撰稿。布罗索莱特下岗

---

①《抵抗》一名是来自奥东的建议，这是为了向18世纪抵抗宗教压迫的玛丽·杜朗（Marie Durand）致敬，后者是法国新教的著名人物。

后与妻子开了一家书店，以此掩护他们的抵抗活动。令人惊异的是，当所有的抵抗成员都被逮捕的时候，他却成功地逃脱了。他曾在塞维涅女中短暂地躲藏，那正是克莱尔·谢弗里永教书的学校。塞维涅女中的大多数学生是反对贝当的，因此被认为是相对安全的地方。

不过，没有什么地方是绝对安全的，即便是家里也一样。克莱尔的父系表亲佩雷提耶一家就是贝当政府的狂热支持者，"他们认为所有的法国良民都应该支持贝当"。这些维希政府的支持者大多在"一战"中受苦受难，于是他们把希望寄托在贝当身上，他们认为贝当代表了他们当年为之奋战、如今"凭之安身立命的全部价值观——爱国主义、基督徒对苦难的承担、努力工作并遵守纪律的美德——这和革命、混乱毫无干系"[6]。

1941年4月，阿涅丝·安贝尔被捕，当时她正在医院守在她年迈的母亲的病床前。这一年，她被辗转关押在巴黎不同的监狱里，先是在谢尔什-米迪（Cherche-Midi），然后在弗雷讷（Fresnes），最后在拉桑特（La Santé）。在一场简短离谱的军事庭审后，10名抵抗者全部被判处死刑。但其中的三个女人——伊冯娜·奥东、阿涅丝·安贝尔和希尔维特·勒卢（Sylvette Leleu）获得减刑，被送到德国成为终身重劳力。2月23日，男性抵抗者们在巴黎西边可以俯瞰布洛涅森林的瓦勒里昂城堡上被枪杀。如今，这里成了抵抗者的纪念地。一位德国检察官对阿涅丝说："夫人，如果法国军队由女人而非男人组成，我们德国人永远也打不到巴黎。"[7]审判长恩斯特·罗斯科滕（Ernst Roskothen）上尉则为抵抗者的勇气和风度折服。罗斯科滕上尉极不情愿地做着这份他痛恨至极的工作。1944年8月巴黎解放后,罗斯科滕被捕,阿涅丝和伊冯娜还请求将他释放,理由是他对被审判人显出了人性和尊重。

就在被捕前,阿涅丝还在苦苦思索如何谋生。此时,她已经被维希政府解雇,不再在艺术与民俗博物馆担任历史学家。她想和朋友一起做点生意。当时,法国开始制定新的雅利安化的法律,犹太人被禁止从事商业活动且不能拥有任何生意。于是阿涅丝和朋友打算在新法律实施之前,假装从犹太人手里买来画廊,但私下和这些犹太人订立合同,承诺在德国人离开后就把画廊还给他们。阿涅丝写道:"艺术市场蒸蒸日上,我们应该也能过上几个月的体面生活。"[8]她们并没有因此而发财,不过,确实有些人在这一拨疯狂的艺术掠夺中赚得盆满钵满。绝望的没落贵族和法国富人都以此为契机变卖传家珍宝,换取现金。巴黎一举成为古董商的天堂。

占领初期,维希政府通过立法剥夺了1940年5月10日至6月30日逃离法国的本国公民的国籍,他们的财产也可以被没收和清算。尽管理论上维希政府保留着法国的立法权,但德国当局此时已经在占领区通过了类似的法律。维希政府因此向德国提出交涉,他们认为基于《海牙公约》,占领国不应干涉被占领国的民事法律。维希政府此时仍然坚持其独立性,并希望向世人展示它不只是纳粹的工具。不过,尽管德国的征缴政策对法德关系施加了压力,盖世太保的军官们还是一刻不停地从废弃的犹太商店和房屋中掳走物品。他们手里有一份阿贝茨大使开列的清单,上面是巴黎15个主要犹太画商的名字和地址。法国警方为这些行动提供了面包车。德国人查抄了威尔顿斯坦(Wildenstein)、塞里格曼(Seligmann)、保罗·罗森博格和伯恩海姆-热恩（Bernheim-Jeune）画廊以及罗特席尔德家族的一处住所。他们拿走一切能够拿走的东西，包括书籍、家具甚至厨房用具。

征缴来的物品先是被送到巴黎里尔街的德国大使馆，再转到卢浮宫进行编目和储存。然而，偷走的艺术品成千上万，德国大使馆很快就饱和了。德国人决定启用巴黎国立网球场现代美术馆来储存艺术品，尽管它面积较小，但德国人认为它比德国大使馆更便于使用。截至10月底，纳粹专门负责查抄艺术品的罗森博格特别任务组（ERR）已将四百多箱艺术品细致、系统地编目分类，以便决定它们的最终归属。赫尔曼·戈林尤其贪婪，仅1941年他就亲自到国立网球场现代美术馆视察12次，寻找古典大师的杰作，特别是那些日耳曼血统的大师的作品。他挑选的作品被送到卡林宫、他的家里以及正在筹划中的奥地利林茨美术馆。

伦勃朗、维米尔和老克拉纳赫的作品最受青睐，而印象派和现代艺术作品则被德国人视为倒退，它们被出售给卢塞恩和苏黎世的瑞士画商，这些人也因此生意兴隆。德国人可能用这些现代艺术和印象派作品换取一些古典大师的作品，同时，那些给德国人通风报信的巴黎画商也可以从特定的作品中挑选几幅。剩下的就放到法国黑市上售卖，这些钱名义上被用来支援战争孤儿。

当各路人马争先恐后时，国立网球场现代美术馆的管理员罗丝·瓦朗（Rose Vallant）却奇迹般地被允许记录下所有艺术品的来源和去处。她的编目技能和事无巨细的职业素养在战后追讨被盗艺术品时派上了大用场。四十二岁的罗丝·瓦朗是独身主义者。1898

年,她出生在格勒诺布尔市郊的一个铁匠家庭。她从小成绩优异,考取了一系列专业学院,打算将来成为艺术教师。她不仅学习艺术,还学习艺术教学,并在一系列竞争激烈的考试中脱颖而出。她还潜心研究艺术史,1931年,她从卢浮宫学院获得了一个特殊文凭。最终,三十四岁时,瓦朗成为国立网球场现代美术馆的志愿管理员。尽管她考取了无数的资格证书,但作为一名女性,她无法成为领薪酬的正式管理员。

1941年,罗森博格特别任务组征缴了一切可及的艺术品。当年4月,法国政府出台了一项新法律,允许德国占领当局"根除犹太人对法国经济的影响"[9],这意味着德国人可以把犹太人的企业卖给雅利安人,或者直接清算并将所得上缴国库。"因此,许多法国人(一开始只是在占领区)成为掠夺行为的受益者,这种掠夺行为与罗森博格特别任务组对犹太人收藏艺术珍品的掠夺相比毫不逊色。"

国家博物馆负责人雅克·乔加(Jacques Jaujard)一直尽力保护犹太人的艺术品,不论它们是作为礼物送给他的,还是让他代为保管的。但他的抗争在很大程度上被忽略了。除了贪婪的德国人,法国的犯罪团伙也作为中间人或告密者渗透到艺术品市场。纳粹征用国立网球场现代美术馆时正是乔加命令瓦朗留守在那里的时候。瓦朗在随后的四年里几乎每天都留在美术馆,只有四次她被命令离开,但每次她都能设法再回来。1961年,她在回忆录里写道:"我至今也不明白,为什么是我被选中了。但当乔加要求我留下时,我就坚定了永不离开的决心。我从未怀疑过我需要做的事情。"当一些作品丢失时,她面对了严厉的审讯,不过事后她只是轻描淡写地说,那些审讯"十分令人不悦"[10]。

实际上,瓦朗成了间谍。也许德国人认为这个长相寒酸、戴着眼镜的学者并不构成威胁,也许他们只是太忙了,极大程度上忽视了瓦朗。1941年3月之后,瓦朗不再能公开地记录艺术品的进出,但她还是秘密地尽其所能地记录一切,有时使用速记,有时是"借"来艺术品存档照片的底片,连夜将其复制,第二天再将其偷偷归还。因为可以听懂德语,她还尽可能地做监听的工作,并将这些内容定期汇报给与抵抗组织关系密切的乔加和他的助手。瓦朗还记录了她能观察到的一切,这不仅包括记录被掠夺的艺术品,还有谁在打包艺术品、谁在守卫、板条箱被送去哪里以及哪个纳粹官员要来巴黎,等等。她甚至记录了不少私人逸事。

很快,罗森博格特别任务组的规模扩大到六十多人,瓦朗也开始注意到在与日俱增的疯狂和秘密背后的一些风流韵事。有一次她写道:"冯·贝尔上校的女爵妻子来了,因此他需要摆脱他的情妇普茨小姐。"罗森博格特别任务组的头子科特·冯·贝尔(Kurt von Behr)爵士时常喝醉,是一个臭名昭著的好色之徒。他的夫人是英国人,因此,他的问题也更加复杂。当安妮·玛丽·汤姆福德(Anne Marie Tomforde)嫁给罗森博格特别任务组的商业经理赫尔曼·冯·英格拉姆(Hermann von Ingram)中尉时,瓦朗写道:"年轻的新娘毫不犹豫地把征缴来的犹太人藏品拿去作嫁妆,她从罗特席尔德藏品中挑走了几件艺术品,还从大卫·威尔(David Weill)藏品中拿走了一套茶具。"[11]

此时,犹太人的经销商大多流亡或躲藏,而犹太艺术家们则被视为退化的产物。1941年1月,德国人编写的《巴黎报》(*Pariser Zeitung*)在巴黎正式发行。该报经常美化德国艺术,并将一切现代艺术视为堕落的作品。在这种险恶的气氛中,展示纳粹谴责的艺术作品并公开支持被禁艺术家就需要极大的勇气。但年过六旬且离过婚的让娜·比谢(Jeanne Bucher)就做到了。

一些画廊在占领时期继续开放,以求在日益蓬勃的艺术品交易市场分一杯羹。但只有比谢认为通敌并不是商业生存的前提条件。占领期间,让娜·比谢的画廊是唯一展示立体主义和超现实主义作品的画廊。她的展览从来不是很商业化,因为她不敢公开给展览做广告,但她认为为了确保文化和艺术生活不完全由德国人控制,这些展览至关重要。比谢在给住在美国的女儿西比尔·库尔南(Sybille Cournand)的信中写道:"这远不只是我的激情——我对艺术的兴趣是我活下来的深层原因。"[12] 1872年,让娜·比谢生于法德边境阿尔萨斯一个中产阶级天主教家庭。此时普法战争即将结束,在她成长的过程中,不断经历德法两国的紧张关系,这样的经历让她对政治形势有了独特的见解。她会讲德法双语,并了解两国的文化。20世纪20年代,她开始发掘和推广德国的前卫艺术家。她总是在年轻艺术家的职业生涯初期给他们以帮助,也因此了解了一些新的艺术流派,如立体主义、超现实主义和抽象派。

二十三岁时,她和比她年长三十岁的著名钢琴家弗里茨·布鲁默(Fritz Blumer)结婚,但他们的婚姻并不幸福。1901年,她与诗人夏尔·格林(Charles Guérin)坠入爱河。但离婚对于比谢来说遥不可及。布鲁默发现了比谢的婚外情,他让她在激情和女儿之间做出选择。比谢拒绝做出选择,她决定继续与丈夫保持良好的关系,等着孩子长大。但1907年,年轻的格林去世了。此后,比谢在表面上继续过着平凡的生活。像许多她这个阶层的女人一样,比谢在"一战"期间到医院里做志愿者。但在临终前的一封信中,她写到了,与格林的爱情,这让她心神荡漾,但她又不得不压抑这份感情,最终它滋养了另一种更强大的爱,她把这份爱献给了艺术和艺术家。[13]

在她终于离婚后,比谢决定将毕生心血献给现代艺术。她恢复了婚前的姓氏,移居巴黎。尽管没有很多钱,比谢还是在五十岁时开始了一段新的职业生涯——1925年,她在建筑师、设计师皮埃尔·沙罗(Pierre Chareau)的展览商店的附带建筑里开设了自己的第一家画廊。她举办的第一个展览是关于纸质艺术作品,作者是立陶宛出生的犹太雕塑家雅克·里普希茨(Jacques Lipchitz)。很快,她就被誉为"现代艺术的关键领军人物"。她没有足够的钱与艺术家签订合同,但她总是能用良好的直觉发掘有才华的年轻艺术家,并给予他们大力支持,用她微薄的积蓄让这些艺术家做出尽量多的作品。

1936年,比谢把画廊搬到了蒙帕纳斯大道,在那里她展出了蒙马特和蒙帕纳斯艺术圈里更加成熟的艺术家的作品,包括毕加索、胡安·米罗、瓦西里·康定斯基、里普希茨和马克斯·恩斯特以及其他名气略小的艺术家。1940年德军入侵时,比谢不得不暂时关闭画廊并离开巴黎。但1940年底,她又回来了,她的画廊重新开张,随后组织了二十多场展览,并用不同的方式挑衅德国占领者。当右翼媒体攻击里普希茨的雕塑作品《普罗米修斯和秃鹫》并要求其销毁时(法国政府1937年委托里普希茨创作了这幅作品,准备放在大皇宫），比谢用一场里普希茨作品草图展作为回应。通常情况下，她不会提前公布展讯，也不会提前向艺术家征得授权，以免危及这些艺术家。但是，她的展览也不会获得什么媒体报道，许多关于这些展览的评论在审查中被撤下，其他人根本不敢对现代艺术表现出什么兴趣。

比谢的房子很快成为巴黎知识分子的抵抗运动的中心。常来串门的包括毕加索（他的画作被德国当局禁止展出）、超现实主义艺术家保罗·艾吕雅（Paul Eluard）和米歇尔·莱里斯（Michel Leiris）以及她的其他画家好友。画廊在房子的二层。房前的院子把房子和街道隔开。才华横溢的超现实主义诗人和图形艺术家乔治·于涅（Georges Hugnet）占用了房子的一层来进行他的印刷活动。他和比谢相识在她的第一场展览。于涅会给一些身处危险中的艺术家制作假证件，比谢会把这些证件藏在挂毯后面和地毯下面。

1940年，比谢出版了第一部号召抵抗的杂文作品集《不愿意》（*Non Vouloir*），内文由于涅写就，毕加索为其设计了四幅雕刻作品。由于比谢在艺术圈颇有威望，德国人也常常来她的画廊。他们通常穿着便服，对现代艺术一通嘲讽，但最后还是会买一些。她在给美国的外孙女的信中写到了这些不速之客，她表示只要这些人欣赏那些艺术作品，她就不会排斥他们的国籍。但有一次，她还是发了脾气。她用无可挑剔的德语质问来访者，如果他们认为一幅画是"坏"的，为什么还要买。同时，她拿来一幅阿诺·布雷克（Arno Breker）的雕塑作品的翻拍照片，一脚踩了上去，一边大喊："这是德国艺术品，看我怎么对待它。"[14]

许多人会因为比这轻微得多的行为被逮捕，但比谢却一直十分大胆。1936年以来，她一直展出俄罗斯裔抽象画家瓦西里·康定斯基的油画和水粉画。巴黎被德军占领后，她依然不愿停止。但是，在她展出康定斯基作品的第二天，德国当局就关闭了她的画廊。有时，如果德国人强迫她把占领当局不欣赏的艺术品从墙上拿下来，她会干脆地把它们收在抽屉里。后来成为毕加索情人的年轻艺术家弗朗索瓦丝·吉洛（Françoise Gilot）回忆说，比谢很喜欢马克斯·恩斯特的作品。"我会在下午6点来钟去让娜·比谢的画廊，等画廊关门后，她会给我看恩斯特的画作。"[15]

此外，比谢还时常在她房子的阁楼里收留躲藏中的抵抗者。一位逃避盖世太保的年轻医学生发现他的床垫下面就是布拉克（Braques）和毕加索的作品，这让他觉得好笑又担心。比谢最勇敢的行为是她对那些被迫逃离的人的空房子进行保护，其中包括里普希茨和他妻子伯特的房子。这对夫妇1941年在美国记者瓦里安·弗莱（Varian Fry）的帮助下成功从马赛逃到纽约①。生于里斯本的艺术家玛莉亚·爱莲娜·维埃拉·达席尔瓦和她的先生、匈牙利犹太抽象画家阿帕德·塞奈什（Árpád Szenes）在1940年辗转葡萄牙逃亡里约热内卢。他们的房子也由比谢来保管。比谢请她信得过的朋友住进这些房子，以防它们被纳粹征用。法国超现实主义画家亨利·戈茨（Henry Goetz）记得，比谢特别藐视那些时尚的富裕画商的做派："她的画展开幕式和当时其他时尚画廊背道而驰：极少数贵宾会被低

---

① 弗莱自愿参加了应急救援委员会，该委员会是在法国陷落不久后成立的，致力于救援知识分子和其他维希纳粹迫害的人，总共帮助至少2000人成功地通过马赛逃到纽约。

调地请到比谢的厨房里,坐在长凳上就着饼干喝点茶。"[16]

比谢在她的画廊里被她热爱的艺术品环绕,她从中也得到了慰藉。她决心毫不妥协地继续展览,还说这比食物还重要。她拒绝参与黑市交易。作为一名老烟民,比谢苦于没有烟抽。"二战"期间,法国女性被禁止购买烟草,男人们则每周能买一包烟草。得到过比谢救助的朋友总会力所能及地匀给她一些他们的烟草配额。

○ ○ ○

"你必须明白,抵抗的形式有无数种。"[17]珍妮·德·克拉朗(Jeannie de Clarens)解释道。她从来没主动谈起过她的抵抗故事,直到1998年,《华盛顿邮报》记者大卫·伊格内修斯(David Ignatius)发现了她。珍妮·德·克拉朗婚前姓鲁索。她一开始并没有加入任何抵抗团体。1939年,她以全班第一名的成绩从巴黎政治学院毕业,她请院长帮她找了一份她能"派上用场"的工作。但在1940年,她的父母认为巴黎不再安全,于是全家逃到布列塔尼圣马洛附近的海滨村庄迪纳尔。她的父亲是一名公务员,还是巴黎17区的前区长,他以为德国人永远不会打到这里。但很快,成千上万的敌人就兵临城下了,准备入侵英国。鲁索先生和当地市长是邻居。当市长来找他这位可靠的邻居,希望他能推荐一名会讲德语的人作为当地政府与德军的联络人时,鲁索先生推荐了德语流利的女儿珍妮·鲁索(Jeannie Rousseau)。他说,女儿只希望能"派上用场"。

接下来的几个月,珍妮·鲁索很喜欢她的工作。据她回忆,"德国人当时还愿意取悦当地人"。他们乐于与一个德语流利的当地人交谈,特别是如果这个人年轻漂亮,看起来不会泄露什么秘密,如姓名、电话和计划。很快,英国方面就接收到了大量有关德军在迪纳尔地区活动的情报,一定程度上,这正是由于当地的抵抗者接触了珍妮。德军怀疑英国一定在迪纳尔地区精心安插了间谍。1941年1月,盖世太保逮捕了珍妮,她在雷恩的监狱里待了一个月。但是,当德国军事法庭审判她时,迪纳尔的德国国防军军官站出来帮她说话,他坚持认为这位迷人的翻译不可能是间谍。珍妮随即被释放,但德军已经不再信任她,勒令她离开沿海地区。

此时,珍妮已经通过一些监听行动尝到了抵抗的滋味。她回到巴黎,在那里她很快找到了新工作——为法国实业家协会做翻译。这个法国全国性商会里尽是希望将产品出口到德国的法国企业。协会的办事处在圣奥古斯丁街。珍妮很快就成为这个组织的核心人物。她定期到曼杰斯帝酒店的德军指挥部会见德国军官。她几乎每天都在和德国人讨论商业问题:抱怨德军征用了所有库存,告知德军法国企业愿意出卖钢铁、橡胶等战略物资。她从中积累了大量的基础情报,但她觉得这些信息被浪费了。

就在此时,她遇到了老朋友、数学家乔治·拉马克(Georges Lamarque)。拉马克比珍妮大几岁,他还记得她的语言天赋,于是建议珍妮加入他的组织。这次见面并不完全是个偶然。当时珍妮正在去维希的火车上,她希望知道那里到底发生了什么。珍妮本能地感到这将是让她所得的情报派上用场的好机会。尽管,她并不知道具体怎么做,但她还是毫不犹豫地答应了拉马克的邀请。她给他介绍了曼杰斯帝酒店的一些办公禁区,德军正在那里开发特殊的武器和项目,但她觉得她可以进去——她只有二十一岁,任性、漂亮,很容易得到信任。拉马克把珍妮的小情报网络命名为"德鲁伊"[①],其中珍妮的代号是"安妮亚力克斯"(Amniarix)。

后来回忆起这段往事时,珍妮认为当时的情报就像任人采摘的果实:"这事特别简单……我只要用我的记忆力就好。我记得德国境内所有工厂和商品的细节。我们当时需要了解德国人有什么,做了什么,监视他们正在做什么。这里的'我们'就是我一个人——我又怎么可能是危险人物呢?"[18]

接下来的两年,珍妮一直非常走运。她很快遇到了之前在迪纳尔认识的几个德国军官朋友,他们正在开发秘密项目。珍妮偷听到了最敏感的信息——德军正在德国东部设计特殊武器,她当时并不完全理解这种武器的作用。她和乔治·拉马克都怀疑她偷听到了战争期间最大的军事秘密,他们知道这些信息对盟国来说至关重要。拉马克敦促珍妮尽可能发掘情报,尽管这样的工作充满风险。珍妮感到她有义务这么做,而当时大部分与她同龄的女孩都在约会和成家。

战争爆发时,克劳德·杜·格朗鲁(Claude du Granrut)只有十岁。如今,她已经是八旬老人,住在巴黎市中心,凭窗望去就能看到科莱特在战争期间住过的皇宫街区的公寓。如今,她试图解释为什么一些人选择抵抗,另一些人则选择了通敌,而对她的家庭来说,这是一个明确的选择。"我的家人选了另一条路线。我在家里从来

[①] 凯尔特神话中有与众神对话超能力的人。——译者注

没见过德国人，从没见过。这非常重要……我的家人也不会去黑市买东西。但他们不顾一切地希望我这个家里最小的孩子能健康成长，所以他们经常送我去乡下，在那里我能获得新鲜的牛奶和蔬菜。"[19]

对于年轻的克劳德来说，生活几乎一如往常，她每周还会和同学一起到法兰西喜剧院看早间场剧目。不过，她很清楚，许多巴黎人在思考如何应对占领者这个复杂的问题。是要和德国人斗争，还是暂且忍受以继续享受法兰西美好的文化生活：书籍、电影、戏剧和高级时装？她的父亲罗贝尔·德·伦蒂伯爵会讲德语，他是"一战"老兵，还是一个农用化学品商人。她小时候认为父亲每天都去位于富堡·圣奥诺雷街的办公室，再去名流云集的赛马会吃个午饭，当时，德军还没能进驻那里。她的母亲热尔梅娜伯爵夫人十分优雅，是"一个真正的巴黎女人"。克劳德的同学都羡慕她有一个如此富有魅力的母亲。伯爵夫人积极参与社会工作，比如拜访巴黎东部20区的贫困女人，给战俘分发衣服和包裹。克劳德·杜·格朗鲁后来在回忆录《钢琴与大提琴》中将她母亲称为"不可能被忽视的人"，"她对所有人都慈祥和亲切"。[20]克劳德当时只是隐约地知道母亲的这些拜访活动："她努力用某种方式维护法国，并与父亲团结一心。当时我的父亲为抵抗运动做了许多事，但我当时并不知情，我们也从不在家里谈起此事。"事实上，热尔梅娜·德·伦蒂（Germaine de Renty）和珍妮·鲁索也相识。克劳德也是后来才知道此事。

德·伦蒂一家收听英国广播公司从伦敦发出的法语广播《伦敦广播》，以此了解法国之外的时事，这是逃到英国的自由法国人组织的节目。"当有客人来时,我们一家人必须对此非常小心。"[21] 如今,克劳德·杜·格朗鲁认为,1941年发生了许多变化,首先,德国在6月入侵苏联,随后,当年年底,美国在日本偷袭珍珠港之后加入了战争。"渐渐地,我们这样的家庭开始相信,我们可能赢得战争,打败德国。"德国入侵苏联不仅激发了法国共产党的抵抗斗志,也让踟蹰不定的人下定决心。杜·格朗鲁认为,对于女人来说,还有更深层的动机:"年轻的女性前所未有地感到需要为国家做点什么。她们不能投票或参军。但国将不国之时,她们希望能证明女性也能参与公共事务。这是非常独特的体验。"

另一个因素是,到了1941年,几乎每个巴黎人都有熟人被逮捕。当德国试图对犹太人进行种族清洗时,维希政权也加速了与占领当局的合作。第一拨大逮捕发生于1941年5月14日,当天有3710名所谓的"外国"犹太人被捕。三个月后,当局又在巴黎11区进行了突袭,逮捕了4230名犹太人,其中有外国人,也有法国人。12月,当局又逮捕了734名知名法国犹太人和250名犹太移民。这些犹太人被送到四个监狱:巴黎南部的皮蒂维耶和博恩-拉罗朗德(Beaune-la Rolande)监狱,巴黎东北部由德军运营的贡比涅监狱,以及德朗西监狱。德朗西本身是一个未完成的市政住宅区,当时还没来得及装上窗户,缺乏基本的卫生设施。这里的最大承载量是700人,但从一开始就挤进了几千人。这些绝望、饥饿的人被迫生活在极其恶劣的环境。

反犹主义在维希和纳粹占领下的巴黎表现略有不同。正如朱利安·杰克逊(Julian Jackson)教授观察到的,1940年10月,当维希在未经德国要求发布第一个反犹太法案时,采用了一种近乎抱歉的语气,并坚持尊重犹太人及其财产的立场,承诺将"秉持人道主义精神执法"[22]。尽管如此,维希政府还是自发地采取了反犹政策,为反犹主义提供了政治土壤。贝当的幕僚里就有好几个狂热的反犹主义者,对他们来说,采取反犹主义政策不仅合心合意,还能讨好德国人。1941年3月,维希政府设立了犹太问题全国委员会(CGQJ),用来统筹全法国的反犹政策。该机构的负责人是格扎维埃·瓦拉(Xavier Vallat),一个狂热的反犹主义者,他在"一战"中失去了左腿和右眼。

这一年,反犹法律接踵而至。十二个月里,维希政府颁布了26项反犹法律和24项反犹行政令①。1941年6月,维希政府通过的第二项反犹法律对商界产生了巨大影响,该法律规定出售或收购公司时都需报批:犹太人的企业需要登记,政府会任命接收者或经理人来监控这些犹太人的行为。违反这项禁令会招致刑罚。至此,自由区的雅利安化程度与占领区已不相上下。维希政府刚颁布限制犹太人从事律师、医生、建筑师、药剂师和就学的行政令,紧接着又通过了禁止犹太人从事任何工商职业的法律。收缴犹太人财产从此不需要付钱,因为它们被认为是"无主"财产。

1941年5月,德军搜查了画商保罗·罗森博格位于波艾蒂路21号的旧居。讽刺的是,他们故意在那里设立了犹太问题研究所

---

① 法令和法案一般都是指议会即将通过的正式法律,而行政令则是较低一级的法规,通常是辅助性的,用来对某些法律进行进一步的解释。不过,鉴于维希政府是威权政府,它可能没有严谨地履行宪政程序。

(IEQJ)。该机构的负责人是保罗·塞齐尔（Paul Sézille），此人是维希政府最粗鲁的暴力煽动者之一。1941年，犹太问题研究所的一项主要任务就是在贝立兹宫举办一项名为"犹太人与法国"的展览，旨在说明犹太人对法国的恶劣影响。塞齐尔在展讯介绍里解释道："该展览展现了犹太种族的各种表现，这些精心选择的惊人资料将会显示犹太人如何影响了法国的方方面面以及他们的邪恶如何深刻地折磨着我们。我们说服那些神智仍然清醒的公民，采取行动迫在眉睫。"巴黎的地铁和宣传栏里贴满了这场展览丑陋的海报。当局还在歌剧院和共和广场之间的街道上设置了扩音器，进一步宣传这场展览。

这场展览为期四个月，门票定价3法郎。20万名巴黎人前去购票参观了展览，也有许多人是免票参观的，其中包括生于1925年的玛丽－皮埃尔·德·科赛－布里萨克（Marie-Pierre de Cossé-Brissac），她出身于反犹太人的法国贵族家庭。当她还小的时候，她的父亲就嘱咐她："你想做什么都可以，但别嫁给犹太人。我们是法国唯一一个和犹太人毫无关联的贵族家庭。"占领期间，玛丽－皮埃尔的母亲为和纳粹合作的通敌者举办过上流社会的派对，她让孩子读《我的奋斗》，带孩子们参观臭名昭著的反犹太展览，但结果却出乎意料[①]。

[①] 1945年，玛丽－皮埃尔爱上了法国犹太抵抗战士西蒙·诺拉（Simon Nora）。家人盛怒之下把她送到了瑞士的一所精神病医院，但是诺拉和其他抵抗者一起把她救了出来。1947年1月，两人结婚了，玛丽－皮埃尔的家人宣布与她断绝关系。摘自本杰明·伊夫里（Benjamin Ivry）的《面对父亲的夸张之山》（*Confronting Father's Mountain of Exaggeration*）。

多年以后，保罗·罗森博格的外孙女安妮·辛克莱重新翻看了犹太问题研究所举办的这场展览中的照片，重新听了巴黎广播电台对展览开幕式的溢美之词。她写道："主持人说道：'今天我们见证了罗森博格故居改头换面，它的名字就会告诉你，你需要知道的一切。'这话确实令人伤心。"在那些照片、国家声音和视频档案馆的记录里都可以看到小说家路易-费迪南·塞利娜（Louis-Ferdinand Céline）的一段话："这是一个明星来客，他有毫无疑问的极右翼倾向。他在我祖父的画廊门前停下自行车。门脸上用大写字母写着这座建筑的新名字。门廊和展厅清晰可辨。墙上有一张巨大的照片，上面是一个躺在地上身上披着法国国旗的女人，一只秃鹫盘踞在她的腹部，图说则是'法国人，救救我'。"[23]

1941年11月，维希政府牵头成立了一个新的机构——法国以色列人总联盟（UGIF）。可以说，这是所有机构中最残酷的，它迫使犹太人自掘坟墓，为自身苦难和破坏负责。住在法国的所有犹太人都需要向以色列人总联盟缴费。该机构的任务不仅是给犹太社群筹款，它的最终目的是生成一份法国犹太人的姓名、住址清单——这其实是一个陷阱。一些人"托关系"把自己的信息从名单中删除从而逃过一劫，但这些人往往感到很惭愧，不愿公开谈论此事。历史学家估计，这些政策的累积效应使得1941年夏天之后住在巴黎的犹太人中有一半都无法继续生存。

但是那些早些时候就逃走的巴黎犹太人也意识到，自由区也不比巴黎安全多少。米丽娅姆·桑贾尔和父母此时被困在南方，他们的逃亡队伍此时已扩大到十一人，但无法出境和中转签证，更不用说预订机票和酒店了。桑贾尔的母亲癌症缠身,不久于人世。米丽娅姆时常去马赛的西班牙、葡萄牙使馆排队申请签证,但一直毫无进展。于是她去航运业商会询问船会开到哪里,然后再到那些目的地的使馆申请旅行许可。

当米丽娅姆得知还有船从里斯本开往爪哇时,她马上去爪哇领事馆,在那里她见到了领事,那是一个"十分英俊的男人"[24]。他答应给她必要的许可文件,但作为回报,她必须给他的情妇送一枚钻戒。米丽娅姆马上摘下她美丽的白金珍珠戒指,但领事以太廉价为由拒绝了。后来,她得到了十一张去中国上海的签证,但因为已经没有船前往上海了,计划只好搁浅。所有的领事馆都挤满了像她一样绝望的人,其中很多身无分文,拿着伪造的文件,试图逃离纳粹的迫害。每一条路最后似乎都变成了死胡同,米丽娅姆家里的积蓄也日渐减少。最终,米丽娅姆不得不只身前往里斯本,因为当时她被盯上了。几个月后,大部分家庭成员在里斯本与她团聚。1941年11月,在他们距离被强制逐出葡萄牙只剩24小时的关口,英国给了一行人牙买加的居留许可。然而,她的两个兄弟不得不留在里斯本,他们已经到了从军的年龄,于是加入了波兰军队。精疲力竭的桑贾尔一家后来在牙买加直布罗陀难民营度过了整个战争时期①。

此时在巴黎,犹太人已经无法在任何领域谋生了,珠宝商的生意格外艰难,他们已经无法买到必需的原材料。如果客户订购黄

---

① 1945年,米丽娅姆终于抵达伦敦,并与未婚夫本·斯坦顿成婚。

金首饰，就要自备成品分量100%的黄金；如果是铂金，就要自备135%的铂金。各大珠宝商想了很多办法应对困境。20世纪40年代流行起了镂空、蕾丝状珠宝以及巨大的次贵重宝石，如紫水晶。卡地亚干脆转而制作时钟之类的其他物件，而宝诗龙更是像许多珠宝商一样推出了一系列银质的"美妆盒"。热衷标新立异的巴黎女人会把家里的餐具带到珠宝店，熔化后制成银质的晚宴手包，如果能再镀一点黄金或装点几块宝石就更好了。这类包里往往给香烟和化妆品留出了专门的区间。这是一款出格的饰品，它展示出女主人不仅精通时下潮流，还是一个能在公众场合吸烟补妆的现代女性，而这在战前都被视作不检点的行为。

贝尔纳·赫茨早早就被当局盯上了。这个富有的犹太人在尚蒂伊有座大房子，在巴黎有公寓，还持有价值不菲的股票。早在1940年，他就遭到审讯。苏珊·贝尔佩龙求助了演员朋友丽卡·拉蒂夫（Rika Radifé），在她的斡旋下，赫茨最终获释。丽卡·拉蒂夫的丈夫是演员哈里·博尔（Harry Baur）[①]。贝尔佩龙明白，如果想让珠宝公司生存下去，现在就必须将它收归自己名下。1941年1月，她用自己的名字注册了苏珊·贝尔佩龙有限责任公司。她有一个合伙人，室内设计师马塞尔·科德（Marcel Coard）也为此借给她一些钱。但纳粹对这种交易心存疑虑，贝尔佩龙也不抱侥幸心理，知道这些交易都在监控之下。她也被带去问话，还被要求提供洗礼证明，以此证明她的娘家人没有任何犹太血统。

[①] 博尔被认为是犹太人的名字，他因此在1942年被捕。最终，由于当局无法证明他的犹太血统，他被释放，但后来很快就去世了。

1940年起，德国人就开始清点罗特席尔德家族的物品。德国外汇保护指挥部1941年12月8日的一份报告显示，戈林希望在来巴黎视察时亲自处置这些物品。长长的清单上除了银质的餐具，还有"绘画和其他艺术品，它们都是在搜查位于巴黎莱昂纳多·达芬奇街2号的亚利桑德琳·德·罗特席尔德住所的柜子时查获的。这些物品后来都交给了罗森博格特别任务组"。在对罗特席尔德家族的搜查中，总共查获了52包珠宝和艺术品，其中21包交给了罗森博格特别任务组，剩下的31包留给了戈林本人，成了"外汇保护指挥部保管物品"[25]。

人称"东方的罗特席尔德家族"的卡蒙多（Camondo）家族在19世纪中叶从君士坦丁堡搬到了巴黎。1941年，一家人决定写信给保罗·塞齐尔，投诉占领当局对他们私人艺术收藏的抢劫。贝亚特丽斯·德·卡蒙多（Béatrice de Camondo）的丈夫莱昂·莱纳克（Léon Reinach）回忆说，这样的盗窃背后是"仇恨和嫉妒"，但这些都无济于事。至今，卡蒙多家族位于蒙索街63号的豪宅还在蒙索公园的正对面。1860年，犹太金融家艾萨克（Issac）和埃米尔·佩雷勒（Emile Péreire）开发了这处公园，以供企业主们在这里安家，很快，许多百万富翁就在附近盖起了华丽的别墅，其中包括罗特席尔德家族和埃弗吕西（Ephrussi）家族的好几个成员，他们都是犹太人。这些富有的巴黎犹太人坐拥香车宝马，他们经常去看歌剧，还是艺术品藏家。讽刺的是，纳粹占领后，这个街区成了贫民窟。贝亚特丽斯的父亲莫伊兹·德·卡蒙多（Moïse de Camondo）此前从他父母那里继承了一处小房子，20世纪初，他拆掉房子，参照凡尔赛的小特里亚侬宫在这里建起了华丽的卡蒙多公馆。莫伊兹对家具和艺术品眼光独到，他特别喜欢18世纪晚期的法国艺术品。莫伊兹年轻的时候是个喜欢享受生活的人。1897年，他的娇妻、出身富裕银行家家庭的伊莱娜·卡恩·德·安佛（Irène Cahen d'Anvers）与意大利籍马夫桑佩里（Sampieri）伯爵私奔了。莫伊兹因此变得深居简出。他和妻子离了婚，这在当时被认为是可耻的举动。离婚后，莫伊兹收回了两个孩子——尼西姆（Nissim）和贝亚特丽斯的抚养权。1917年，尼西姆作为法国空军飞行员在与德军的战斗中身亡。莫伊兹从此一蹶不振，他进一步退守到珍宝的世界里，常常在他的小房间里独坐好几天，这里有他举世无双的赛佛尔瓷器收藏。

贝亚特丽斯先是受到了父母离异的打击，随后又遭受了失去爱兄的痛苦。于是，尼西姆死后一年，她答应了与莱昂·莱纳克的包办婚姻。莱纳克出身于知识分子和音乐家家庭，一家人曾积极支持阿尔弗雷德·德雷福斯上尉。贝亚特丽斯和莱昂有两个孩子：范妮（Fanny）和贝特朗（Bertrand）。1935年，贝亚特丽斯的父亲莫伊兹去世，此后夫妇俩就在讷伊的公寓和海滨的克里罗丝别墅之间辗转，后者是一栋华美的希腊神庙风格的建筑。而蒙索公园旁边的卡蒙多公馆已经由莫伊兹捐给了国家。他希望这样的慷慨捐赠能让家族永垂不朽，毕竟，卡蒙多家族的座右铭是"信仰和慈善"。此外，莫伊兹还希望把他家族的名字与他喜欢的历史时期联系起来。他去世后，贝亚特丽斯负责履行他的遗愿。1936年12月21日，卡蒙多公馆正式对外开放，如今它是装饰艺术中心联盟的所在地。①

但莱昂和贝亚特丽斯很快就疏远了。贝亚特丽斯心地善良，但对骑马之外的事情不感兴趣。她成为著名的蒙斯瓦隆狩猎团（Monts et Vallons）的成员，当时该团体刚刚允许女性加入。她希望，不论政局如何变化，她的骑马狩猎生活能安安稳稳地继续。但在1941年7月，德国人从卢瓦河谷的香堡查抄了几箱画，这些画本来是由一些犹太收藏家放在那里的。这些画当中就包括莱纳克家族的收藏。在一个箱子里，德国人找到了雷诺阿给贝亚特丽斯的母亲伊莱娜画的肖像。[26] 这幅画是受路易斯·卡恩·德·安佛（Louise Cahen d'Anvers）委托所作的，她是银行家路易·卡恩·德·安佛的妻子，也是夏尔·埃弗吕西的情妇。

纳粹不只想要卡蒙多家族的财物。当雷诺阿在1880年画伊莱娜·卡恩·德·安佛的肖像时，他把她描绘成了一个美丽的法国金发小女孩，而把她的犹太血统特征忽略了。一位评论家在这幅肖像首次展出后开心地说："谁也找不出比这个金发小孩更漂亮的人，她的头发像阳光下光彩四射的丝绸，她的蓝眼睛充满了天真的惊喜。"但德加却对雷诺阿在肖像画中修改犹太人面貌的做法不以为然。那一年，他写道："雷诺阿先生，你没有诚信。你现在奉命画画，这是不可接受的。现在你为金融家服务，围着夏尔·埃弗吕西转。我看你下一步就要去米尔立顿（Mirlitons）咖啡厅与布格罗（Bouguereau）

---

① 卡恩·德·安佛家族也捐赠了巴黎郊外的一处别墅。伊莱娜·卡恩·德·安佛的大叔母贝亚特丽斯·埃弗吕西–德·罗特席尔德把位于菲拉角的粉色别墅捐给了美术学院。

之流一起展览了！"27①

这种紧张关系在法国社会一直存在，此时导致了悲剧性后果。莱纳克经历了为德雷福斯昭雪沉冤的漫长岁月，他相信理性抗议会产生效果，德国人最终会回心转意。他在申诉信中长篇大论地阐释了莱纳克和卡蒙多家族的艺术收藏对于整个法国艺术界的价值。但当法国国家博物馆负责人、占领期间负责保护上千件艺术品的雅克·乔加将这封信转交犹太问题全国委员会的独眼头目格扎维埃·瓦拉时，后者的回应是这是自大的莱纳克在自作聪明。那幅雷诺阿的犹太人肖像画都已经辗转了不同画商，最终落入戈林之手。现在，需要莱纳克这样的家族操心的不再是如何保护财产，而是如何保住性命。莱昂·莱纳克很快带着儿子贝特朗移居坡市，而贝亚特丽斯则带着女儿范妮在巴黎多待了一段时间。她每天继续在布洛涅森林骑马，参加骑马狩猎表演。她相信，她在骑马时结交的德国军官朋友会保护她。更重要的是，卡蒙多家族已经把一个男人和家族在巴黎最漂亮的房子献给了国家。贝亚特丽斯仍然认为，她的家族是这个国家的一部分。

谁也说不清楚到底有多少巴黎人被这些反犹主义宣传洗脑了，又有多少人对此嗤之以鼻。但从此时起，摆在人们面前的选择越来越清楚了：要么抵抗，要么通敌。法国人中只有很少一部分真的主动通敌或积极抵抗，大部分人直至战争结束都在观望。不过此时，

---

① 德加这句话是把雷诺阿比作流行画家威廉姆-阿道夫·布格罗（William Adolphe Bouguereau），并暗示雷诺阿可能经常去蒙马特的米尔立顿咖啡厅，那里的老板是阿里斯蒂德·布吕昂，她是图卢兹-洛特雷克的朋友。

情况正在变化——支持贝当的法国人日渐减少,而支持戴高乐和抵抗运动的人逐渐增多。

除了维希政府对德国的官方通敌之外,在巴黎,取悦敌人的意识形态通敌也变得更加微妙和复杂。1941年8月,达尼埃尔·达里厄(Danielle Darrieux)主演的《初次约会》成为占领时期第一部大受欢迎的电影。该片由德国投资、总部设在巴黎的大陆制片厂出品。大陆制片厂是希特勒的宣传部长戈培尔亲自设立的,目的就是让德国全面控制法国的电影产业。1941—1944年,该制片厂只制作了30部完整的电影,比如《乌鸦》和《妇女乐园》。几乎所有的电影都是在比扬古街区的巴黎电影制片厂(Paris Studios Cinema)录制的,好几名知名法国导演供职于该厂。德国人成立这家制片厂的初衷是想与好莱坞一较高下。占领期间,美国电影被禁映。另一方面,德国想要在电影、歌剧、时尚等方面都展示出其优越性,即德国的优越性不仅是军事上的,还是文化上的。后来,达里厄回想占领岁月时觉得这是一段"无忧无虑的时光",她和她的演员朋友们会去"修脚",并且"经常去美容院"。很明显,科琳娜·吕谢尔不是唯一一个没能认清现实的严峻性或对其视而不见的演员,他们以为娱乐行业和其他行业不太一样。

在法国舞台上表演是一回事,跑去德国表演就是另一回事了。1941年开始,戈培尔不断组织法国艺术家们到德国参观。他组织的第一个参观团在德国各地进行了三周的公费旅游,成员包括亚伯·波纳尔(Abel Bonnard)、罗贝尔·布拉西亚克和马塞尔·约翰朵(Marcel Jouhandeau)。约翰朵曾是深受伊莱娜·内米洛夫斯基景仰的作家,直到1938年,他发表了臭名昭著的小册子《危险的犹太人》。然而,即使是约翰朵也对此行心存疑虑。他在日记中写道:"我为什么要来这里?因为自从我能阅读、理解和感受之时,我就爱上了德国,那里的哲学家、音乐家。我觉得没什么能比与德国达成谅解更有益于全人类的事情了。"[28] 对此,作家让·盖埃诺尖刻地评论道:"卖弄文字的人可不是人类里的优良品质。他们低调不了多久,不惜为了发表文章而出卖灵魂。"[29]

然而,约翰朵现在已经超出了伊莱娜可以高攀的范围。他住在靠近维希但仍在占领区的伊西-勒维克(Issy-L'Evêque)。对于伊莱娜来说,她曾在文坛上的叱咤风云,以及与约翰朵之流关系亲密的日子已遥远得像另一个时代。现在,她已经沦落到变卖珠宝和皮草过活,这些东西大多是她在逃离巴黎时从她母亲那里偷来的[①]。此时,她已经无法发表任何作品了。

对犹太人来说,乡下的生活看似平静。但伊莱娜还是通过留在巴黎的朋友和家人了解到那里的犹太人生活日渐艰难。她的出版商阿尔班·米歇尔(Albin Michel)出版社每月付她4000法郎,但不敢出版她的任何作品,尽管她的名字并没有上臭名昭著的"奥托清单"(德国当局禁书清单,得名于德国驻巴黎大使奥托·阿贝茨)。罗贝尔·埃斯梅纳尔(Robert Esménard)也告诉伊莱娜,他的公司不再能够出版并销售她的书。在这种情况下,伊莱娜将得到的薪水视为出版商对她做出的同情和友好的姿态;另一方面也是某

---

① 伊莱娜·内米洛夫斯基的母亲范妮在得知她的皮草和珠宝的下落后十分不满。伊莱娜则托人带话,告诉母亲她觉得自己的母亲会乐于救助她的女儿。

种预付定金，她相信他们应该会在战后继续出版她的作品。但1941年，犹太人的银行账户都被冻结了。负债累累的伊莱娜和丈夫米歇尔·爱泼斯坦不得不开始为生计发愁。伊莱娜巧妙地邀请她父亲信任有加的前伴侣、雅利安人茱莉·杜莫（Julie Dumot）来她家一起生活。伊莱娜把自己的小说署上杜莫小姐的名字，出版后出版商将稿费付给杜莫，杜莫再把钱交给伊莱娜。伊莱娜此时已经失去了作家的身份，有时她感到自己再也不能以自己的名字出版作品了，尽管如此，她还是每天坚持写作。她嘱咐茱莉·杜莫，一旦她和米歇尔被逮捕，他们的孩子就交给杜莫来抚养，如果钱不够就把家里的皮草和银器拿去卖掉。

1941年下半年，德国当局又组织了好几个针对法国人的宣传旅行团，其中最为著名的旅行团里包括了十一名艺术家，他们出发前在巴黎东站与穿制服的德国军官的合影至今留存着。一行人中有安德烈·德兰（André Dérain）、莫里斯·德·弗拉芒克（Maurice de Vlaminck）和保罗·贝尔蒙多（Paul Belmondo，演员让-保罗的父亲）。战后，他们都辩解说这次旅行是让占领当局释放政治犯的条件，但并没有证据证明有政治犯被释放。1941年12月，一个由音乐家组成的宣传旅行团作为官方代表团的一部分到维也纳参加莫扎特纪念周的庆祝活动。不过，连法西斯作家吕西安·勒巴蒂（Lucien Rebatet）事后都承认，此行和莫扎特并没有什么关系。

如果说让文艺界人士主动通敌尚有难度，那么，对于一些巴黎沙龙交际花来说，此时在自家画室里招待德国人几乎是一件自然而然的事情。其中最出名的要数"玛丽三姐妹"——德·诺瓦耶（de

Noailles）、布斯凯（Bousquet）和德·波利尼亚克（de Polignac），她们都是20世纪30年代巴黎上流社会的名人，时常光顾伯夫苏勒图瓦和马克西姆餐厅。一些交际花以此服务当局，她们把诸如恩斯特·荣格尔、格哈德·海勒和奥托·阿贝茨之类的亲法德国人介绍给那些急于结识新主顾的法国作家、音乐家和艺术家，诸如科克托、克里斯蒂安·贝拉尔（Christian Bérard）、萨沙·吉特利。这类沙龙的常客往往在获取人脉后便同意去德国参观。而布拉西亚克、皮埃尔·德利尤·拉罗塞尔和勒巴蒂这些旗帜鲜明的反犹主义者却没有参加这类的时尚沙龙活动。

玛丽－布兰奇·德·波利尼亚克（Marie-Blanche de Polignac）是白手起家的服装设计师让娜·浪凡的女儿，也是浪凡品牌的继承人。玛丽－路易斯·布斯凯（Marie-Louise Bousquet）也算不上美女，香奈儿曾公开揶揄她长着猴子一样的脸和下水道一样的嘴巴。不过，布斯凯是法国时尚杂志《时尚芭莎》的编辑，影响力巨大。她家住在巴黎波旁宫广场3号，她举办的音乐晚会吸引了不少文化界和政界的名流，包括大提琴家皮埃尔·福尼埃（Pierre Fournier）。另外，颇有影响力的德·尚布伦（de Chambrun）家族也是布斯凯的近邻。

乔塞·德·尚布伦（Josée de Chambrun）是皮埃尔·拉瓦尔宠爱的独生女。她时尚迷人，有橄榄色的皮肤、深色的头发和亲切的微笑。她受过良好的教育，讲一口流利的英语，打高尔夫球和骑马也不在话下——这两项都是十分有用的技能。她和父亲拉瓦尔的关系尤其亲密。1931年，刚满二十岁的乔塞曾陪同刚出任法国总理的父亲访问纽约。访问圆满成功，美国媒体大篇幅地报道了乔塞这个别致、欢快的巴黎女人。三年后的一场晚宴上，她与持有美、法双国籍的律师勒内·德·尚布伦[①]（René de Chambrun）伯爵相遇。勒内绰号"兔子"，他的祖先、法国贵族拉法叶侯爵曾在独立战争期间为美国而战。勒内·德·尚布伦成功地经营着一家国际律师事务所，他的客户包括香奈儿。他的母亲克拉拉·埃丽诺·朗沃斯（Clara Eleanor Longworth）是罗斯福总统夫人的亲戚。在他们家族的努力下，"二战"期间，巴黎的美国图书馆一直保持开放。乔塞和勒内在1935年成婚，他们没有孩子，很快成为巴黎社交界的核心[30]，尽情地沉迷在聚会和狩猎活动中。他们认识这个圈子里的每一个人。德·尚布伦一家通过举办晚宴聚会来促进法德关系，还给布斯凯主持的沙龙提供资金支持。乔塞把广受欢迎的法国电影演员和前歌手阿尔莱蒂（Arletty）介绍给年轻英俊的德国空军军官汉斯-约尔根·索林（Hans-Jüngen Soehring）。尽管阿尔莱蒂比索林大十岁，他们还是公开地坠入了爱河。人们看到他俩一起在饭店吃龙虾、牡蛎，畅饮香槟，观看歌剧表演，甚至一起去了德国人和富有的法国通敌者最喜欢的上萨瓦省的梅盖福滑雪场。戈林来巴黎购物时，索林甚至把阿尔莱蒂介绍给了戈林。对于阿尔莱蒂来说，通敌可能只是一桩风流韵事。但对于乔塞来说，通敌可不仅仅是和父亲出入高

[①] 勒内·德·尚布伦伯爵是贝当将军的教子、皮埃尔·拉瓦尔的女婿、富兰克林·罗斯福的表亲，他的交际圈很大。在1940年5月法国陷落前，他曾是法军上校。他相信英国皇家空军要比德国空军更加强大，最终会打败德国赢得战争。因此，美国驻巴黎大使威廉姆·布利特特派德·尚布伦去说服他的表亲罗斯福给英国提供武器，抵抗纳粹。

档餐厅、被动享受巴黎生活这么简单的事情。

根据威廉·史蒂文森（William Stevenson）的谍战著作《无畏之人》，1940年11月，皮埃尔·拉瓦尔曾托女儿给驻美国华盛顿的维希政府使馆送信，因为她通过丈夫的工作关系得到了外交豁免权。拉瓦尔觉得女儿不会被引起怀疑，因此，她的行李也不会被搜查。而她的包里装的正是维希政府关于战后政策的文件，文件显示，维希政府希望在德国战胜后，德法两国可以结盟。然后，乔塞的飞机在百慕大中转时晚点了，她的行李也遭到了搜查。

史蒂文森写到当时乔塞"十分愤怒"地抗议道："你们这是公然违反外交惯例。"[31]然而在她和英军理论的时候，她包里的文件已经被英国人拍照，随后悉数归还。英国人由此得知，拉瓦尔认为英国已经完蛋了。1941年初，勒内·德·尚布伦回到法国。他之前到美国试图说服罗斯福总统给法国运送食品，救济维希政府治下的数千难民和被迫背井离乡的法国人。然而他此行无功而返。回到巴黎后，失落的德·尚布伦很快转型，和妻子一起结识奥托·阿贝茨夫妇、德国驻巴黎总领事鲁道夫·施莱尔（Rudolph Schleier），当然还有阿尔莱蒂。[32] "勒内·德·尚布伦作为一个曾经抵抗过德国入侵的军人和在美国反对德国的说客，很快就适应了他岳父和妻子给他设计的新角色。"

在那些为德国人服务过的法国沙龙交际花中，玛丽-洛尔·德·诺瓦耶（Marie-Laure de Naoille）无疑是背景最神奇和最危险的一个。她的父亲莫里斯·比绍夫塞姆（Maurice Bischoffsheim）是个富有的银行家，他是德国犹太人和美国贵格会教徒的后人。她的一个祖先是德·萨德（de Sade）侯爵。她的外婆、塞维涅伯爵夫人洛尔·德·萨德是普鲁斯特小说中的一个人物原型。德·诺瓦耶子爵夫人能住在华丽的独栋别墅中，完全得益于比绍夫塞姆家族丰厚的财产。这栋别墅是她爷爷建成的，如今是德军征用的首要对象。玛丽-洛尔曾在这里居住并跳舞，从而成为巴黎前卫艺术的核心，而且她资助并启发了一些艺术家、电影人和音乐家，包括曼·雷、路易斯·布努埃尔（Louis Buñuel）、阿尔贝托·贾科梅蒂（Alberto Giacometti）、科克托、萨尔瓦多·达利和弗朗西斯·普朗克（Francis Poulenc）。德国入侵期间，玛丽-洛尔一直住在这所她从小到大居住的别墅里。在布利特大使的帮助下，玛丽-洛尔谎称这处别墅属于美国政府，以此保全了她无与伦比的戈雅（Goyas）作品收藏，还有华托（Watteau）、凡·戴克和蒙德里安以及一些现代派雕塑家的作品。

许多巴黎的沙龙交际花都在营造某种巴黎生活仍在继续的假象，其中最值得注意的是美艳的弗洛朗斯·古尔德（Florence Gould，婚前姓拉卡兹［Lacaze］）。她于1895年出生在旧金山，母亲是美国人，父亲是法国人。弗洛朗斯曾接受歌剧演员的训练。然而在她的第一次婚姻以离婚告终并改嫁后，就放弃了歌剧学业。1923年，她嫁给了大她许多的富豪弗兰克·杰伊·古尔德（Frank Jay Gould），后者是铁路大亨杰伊·古尔德之子。古尔德夫妇大部分时间住在法国南部，他们建了几座巨大的酒店和赌场，并常常在戛纳的别墅里大宴宾客。法国被占领后，弗兰克给一家人买了去美国的机票，因为他们有美国国籍。但弗洛朗斯不肯离开，1941年，她回到巴黎,把弗兰克留在瑞昂莱潘(Juan-les-Pins)。不过,弗洛朗斯很快发现,他们在巴黎的两处房产——苏切大道的公寓和梅松-拉斐特的别墅——都被德军征用了。她大胆地入住了富堡·圣奥诺雷街的布里斯托酒店,那里能买到黑市的食物。

当时四十六岁的弗洛朗斯依然美丽迷人,追逐者众多。就在布里斯托酒店,她开始了沙龙交际花的传奇生涯。她和一些男人非常亲近,尤其是作家马塞尔·约翰朵,他们是在玛丽-路易斯·布斯凯的沙龙上认识的。约翰朵对妻子埃莉斯隐瞒了他和弗洛朗斯的关系,他谎称自己只是去一个叫弗洛朗斯之家的餐厅教一个美国富人拉丁语。他的妻子是否相信这个故事我们不得而知。布斯凯把弗洛朗斯介绍给了纳粹驻法国的宣传工作负责人格哈德·海勒(Gerhard Heller)。海勒又向她引见了在巴黎服役的著名德国作家恩斯特·荣格尔上尉。荣格尔的妻子格莱塔一直留在汉诺威。荣格尔写了一本充满力量的"一战"回忆录——《钢铁风暴》,讲述了他1914—1918年在法国和弗兰德地区作战的往事。希特勒对此书十分推崇。荣格尔多次负伤,其中一次是被英军的子弹打中胸口。尽管他忠于德国,但他更像是一个哲学家而非政治家,并且他不是一个纯粹的反犹主义者。荣格尔很快和弗洛朗斯混在一起。他在日记中精心地隐藏了她的本名,把她称为"奥平顿女士"。

弗洛朗斯自己也承认她爱作家甚于爱读书。于是在约翰朵的建议和帮助下,她开始每周四在马拉科夫大道129号的豪华公寓里举行图书沙龙。这个沙龙备受追捧,有时能一下子来五十多位客人,其中有让·包兰(Jean Paulhan)这样的秘密抵抗者,也有艺术家、设计师克里斯蒂安·贝拉尔,艺术家玛丽·洛朗森①(Marie Laurencin)乃至位高权重的德国军官。弗洛朗斯总是珠光宝气地出席这些沙龙,她的吸引力不亚于聚会上取之不尽的香槟、干邑和奢侈的黑市食品。沙龙来宾们讨论的话题包括文学、政治和八卦,八卦主要是弗洛朗斯最新的风流韵事。她的行为是复杂的,她不得不在巴黎解放后对她的行为做出解释。许多人因为这样的行为被以"性通敌"的罪名加以惩罚。尽管从来没有人听弗洛朗斯发表反犹或亲德的言论,不过很明显的是,由于她的财富和在德国高级军官当中的人脉,她得到了许多其他巴黎女性望尘莫及的特权。她有一个罕见的许可证,因此可以在宵禁期间开车出门。她还有一个可以去非占领区的永久通行证,以便去瑞昂莱潘看望她的丈夫。

弗洛朗斯·古尔德的生活尽管表面平静,但也不乏小波澜。根据战后曝光的档案记载[33],1941年初,戈林曾命令手下检查古尔德家族别墅的地窖是否藏匿了武器。他们没发现武器,却发现了一件珍贵的三联象牙雕和两件珍贵的单品,"全是非常古老的象牙雕刻"。德国人不顾弗洛朗斯的抗议把这些作品上交了罗森博格特别任务组。弗洛朗斯辩称,她不知道家里有这些东西。

弗洛朗斯无疑担心他们掳走更多的东西,于是"古尔德夫人当场声明,她希望把她家所有的葡萄酒贡献给在东线作战的德国士兵;把她家地下室里满满当当的铜捐出去支持德国军工产业"。不过事情并未就此结束。几天后,弗洛朗斯与罗森博格特别任务组的科

---

① 1952年,保罗·罗森博格委托玛丽·洛朗森给他四岁的外孙女安妮·辛克莱画肖像画。

特·冯·贝尔见面,双方同意,尽管她作为一个美国公民并不承担任何义务,但她还是愿意把三联象牙雕交给戈林,戈林随后会"依据古尔德家族的意愿"将其捐给巴黎的克吕尼博物馆。为了答谢戈林捐出这件作品,弗洛朗斯要把剩下的两件单品送给戈林本人。不过,当戈林最终看了所有作品后,他对那件三联象牙雕也爱不释手,于是"下令将三件作品全部送往德国"。

弗洛朗斯和律师曾进一步讨论过对策,但相关报告显示:"他们拜托不要进一步惹什么麻烦,避免让古尔德夫人陷入困境……比如她可能被送到集中营。"[34] 弗洛朗斯最终败下阵来。到了9月,威胁更是迫在眉睫,新成立的犹太问题全国委员会决定古尔德是个犹太姓氏,并要求弗洛朗斯的丈夫提供在美国接受过洗礼的证明,以证实他是一个基督教徒。

维希政府在行政上帮占领当局干了许多脏活,其中就包括让犹太人登记注册,以便最终对其进行围捕。与此同时,风流的德国军官尽情享用着巴黎的一切:美食、文化和情色。占领的四年期间,德国人光是买歌剧门票就花了650万法郎。他们认为歌剧是德国的发明,特别是瓦格纳的歌剧。占领期间,巴黎歌剧院一共上演了54场瓦格纳的歌剧,而莫扎特的歌剧只排了35场。1941年5月,柏林国家歌剧院音乐总监、年轻指挥家赫伯特·冯·卡拉扬带着柏林国家管弦乐团来到巴黎,首次在巴黎歌剧院进行表演。这场表演不乏明星参与。为了庆祝瓦格纳5月22日的生日,表演中包含了他的《特里斯坦与伊索尔德》,表演者是德国男高音马克斯·洛伦茨和法国女高音、希特勒的最爱热尔梅娜·吕班。[35] 在占领时期举办歌剧表演并不容易,要把所有的舞台布景、乐器和上百位艺术家从柏林运到巴黎。巴黎军事指挥部的参谋长汉斯·司碧德(Hans Spiedel)将这一演出的成功归功于德国物流和文化的强大实力。他十分迷恋吕班,次年他又邀请她在他的送别会上演唱舒伯特的歌曲,包括《让我们和解》。当时他将被派往东线战场,听过吕班的歌后,他写道:"现在我可以幸福地上战场了。"终其一生,司碧德一直是吕班的好友和支持者。

第一场《特里斯坦与伊索尔德》的表演,观众全部是德国军官,观众席成了灰绿色军装的海洋。第二场的门票也很快销售一空,目标群体主要是渴望听到德国音乐的有影响力的巴黎人。瓦格纳的儿媳、英国出生的温弗里德·瓦格纳是希特勒的好友。她观看了这两场表演,还作为嘉宾参加了华丽的演后庆功会。吕班的表演收获好评如潮。吕西安·勒巴蒂的妻子维罗尼卡是个内行的瓦格纳鉴赏者,她在观看了第二场表演后评论道:"我从来没有见过比热尔梅娜·吕班演伊索尔德演得更好的人。"科克托写信给吕班:"夫人,您对伊索尔德的演绎堪称奇迹,我没有勇气保持沉默。"[36]

并不是所有人都冲上来赞美吕班。一位不愿透露姓名的作家(在巴黎越来越多)指责她作为一个"万众崇拜的艺术家却出卖了自己"。[37]她总是认为艺术与政治无关,而她只是为艺术而生。但是,单纯的表演和被观众利用之间还是有细微的差别的。可以说,吕班越界了。她有众多德国高级军官朋友,甚至在温弗里德·瓦格纳的牵线下有了德国情人汉斯·约阿希姆·兰格(Hans Joachim Lange),她经常在她位于图尔的城堡里招待这些人。吕班相信,这些人脉能给她必要的影响力。当时每个人都有朋友突然被捕的情况。兰格确实帮了吕班一个大忙——1940年,他帮助从战俘营释放了吕班的儿子。吕班在战后的审判中表示,她后来还利用她的影响力帮助释放了她的犹太声乐老师玛丽亚·弗洛伊德,当时弗洛伊德年事已高,被关在德朗西监狱。不过,她的说法并没有被证实。

1941年底,科琳娜·吕谢尔在疗养院住了半年后基本康复,随后她与法国贵族盖伊·德瓦森 – 拉文涅(Guy de Voisins-Lavernière)结了婚。他是个黑道人物,且和强大而危险的伯尼 – 拉丰黑帮①有业务来往。这个黑帮是法国盖世太保的爪牙,他们通过黑市交易给德国人提供大量的物资,并和德国警察一起逮捕犹太人和抵抗者。科琳娜和盖伊的婚礼盛大得离谱,不过那只是一个极其短暂的婚姻的前奏。科琳娜被誉为"新一代嘉宝",但科琳娜后来写下了这样可悲的话:"毫无疑问,被卷入我不理解的重大国际事件,这就是我的命运。"38

1941年12月7日星期天,日本轰炸珍珠港,美国几天后对德国宣战。随后,在巴黎的美国人成为敌国公民,随时可能被捕。德鲁·塔蒂埃的丈夫尽管在外作战,但作为法国人的妻子,她还是被允许留在法国。德国人并没有意识到,她其实就是美国女演员德鲁·雷顿。由于德鲁在巴黎陷落前在巴黎世界广播电台不断发表亲英国、反德国的言论,德国人已经通过广播发布了五次对德鲁的死刑令。德鲁此时也下定决心全力抵抗。她住在巴黎郊外枫丹白露附近

---

① 亨利·拉丰和皮埃尔·伯尼的帮派是巴黎黑社会中腐败的一支。他们趁着占领时期在巴黎劳力斯顿街93号成立了犯罪帮派伯尼 – 拉丰。他们在那里进行了数次审讯和虐囚活动。

的乡村农舍，这样她可以经常前往巴黎市中心，与其他开始参与抵抗的女性保持联系。9月，她得知丈夫作为戴高乐将军的自由法国力量军人在叙利亚的战斗中牺牲。当时，她的丈夫在大马士革刚刚接受了一名维希军人的投降，就被对方从背后杀害了。她需要对整个村庄隐瞒此事。如果有人知道她的丈夫属于自由法国力量，她也会马上成为一个犯罪嫌疑人。

1941年的最后几个月，抵抗者的胆子越来越大。他们已经开始进行街头武装活动，并积极搞破坏。8月，一名年轻的法国共产党人在巴黎地铁站里从背后对一名德国海军军校的学生开了两枪，当时后者正在踏上一班开往巴贝斯地铁站的列车。随后，暴力在巴黎和里尔继续升级。巴黎的雷诺工厂还组织了大罢工，这意味着他们给德军供应的汽车数量只是原有产能的四分之一。德国方面很快开始强烈的回击。10月20日，德国驻南特的指挥官背部中枪身亡后，德国在巴黎四处张贴宣传海报，宣布将立即处决50名人质，并且如果10月23日逮不到罪犯的话就再逮捕并枪决50名人质。将近150名法国人在这次报复行动中丧生。尽管贝当和戴高乐方面都呼吁法国人保持克制，但情况已经逐渐失去控制。12月，纳粹对抵抗活动提出了进一步的报复措施：要求法国以色列人总联盟向法国犹太人征收10亿法郎的罚款，并且逮捕1000名犹太人送到德国东部的劳改营里。德国大使奥托·阿贝茨接到这一命令后马上给德国外交部打电话，以确保这些人质不被称为法国人，而被称作"苏联人、犹太共产主义间谍和戴高乐分子"。

12月12日，盖世太保逮捕了科莱特的犹太人丈夫莫里斯·古德凯。当天，共有753名犹太人被捕。悲痛欲绝的科莱特解释，古德凯当时的罪名是"作为犹太人，在'一战'中主动服役并立下军功"[39]。科莱特公开给好几份占领当局和维希政府的报刊写稿，但这仍不足以保护她的丈夫。科莱特后来得知，古德凯被关在贡比涅监狱，她开始担心古德凯的性命，于是她拜托所有她认识的通敌者去解救古德凯。她最宝贵的盟友是苏珊·阿贝茨（Suzanne Abetz）。两人由共同的朋友介绍认识，苏珊·阿贝茨是科莱特的忠实读者。1942年2月初，在苏珊·阿贝茨的干预下，古德凯获释。随后，科莱特和苏珊展开了热情洋溢的通信，科莱特给苏珊送花以表谢意，苏珊又托司机给科莱特送去一些书请她签名，还请科莱特和古德凯一起喝茶。但他们明白，事情远未结束。不过，对于和古德凯一起被捕的大多数人来说，这就是他们生命的终点。1942年3月28日，1112名犹太人从贡比涅前往奥斯维辛集中营，他们也因此成了第一批被法国驱逐的犹太人。

第四章

1942：巴黎惨遭蹂躏

1942年1月20日,纳粹的高级官员聚集在柏林郊外的湖边别墅开会商讨了对犹太人的"最终解决",史称"万湖会议"。由此,德国占领下的欧洲的大部分犹太人将惨遭杀害。这也给了驻法的数千名德国军官带来了新任务——除了不惜一切确保军事胜利,他们还要在维希官员的帮助下,倾尽全力根除这个国家的犹太人口。当然,并不是每一个在法国的德国人都知道这个大规模种族清洗计划,如果他们知道是断然不会表示支持的。这帮人以卡尔-海因里希·冯·施蒂尔普纳格尔(Carl-Heinrich von Stulpnagel)为首。1942年2月,他是驻法德军总司令,且日渐成为希特勒的反对者,并最终为此付出了生命。① 但是在1942年,他刚从东线凯旋(他曾在那里组织了多次针对小股游击队的报复行动),并且尚未摆明对大规模屠杀犹太人行动的反对态度。当时,他还没有自由行动的空间,而且在巴黎也有非纳粹的德国人,但是他们都知道反对希特勒

---

① 1944年7月,刺杀希特勒计划失败,作为策划者一员,他被判叛国罪,并在当年8月被执行绞刑。

需要冒什么样的风险,因此还在观望。

英格·阿格(Inga Haag)出身于富裕的普鲁士家庭。1933年希特勒一上台,她就被送往伦敦。当时德国学校里的大部分老师都是纳粹,她的父母希望她能逃避这种影响。她曾在伦敦经济学院短暂地师从有犹太血统的社会主义教授哈罗德·拉斯基,再回到德国时,她已经能讲流畅的英语。她美丽动人,又比同龄人见多识广,很快就找到了德军军事情报机关阿伯维尔的高级职位,成为海军上将威廉·卡纳里斯(Willhelm Canaris)的秘书。1940年,德军占领巴黎后,她跟着卡纳里斯搬到了巴黎,住在丽兹酒店,白天在德军征用的鲁特西亚酒店工作。

1939年9月,卡纳里斯亲眼看到了纳粹在波兰的作为,包括烧毁贝德金市的犹太教堂、烧死当地的犹太人。他认为这构成了战争罪。从此,卡纳里斯对纳粹政权一直保持着批判的态度。他当时就警告说:"除非德国严惩战争罪犯,否则永远不会得到原谅。"[1] 英格对此深以为然,她结识了一些与她想法相同的国防军军官,他们与纳粹党一向关系紧张。英格随后成为双面间谍,她为犹太人和其他受迫害的少数族裔人士制作虚假证件,有时甚至会亲自给他们送去。卡纳里斯很支持她的这份危险工作。他认为像英格这样年轻漂亮的姑娘与真正的巴黎女人不相上下,法国警察不会怀疑上她。1942年,英格嫁给了比她年长许多的高级军官维尔纳·阿格(Werner Haag),当年年底,夫妻二人离开了巴黎,前往匈牙利。此时的巴黎已经愈发危险,英格能离开显然是她的运气。"你随时可能被逮捕,一天到晚担惊受怕。我依照父亲的建议,两耳不闻窗外事。一旦被捕,就算酷刑加身,你也不可能把不知道的事情供出来。"[2]

法兰西喜剧院的年轻演员吉塞勒·卡扎德絮(Gisèle Casadesus)此时依然努力工作,养育两个孩子。她的观众里总有许多穿便服的德国军人。她后来回忆道:"你永远不知道你能信任谁。所以保险起见,大家都聊一些无关痛痒的事情。吃是最常见的话题:有什么好吃的,怎么做,哪里能买到食材,等等。"[3]

1942年,许多德国女兵也来到巴黎,不过她们似乎还没学会法国女人的精致品位。德国女兵大部分需要穿军装。由于她们肩章上有几道条纹,法国人给她们起绰号"条子女"或"白条子"。但法国人最喜欢的绰号还是"灰老鼠"。而这些"灰老鼠"也不怎么待见法国女人,她们来之前就听说法国女人不怎么检点。两群女人谁也看不起谁。法国人尊重穿军装的德国女兵,对她们很客气,但算不上友好。

被派驻巴黎的德国女兵大多出生在20世纪初,对她们来说,食物至关重要。巴黎在她们看来就是"丰裕的天堂"。与法国不同,当时的德国女性已经享有投票权,但在纳粹政权的意识形态里,女性仍然是二等公民,她们的任务就是生养后代。因此,德国的大学限定女学生的数量,公共生活的诸多领域也将女性拒之门外。

20世纪30年代初,在经历了恶性通货膨胀、大规模失业和经济崩溃之后,许多德国中产阶级家庭出身的十几岁的女孩子成了元首的忠实拥护者。这代人出生时可能已经营养不良,又在1923—1924年、1929—1931年遭遇了两次饥荒。对她们来说,食物是头等大事。不过比起女兵来,德国男军官对食物显得更加迷恋,他们在家书里常常写当天吃了什么、第二天想吃什么。与东线战场的艰难困苦相比，驻守巴黎对于所有德国军官来说是一个肥缺。在这里，军官们还可以得到黄油、咖啡和一些更稀罕的食物，比如香肠、各种肉酱、腌牛肉（如果你知道在哪儿买并舍得出钱的话）。他们还能买到卡地亚、宝诗龙和梵克雅宝的珠宝首饰，雅克·法特或玛吉·鲁夫的时装，乃至黑市上价格高达 300 法郎一双的丝袜。

然而，大部分法国女人已经负担不起这些奢侈品。当时人们认为不穿丝袜是非常不淑女的做法，因此等她们穿破了压箱底的最后一双丝袜之后，就得想办法保持得体。调香师伊丽莎白·雅顿想了一个办法。她发明了一种神奇的碘溶液染料，价格只要 30 法郎，有肉色、小麦色和亮肉色三种选择。该产品的广告词是"就算没穿丝袜，也仿佛腿上有丝绸"，一经问世就大受欢迎。一些女人甚至能够熟练地在小腿肚上画一条黑色直线，以此模仿丝袜的缝合线。[4]

但是，染料不能当饭吃，人们的首要任务依然是获取食物。在法国，食物是国家身份认同的重要组成部分，特别是对那些负责给一家人做饭的女性来说。此时，许多巴黎女人都深受饥饿折磨。这个年代出生的婴儿都有患上佝偻病的风险。很多年轻的法国女子骑上自行车去拜访乡下的表亲，家人希望她们回程时至少能带回来一些菜花或鸡蛋。如果她们坐火车去乡下，回程的时候往往会在颠簸拥挤的旅途中打碎几个鸡蛋——这对她们身处饥荒中的家人来说不亚于一场灾难。那些在行李箱里装满肉的人则只能祈求不要在火车站熙熙攘攘的人群中被别人察觉。一些粥棚专门接济穷人，他们每天花费 10 法郎就能勉强过活。警察局之类的机构开始给员工自办食堂。

前文提到的英国女人罗斯玛丽·塞伊就是在这样的食堂打工，1941年5月，她作为敌国公民被捕，并被送到维特尔（Vittel）监狱。而那些有钱下馆子的人往往知道怎样在盘子下留点小费，从而换取一些不提供给他人的稀罕食物。

人们痴迷于食物，这不仅出于难熬的饥荒，也不仅因为它是唯一安全的非政治话题，也是由于当时出现了一些疯狂的乱象。一些诈骗犯此时不择手段地榨取一切可能的利益，想大赚一笔。一些小咖啡馆老板背地里伪造假身份证。那些此时依然大腹便便的女人被戏称为"BOF"——这是黄油、鸡蛋、奶酪三个词的首字母。她们和她们的丈夫做买卖挣到的钱此时也回流到了城市经济里，因为她们经常光顾时装店。店员们时常讥讽这些被称为"黑市皇后"的女人，在她们看来，这些肥胖的女人"常常口袋里装满现金来店里。她们的言谈举止都和时装店的调性背道而驰"。

对于普通巴黎女人来说，诚信经营的黑市店铺集中在大市场（Les Halles）周围。不过，也有传言说有的古董书书店里卖黄油、牙医诊所里卖酒、文具店里卖肉，这些传言都让巴黎女人们做出不同寻常的尝试。晚上，女人们在大市场的地板上寻找白天被人不小心掉落的零星食物。1942年5月31日，人们再也压抑不住对食物配给制度的愤怒，一群女共产党员举行了示威，告诉德国人"我们不害怕"。

二十多岁的利斯·伦敦（Lise London）是这次示威的参与者之一。她的婚前姓名是伊丽莎白·里科（Elisabeth Ricol），她的父母是不识字的西班牙工人阶级移民。利斯终其一生都是共产主义者，此时是巴黎爱国主义女性组织的领导人。她的朋友形容她是一股巨大的力量,是勇敢而不知疲倦的行动者,把信仰看得高于一切。十几岁时,她在莫斯科学习了政治学。在那里,她与十九岁的捷克犹太知识分子阿图尔·伦敦(Artur London)坠入爱河。阿图尔高大英俊,为了他,利斯与当时的丈夫奥古斯特·德劳恩(Auguste Delaune)离婚(德劳恩也是共产党,1943年被纳粹处死)。后来,她在西班牙内战中为共和国而战,这段经历让她相信自己能够应付任何遭遇。在马德里,只有二十岁的利斯熬过了一段艰难和危险的时光,并且流产了一个五个月的胎儿。利斯随后携阿图尔搬回了巴黎,他们一直使用假名字和伪造文件。夫妻俩又有了女儿,名叫弗朗索瓦丝。

1942年,利斯在巴黎参与组织了一场反纳粹的民众暴乱。她之前在巴黎见过一些小规模的示威,当时,德军会枪击男性,但还没有开始逮捕女性。因此她决心"给女人信心,让她们参与到我们的事业中来……告诉德国人,压迫并不能终结抵抗"[5]。一些有组织的女共产党员加入了这场运动,此外,还有一些绝望的女性也自发地加入。她们选择了繁忙的达盖尔街作为起义地点,那里有很多食品店,人们来这里希望买到哪怕是一丁点儿的食物。这条街周围还有一些食品仓库,储存着将要运往前线分给德国士兵的食物。暴乱前的几个星期,利斯与同志们秘密地印刷了此次行动的宣传单,并面向志同道合者播放"非法"广播。行动前一天晚上,她和阿图尔都无法入睡。2011年,九十五岁的利斯回忆起往事时说道:"我们预感即将在很长的一段时间不能相见,也许永远也见不到了。"[6]

几百名女人参加了这次暴乱。尽管此前德军尽量避免枪击女人，但利斯还是成了一名德军的射击目标。如果不是一位同志提前发现并打中了那名德军的腿部，利斯就危险了。随后，德军出动了狙击手，人群随即散去，利斯也逃过一劫。然而，十一天后，利斯还是被捕了，并被维希当局的法庭判处死刑——她成了当时唯一被判死刑的女性。不过，由于她当时是大月份孕妇，最终没有被送上断头台。她在狱中生下了二女儿米歇尔，孩子一出生就被带走送到利斯父母那里。整个战争期间，利斯的两个女儿都由年迈体弱的父母里科夫妇照料着。1943年4月，维希政府将利斯移交给盖世太保，随后她被送到了拉文斯布吕克集中营，阿图尔则被送到毛特豪森集中营。

德国当局鼓励在法国的德国人购买或者直接霸占一切便于储存的食物。不过，对于那些被派驻巴黎的德国女孩来说，让她们兴奋的往往不是食物。来自海德堡的露丝写道："是的，我们享受巴黎的生活——晚会、舞会、各种宴请和精彩派对。我们真是幸运！"对于"灰老鼠"们来说，巴黎生活最美好的部分是她们可以在这里遇到如意郎君。露丝就在巴黎遇到了她的丈夫，一个"迷人的维也纳军医"。两人相遇在德国国防军在巴黎设置的一个特殊见面地点。1942年7月10日，他们举行了婚礼，但地点却不在巴黎，因为他们感到当时的巴黎不太安全。[7]就在他们婚礼那天，一个德国军官在巴黎玛德琳教堂被射中前胸。露丝和丈夫帮家人拿到了前往洛林地区的旅行许可，露丝的哥哥在那里驻扎，因此婚礼在那里举行。露丝的故事也说明了另一个问题：当时，德国辅助部队很快得到了

"军官们的床垫"的别称。

1942年,为了鼓励年轻的单身德国女性来巴黎参军,德国当局开始发布一些宣传稿,文中强调与那些打情骂俏的法国女人相比,德国女人是多么宜家宜室、恪守妇道。[8]德国政府的宣传工作人员伊娜·赛德尔(Ina Seidel)写道:"当我们看到那些法国女人坐上火车涂脂抹粉,我们就突然有种黏糊糊脏兮兮的感觉。"她还理直气壮地补充道:"娱乐夜生活似乎是法国首都的第一产业。"赛德尔解释说,巴黎的街道在早上6点空无一人,但"我们都已经去站岗,换下我们上夜班的同志。轮岗时,我们总是心情愉快、精神饱满地打招呼"[9]。她没有交代,当时巴黎的夜间娱乐产业很大程度都是为了满足德国男军官的巨大需求。

1942年,二十一岁的德国女孩乌尔苏拉·吕特·冯·科伦贝格(Ursula Rüdt von Collenberg)被派驻巴黎。她在战后的一次采访中毫无讽刺意味地说,巴黎生活是"最美好、最难忘的青春时光"。她的工作是协助德国历史学家沃尔夫冈·文德尔班(Wolfgang Windelband)整理法文档案,这份工作不需要她穿制服。她住在奥赛公馆的大房间里,有独立的浴室和电话。她回忆道:"我从来没住过这么好的地方,我们去歌剧院和戏院,看让-路易·巴罗(Jean-Louis Barrault)和萨沙·吉特利以及大木偶剧院的表演,还去橘园和人类博物馆看展览。"[10]

乌尔苏拉的叔叔库尔特·吕特·冯·科伦贝格男爵是德国空军的将军。当时他住在讷伊市区德军征用的曼德尔夫人(与前文的曼德尔夫人无关)的别墅里。"他在那里举办了许多梦幻晚宴……法国客人都是出身上流社会的某某侯爵或者某某伯爵之类的。我们结识了一些法国好友，比如翻译里尔克的法国天主教历史学家丹尼尔-洛普斯（Daniel-Rops）……我们还能在派对上买到漂亮的布料做衣服，我还认识了一位制作俄罗斯白裙的小裁缝。到处都是做买卖的人，人们买酒、食品、鞋子，应有尽有。我们能买到想买的任何东西，比法国人能买的东西多得多。"[11]

就像乌尔苏拉所说，1942年的春天，巴黎的德国军人有大把机会品尝法国美食，穿法国时装，欣赏法国文化。5月，让娜·比谢不顾禁令，为卢萨特（Lurçat）、布拉克、莱热（Léger）、克利（Klee）和劳伦斯（Laurens）举行了展览。但她没有能力大力推广这次展览，前来参观的大多是一些法国人。不过，当月最重要的展览莫过于橘园的阿诺·布雷克大型回顾展。他的大型超人雕塑作品是纳粹的雅利安力量幻想的化身。布雷克在巴黎接受了艺术训练，但他却是第三帝国意识形态的忠实追随者。因此，他成了促进法德友好关系的理想人选。布雷克来巴黎时，年仅三十九岁的大使奥托·阿贝茨安排他住在赫莲娜·吕班斯坦位于圣路易岛的豪华公寓里。这套公寓刚刚被德军征用。

西蒙娜·德·波伏娃在回忆录里评论说"几乎整个法国知识界"都对这场展览嗤之以鼻[12]——但这与事实相差甚远。阿尔莱蒂、萨沙·吉特利、谢尔盖·里法尔（Serge Lifar）等艺术家都参加了展览的开幕式。当然还少不了科克托，他自称是布雷克的好友，还发表了一篇长文详述他景仰布雷克的缘由。即便是在他的艺术圈子里，这种做法都显得出格。维希政府的教育部长阿贝尔·波纳尔（Abel

Bonnard)在开幕式上致辞。随后,1942年4月重新出任总理的皮埃尔·拉瓦尔也发表了热情洋溢的讲话。① 似乎没有人意识到,展出的大型雕塑作品所使用的青铜很多是德军从巴黎掠夺的塑像熔化而来,其中还不乏法国战俘被强迫劳动的成果。[13] 为了烘托展览的宏大气氛,当局还在雕塑脚下举办了音乐会。在展览开幕的庆功会上,热尔梅娜·吕班再次登台。此前,她刚刚在她的朋友、仰慕者汉斯·司碧德的告别音乐会上演唱过舒伯特的歌曲。8月,展览闭幕音乐会上,钢琴家阿尔弗雷德·科尔托(Alfred Cortot)和威廉·肯普夫(Wilelm Kempff)还演出了一段精彩的四手联弹。

在文化交流的带动下,德国男人和法国女人的私人关系也开始升温。法兰西喜剧院的女演员吉塞勒·卡扎德絮深知德军就在她的观众席上,尽管他们穿着便装,并且来看喜剧表演的德军远远少于去看歌剧表演的。让-克劳德·格伦贝格解释道:"在剧院里,对观众席里的德国人友好是很正常的。但如果你想登台表演,就必须发誓你不是犹太人。"[14]② 德国军官经常请年轻漂亮的女演员演出后再和他们喝一杯,即便她们已婚。卡扎德絮发现,避免对德军说"不"的最好方式就是演出一结束就和观众们一起冲出剧院,这样也能赶上宵禁之前的最后一班地铁。她解释说:"我告诉我的化妆师,如果有人问起我的下落,就说我要赶紧回家照顾孩子。"[15] 毕竟,如果误了最后一班地铁,就意味着在宵禁时间流落街头,这可是一项严重

---

① 1941年6月,拉瓦尔做出的希望德国获胜的言论最终决定了他的死刑。
② 依据1941年6月2日颁布的法律,表演者需要随身携带犹太问题全国委员会颁发的证明,以证明自己不是犹太人。

的罪行。

1941年，十几岁的米舍利娜·布德（Micheline Bood）愤怒地写道："法国人不再是人了。我要放弃我的国家，我不再想做法国人！一个个法国人成为通敌者，在恐惧和懦弱的驱使下在自己的国家给德国军官拍马屁。"她充满厌恶地描述了她的朋友、十五岁的莫妮克是如何"接受一个德国鬼子的亲吻，那可是侵略国的敌人"。但紧接着，1942年5月，布德改变了主意，她也开始和德国人交往。她提到，有一次，她和朋友陪一个年轻的德国军官一起出行。那个军官比她们的年龄大不了多少。他身穿白色亚麻布夹克，"就像罗恩格林一样"，他的胸前还缀着闪亮的鹰徽。尽管其他军官都和他敬礼，但一些"'条子女'或年轻的'灰老鼠'还是对我们嗤之以鼻"。能在英俊男子的陪伴下到时髦的餐厅或高端的酒吧享受巴黎夜生活，这本就是一件令人兴奋的事情。此时，为了在占领当局谋得官职，布德开始学习德语。她还收到了不少告密信，她把它们揉成一团扔进垃圾桶。这些女孩并没有觉得自己的行为有什么大不了的，她们认为自己的所作所为算不上什么严重的通敌行为，就像科莱特在杂志上写萝卜汁能除皱纹一样（当时人们能买到的蔬菜只剩下萝卜）。两者用不同的方式让人们顺从，在占领下过尽量好的生活。

但法国女人和德国军官真情实意的性通敌和那些把机密透露给德国从而真正威胁法国安全的通敌是否有所不同呢？这个问题在战后的法国一直没能得到解决，法国女人也因此在解放后的混乱中遭遇了麻烦。截至1943年，将近8万名生活在占领区的法国女性向德国人索要经济支援，以抚养他们共同的孩子。法国作家帕特里克·比松认为，占领促进了法国女性的性解放（其中许多是守寡的妻子或被抛弃的女友），而正是那些英俊的德国军人激发了她们的性欲望。他提到德国强大的军事力量羞辱了法国，并让法国进入了一种"情色休克"的状态。

已婚的德国国防军官约翰和他的法国女秘书利西特的恋情持续了两年。尽管在此期间约翰还去外地执行任务，但两人通信显示，在这段异地恋时光里，他们对彼此的爱前所未有地加深了。到了1942年，巴黎到处都是逮捕、枪击、剥夺和报复，这种紧张气氛让利西特心生疑虑。利西特的父母可能觉得，年近三十的女儿还不急着结婚的原因是想要自我提升。不过，利西特的工人阶级表亲们一直不看好她和德国鬼子的这段恋情，离得她远远的。约翰试图平息她的疑虑，他在给利西特的一封信中这样写道："通敌？我想这只是一种错觉。只要你深爱就会明白。我们的爱情比爱国主义要更强大。我爱你身上折射出的法国，你也可以通过我来欣赏德国。"[16]

○ ○ ○

埃莱娜·贝尔（Hélène Berr）在战争爆发时只有十几岁，不过，她没有什么能改善生活的选择。1942年，她开始记日记。埃莱娜爱幻想，不关心政治，但她的处境"迫使"她选择立场。她的成熟和睿智与米舍利娜·布德孩子气的及时行乐形成鲜明对比，但这两个女孩都来自中产家庭，急于体验生活。1921年3月27日，贝尔在巴黎出生，她是雷蒙德和安托瓦内特·贝尔的第四个孩子。这是一个极富文化修养和审美品位的犹太家庭，住在富裕的7区爱丽舍·勒克吕大道。

这一家犹太人十分世俗低调，尽管他们不否认犹太信仰，但也不将其视为生活的核心。贝尔先生是一位科学家，也是一位成功的实业家，还在"一战"中立过战功。埃莱娜则是索邦大学的英语系学生，天赋异禀的小提琴手。她爱音乐、文学和波兰天主教家庭出身的法国男人让·莫拉维基（Jean Morawiecki）。像大多数资产阶级家庭的孩子一样，埃莱娜由英国保姆带大，是一个坚定的亲英派。在她的日记里，关于英国文学的内容和关于占领区生活的内容一样多。她的生活充满矛盾，一边演奏华美的音乐，一边越发频繁地目睹恐怖的场面，这让她的日记读起来尤为心酸：同一个世界里，怎么可以既有舒伯特的《鳟鱼五重奏》，又有女人在阴沟里生育，还有禁止犹太人穿越香榭丽舍大街或进入剧院、餐厅的规定？

1942年6月，埃莱娜写道："当我回顾刚刚过去的一周，我仿佛能看到天空中乌云笼罩，这是悲伤而混乱的一周。但同时，想到那些美好的相遇，我又感到振奋……悲剧之中包含着美好，就像美丽结晶在丑陋里，有点奇怪。"

起初，埃莱娜并不打算发表她的日记，只是想写给让。让最终决定离开，他通过比利牛斯山到达英格兰，加入了戴高乐的自由法国军队。埃莱娜的弟弟和妹妹也设法进入了法国的非占领区。但埃莱娜本人却坚定地留了下来，最初是为了照顾父母，但随后，这成了一个出于她个人道德标准的选择。当时，她正在一些犹太人救济机构的资助下照顾犹太儿童，她不能就这样抛弃这些孩子。她选择做对的事情。当时她并没有意识到这意味着一些人将会死去,因为许多救济机构都是全法以色列人总联盟运营的。这些机构本该帮助犹太人,但最终却成了逮捕和屠杀犹太人的帮凶。

1942年初夏的巴黎气氛沉重,这似乎在警告人们盖世太保在感到威胁时会如何不择手段。玛丽-艾丽莎·诺德曼(Marie-Elisa Nordmann)是一位优秀的化学家。1931年,她以全班第一名的成绩从巴黎化学研究院毕业,随后又去德国学习一年,以提高她的德语水平。她希望成为一名医生,但她的母亲、一个喜欢保护孩子的犹太女人觉得这个职业不适合年轻女性。于是,当化学家保罗·朗夫(Paul Rumpf)向她求婚时,二十二岁的玛丽-艾丽莎马上就答应了。她希望过上独立的成年人生活,这对于她这种阶层的年轻单身女子来说并不容易。但这段婚姻几乎从一开始就不幸福,他们的儿子弗朗西斯出生后不久,两人便离婚了。

1939年,玛丽-艾丽莎和孩子还有她守寡的母亲一起住在一套公寓里,当时她已经进入了反法西斯的小团体。她坚信需要说服更多的同胞抵抗德国的占领。她先是发传单,敦促大家抵抗;但很快,她意识到必须做点更激进的事情。于是,她冒着巨大的危险,甚至是危及自己儿子的风险,开始从实验室里偷偷拿出水银来做成炸弹。1942年5月16日,她在一次逮捕行动中被捕。这次行动共逮捕了70人,其中大部分是女性。这些人辗转了不同的监狱,先是拉桑特,再是罗曼维尔,最后,1943年1月,他们被送到奥斯维辛集中营。一些拉牲口的卡车把230名来自不同背景和年龄的女性送到了奥斯维辛,她们强韧地互相支持,最终,只有49人生还。

玛丽-艾丽莎坚称自己是政治犯,由此隐瞒了她的犹太人身份,最终得以幸存。许多男性囚犯则没办法这么做,因为他们已经接受了割礼。8月,她从烟盒里的一张小纸条上读到一封密信:她的母亲已经在她被捕几周后也作为平民人质被捕,先是关在德朗西监狱,随后转送到奥斯维辛集中营。在那里,德国人发现了她母亲的犹太人身份,于是把她送进了毒气室。她的母亲之前一直负责照料她儿子弗朗西斯,被捕后,弗朗西斯被送到了叔叔菲利普·诺德曼(Philippe Nordmann)和婶婶宝乐(Paule)家里,幸存了下来。

1942年6月起,法国占领区的所有六岁以上的犹太人外出时必须在外套上佩戴黄色六角星,上面用黑色笔迹写着"Juif"(犹太人)。犹太人必须在当地的警察局排长队,花费一个月的布料配给票来换取这颗"黄星",同时留下自己的身份证号码和家庭地址等信息。这项措施施行后,许多反犹法律也得到了更严格的贯彻,比如禁止犹太人进入剧院、电影院,只允许犹太人在较晚的时段、商店货架基本卖空了的时间进入商店,以及禁止犹太人使用公用电话亭和公园。此外,巴黎警察局还规定,犹太人乘坐地铁时只能使用最后一节车厢,但这项规定"既没有公开张贴也没有向公众发布"。7月10日,埃莱娜·贝尔对这项规定仍一无所知,她跑着赶地铁时听到有人大喊:"喂,说你呢!到其他车厢去……"她只得离开,"泪如雨下,它代表着盛怒和对这一暴行的反抗"[17]。

为了抗议这项规定,一些非犹太人出于对犹太人的同情也自愿戴上了"黄星",他们自称为"犹太人之友"。一些人的"黄星"上写着"Zazou",这种风格是年轻人自发的反叛,多见于男性,是爵士乐和反法西斯主义交织下的亚文化。尽管这样的年轻人在法国各地都有，但他们主要在巴黎，常常出入咖啡馆和地下俱乐部，嘲笑纳粹和维希伪政权。当政府颁布法令，要求把理发店里的头发搜集起来制成拖鞋时，这些年轻人就把头发留长。一位客户甚至在卡地亚预订了一个黄金的六角星胸针，这虽然是徒劳，但也摆明了某种姿态。还有一个女孩因为把"黄星"绑在狗尾巴上而被捕入狱。数百名犹太人为了避免被认出身份而没有佩戴"黄星"。当然，这样做冒着被知情者告密的风险。那些有名的犹太人基本没什么选择，他们只能焦急地致信维希政府，恳求贝当本人的豁免。

英语教师克莱尔·谢弗里永祈祷巴黎当局不知道母亲的犹太人身份，她建议母亲不要佩戴"黄星"。但她母亲诚实守法，还是去排队买了三颗"黄星"轮流佩戴。"我妈妈一开始戴了'黄星'，后来摘掉了，再后来又戴上了。她就这么犹犹豫豫了几个月——这当然是最糟糕的做法——最后她完全不戴了。后来我从地下渠道给她搞到一张假身份证，上面的名字是查蓬提耶太太，这样她至少不会当街被捕。"[18]

有些女人则在法规出台后伺机报复或者贪求当局的小额悬赏。一封匿名告密信这样写道："一个前舞蹈家没有佩戴'黄星'，这个人不满足于做犹太人，专门勾引纯种法国女人的丈夫……我们要保卫女人、对抗女犹太人……把法国男人还给他的妻子。"[19]这样的信还有很多。

埃莱娜·贝尔也为是否要佩戴"黄星"而挣扎过，最终，她决定必须顺从法令。"与那些佩戴'黄星'的人相比，不佩戴是懦弱的做法。"一天,一个陌生人走到她身边伸出手,大声说:"一个法国天主教徒在和您握手……纳粹想怎么样,那也是我们握完手以后的事情。"她觉得佩戴"黄星"是体面的做法。同样地,她认为离开法国也是懦夫的行为:"这是将懦弱付诸行动。和那些被抓的人和可怜的穷人相比,这是懦弱的。"[20]

然而,6月23日,"一个明媚的早晨",她的父亲毫无征兆地被捕了。埃莱娜是全家第一个发现父亲从办公室被带到福克大道审讯的人。她急忙回家告诉母亲。福克大道是一条宽阔的林荫道,位于巴黎市中心的时髦街区。福克大道82号、84号和86号是三座精美的19世纪别墅,此时被纳粹的反间谍机构、臭名昭著的保安警察局占用,作为该机构驻法国的总部。其中,84号主要用于囚禁和审讯在法国逮捕的外国间谍,这里迅速成为残暴、折磨和恐怖的代名词。当天晚些时候,法国警察致电贝尔一家,给出了更多关于逮捕的信息。贝尔一家在通话中得知了这次逮捕的理由——贝尔先生的"黄星"没有缝在衣服上。贝尔太太随即解释说,她用钩子和摁扣来固定"黄星","这样爸爸就能在不同的套装上戴'黄星'了。法国警官说正是那些摁扣导致了爸爸被捕,他还说'在德朗西监狱,所有的"黄星"都是缝在衣服上的'。这下我们意识到爸爸将被送去德朗西。"

在这个炎热的夏日,埃莱娜"汗流浃背"。她和母亲、妹妹丹尼丝匆忙在家里搜集了牙刷之类的日用必需品。她们被告知可以把这些东西送到警察局去,贝尔先生还在那里拘留。"我们踏上无尽的楼梯,走在白墙走廊里,左右都是门;我好奇是否爸爸就被关押在其中一扇门后面的房间里。按着别人的指引,我们从一层走到另一层……行李很重。妈妈艰难地上到顶层。我告诉自己:'加油,一切都会好起来。'这实在太痛苦了。"[21]

○ ○ ○

在几次走错路后,她们终于见到了像平日一样收拾得干净整齐的贝尔先生,但他已经没有了领带、背带和鞋带,看起来像个囚犯。一家人心情惨淡地坐在长凳上,贝尔夫人开始帮丈夫把"黄星"缝在衣服上。埃莱娜写道:"我想要知道究竟会发生什么。"她一边四处张望一边想:"人们可能会问我们在这里做什么……我们周围都是法国人。"视线所及,没有德国人。

然后,更不可思议的事情发生了:三个女人也被带进来,其中一个是个"五大三粗的粗俗金发女郎",还有一个"深色皮肤的意大利犹太人",这些人大概是参与了黑市交易。"我们一家四口和那些可怜的人完全不同,很难相信爸爸和这些人关在一起。"[22]雷蒙德·贝尔被送到了德朗西监狱,但最终他被释放了。他的雇主库尔曼公司与占领当局谈判,并支付了赎金。贝尔先生从1919年起就在库尔曼公司工作,在这里度过了整个职业生涯。他的家人明白这只是缓兵之计。从此,贝尔先生必须在家工作,不能出行,但即便是这样,对于犹太人来说也是巨大的特权——贝尔是唯一得到这一待遇的法国人。

不到一个月后,7月16日和17日,维希当局为了迎合德国方面减少犹太人口的需求,逮捕了13152名犹太人,他们大多来自巴黎,其中包括超过4000名儿童。维希政府把这次逮捕命名为"春风"行动。维希当局总警长勒内·布斯凯(René Bousquet)知道,动用法国警察会引起"尴尬",为了消除恶劣影响,他将这些被捕的犹太人称为外国人。①然而,正如历史学家塞尔日·克拉斯菲尔德(Serge Klarsfeld)揭露的(他参考了勒内·布斯凯发给占领区各省警察局长的电报),维希政府命令各地警察不仅驱逐外国犹太成人,还有儿童,连纳粹都没有计划要驱逐这些儿童。皮埃尔·拉瓦尔坚称,连儿童一起带走是一个"人道主义"的措施,保证他们和家人在一起。这种说法显然是在搅浑水,因为许多孩子的家长早已经被驱逐了。

事实上,拉瓦尔的算计是,这样做不仅增加逮捕人数,还能避免出现大量犹太孤儿的尴尬状况,这样这些儿童就不会成为国家的负担。7月,在拉瓦尔的命令下,被送到奥斯维辛的未成年人中最小的只有18个月。为了减轻恐惧,孩子们甚至给未知的、想象中的目的地起了一个名字"Pitchipoi"。大人们接受了这个名字,希望让孩子以为将要去一个好玩的地方。他们被关押在埃菲尔铁塔下的

---

① 维希法国依靠的是警察和司法机关的忠诚,大部分时间这样都没问题。然而,维希政权面临的困境是,与德国合作同且能用保留法国主权作为遮羞布,一旦抵抗德国,就可能招致德国对法国的全面干预。在维希政权的头两年里,维希政府还对法国保留着行政权,同时接受德国对法国北部的占领。这并不容易,法国北部同时在维希政府和德国占领当局的管制下,而德国人又占着先手。官方说法是,至少截至1942年,德国只管制北方,维希政府和德国占领当局是彼此独立的——但这只是维希当局希望人们相信的传说而已。

冬季自行车赛场,大部分人在那里停留了五天。那里几乎没有水,只有一个水龙头,几乎没有食物,缺乏基本的卫生设施。然后,他们分别被转移到维希当局与德国合作管理下的德朗西、皮蒂维耶和博恩-拉罗朗德监狱,再被拉上火车送到奥斯维辛集中营,惨遭种族灭绝。这次逮捕行动成了法国历史上的巨大伤痛。直到1995年,法国总统希拉克才承认,法国的警察和公务员参与了这次逮捕。他宣布将每年的7月16日定为全国纪念日,这成了法国历史上的里程碑时刻。

蕾切尔·厄尔鲍姆(Rachel Erlbaum)亲历了那场逮捕行动。她至今仍然生活在当年她和父母、哥哥一起居住的公寓里。公寓位于玛黑区蔷薇街对面,这条街上住着许多犹太家庭。当时,她的母亲每天白天都藏在煤窖里,只有晚上才能回家看看孩子们。"那天清晨,我们意识到出事了。我父母赶紧关上了百叶窗,告诉我们不要出声。奇迹发生了,警察没有进入我们的大楼。"蕾切尔顿了顿继续说,"我至今仍然能回忆起当时的尖叫声、婴儿的哭声,还有一些孩子被法国警察扔进绿色和黄色的巴士里。"

"是法国警察!"好像担心人们对她刚说的话有什么疑虑,她又加重语气强调了一遍,这对她来说太不可思议了。"每个街角都停着法国警用巴士,德国人也许在封锁区之外等着,并没有露脸。"[23] 他们根本不需要亲自动手。她在学校的朋友萨拉·列夫科维奇当天被逮捕了。此前,萨拉一直和父亲藏在一起,她母亲和哥哥则藏在另一个地方。当警察逮捕她的父亲时,萨拉跑了出来,父亲对她喊道:"快跑,萨拉,快跑啊!"但萨拉呆住了,她原地不动,紧紧抱住父亲,她不想抛下父亲一个人离开。两个人再也没能回来。对于蕾切尔来说,这是永生难忘的记忆,每次讲起来都像刚刚发生。

雷曼一家住在不远处的圣殿街。当警察来抓人时,家中只剩下女主人马尔卡·雷曼(Malka Reiman)和两个女儿——十一岁的马德琳和九岁的阿莱特。她们的父亲已经被捕,并送到皮蒂维耶监狱。阿莱特后来回忆道:"他总是告诉我们'别担心,不要害怕。这是自由的土地,是伏尔泰和卢梭的故土'。"而这一信仰在 1940 年彻底破灭了。亚伯拉罕·雷曼(Abraham Reiman)出生在波兰,他是一名成功的皮草商人。1929 年,他在法国与儿时好友马尔卡成婚。十年来,雷曼享受着资产阶级的生活,汽车、管家,孩子们也能在街区里自由地到处见朋友。1941 年,亚伯拉罕被捕,马尔卡和女儿设法来到监狱,给他带去了一大包食物和衣服。在一个善良而富有同情心的法国片警的帮助下,母女三人住到了警察家里。尽管如此,1942 年 6 月,亚伯拉罕还是被送到了奥斯维辛集中营,并在那里被杀害。

但是,这一次,马尔卡什么都不能做。"我记得我的母亲对着上门的警察大喊,还冲他们扔家具。警察要求我们带上三天用的干粮和水。我母亲回答:'太离谱了。我们还能带什么?我们这些犹太人根本买不到什么食物。'"那个炎热、潮湿的夏日的每一个细节,阿莱特·雷曼都记得,特别是一家人离开大楼时看门人对他们投来的目光。

到了冬季,自行车赛场的情况更是急转直下:"到处散发着难以想象的恐怖恶臭。你几乎无法呼吸。那里没有食物也没有水。厕所本来就不多,而且很快就堵了。一些人从高墙上跳下企图自杀。一些来例假的女人只能任经血沿着腿流下。我还以为这些女人要死了或者说是被谋杀了。我紧紧抓住母亲,愤怒地问:'左拉和卢梭在哪里?!'我以为这些人是爸爸的朋友,他们会来救我们。但是大人跟我说谎了。当时我就是这么想的。"[24]

○ ○ ○

令人心碎的故事还有很多,尤其是当孩子们与家长永别的时刻,一些人疯了,还有一些人诉诸暴力。当水汽在房顶凝结后滴下来时,一位母亲告诉孩子,那是上帝的眼泪。

7月13日,伊莱娜·内米洛夫斯基被捕,这可能也是"春风"行动的一部分。这一天,法国宪兵来到内米洛夫斯基一家新近在伊赛-列维克市中心租的房子。尽管内米洛夫斯基一家经常参加天主教堂的周日弥撒,女儿丹尼丝还在当地教堂领了第一次圣餐,但整个村子的人还是知道他们是犹太人,甚至在他们戴上"黄星"之前就知道(只有小女儿伊丽莎白被豁免戴"黄星")。来抓人的两个宪兵还算客气,给伊莱娜留足了整理随身行李和洗漱用品的时间,还给了她第二次向女儿们道别的机会。伊莱娜拒绝了,她说:"永别一次就够了。"[25]她留下的手稿是一部未完成的史诗级巨作,上面写满了小蜘蛛般的字迹,因为当时连纸张也越来越难买到了。她之前甚至对出版商预言:"我最近写了不少东西。我想它们会成为我的遗作,但无论如何,写作还是帮我打发了时间。"[26] 这是她作为作家留下的最后的话。

这本书就是《法兰西组曲》,伊莱娜本来要写四到五个部分,但最终她只完成了两个部分:"六月风暴"和"甜蜜"。这部精湛的作品细致入微地展示了战争给普通人的生活带来的伤害,同时显示了作者对人性的深刻理解。此时的伊莱娜对自己的命运已经不抱任何幻想,在她人生的最后两年,所有可能的乐观情绪全部瓦解了。比如 1940 年,伊莱娜还曾"用尊重甚至有些崇拜"的语气写信给贝当元帅,祈求特殊待遇,毕竟她已经在法国生活了二十多年。她写道:"先生,我想您肯定不会把尊贵的外国人和不受欢迎的外国人混为一谈。那些尊贵的外国人倾尽了全力,配得上法国给他们隆重的欢迎。"[27]

现在看来,伊莱娜试图用文化的优越性来拯救她和家人的做法显得十分尴尬。但是,当她被逮捕时,她的丈夫米歇尔·爱泼斯坦真的认为他可以托有权势的朋友帮忙迅速释放他的妻子。夫妻俩就此通过几封信,交换了彼此认为可能提供帮助的朋友的名字。然而,伊莱娜在当地监狱停留了两天后,就被送到了皮蒂维耶监狱。她到达时,监狱里已经人满为患,全是之前在巴黎被捕的犹太人。此时驻巴黎的纳粹保安警队的头目是泰奥多尔·丹内克(Theodor Dannecker),他已经保证会在三周内驱逐 4 万犹太人。丹内克收紧了集中营的管制:不再允许探监、寄送包裹或释放病因。7 月 17 日破晓,伊莱娜被送上一辆开往奥斯维辛集中营的班车。就像她的传记作者所写的:"那一刻,她不再是一个小说家、母亲、妻子、俄罗斯女人或法国女人,她只是一个犹太女人。"[28] 两天后,她到达了奥斯维辛,被打上标记,但没有马上被送进毒气室,因为她还年轻,能干活。不过,8月19日,集中营里的一场致命的伤寒疫情夺去了她的生命,终年三十九岁。她的女儿们保存了那份手稿,尽管最初她们并不清楚这份手稿的巨大价值。

当时年仅三岁的勒妮·沃茨基(Renée Wartski)至今感慨自己是何等地幸运在这场逮捕行动中幸存。她的父亲是"一战"期间从波兰移民到法国的皮草商人,而且已经加入法籍,那时法国还在鼓励移民。逮捕开始时,勒妮的父亲就已经被关在德国的战俘营里了。她的母亲凡妮·沃茨基一个人照顾着勒妮,以及勒妮九岁的哥哥路易还有她的祖父祖母。一家五口挤在克里米亚街延伸出来的小巷里的一栋四层建筑中的小公寓里。古老的克里米亚街位于巴黎19区,由鹅卵石铺就。

勒妮承认自己是个"调皮的孩子"。"当时,巴黎警察敲开公寓管理员的房门,要找二楼上的犹太人。我还记得我母亲听到这些话时的表情。一般情况下我肯定要尖叫了。"公寓管理员灵机一动,说:"对不起,他们一家走了,离开了巴黎。"

"那为什么百叶窗还是打开的?"

"哦,您也知道那些犹太人都是很奇怪的,他们走的时候很匆忙,都没想这茬儿。"公寓管理员耸耸肩。勒妮明白,正是正义的公寓管理员保住了她的性命。不过,她也给我讲了一个完全相反的故事:她的姨妈萨拉是个裁缝,住在巴黎北部,在被公寓管理员告发后被驱逐出境。"她之前还经常给这名公寓管理员的孩子做衣服。为什么呢?我一直相信这完全是凭运气,我运气比较好被公寓管员救了，而她却被害了。我的姨妈和表亲被带走后，那个公寓管理员拿走了他们家里所有的银器。"①

事实上，事发之前，凡妮·沃茨基的弟弟已经向她透露，一场大抓捕行动即将开始。她的弟弟是个小提琴家，他从乐团一个最好的朋友、天主教教徒那里听到了传言。但一家人最终还是没能及时行动。在大抓捕中逃过一劫后，第二天，凡妮遵循建议，勇敢地付钱给一个偷渡者，让他尽快把两个女儿带出巴黎，到自由区的阿尔卑斯山区农场里生活。而凡妮本人则争取尽快去和女儿们团聚。几周后，凡妮藏在一个运煤的货运火车车厢里逃出了巴黎。出发前，警察还让警犬闻车厢，检查是否有逃亡者藏在里面，但凡妮幸存了下来。最终，一家人在格勒诺布尔团聚。亲戚们见到一脸煤灰的凡妮时幽默地打趣说：这种时候怎么还顾得上刷睫毛膏。"当时我妈妈把我们托付给偷渡者，这需要巨大的勇气。因为一些偷渡者收钱不办事，甚至直接把孩子卖给纳粹。后来，她终于愿意开口谈论此事。她总是在讲到自己是怎么逃出来的时候哈哈大笑。她试图用这个煤灰睫毛膏的笑话减轻故事本身的沉重。这就是她应对此事的方式。"[29]

◦ ◦ ◦

冬季自行车赛场逮捕行动过后，法国人——不论是犹太人还

---

① 伊莱娜·内米洛夫斯基的女儿丹尼丝·爱泼斯坦也有相似的遭遇。在1996年5月的采访中，她表示，战后，她曾见母亲的烛台在他们的公寓管理员家里。引自乔纳森·维斯（Jonathan Weiss）的传记作品《伊莱娜·内米洛夫斯基：她的一生和作品》，第196页。

是非犹太人——都已经对未来不抱任何侥幸幻想。就连亲德的格哈德·海勒在看到犹太儿童在奥斯德利兹火车站被赶上牲口车后也说："这样的恐怖场景真是让我开眼了。"[30] 一群护士学校的年轻女学生被带到了赛场，她们目睹了悲剧的冰山一角，但还不能理解这场悲剧的史诗级规模。除了给囚徒们分粥，她们又能做什么呢？二十三岁的见习社工丹尼丝·塔维涅（Denise Tavernier）刚刚拿到她的第一个学位，她对目睹的这一切深感震惊。她告诉警察局长，作为法国人，他应该感到羞耻。"我害怕自己也被逮捕，而且当时没人想听我说什么，于是我保持了沉默。但是，我的神父鼓励我说，后来人必须知道发生了什么，因此我把所见所闻都详细地记录了下来。"1980年，警察公开了档案，塞尔日·克拉斯菲尔德读到了丹尼丝的批注。2013年，九十四岁的丹尼丝拖着病体接受了法国荣誉勋章。而另一个当天在场的护士学校的女学生至今无法开口谈论她的见闻。[31]

夏天的这场逮捕让许多人开始觉醒，他们发现警察可以用完全不堪一击的借口随便抓人。此时的巴黎就像一张大网，随时可以张开，网住那些有秘密的人。火车站挤满了不顾一切想要逃离城市的人。有一些人甚至将宽大的外套套在睡衣外面，这说明他们是从后窗匆忙逃出来的。地铁和剧院的出口都成了极危险的地方，身着便衣的盖世太保经常在那里等着伏击犹太人、"破坏分子"、间谍，甚至将普通人抓去当人质，特别是那些看到警戒线就掉头想离开的人。

被关押在冬季自行车赛场里的人，有极少数是用不同寻常的办法越狱的，如有的人打开厕所的窗户逃了出去，而这些逃出来的人需要马上找到新的藏身之处。"士兵用力砸我们家的门,用枪指着我们的头顶,迫使我们离开自家公寓。"当时的塞西尔·魏德曼·考费尔(Cécile Widerman Kaufer)年仅十一岁。她永远记得是如何被带到冬季自行车赛场,而且在接下来的几天水米未进的。突然有一天,她的父亲说服法国卫兵让她和妹妹跟着她们的母亲一起到附近的罗特席尔德医院。那是她最后一次看到父亲和姐姐。"在医院的时候,我说服一个女人给我的祖父母通风报信,让他们知道我们在这里。接下来,我们说服一个法国卫兵放我们离开医院。我的祖父母安排我和妹妹到诺曼底的一个女天主教徒家里藏身,她已经在家里藏了五个犹太儿童。我们管她叫'祖母'……就像几千名躲藏的儿童一样,我们经常几天都吃不到食物。我一直都很害怕,还要经常照顾妹妹。但我向母亲保证过,我会照顾好妹妹。因此,我还是照顾着她。"塞西尔在 2012 年的一次访问中如此说道,"每个 7 月,回忆都会搅动我的内心。"[32]

关押在冬季自行车赛场的大部分人最终都被运牲口的火车拉到了博恩-拉罗朗德监狱,其中说一口流利的德语的马尔卡·雷曼在那里从事翻译工作。在办公室里,她看到了一份文件,这让她意识到他们还会被送到更糟糕的地方。于是她编了个脆弱的谎言,告诉当局她被捕前在家里藏匿了重要物资,包括皮草和缝纫机,这些都对德国人十分有用,如果能让她和孩子回趟家的话,她会把那些物资给找出来。不可思议的是,当局同意了她的请求,让她和两个女儿乘军用火车回巴黎,甚至没有派人看管她们,而是让人在巴黎火车站等着她们。她的女儿阿莱特回忆道:"我的母亲意识到火车开得很慢,还经常停下,于是看到了机会。她告诉我们,当她点头示意我们时,我们就一起跳下火车,趴在枕木中间,这样我们会平安无事。我们必须相信她,她说事后她会回来接我们。我们很害怕,但还是照做了。直到今天,这件事仍然像一场梦,但她救了我们。后来我们走回了巴黎,待在一个朋友家里,直到我母亲在巴黎郊外找到了一家人收留我们。"³³

○ ○ ○

对于许多人来说,巴黎变得十分可怕。但与此同时,巴黎上流社会的社交生活却一如既往地活跃。这些所谓的"精英人士"是一个人数不断减少的特权阶级。① 大逮捕行动后的第二天,7月17日晚上,乔塞·德·尚布伦和她的好友阿尔莱蒂,以及她的德国空军军官情人索林一起参加了派对。第二天,她的丈夫勒内在梅松-拉斐特跑马比赛中夺冠,当天晚上拉瓦尔一家邀请法国电影演员拉伊姆(Raimu)到家里做客。冬季自行车赛场大逮捕并没有让乔塞停止她喜欢的活动,不管是和明星交往,还是从巴黎世家买礼帽或者从斯基亚帕雷利买衣服,这些事情相伴相生。但她并不是唯一一个这么做的人。

1942年,梵克雅宝公司在巴黎的店面仍在贩卖奢华的珠宝,顾客不只有德国人。公司的珠宝销售记录卡片上,一些写着德国军官

---

① 珍妮特·弗兰纳估计,在200万人口中,战前巴黎的完美品位由一百多个精英人士传承。

的名字，另一些写着"德国平民"或"德国军官"，但还有许多珠宝卖给了法国人，比如法西尼-吕桑格（Faucigny-Lucinge）家族的名字就时常出现在记录卡上。时装业与维希政府谈判后发行了一种特殊的时装配给卡，这让三十家时装公司在一些复杂的限制下继续进行创意工作，法国女星和德国人一样继续购买这些物品。根据限制，每个时装品牌只能生产不超过七十五件外套，每件所需的布料也有所限制。然而，巴黎世家的销量在1941—1942年飙升了四倍——尽管1944年该公司被德国当局短暂关闭，原因就是它透支了限额。占领时期，参加时装发布会的人必须出示一个特殊的通行证。在当局发出的两万张通行证当中，只有两百张是给德国军官的妻子的，其中许多人是由奥托·阿贝茨夫妇亲自邀请的，剩下的人都是法国女性。

不过，巴黎的女人很有创意，她们中许多人自己雇用裁缝，仿造高级时装。二十一岁的伊丽莎白·梅纳尔（Elisabeth Meynard）就是一个典型：即使是夏天，她也喜欢穿一身"时髦柔软的棕色天鹅绒西装，这是我最喜欢的波兰犹太人裁缝兼职制作的，这些面料原本被用来装潢家私"[34]。雅克·法特1939年成立了服装设计公司，他手下的熟练工从1942年的176人增加到1943年的193人再到1944年的244人。他漂亮的妻子热纳维耶芙是关键所在。她穿着丈夫设计的时装登上杂志封面，比如1942年3月刊的 *Elle*。而且，根据著名时尚史学家多米尼克·维永（Dominique Veillon）的研究，热纳维耶芙还与位于巴黎维耐街的德国采购办公室保持着关键的商业关系。她确保了法特的设计作品能够量产，并出现在德、法两国的媒体上。

还有一些类似的时尚业人士,他们即便算不上是主动通敌者,也算是机会主义者,他们加入了"欧洲圈"(Cercle Européen),一个为认同纳粹思想的人成立的意识形态中心。其中以马塞尔·罗沙(Marcel Rochas)最为出名。1940年11月,罗沙和玛吉·鲁夫一道为德国政要准备了一场私人秀,自此被怀疑通敌。但1942年,就如优雅的奥黛特·法比尤斯指出的,一旦犹太人被迫佩戴"黄星","罗沙就不再和他们打招呼了,即便他们曾是最好的顾客,因为他们是犹太人。而且,他在街上还避免与这些人眼神交会,即使是在蒙田大街上遇到"[35]。奥黛特的公寓就在蒙田大街,这一切都被她收入眼底。

○ ○ ○

其他一些时装设计师也同样忙碌,尽管动机不尽相同。战争开始两年后,莉莉·帕斯特雷伯爵夫人正在享受她刚刚获得的独立。她不关心政治,还有个有点古怪的癖好——喜欢玩锯子。但此时,她抓住机会成为真正的艺术资助人,出手极其慷慨。从1940年,她把大量钱财投入她成立的一个组织,名为"为了精神的永生",资助她在巴黎时喜欢的艺术家,他们此时正陷入困境。受益的艺术家包括竖琴手莉莉·拉斯基尼(Lily Laskine),作曲家达律斯·米约(Darius Milhaud)和乔治·奥里克(George Auric),钢琴家尤拉·菊勒(Youra Guller)和鲁道夫·费尔库斯尼(Rudolf Firkusny),画家安德烈·马森（André Mason）、维克多·布劳纳（Victor Brauner）和鲁道夫·昆德拉（Rudolf Kundera）等。莉莉专程找到了昆德拉，当时他正在卡西斯（Cassis）市穷困潦倒地生活。莉莉劝说昆德拉搬到她在蒙特东的城堡，她告诉他，他的生活环境配不上他的艺术。莉莉还同意收留伊迪丝·琵雅芙（Edith Piaf）的犹太人情人诺伯特·格兰茨伯格（Norbert Glanzberg）。她开始在她的城堡里举行夜间音乐会，这座城堡也成了逃亡艺术家们的避风港。一些艺术家正在等待美国签证和去美国的客船，其中大部分由急救委员会人员、美国记者瓦里安·弗雷（Varian Fry）接济，这是一个私人救助组织，旨在将艺术家和知识分子救出法国。莉莉·帕斯特雷资助的艺术家得到了舒适的生活和创作的灵感——她的餐桌上总是摆满食物。

莉莉最不寻常的一次行动出现在1942年4月。当时，她得知体弱多病的钢琴家克拉拉·哈斯基尔（Clara Haskil）病重，便请她来蒙特东城堡休养。出生于罗马尼亚的克拉拉此时年近五旬，她在与法国国家乐团一起逃离巴黎时耗尽了全部精力。他们先是坐火车，后来又被迫在寒冷和黑暗中步行，直到遇到了一个收钱的向导，带他们穿过农田和树林，一路走到了自由区。这个向导自己也十分害怕，一路上都在警告他的音乐家客户们，附近的监狱满是他们这样逃跑的人。

克拉拉到达蒙特东城堡后就患上了复视症，并伴有剧烈的头痛。莉莉意识到这不只是情绪脆弱，便马上请来了藏身马赛的抵抗纳粹的名医让·汉伯格（Jean Hamburger）。经让的诊断，克拉拉长有垂体肿瘤，已经压迫到视神经，很快就会失明，必须马上接受手术治疗。莉莉马上组织了手术,她花钱请来了巴黎著名的脑外科医生马塞尔·大卫(Marcel David),他在当地古老的主宫医院用局部麻醉和可卡因完成了手术。在整个手术过程中,克拉拉·哈斯基尔都在脑海中默默演奏莫扎特的降E大调钢琴协奏曲,以此确认她的记忆和思维能力没有被损伤。

短短三个月后,她缠着绷带,面色苍白,弯腰驼背,出现在城堡的花园内,精彩动人地演绎了莫扎特的钢琴协奏曲。她因此一举成为伟大的莫扎特乐曲演奏家;她独特的神经复原方法也创造了医学史上的奇迹。当晚听到这场演奏的人都被她的勇气和决心感动得无以言表。几个星期后,莉莉为克拉拉·哈斯基尔办好了瑞士签证,在那里,克拉拉找到了莉莉的朋友查理·卓别林。7月27日,莉莉又将目光投向一场挑衅般的大型音乐表演,结合绚丽的创意和巴黎式的优雅——一场露天的《仲夏夜之梦》音乐剧,只此一晚。在她的朋友埃德蒙德·夏尔-鲁(Edmonde Charles-Roux)看来,这是她与当下的黑暗、"无尽的伤感、挫败感和焦灼感"的一次对抗。[36]

为了这次音乐会,克里斯蒂安·贝拉尔和克里斯蒂安·迪奥参与了演员服装的设计,他们利用了一切可以利用的材料。当材料不足时,莉莉把城堡里的窗帘和墙纸摘下来利用。乐团里有二十个逃亡的犹太人音乐家,由曼努埃尔·罗森塔尔担任指挥。音乐会结束当晚,舞台和戏服都付之一炬,这一切代表了某种超现实的意味。只有一两张照片流传了下来,证明一切不是一场梦。莉莉的儿子皮埃尔事后评论说,他的母亲意志坚定地不愿受惠于任何人,她将巴黎文化的星火保留到马赛的同时,也获得了世人可以想象的最大程度的自由。几个月后,德军占领了这座城市,摧毁了一些犹太人和抵抗者藏身的老港区窄巷子。

○ ○ ○

大逮捕行动的后续影响持续了整个夏天,公开抗议十分鲜见。而安德烈·特洛克梅(André Trocmé)牧师是个例外,这是一位奉行和平主义的新教牧师。在教堂里,他经常谴责反犹主义。他所在的教堂位于法国中南部上卢瓦尔省利尼翁河畔勒尚邦市(Le Chambon-sur-Lignon)的一个小山村里,在这里,许多人冒着生命危险救下了上百名犹太儿童。在8月16日的一次公开布道中,特洛克梅牧师谴责了冬季自行车赛场的逮捕行动,他宣布:"基督教会一定要跪下来,祈求神原谅它当下的失败和懦弱。"

埃莱娜·贝尔写道,当她听到一些逮捕行动的细节时,就为"没有看到这些事实"而感到内疚。她记下了一些事实:"一些孩子在地上被拖拽,一个七口之家(父母和五个孩子)宁愿被煤气毒死也不愿被逮捕,还有一个女人跳楼自杀……一些警察鸣枪提示周围的人逃跑……这样看来,纳粹党已经控制了法国,随之而来的一定是恐怖。"对于埃莱娜·贝尔来说,真正的痛苦在于她本人如何应对这一切:是应该试图离开并放弃斗争和英雄主义,转而变得平庸和沮丧;还是主动做些事情,像那些和犹太人一起生活的女工一样?那些女工主动要求嫁给犹太人,从而避免她们的丈夫被驱逐。[37]然后,她带着痛苦的诚实承认道,她不想离开巴黎的原因之一是她对让的爱。正是这份诚实赋予了她的日记强大的力量。

就逮捕人数而言，这次行动只成功了一半，因为实际逮捕人数只是预期的一半。因为逮捕行动提前泄露了，许多人躲了起来。但1942年8月，德国当局授予勒内·布斯凯更多额外资源，他因此在法军管理的监狱里组织了几次犹太人驱逐行动，包括所谓自由区的格尔难民营和里维赛尔难民营。根据布斯凯和纳粹党将军、驻法国的德国警察负责人卡尔·奥博格刚刚签署的协议，维希政府将这些犹太人移交给纳粹。

维希政府对地方政府宣传，7月2日签署的"布斯凯-奥博格协议"将给法国警察更大自主权，但这并不是真相，事实上，法国警察被迫遵从德国方面的要求。由于1942年德国在法国没有部署足够警力，无法自主进行逮捕行动。问题仍然是：如果维希政府此时拒绝合作，会不会有更多犹太人得救。根据"布斯凯-奥博格协议"，1942年8月10日，维希当局从自由区向纳粹移交了第一批约1000名犹太人，史称"17号批次"。这批人几乎全部是德国公民，超过一半是女人。四分之三的人一经抵达奥斯维辛集中营便被送往毒气室。[38]整个8月份，一拨接一拨的犹太人从自由区抵达德朗西，随后又被编入新的队伍送到奥斯维辛集中营。

很明显，这个时候没有人是安全的。那些自认为安全的犹太人，不论是觉得自己已经在法国生活了足够久，还是为法国做出了足够多的贡献，如今也深陷恐惧。许多人向维希政府上书陈情，希望得到豁免佩戴"黄星"的特权。8月25日，德朗西监狱的最高德国军官海因斯·洛特科（Heins Röthke）开出了被豁免的二十六人名单。

这些贝当精心挑选的豁免人员像其他"特权人士"一样不必佩戴"黄星"。这些人包括领导人的妻子，比如莉塞特·德·布里农（Lisette de Brinon）。她的丈夫费尔南·德·布里农（Fernand de Brinon）是维希政府派往德国的代表。名单上还有玛丽·路易斯（Marie Louise）、银行家埃德加·斯特恩（Edgar Stern）的女儿马尔齐斯·德·沙瑟卢-洛巴（Marquise de Chasseloup-Laubat）和她的妹妹朗拉德夫人（Mme Langlade）。马尔齐斯和妹妹都在几年前皈依了天主教。但是也有一些请求被拒绝了，其中就包括作家科莱特为她丈夫莫里斯·古德凯提出的请求。古德凯先是用假证件逃到自由区藏了一段时间，后来又回到他在巴黎的住所，藏在自家公寓楼上的女佣房间里。因为他觉得科莱特离开他就活不下去。这是个勇敢的举动。

同样被拒绝请求的还有犹太富商、银行家莫伊兹·德·卡蒙多的女儿贝亚特丽斯·德·卡蒙多。那年夏天，贝亚特丽斯一直遵从天主教神父的指引。7月1日，她接受洗礼，四天后正式皈依天主教。她继续在布洛涅森林和她在讷伊结识的德国军官一起骑马，她把这些人视作好友。她还在桑利斯（Senlis）附近的森林里打猎，同行的人包括她的密友玛丽-路易斯·德·沙瑟卢-洛巴（Marie-Louise de Chasseloup-Laubat）。与可怜的贝亚特丽斯不同，玛丽-路易斯获得了豁免权。整个1942年夏天，贝亚特丽斯依然坚信她是受保护的，毕竟她的哥哥以身殉国，她也离了婚并皈依了天主教，她的家族献给国家诸多财产，况且她还有不少位高权重的朋友。

尽管贝亚特丽斯本人不是一个收藏家，但受家族氛围熏陶，她也认为搜集法国18世纪的艺术品、保护古老的法国遗产比包括宗教信仰在内的任何事都更重要。她愉快地将家族房产和收藏赠与国家，这些收藏也构成了她身份的一部分。在自己的小世界，她仍然感到是安全的。毕竟，她的母亲看起来还是安全的，不过她已经离开巴黎。她母亲改嫁后更名为伊莱娜·桑佩里，她在雷诺阿的笔下获得了永生——那个在画中头发闪闪发光的孩子最终生存了下来。但是她的女儿、热爱马术的贝亚特丽斯最终被自己的母亲和朋友抛弃了，她的宗教信仰最终成了定义她的唯一标准。

○ ○ ○

像贝亚特丽斯一样，很多人都发现，朋友不再可靠。勒妮·皮桑生于1886年10月22日，婚前姓名是蕾切尔·梵克。她的父亲阿尔弗雷德·梵克和母亲伊斯特·雅宝是表兄妹，且都是犹太人。两人1885年在巴黎结婚，当时阿尔弗雷德二十二岁，伊斯特十八岁。更老的一代，阿尔弗雷德的父亲所罗门·梵克在他的第一任妻子去世后从比利时的根特搬到了巴黎，随后娶了麻布商人的女儿梅兰妮·梅尔（Melanie Mayer）。梅兰妮的姐姐特雷莎·梅尔则嫁入了雅宝家族，她的女儿正是伊斯特·雅宝。所罗门·梵克先加入了他岳父的麻布生意。1883年，所罗门去世，当时阿尔弗雷德只有七岁，被指定到一个宝石切割匠那里做学徒。1906年，阿尔弗雷德和伊斯特已经做好准备，在旺多姆广场开了他们的第一家精品首饰店。

在此之前的1893年，弗里德里克·宝诗龙（Frédéric

Boucheron)在这个靠近歌剧院的区域开了第一家首饰店。从开店之日起,宝诗龙就和卡地亚、尚美、勒内·博伊文等品牌的店铺开始了激烈的竞争。1908年,梵克夫妇在度假胜地迪纳尔开了一个分店,接着又在尼斯、多维尔等度假城市开了分店。1913年,他们在名流云集的温泉重镇维希开了分店。伊斯特也将她的犹太名字改成了更法式的伊斯黛儿(Estelle)。"一战"期间,她成了一名护士,并因此四次荣获勋章,最终在1912年获得了荣誉军团勋章。

勒妮作为阿尔弗雷德和伊斯特的独生女,和母亲的关系却一直不太好。伊斯特一直把自己视为雅宝家族的人,而不是梵克家族的媳妇。阿尔弗雷德1938年过世后,勒妮接管了家族生意,伊斯特可能因此心怀嫉妒。勒妮是一个极具创造力的女人,兼具敏锐的商业头脑,且对时尚有很深的理解,但她不会画图。不过,她在1922年任命了设计师雷尼·辛·拉卡兹(René Sim Lacaze),他能解释一些勒妮的想法,这让梵克雅宝很快赢得了设计新颖和创意大胆的名声。

战争爆发后,雅宝家族的一些人逃到了美国或法国南部。伊斯特也逃到了戛纳。勒妮却留在巴黎继续掌管珠宝店,并颇有勇气地见证了整个行业的雅利安化。1941年3月,梵克雅宝公司的主要持股人变成了保罗·德勒西吕克伯爵。这笔交易保证了梵克雅宝还可以继续做生意。不过,勒妮已经把大量库存放进了一个行李箱。她带着这个极重的行李箱到了维希,在皇家公园酒店租下了一套公寓。那是当地最重要的酒店,拉瓦尔住在二层,贝当和亲信住在三层。勒妮独自一人住在这里,但感到足够安全。她相信她的朋友乔塞·德·尚布伦和勒内·布斯凯的表亲马蒂上校会保护她。马蒂上校与勒妮的父母是故交，还曾是她父亲信得过的管家。于是，勒妮继续在酒店楼下经营着一家精品店①。

奥黛特·法比尤斯被她在巴黎的所见所闻震惊了：不只是罗卡斯先生过马路时会假装不认识他之前的犹太人客户，就连香榭丽舍大街的商店橱窗里也张贴着莱昂·布鲁姆和乔治·曼德尔的长鼻子讽刺漫画像。她一边照顾拒绝离开巴黎的年迈孤独的父亲，一边看守位于比亚里茨的家族财产，这已经使她忙得焦头烂额，但她还要操心女儿玛丽-克劳德的安全和教育问题。尽管当时有禁止犹太人出行的指令，奥黛特还是在 1940 年到 1942 年春天在整个法国穿梭，必要时就花 500 法郎买一个假身份证。

有一次，她帮移动医疗行动小组的四个朋友买了假身份证件，她们分别是黛西·德·布罗格里（Daisy de Broglie）、玛丽-路易斯·托克维尔（Marie-Louise Tocqueville）、克劳德·德·佩耶里霍夫（Claude de Peyerimhoff）和科莱特·施瓦伯·德·吕尔（Colette Schwob de Lure）。1941 年，奥黛特因此事被人告发，在监狱待了一个星期。她后来才知道了她被释放的原因："因为西尔维娅·德·塔列朗（Sylvia de Talleyrand）听说我被逮捕了，于是去丽兹酒店找了她的朋友、德国网球冠军戈特弗里德·冯·克拉姆（Gottfried von Cramm），后者又去找了奥托·阿贝茨……我就这样被释放了。"[39] 奥黛特获释全靠勇敢且人脉通天的朋友的搭救。不过，她一直不知

---

① 伊斯特和阿尔弗雷德分别在 1921 年和 1922 年获得荣誉军团勋章，勋章的签发者均是马蒂上校。

道是谁告发了她。

尽管如此,她的经历让她产生了一种近乎夸张的爱国主义情绪,这和她的犹太人身份毫无关系。"我只是觉得我是个极度正宗的法国人,我身后有坚强的后盾……在我的成长过程中,我一直为我的富尔塔多(Furtado)家族血统感到骄傲,这是一个 1680 年就来到法国的家族。"她一直没有佩戴"黄星",因为她并不认为自己与众不同。她是法国人,这也是为什么她大量地承担了风险与日俱增的抵抗任务。到监狱晃荡了一圈之后,她回到法国南部。她想劝说父亲搬到戛纳与家人团聚,但没有成功。在一次火车旅程中,她遇到了一个已经加入抵抗组织的童年好友。一开始,他只是请奥黛特帮忙送信。"一方面我被这个任务吸引了,另一方面,我也很焦虑。"奥黛特的哥哥此时已经去伦敦加入了戴高乐将军的自由法国。但奥黛特却没法这么做,她还要照看父亲和女儿,与此同时,她还急切地想要做点什么。尽管她和罗贝尔已经不怎么在一起生活,但毕竟罗贝尔是她孩子的父亲,因此她还是向他征求了意见。罗贝尔对此并不感兴趣:"法国有 5000 万人可以这么做,为什么偏要是你?"

"为什么不能是我?"她回答。

在奥黛特看来,罗贝尔的观点是:因为他们是犹太人,所以必须在角落里一声不吭才能生存下去。"如果我们连旅行的自由都没有,那就势必要寻找一种新的求生方式。"于是,她不顾罗贝尔的反对,开始了抵抗生涯,很快她就被派到巴黎执行任务——收集紧急信件并送到南部去(当时自由区和占领区之间已经不再通邮)。

在巴黎执行任务时,她还会去看望她的父亲。后来,她把这称为"一生中最丰富的时段"。她为十岁的女儿操心,但她也知道没有足够的时间去陪伴女儿,于是她把女儿送到了维希城外的一所天主教寄宿学校。她觉得这里应该是最安全的地方——没有人会去轰炸法国的临时首都。这所学校60%的学生都是犹太人,但他们的宗教信仰从未被提起过。

在为抵抗组织联盟工作期间,奥黛特的代号是"比什"(Biche),她的上司名叫玛丽-马德莱娜·福卡德(Marie-Madeleine Fourcade),代号"刺猬"。两个女人同样强势,玛丽-马德莱娜更是当时唯一一个领导大规模线人网络的女性。奥黛特的任务是运送信件、传达计划乃至帮助别人跨越边境。有一次,她和一个德国军官在同一个火车包厢里,豪饮香槟,为第三帝国干杯。有时候女儿玛丽-克劳德也和她一起旅行,很多次,她差点把伪造的证件和文书放在女儿的行李箱里。[40]

七十多年后,当人们问玛丽-克劳德是否认同她母亲这种危及自己女儿的做法时,她平静地回答,她母亲"绝不可能选择其他做法,因为她就是这样的一个人"。不过,她承认,奥黛特后来也开始问自己,作为母亲,是否应该投身抵抗运动。"如果我们一家三口在勒拉旺杜(Le Lavandou)过平静的生活,结局是否会更好?或者,住在一起或许会让我们一起被送往奥斯维辛集中营?这就是我们面前的选项。"[41]

奥黛特不擅长服从命令,因此,她和强势的上司玛丽-马德莱娜时常发生冲突。奥黛特抱怨分配给她的工作太无聊。然而,这些工作却十分重要，比如记录从英国飞来的莱赛德飞机的班次①。奥黛特想在人来人往的马赛大酒店工作，许多外国人在那里打听关于客船和各领事馆签证的消息。"她批评了我，她并不喜欢我。"奥黛特强调说。于是，她离开了联盟，加入了另一个抵抗组织——平民和军队组织（OCM）。很快，她就被派去会见马赛水手协会的领袖、魅力十足的皮埃尔·费里-皮萨尼（Pierre Ferri-Pisani）。

四十一岁的费里-皮萨尼是科西嘉人，当地人都知道他是整个港口的老板，他雇人定期获取当地事务的情报。费里-皮萨尼是个自学成才的反法西斯运动家。1940年，他曾在西班牙与共和军并肩作战，还曾短暂地被维希政府软禁。他知道有人监视他，而他的同伴会保护他。最终，奥黛特被带到水手咖啡馆和他见面。她为这次会面做了精心准备：她选择了优雅的浪凡套装，但没有戴帽子或手套——这违背了上流社会良家妇女的穿衣规则。她身上唯一的饰品是一本卡尔·马克思的《资本论》，这把费里-皮萨尼也逗乐了。奥黛特立刻被这个男人的气势、魅力和坦荡征服了。他问，买情报的钱是从哪里来呢？他随即离开，几分钟后，带着一块钻石回来。奥黛特至今不知道这块钻石的来头，但猜测它可能属于费里-皮萨尼的妻子。他问奥黛特能否把这块钻石卖个好价钱。于是，12月初，奥黛特到维希去看望朋友、她当年的婚礼伴娘勒妮·皮桑——梵克雅宝珠宝店的老板。当奥黛特解释她的来由，勒妮·皮桑给出了比奥黛特期待的多得多的价钱。费里-皮萨尼因此对他的新线人刮目

---

① 莱赛德飞机能够出色地降落在敌人后方小面积、毫无准备的地方，这使得他们成为执行秘密任务的无价之宝，特别是在法国占领区迎送线人的工作。

相看。还没到年底，费里-皮萨尼和奥黛特就成了情人。

这笔买卖做完八天后，12月12日，人们在大街上发现了勒妮·皮桑的尸体。官方认定这是自杀，但她的死因成了不解之谜。也许是因为她知道，在维希没有人会保护她。在之前两年多的时间里，她一直维持着表面看起来正常的生活。她在维希的湖边和公园里散步，贝当每天也和他的医生贝尔纳·梅内特莱到那里散步。当时，维希的人口已经膨胀到12万（其中45000名公务员，许多人已婚），看上去一定比巴黎安全。诚然，维希也有人为领取食物排长队，但那里的珠宝生意应该至少和巴黎一样繁荣。维希的市民还有兴致打高尔夫球、骑自行车和赛马。

但一切都在1942年11月11日改变了。当天，德军占领了法国自由区，作为对盟军成功登陆北非的回应。四天前，在德怀特·艾森豪威尔将军的指挥下，英美联军开始了代号为"火炬"的北非登陆行动。此举是为了确保盟军对地中海的控制，并开辟欧洲第二战场，减少轴心国对苏联造成的压力。尽管维希当局的军队最初稍有抵抗，但很快就转而维持中立，并于11月11日停止了武装反抗。前维希政府的二号人物、贝当最信任的顾问之一达尔朗上将当时正在北非，他投奔了盟军，并下令当地的法国军队加入盟军。11月27日，为了避免法国的地中海舰队被德军收编，法军销毁了这些船只，它们大多数在土伦港翻覆。

这一事件说明，1940年的停火协议根本无法给维希政权赋予合法性。如今，德国人已经不能指望维希法国继续作为反对盟国的中立国，因此他们马上从南到北占领了整个法国。德国没有正式解散维希政府,而是日渐将其作为贯彻德国政策的工具,德国的压迫也日渐恐怖。那些非占领区完全自由的说法如今已经完全站不住脚,人们看不出维希政府到底还有什么权威性。有趣的是,连维希政权制定的道德规范最终都被逆转了。1940年,维希政府禁止已婚女性在公共系统工作,前提是她们的丈夫能养活她们。但是此时,已婚女性也可以在未经丈夫允许的情况下出来工作,因为太多的法国男人不是死了就是在战俘营里。法国需要劳动力,主妇们需要钱,这条禁令就这样被驳回了。

○ ○ ○

11月发生的一连串事件很可能消磨了勒妮·皮桑的意志。因此,很有可能当警察上门时,勒妮惊慌失措,从三楼卧室的窗户跳了出去。据阿莱特·斯卡利(Arlette Scali)说,勒妮当时经常独自一人待在酒店房间里,情绪低落,濒临崩溃。阿莱特·斯卡利从小就是雅宝家族的好友,她的第二任丈夫伊利·斯卡利(Elie Scali)曾是勒妮的众多情人之一。"她应付不过来所有的事情。之前她一直指望她父亲信赖的管家马蒂上校来保护她。她不只是害怕,她是怕得要死。"[42] 她被迫从维希政府要员下榻的皇家公园酒店搬到了不那么出名的皇后酒店三楼的一个套房。尽管两个酒店离得不远,但这让她觉得已经没有人再保护她了。其实,11月6日,维希警察局的一个警长还给另一个警长写了一句话:"不用担心勒妮·皮桑·梵克夫人。"[43] 可以确定的是,对于勒妮·皮桑和伊莱娜·内米洛夫斯基来说，压垮骆驼的最后一根稻草是几天前新生效的法律规定——法国全境所有的犹太人都必须佩戴"黄星"。

与马蒂上校夫妇搞好关系颇为重要。20世纪30年代中期，伊利·斯卡利和勒妮·皮桑还是恋人，勒内·马蒂（René Marty）是两人的好朋友。而马蒂也曾是勒妮·皮桑的父亲的心腹之交。如今，作为勒内·布斯凯的表兄、位高权重的维希警察总长，马蒂上校确实给伊利·斯卡利帮了大忙，包括帮他办理从自由区往返巴黎的旅行许可，以便斯卡利继续开展他的皮革生意。此时他的生意已经完全雅利安化了，还进行了不少虚假买卖。

后来，斯卡利在巴黎的公寓被德国人征用，他搬到了比利牛斯山中部的一个村庄。马蒂将斯卡利介绍给了塔恩省当地的警察，并为他提供了保护。作为回报，阿莱特·斯卡利经常给马蒂太太送去食物包裹，里面装着鸡蛋、火鸡和他们自己种的蔬菜水果。他们明白，自己能在"二战"期间幸存全赖马蒂上校的保护。法国解放后，斯卡利夫妇也没有抛弃马蒂上校，他一度被关押在德朗西监狱，而斯卡利夫妇还出面为他求情。

1942年的残暴不只针对犹太人。9月一个炎热的早晨，两个男人逮捕了正在打理花园的德鲁·塔蒂埃。后来她将这两个人描述为一个高大的德国男军官和一个爱笑的法国男人，但她的管家娜丁则告诉她这两个人来自当地的盖世太保。德鲁当时穿着肮脏的工装连体裤，脚趾之间和指甲里面都是泥，但两个男人不让她洗澡换衣服，坚持要马上把她带走。德鲁还是成功地拖延了时间，她给两个男人斟上干邑，趁机派娜丁去给她的前上司、巴黎世界广播电台的让·福莱斯（Jean Flaysse）通风报信。此时两人都深度参与了抵抗工作。随后，两个男人承诺审讯只会持续一小时，德鲁跟他们去了当地的监狱。之后的 24 小时，德鲁水米未进。她冲进了当地司令官的办公室，毫无顾忌地提起工装裤的裤腿，血正沿着她的腿留下来——她来例假了。德鲁趁势对着司令官大喊："如果我得在这个肮脏的鬼地方度过余生，至少让我回家拿点干净的衣服来，还有一些卫生巾。"一脸震惊的司令官也感到难为情，他答应了德鲁的要求。这让她有机会叫娜丁送来卫生巾和其他生活必需品，还有一张她十个月前就机智地准备好的医学证明，上面写着她患有子宫癌。入狱之后，她需要假装出子宫癌的症状，并且饿得面黄肌瘦。

德鲁和另外几个女人同时被捕，她们都是美国人，对德国人来说，她们都是敌国公民。德鲁一开始还担心自己被捕的原因是德国人发现了她的原名叫德鲁·雷顿，那个被悬赏追捕的美国女演员；又或许是因为她和让正准备在她家的院子里接收军火和其他物资。德鲁被关在法国东北部维特尔市市政厅改建的临时拘留营。那里还有她在巴黎认识的其他美国女人，比如著名的莎士比亚书店的老板西尔维娅·比奇（Sylvia Beach）。德军占领巴黎后，莎士比亚书店也被迫关门，大部分库存被藏在了楼上。

拘留营的医生是个犹太人人质，名叫让·列维（Jean Lévy）。德鲁说服列维医生帮她逃出去继续抵抗活动。列维决定配合德鲁假装患有子宫癌的表演，他给她开了止血的药，但告诉她直接把药扔到厕所里。作为入狱前周密计划的一部分，德鲁随身带了促进出血的药物，她在监狱里服用了这些药物，这让她变得十分虚弱。作为一个演员,德鲁驾轻就熟地在纳粹医生路过时假装晕倒。很快,列维医生开始担心德鲁一直这么迅速地失血会对她的健康造成不可逆转的伤害。但是12月初,德国人终于同意让德鲁到巴黎的医院进行放疗。此时的她已经严重贫血。当她住进了阿尔玛诊所时,医生告诉她至少要在接下来的一整年接受输血治疗。德鲁趁机去探望了列维医生的母亲,告诉她她的儿子还健康地活着,并且勇敢地帮助了许多女性。随后,德鲁回到了巴黎郊外的住所,低调度日,以免被再次拘禁。

1942年9月,贝亚特丽斯·德·卡蒙多给童年好友写了一封真诚的信,她叫对方"我亲爱的猫猫"(露丝夫人,Mme Leuse)。她在信中隐晦地说明了她在巴黎面临的恐怖境况,因此不希望女儿范妮回巴黎(信中写到范妮的地方都用"那个人"代替,范妮当时应该是在非占领区)。此时,回巴黎的路途已经非常危险。贝亚特丽斯说,她还能每天早上骑骑自行车、嗅闻蕨类植物和树叶,不过,为了和新朋友们一起骑马,她也不得不每天一早搭火车去巴黎附近的一个地方。她的离婚请求仍在处理中,但她现在不知道这值不值得,因为"我确定这么多年来我一直被奇迹般地保护着,直到今年我才意识到我的福气来自哪里。但我能否再活足够的时间,报答上帝和圣母给我的保护。我是如此渺小,不成熟,一文不值"。[44]

三个月后,1942年12月5日,贝亚特丽斯和二十四岁的范妮被捕,关押在德朗西监狱。此时,这里已经挤满了2420名囚徒。据一些流传的故事说,她们是在和朋友喝茶的时候被捕的,但纳粹给出的官方解释是她们没有佩戴"黄星",或者佩戴"黄星"的位置不显著。[45] 但如果纳粹说的是真的,她们一定是在公共场所被捕的。一个星期后,贝亚特丽斯的丈夫莱昂·莱纳克和儿子贝特朗也被送到了德朗西监狱。

在德朗西监狱绝望的囚犯里还有贝尔纳·赫茨。11月2日,这位珠宝商人第二次被捕,原因是有人控诉他作为一个犹太人仍然在经营着珠宝生意。苏珊·贝尔佩龙同一天也被逮捕,当时她还在夏头敦街的私人展卖厅里,赫茨则在威尔逊总统大街38号的办公室里。两人双双被带到盖世太保总部审讯。在开往那里的汽车里,警察向贝尔佩龙展示了关于她的告发信,里面写到了她在为犹太人经营生意,人们在她的店里买不到75000法郎以下的珠宝。信里还特别提到了贝尔佩龙战前为埃及研究专家卡纳冯(Carnavon)勋爵打造的珠宝,这让贝尔佩龙意识到她被陷害了。之前,有一个女人到店里,想要定做一枚戒指,样式类似贝尔佩龙给卡纳冯勋爵制作的那枚。但这位客人只能支付4万法郎。贝尔佩龙告诉她这枚戒指的价格是75000法郎,而且根据现行政策,她还要自带比戒指分量多的黄金。[46] 贝尔佩龙的遭遇表明,此时的巴黎告密横行、人心惶惶,往日人与人之间的信任已经不复存在。

第 五 章

1943：巴黎在颤抖

1943年7月30日黎明，三十九岁的玛丽-路易斯·吉罗（Marie-Louise Giraud）走上了巴黎德拉罗盖特监狱的断头台。她的罪行是在瑟堡地区操刀了二十七宗堕胎手术。审判她的特别法庭指控她的行为不道德，但对于大众而言，她是一位烈士，人称"天使制造者"。出身贫寒的吉罗成年后嫁给了一个水手，生养了两个孩子，还做着家政工和洗衣工。战争开始后，她把家里的房间租给妓女，并开始进行人工流产，最初完全是无偿的。

维希政府在占领时期仍能行使民事立法权。1942年2月15日，维希当局颁布法律，将堕胎等同于危害国家安全罪，触犯此罪者必须处以极刑。只有贝当本人的赦免令可以拯救吉罗的生命，但他拒绝减刑。玛丽-路易斯·吉罗从而成了法国历史上唯一一位因为堕胎罪而被送上断头台的女性。战前，前卫画廊老板让娜·比谢的朋友让·达尔萨斯（Jean Dalsace）博士已经开设了法国第一家节育诊所。但战争制止这种自由的尝试。吉罗更成了一个腐败到失控的政权的受害者。

不过，只要你是个能付得起4000法郎的有钱人，堕胎仍然轻而易举。高级资产阶级出身的阿莱特·斯卡利十几岁时就嫁人了。她的第一任丈夫婚后希望继续过到处拈花惹草的生活,"他不想要孩子……我怀孕的时候,我婆婆付钱给我做了流产手术,这样做不但非法且昂贵。糟透了!"[1]

穷困潦倒的女作家维奥莱特·勒杜克曾数次尝试堕胎。在半自传体小说《私生女》中,她生动地描写了一个单身母亲想要堕胎时所面临的困难。她去找了"所谓的助产士"——小巷子里的堕胎诊所。在那里,她差点死掉,疼痛难忍,但还是坚称"作为单身女人,我决心独自站立,而不是倒下"。在那个可怕的冬天,没有煤和暖气。她接连几个月在娘家卧床,用冰块敷在肚子上,疼痛难忍,流血不止,但最终还是活了下来。慢慢地,她再次学会了走路和独立生活。但她再也没能像之前一样拥有丰富的社交生活,更没能去黑市赚钱。她和西蒙娜·德·波伏娃痛苦的爱情故事也在 2012 年被拍成一部成功的电影——《维奥莱特》。[2]

1943 年,德资的大陆制片厂出品了极具争议的电影《乌鸦》。影片由亨利-乔治·克鲁佐(Henri-Georges Clouzot)执导,内容涉及堕胎问题。这部经典电影在战后给导演带来了严重的麻烦,甚至在解放后被禁。这不仅因为大陆制片厂的德资背景,而且法国共产党的媒体和曾做过地下斗争工作的人都认为这部电影丑化了法国人民。《乌鸦》用一个极度黑暗和耸人听闻的故事展示了匿名告发信的危害。影片的结尾,救护车带走了年轻的妻子,人们以为她疯了。而医生发现老心理医生死在了办公桌上,死前正在写"乌鸦"的最后一封宣告胜利的告发信。他的喉咙被一个癌症患者的母亲割断了。

这位癌症患者刚刚自杀，原因是他收到了"乌鸦"的匿名信，告诉他，他的癌症已到了晚期。这一切都有力地诠释了人性中的歇斯底里。

《乌鸦》根据1917年的一个著名案件改编而成。但在1943年法国的狂热氛围里，这部电影显得十分写实。这一年，铺天盖地的告发信揭发了藏匿中或者参与黑市交易的犹太人。整个战争期间，法国人共写了350万封告发信。这意味着在占领下，每个人都被赋予了对他人的生杀大权。社会各阶层的人都参与了进来。这往往是为了经济利益，有时甚至是巨额回报。告发抵抗者得到的奖励最高，在20万—1500万法郎。[3]

德国控制的巴黎广播电台甚至有一个流行的节目叫作《重复这样做》，旨在鼓励听众积极告发他们的邻居、生意伙伴、情敌甚至是自己的家庭成员。据说，告发信的数量之多震惊了德国人，他们甚至抱怨这些信造成的工作量过于巨大。写告发信的大多是女性。有一封信指控一个商店的主人是犹太人，并询问如果商店易主，自己是否可以从中谋得生意机会，而签名栏则写着"一个只想履行职责的小女人"[4]。

1942年，贝当曾经低调地谴责过告密者，但他的警告显然没有引起任何注意。帮人堕胎的吉罗也是被告发的。1943年7月，可怜的吉罗被执行死刑，这显示了维希政权与现实的脱节——一边把堕胎看成是全国性的瘟疫，一边又致力于将卖淫合法化。

1943年的早些时候，维希政府推出了义务劳役制度，政府的宣传海报暗示，在该制度内去德国工作的法国男人都是好父亲，能给留在法国的妻子和孩子提供资金支持。这项制度让本就不受欢迎的维希政权显得更加丑恶。此时，人们已经明白，维希政权在和德国的合作中根本没有捞到任何好处，甚至没能在法国和德国中间起到缓冲作用。1942年11月以来，维希已经沦为一个单纯的傀儡政权，紧抓着残余的权力不放，但在民众当中已经没有任何权威。

为了扭转这一状况，1943年1月，维希政府成立了自己的准军事部队"民兵团"，任务是打击抵抗者，根除犹太人，根据维希政府自己的计划来完成法国的纳粹化。"民兵团"的首领是约瑟夫·达尔南（Joseph Darnand）。1943年7月初，德军终于从维希法国的警察[①]那里接管了德朗西监狱。此前，这座监狱已经人满为患、乌烟瘴气。随着纳粹在全欧洲开展大规模种族灭绝政策，运营监狱的工作也被交给了令人厌恶的、恶毒的纳粹党卫军高级突击队中队长阿洛伊斯·布伦纳（Alois Brunner）。

六十六岁的贝尔纳·赫茨此时仍在德朗西监狱。在那个绝望的角落，他见证着日益残酷的围捕给监狱带来了越来越多的犹太人。同时，他保持着微弱的希望，等着被送到罗特席尔德医院，并从那里逃生。[②] 在此期间，苏珊·贝尔佩龙独立经营着珠宝公司，并尽一切努力营救赫茨。她还不断遭到盖世太保的骚扰，要求她出示洗

[①] 一些因素导致法国警察的不满日益增多：他们的工作量大幅提升了，因为他们需要抓捕抵抗者、巡查黑市以及处理数以千计的告密信。而在强制劳役制度建立后，警察的数量却小幅下降。此外，许多警察对他们在"春风行动"中扮演的角色感到不满。

[②] 罗特席尔德医院通常被称为德朗西的副楼，位于巴黎12区匹克普斯墓地附近。这块墓地埋葬着大量法国大革命时期命丧断头台的贵族。1797年，这块土地被在巴黎长大的德国贵族、萨拉姆吉尔堡公主阿马莉·泽菲琳（Amalie Zephyrine）购买。她嫁入了霍亨索伦－西格马林根（Hohenzollern-Sigmaringen）家族。她的哥哥和情人都埋葬在这块墓地。这块墓地被德国人视为圣地，因此没有在这里派驻过多警力，由此为逃生制造了机会。

礼证书之类的官方文件，证明她不是犹太人。今天，人们可以在巴黎的国家档案馆里找到有关赫茨的文件夹，里面有大量的微缩影像，包括法国当局绘制的赫茨在尚蒂伊购买的房子的平面图，还有他在巴黎购买的公寓和其他财产的清单。

可以肯定的是，德国人已经下定决心要收缴赫茨的财产。1943年2月21日，他写信给"亲爱的朋友"苏珊。这似乎是他从"令人作呕"的监狱里寄出的最后一封令人痛心的信件。他用很小的字体在一张残缺的牛皮纸片上写道，他感谢苏珊给他送来小包裹。他还讲述了德朗西的生活是多么地冗长和无聊，并告诉她在哪里可以找到他的遗嘱。在信的末尾，赫茨写道："我完全不后悔留在巴黎，因此我缩短了在外省停留的时间。如果时间倒流，我会再次这样做。原谅我给你添的所有麻烦。我一心希望你能幸福，却反而给你添了不少麻烦。谢谢你为我做的一切。"5 在德朗西监狱度过七个月后，贝尔纳·赫茨被送到奥斯维辛集中营。1943年9月2日，他在那里被杀害。

越来越多的普通法国人目睹了残酷野蛮的大规模暴行，比如孩子在哭喊中被强制带离他们的父母。民意也慢慢被扭转了。1943年，抵抗组织日益发展壮大。一开始，抵抗组织集中在乡下，里面还有逃避义务劳役的人。他们如今被称作"马基游击队员"，因为他们通常藏在荒无人烟的灌木地带。1943年，抵抗组织已经遍布全法国的城市和村庄。小型的抵抗组织和网络现在也开始扩张，许多有掩护身份的成员加入。许多人只是想"做点什么"来挫败德国人，并不一定加入抵抗组织。尽管法奸们仍然阔气地购物吃饭，但许多巴黎女人已经开始冒着生命危险行动了。

"我们都是很业余的。"维沃·谢弗里永回忆道。她是克莱尔·谢弗里永的表妹,当年是个年轻的音乐学院学生。此时,她正迫不及待地想要做些比制作软木鞋跟更有用的事情,尽管那些鞋跟让她在时尚的巴黎同业中不显落伍。她有三个兄弟,一个还是小学生,年龄较大的两人都离家加入了戴高乐的自由法国军队。他们的母亲非同一般,主动鼓励儿子们去前线抵抗,甚至开车将十九岁的儿子送到法国和西班牙的边境,帮他穿越国境线去打仗。像许多朋友一样,维沃并不是一个正式注册的抵抗组织成员,但还是参与了重要且极具危险性的工作,例如制作假身份证、伪造巴黎警察局长阿曼迪·比西埃①(Amadée Bussière)的签名。

在那个多事的夏天,克莱尔·谢弗里永也被捕了。在弗雷讷监狱度过数周后,她又被释放。"我的表妹维沃当时二十岁,她轻快地陪我走到皇家路的理发沙龙,一直陪着我谈天说地。"⁶另一位朋友用两天的时间准备了一桌宴席,庆祝克莱尔的自由。但面临着随时可能有人来敲门的威胁,那些需要隐藏点什么的人已经很难睡上一晚好觉了。一些人记得夜晚听到狗叫声,另一些人在夜晚听到囚犯被折磨时发出的惨叫。许多人在家里常备着一个小包裹,以备突然需要逃跑。不断变化的藏身之所以及匆匆伪造、经不起推敲的身份证明都让人们本就脆弱的神经承受更大的压力。

1943 年,抵抗运动遭遇了一次又一次的打击。在占领巴黎后的

---

① 1946 年,比西埃"通敌"罪成立,被判终身监禁,但服刑五年后就被释放。

18个月里，德军用魅力攻势控制了整个法国。他们依赖的是告密者，这些人总想获得一点小恩小惠，通常不超过100法郎。许多抵抗者就这样被背叛和抓捕，其中最具代表性的是被戴高乐派回法国团结各大抵抗组织的让·穆兰（Jean Moulin）。5月27日，他在巴黎召开全国抵抗组织会议，几个星期后他就被出卖了。6月21日，让·穆兰在里昂被捕，随后被酷刑折磨致死。他一度想要用围巾上吊自杀，但没能成功。他的死和他的几个合作者的被捕是对抵抗运动的巨大打击。此后，盖世太保头子克劳斯·巴比（Klaus Barbie）完全控制了里昂。巴黎尽管危险，但面积更大也更容易隐藏，因此成了抵抗运动理所当然的中心。

克莱尔获释后立即返回了塞维涅女中工作，学生把她视为英雄。但兴奋是短暂的。9月23日，她的室友、二十二岁的贵族美女雅克利娜·佩里·达兰库（Jacqueline Péry d'Alincourt）在她位于格雷奈尔街的住所被捕。出卖她的是她的女房东。雅克利娜快到家时发现几个盖世太保已经在等她。仓皇中，她试图从大楼内侧的楼梯逃往天台："我被制服了，双手铐在背后，审讯当场开始。我从头到脚不由自主地颤抖，我尽力平息，因为我很担心逮捕我的男人们会看到我的颤抖。一连串的问题像雨点一般快速地砸向我，我拒绝回答。其中一个男人大声地对我说：'我们有的是办法让你开口！'我马上回答说：'我相信你无所不用其极。'他一巴掌打在我的脸上，我不再颤抖了，我感到如释重负。从这一刻起，我内心的力量再也不会离我而去，它支撑我度过了随后漫长的五天五夜。"[7]

雅克利娜被捕时，幸运的克莱尔刚好出门在外。得知这一消息后，克莱尔悲痛欲绝。雅克利娜两年前从老家普瓦捷刚来巴黎时，正是克莱尔把她介绍给了空中行动办公室（BOA）的区域负责人让·穆兰的亲密战友让·艾拉尔（Jean Ayral）。

高大苗条的雅克利娜是一个年轻的寡妇。她的丈夫此前被关押在德国，1941年却突然死亡。她的内在力量一部分来自她的母亲——一个独自养活七口之家的寡妇。雅克利娜记着丈夫英年早逝的仇，怀着看到孩子们被迫佩戴"黄星"时的恨，克服了对敌人的恐惧。"我们必须低声下气、眉目低垂地屈服才行吗？我想我宁愿去死。这种震惊让我立定心意，什么也摧毁不了我的意志。敌人拿不怕死的人也没什么办法。"她立即开始给伦敦发送加密情报，帮英国派来的特工安排居所、掩护职业、制假身份证和配给卡。她还在全法国范围寻找"信箱"以传送非法信息。和她一起工作的女线人若塞特（Josette）"是一名著名服装设计师的公关经理，深受德国军官的妻子推崇。由于来往于这个设计师的商店的女人特别多，没人察觉到我们的送信员。在这个占领军高层人士经常光顾的大牌时装店里，没人知道我们正在开展的抵抗活动"[8]。

被捕后，雅克利娜被关在苏塞街11号盖世太保总部。在那里，所有的囚犯必须戴着铁链，被审讯和折磨。随后，雅克利娜又辗转弗雷讷监狱，最终被送到了拉文斯布吕克集中营。这都在克莱尔的意料之中。她猜到雅克利娜一定会备受折磨，于是决定自己也要全力以赴了。"这项工作已经成为我生活的重点。"[9] 她辞去工作，离开原来的公寓，潜入秘密的地下生活，改名为克里斯蒂安·克卢埃（Christiane Clouet）。她再也不能见她的父母，否则会危及他们。

"对我来说，当时最强烈的记忆不是恐惧，而是团结，这比恐惧更强大，"维沃回忆说，"当我们听说一个朋友被逮捕，我们会觉得必须做点什么。我们和父母那辈人对这样的剧情的感受当然不同。我做的最危险的事情是，当我的朋友（和同行音乐家）安托万·若弗鲁瓦-德肖姆（Antoine Geoffroy-Dechaume）被捕并关押在城外的贡比涅监狱时，我想让他知道我们已经得到消息，会尽力帮他逃出来。于是我和安托万的姐姐玛丽-弗朗斯·若弗鲁瓦-德肖姆（Marie-France Geoffroy-Dechaume）一起到监狱的高墙外，我打算在那里演奏小提琴，这样他在里面听到了就会知道那是我。不幸的是，一个长得很雅利安"范儿"的党卫军军官警告我：'我不建议你这样做。'于是我们就回家了，但我们没有被击败。"[10]

克莱尔的父亲、维沃的叔叔安德烈·谢弗里永是备受尊敬的法兰西学院的成员。他听说勒内·德·尚布伦当时正在寻求进入法兰西学院，于是写信给他，"以法国音乐的名义"请求释放安托万，但终究无济于事。1944年1月20日，安托万被驱逐到德国布痕瓦尔德集中营。

安托万和玛丽-弗朗斯所在的家庭极具代表性，爱国主义思想在一家人心里根深蒂固。这样的法国家庭形成一种力量，对峙着那些在黑市做买卖的、买昂贵衣服的、好像生活与以前别无两样的巴黎人。名义上，一家人是天主教徒。他们对外持友好态度，尤其是对英国。但也对法国代表的一切毫不让步。阿道夫-维克多·若弗鲁瓦-德肖姆（Adolphe-Victor Geoffroy-Dechaume）1816年生于巴黎，是一个知名雕塑家，他最有名的作品装饰在巴黎圣母院前的码头。他相信中世纪是法国的黄金年代。去世后,他被安葬在巴黎北部瓦兹河谷省的古老乡村瓦尔蒙杜瓦。一家人随后也在那里安家。

阿道夫-维克多的孙子夏尔是个画家,"一战"爆发前,他住在英国。在那里,他和温斯顿·丘吉尔夫妇成为密友。但是,他在"一战"中失去了一条腿,于是决定在婚后搬回瓦尔蒙杜瓦舒适的祖屋。在这里,他可以给他的诗歌一个不同寻常的音乐、艺术和创意氛围。家里时常有人演奏巴赫的赞美诗或演唱小规模的歌剧。戴高乐将军的侄子贝尔纳·戴高乐迎娶了若弗鲁瓦-德肖姆家族的小女儿西尔维。她告诉我,玛丽-弗朗斯出生于1919年,之所以给她起这个名字是"父母想表达他们对《凡尔赛条约》规定的对法国的赔偿感到满意"。

"玛丽-弗朗斯是一个天使。"贝尔纳说。贝尔纳保留着诸多记忆的火种。如今,他住在谢尔什-米迪监狱的旁边,这里已经成了一个臭名昭著的纪念地。在这里,德雷福斯被判刑,许多抵抗者被折磨和射杀。住在这里的人几乎无法不去体验那种历史延续之感。"她有一个天堂般的优点,就是她身上同时混合了真诚和力量。"[11] 他补充道。另一位朋友曾提及战后玛丽-弗朗斯永远不会去福克大道,在她的记忆里,在那里遭受酷刑的人的惨叫依然在耳边回荡。

西尔维生于1924年,占领之初,她因为年纪还小无法第一时间积极参与抵抗活动。这让她备受煎熬,因为当时她哥哥安托万已经被关押在监狱,另一个哥哥让-皮埃尔也在敦刻尔克大撤退后被抓获,好在他后来逃了出来,跑到南方的灌木地带加入了马基游击队。西尔维长大一些后第一时间去南方与让-皮埃尔会合。

1941年以来，玛丽-弗朗斯一直在帮助逃亡的飞行员。如果他们的逃生路线经过布列塔尼，她甚至会让他们在瓦尔蒙杜瓦藏身。她经常与当地的汽车修理工弗朗索瓦·克兰布朗（François Kerambrun）合作。克兰布朗是若弗鲁瓦一家的忠实朋友，他经常用旧货车载着逃亡飞行员到一处海边的房子。在那里，他们可以清楚地听到英国广播公司的广播。这个广播会引领他们走到一处陡峭的悬崖（陡峭到大家都希望德国人不会看到它），顺崖而下，在附近的岩洞中等待。英国方面会派一些小艇把他们接到一条大船上，然后再接回英国。

有一次，玛丽-弗朗斯给她救助的飞行员们买了法文报纸，供他们在从巴黎到布列塔尼的火车上装模作样地阅读。但当一个德国检查员走近时，她发现一个双手颤抖的飞行员把报纸拿倒了。幸运的是，他们的假身份证没有被识破，也不必做任何多余的解释。[12]

但到了1943年年中，玛丽-弗朗斯看到盖世太保军官从她在巴黎的住所离开。她意识到自己必须立即搬走。从此，她使用假身份证，住进布列塔尼北部沿海圣马洛地区的一栋小房子里，正式成为一个地下抵抗组织的成员。她的任务是破坏铁路和公路，以阻止德军将人员、武器和弹药运送到沿海地区。从那时起，她的工作变得更加危险，她也开始携带枪支。除了帮助逃亡者，她还需要在铁路沿线布置炸药，帮助盟军准备登陆。此前，这项工作从未被交给女性抵抗者。

1943年自愿参与抵抗活动的女性大多受过良好教育且动机单纯，但很少有人有过政治或军事经验。共产党的女性党员是个例外，她们更有组织性。安德里·德琼（Andrée de Jongh，别名迪迪[Dédée]）曾是一个商业艺术家和护士。她是抵抗组织"彗星逃亡线"（Comet escape line）①的创办者和主要组织者。她曾因此32次去到比利牛斯山区。1943年1月，她在法国巴斯克地区的一座农场里被出卖和逮捕。最终，她没能承受住盖世太保的审讯和折磨，承认她是逃亡网络的组织者。她被捕之后，抵抗组织陷入混乱，在敌人的渗透和多次逮捕后，人们很难知道谁是真正可靠的。

三十一岁的伊丽莎白·巴比尔（Elisabeth Barbier）1940年就加入了抵抗活动。她离过婚，如今和母亲一起住在巴黎的瓦诺街，和一些朋友一起给英法联手的米特莱达特（Mithridate）组织搜集重要情报，从而给军事计划的制订提供基础。不过，1942年末，她和母亲也开始庇护各种抵抗者、被击落的飞行员甚至是逃避义务劳役的人。

这些男人被藏在她和她的朋友的公寓里，直到他们可以继续下一步行动。这项工作风险极大，尤其是，一些男人不讲法语，一些从北美来的盟军士兵甚至一看就不像法国人。巴比尔需要花钱给这些人提供吃穿用度乃至染头发。香烟是镇定神经的重要物品，此时还能在黑市上以每包150—250法郎的价格买到。由于太容易暴露自己的身份，这些男孩往往不能出门。德鲁·塔蒂埃曾从乡下带来

---

① "彗星逃亡线"是总部位于布鲁塞尔的一个抵抗组织，致力于帮助盟军飞行员和其他人逃亡到英国。该组织为这些人在法国提供指引、食物、衣物，把他们送到法国西南部的巴约纳（Bayonne），越过比利牛斯山区，到达中立国西班牙，随后去到英属直布罗陀海峡。以帕特·欧利里（Pat O'Leary，真名阿尔伯特·格里斯[Albert Guérisse]）命名的"帕特逃亡线"也有类似的功能。这些逃亡线都始于巴黎，其中一条通过布列塔尼，人们从那里坐船到达英国。

一些食物去看望这些男孩。她描述，这些男孩往往只有十几岁，他们无所事事，百无聊赖，且对不能出门感到沮丧。她认为这些男孩对她们做的一切并不心存感激。

德鲁偶尔也带他们去理发店剪剪头发或在巴黎散散步。这时候她会尽力帮他们乔装打扮，并禁止他们讲话。有一次，她请她的朋友、书店老板西尔维娅·比奇来招待这些男孩。还有一次，她不得不训斥一个言行失当的年轻美国中尉。这名中尉的行为让他的巴黎女主人掉下了眼泪。德鲁提醒他，这些手头并不宽裕的巴黎人从各种抵抗组织那里挣的工资十分微薄，这些组织此时已经很难收到外国援助；这些人每日每夜、每一分钟都在为这些男孩冒生命危险。她威胁这个男孩说，如果他不知感恩，她就把他赶到街上去再也不许他回来。既然如此，这些女人为什么愿意这么做？据珍妮·鲁索解释，那么做是因为她们"几乎无力抵抗内心深处要求参与斗争的责任感"。

丹尼丝·迪富尼耶（Denise Dufournier）是伊丽莎白·巴比尔和珍妮·鲁索的同事。她们几乎从一开始就加入了抵抗运动。[13] "你要么就做点什么，要么就是法奸，"丹尼丝的女儿后来这样总结她母亲的观点，"她有非常强烈的道德感。"[14] 丹尼丝生于1915年，出身于艺术家、医生和知识分子家庭。丹尼丝曾在有名的巴黎日间女校莫里哀高中受过教育。在那里，她结交了许多犹太朋友，也因此敏锐地意识到社会上与日俱增的不公。

父母去世时，丹尼丝只有十三岁，她的哥哥也只有十六岁，这迫使她很早就开始寻求自立。战争爆发时，她已经成为一名律师，她的哥哥在里斯本做外交官。丹尼丝成了一个不同寻常的独立的年轻女子,而且还发表了自己的小说。此时,仍留在巴黎工作的男律师已经屈指可数,丹尼丝的工作量因此空前加大。除了日常工作,她还冒着巨大的个人风险帮助那些被迫在法国跳伞的盟军士兵逃出法国。

但在1943年6月18日,丹尼丝和伊丽莎白·巴比尔及其母亲被出卖了,元凶是她们的邮递员让·马松(Jean Masson)。这个男人的真名叫雅克·德苏布里(Jacques Désoubrie),是个来自比利时的诈骗犯、叛国贼。丹尼丝在第一次接受审讯的时候就认出了他,他正在房间的一角冲她得意地笑。

丹尼丝·迪富尼耶和德琼一样,先是在弗雷讷监狱遭受了长达六个月的审讯,但她并没有招供。弗雷讷现在已经成了一个恐怖的地方,"德国人每天都在射杀人质和罪名成立的囚犯……"作家让·盖埃诺援引"V"的经历在日记中写道,"命令沿着下水道、厕所管道和水管从一个牢房传到另一个牢房:'6点钟,为了32号牢房的犯人。'在约定的时间,整个监狱的人开始唱响《马赛曲》。这是在和那些离开的受害者告别。囚犯已经打破了所有的窗口,使受害人在走过监狱的院子时能听到她们的歌声。尽管德军禁止唱歌,并打算用酷刑和处决杀鸡儆猴,但毫无用处,歌声继续回荡在监狱里。"[15]

丹尼丝对弗雷讷监狱并不陌生。她的许多年轻客户后来都被送到这里。她知道了她能挺过去,也真的做到了。六个月后,丹尼丝·迪富尼耶和伊丽莎白·巴比尔被送到了拉文斯布吕克,在那里,新一轮折磨等待着她们。

○ ○ ○

1943年，薇拉·莉（Vera Leigh）已经成了一个真正的巴黎人。她成年后一直在巴黎的时尚业工作。薇拉1903年出生在英国的利兹，她是英国公民。因此，她决定现在必须回到英国，以便在那里更积极地参与反纳粹的斗争。薇拉从来没见过她的生身父母。她还是婴儿的时候就被一个名叫尤金·利（Eugene Leigh）的美国商人和赛马师领养了。尤金的妻子是个英国人，正是她带着薇拉来到法国。由于尤金夫妇经济条件不错，薇拉在梅松-拉菲特的马厩附近长大。尤金的马就在那里。童年的薇拉想要成为一名马术师，但后来她进入了时尚业，从瑞邦牌女帽店的导购员做起。

1927年，薇拉和朋友合伙在旺多姆广场成立了自己的礼帽商店，名叫罗丝·瓦卢瓦（Rose Valois）。战争爆发时，薇拉已经成了一名成功的女商人，还和住在里昂的瑞士人夏尔·杜塞（Charles Dussaix）订了婚。目前仍不清楚他们为什么没有结婚。巴黎被占领之后，薇拉和她的未婚夫同居了一段时间，目的是要逃出法国。在里昂期间，她还参与帮助盟军飞行员逃亡的工作，直到这项工作变得过于危险。1942年，她需要自己逃走。她沿着比利牛斯山区的秘密路线一路逃到了西班牙，随后曾短暂地被拘禁在毕尔巴鄂监狱。但最终，她通过直布罗陀海峡到达英国，并立即开始在各种女性组织工作。她很快因为她流利的法语被特别作战执行部的法国分部相中。她的面试官指出,她是"一个聪明且忠于本分的商人",但这并不影响她作为线人的工作能力。此时她已经年近四十岁,但还是答应了再不和她的未婚夫联系。官方的报告显示,"她认为自己已经给未婚夫添了足够多的麻烦,因为她在逃出法国时藏在他的住处"[16]。

1940年,丘吉尔本人创建了特别作战执行部(SOE),目的是"在欧洲点燃燎原火种",手段是支持德国占领下的欧洲各国当地的抵抗组织。特别作战执行部里大约有六十名女线人,并不是所有人都上过前线。仅法国分部就选送了四十名女线人到前线,因为人们相信女人在战时比男人更容易融入当地社会,更容易讲述掩护身份的故事,况且此时年轻男人在巴黎越来越罕见了。① 尤其是对于送信员这个角色,性别尤为重要。送信员往往需要骑自行车或坐火车长途跋涉传递信息。伦敦方面认为,如果女人可以把信件藏在内衣里,会更容易逃过搜身检查。[17]

在这种紧张的氛围里,一个女人可以把无线电发射器藏在购物袋的底部,上边盖满青菜萝卜,而一个提着沉重的手提箱的年轻男子会显得很可疑因而更容易被截查。尽管如此,这也是英国有史以来第一次将女性送往前线,尤其是,这些女性作为志愿者随时可能被抓获、严刑拷打或被杀害。丘吉尔一直没有正式同意送女性上

---

① 德国一开始扣押了200万法国士兵作为人质,以确保维希当局减少武装力量,并给德国以黄金、食品和补给的形式付出代价高昂的贡品。但此后,德国继续不断要求法国送去更多的工人。据估计,1943年底,共有646421名法国工人在德国工作。几乎都是男性,他们被送去修铁路、种地或者成为强制劳役制度中的一部分。

前线。但在特别作战执行部法国分部的人事负责人塞尔温·杰普森（Selwyn Jepson）上校向他汇报时，他回复了一句"祝你好运"——这被认为是一种默许。[18]英国官方当时并没有公开这项决定。根据《日内瓦公约》，女性不能在战争中参与作战，因此特别作战执行部的女性必须严格保守秘密。这也是为什么多年以后人们才了解到她们的故事。特别作战执行部的女人被纳入了急救护理志愿团（FANY）——这成了她们的掩护身份，也便于向家人和朋友解释。同时，这一身份也便于她们接受枪支使用方面的训练。英国人还做白日梦般的期望，一旦这些女性被捕，根据《日内瓦公约》，她们的军方身份可能对她们是一种保护。不过，特别作战执行部法国分部的女线人并不总是携带着武器，她们被要求最大限度地发挥她们的女性气质以求将她们的用处最大化。

薇拉立即接受训练。她的指挥官在报告里写道："薇拉充满了勇气，与男性同事不相上下并且几乎是同僚里面射击水平最好的……一个能胜任这份工作的女性……一个有杰出的能力和过人的勇气及决心的女人。"[19]另一份报告指出，她对着装很感兴趣，并且讨厌急救护理志愿团丑陋的卡其色制服。1943年5月13日夜间、14日凌晨，薇拉乘坐莱赛德飞机回到法国，降落在图尔市东部。这种小型飞机可以在没有跑道的地方降落，且飞行员可以在很低的高度驾驶飞机，躲过敌人的雷达监测。在月光的照耀下，人们可以从飞机上看到波光粼粼的河流、湖泊和铁路线。这种飞机被广泛地用于接送抵抗者，免得他们跳伞。着陆后，代号为"西蒙娜"的薇拉到达法国北部，见到了特别作战执行部法国分部的空中行动执行官亨利·德里古（Henri Déricourt）。随后，她立即返回巴黎。在那里，她化名苏珊·沙万娜（Suzanne Chavanne），成为一个女帽设计师的助理。与此同时，她为特别作战执行部的"发明家圈"（Inventor circuit）工作①。通过她善于观察时尚的眼睛，薇拉发现，巴黎的许多方面都与往别无二致。女人们，至少是某些女人，仍然在旺多姆广场和丽兹酒店附近的服装店购物。当时女装品牌的交易额以及客人们付过的消费税数额都印证了薇拉的这一印象。②薇拉在故乡巴黎即便没有感到放松也至少感到了舒适，以至于愚蠢地去她在战前经常光顾的理发店使用原名预约理发服务。那里的人都知道她是谁，可没有女帽设计师助理那么简单。除了为特别作战执行部工作，她还重操旧业，继续帮助盟军飞行员在巴黎找藏身的公寓，护送他们沿着"彗星逃亡线"穿越法国逃到西班牙。

儿童文学家努尔·伊纳亚特汗20世纪40年代随家人一起从巴黎逃到英国。1942年，努尔也急着想在英国尽一份自己的力量。她

---

① 特别作战执行部在法国的行动往往以网络或单元为基础组织，这些组织被称为"圈子"。这些组织覆盖了法国不同地区。每个组织里都有三个关键人物：一个组织者，一个送信员，还有一个无线电报收发员。几乎所有人都是在英国接受过训练的女性。随后，组织者会继续在当地聘用一些男性或女性。
② 这一营业额从1941年的6700万法郎上升到了1943年的4.63亿法郎。时尚杂志继续刊登了巴黎上流社会的照片，仔细分析里面的女人的穿着，这样的情形至少持续到1943年2月。随后，德国人不想再激励本国女性难以满足的时尚胃口，于是禁止了法国时尚照片的传播。那些经常购买巴黎新潮设计时装的人里包括纳粹军官的妻子、巴黎通敌者的妻子、记者、影视明星和生意兴隆的工业巨头们的妻子。客户名单里包括记者、剧作家艾蒂安·莫兰（Etienne Morin，笔名Steve Passeur）的妻子。莫兰在占领时期走红，还在丽兹酒店租了一个房间。还有让·吕谢尔的妻子弗朗索瓦丝·吕谢尔，以及新近荣誉雅利安人莉塞特·德·布里农，还有乔塞·德·尚布伦。这些女人组成了一个独特而人数稀少的圈子，她们希望在参加各种法德联合宴请时用装束捍卫她们的社会地位。

不顾母亲的反对加入英国空军女子辅助军团。此时她已把名字改为诺拉，并在宗教信仰一栏里填了"英国正教"，以避免尴尬。努尔的哥哥维拉亚特（Vilayat）加入了皇家空军。在他的影响下，努尔也不断尝试。终于，1942年10月，她的语言能力被特别作战执行部相中，11月，她接受了面试。

语言能力至关重要。出生在马耳他的诺琳·里奥斯（Noreen Riols）的父母都是英国人。1943年，只有十几岁的诺琳被特别作战执行部法国分部聘用，原因就是她曾就读于伦敦的法国高中。像许多其他被聘用的女性一样，诺琳长得很漂亮。她讲述了另一个发报员莫琳·奥沙利文（Maureen O'Sullivan）的故事。有一次，别名"帕蒂"的奥沙利文在巴黎骑自行车，车子的后座上绑着一个箱子，里面装着她的发报机。在一个铁道栅栏旁，她不得不停下，这时候，最让她恐惧的事情发生了，一辆坐满了盖世太保军官的车在她旁边停下，里面的人摇下窗户，问她车后面绑的箱子里装着什么。"她知道她一旦表现出犹豫或心慌就会立刻败露。于是，她露出了灿烂的笑容……说：'我这有一个无线电发射器，我要和伦敦联系，告诉他们关于你的一切……'"德国军官笑了笑说："你这么漂亮的姑娘应该不会做这种冒生命危险的蠢事儿。"随后他就开车走了。[20]

但事情并不总是这么容易。特别作战执行部的训练也往往没有人们想象中的严格，毕竟当时的目标是尽快把女线人送往巴黎。从一开始，特别作战执行部就顶着巨大的政治压力：以秘密情报服务处（SIS，也被称作军情六处）为首的其他情报机构与特别作战执行部及其非主流的工作方式就有冲突；另一方面，在伦敦支持戴高乐的各种组织也和特别作战执行部存在某种竞争关系。语言和外貌在招聘中显得至关重要，而性格和私人生活只是被考虑考虑。努尔只是接受了一次面试就被录取了。特别作战执行部的人事负责人塞尔温·杰普森认为努尔"可靠且自信"。1943年2月8日，二十九岁的努尔正式加入了特别作战执行部，成了急救护理志愿团的一员，并开始认真接受炸药处理方面的培训和体能训练。然而，她并不像薇拉那样灵活和善于运动。有人指出努尔"不适合跳跃"而且"非常害怕武器"[21]。没有人怀疑她的勇气，但她的考评师在报告中提到她"总是犯愚蠢的错误，总是主动透露太多信息"且"必须更谨慎"。显然他们对于努尔是否准备好了以及是否合适存有疑虑。有些人认为她太感性，太有异国情调且容易幻想，因此可能会是一个安全隐患。但也有人认为她是一个优秀的无线电操作员，可以派上用场。她的最终报告显示："她的个性不稳定，喜怒无常，她是否真的适合在这个领域工作非常值得怀疑。"[22]但特别作战执行部法国分部的负责人莫里斯·巴克马斯特（Maurice Buckmaster）相信努尔可以应付。莫里斯毕业于伊顿公学，此时，他必须大量地提供训练有素的情报人员。在关于努尔"不太深思熟虑"的评估上，他甚至批注道："我们不需要她多么深思熟虑。"[23]如果不是当时无线电操作员严重短缺，努尔很可能不会通过后续的审核。

由于其他培训过努尔的女线人一直表示怀疑，巴克马斯特的副手薇拉·阿特金斯（Vera Atkins）介入了。阿特金斯把努尔请到一个安静的餐厅里共进午餐，试图打消努尔的疑虑，告诉她如果此刻她决定退缩，没有人会知道，她也不必感到不好意思。不过努尔的态度很坚决，她唯一的牵挂就是她的母亲。

同样充满疑虑的还有年轻的天才密码学家利奥·马克斯（Leo Marks）。努尔还在伦敦的最后几个星期里与利奥熟识。特别作战执行部的女线人们当时使用一种特殊的密码系统来收发消息。这种密码基于她们熟记的一首诗歌。利奥总是担心这种密码太容易被破解。因为许多人使用的诗歌都是众所周知的，很容易被敌人猜到。因此，1943年12月，他给特别作战执行部的女线人维奥莱特·绍博（Violette Szabo）写了一首名为《我的生命》的诗歌。这首诗是利奥对他刚刚遇害的女友露丝的纪念，因此不为外人所知。尽管如此，如果被抓获并被严刑拷打，每个线人都有一个额外的保险措施，只要在真实的密码前加上一串只有伦敦方面知晓的虚假密码，这样伦敦方面在收到这样的密码信息时就会马上提高警惕。但是对于努尔来说，使用这样的虚假密码涉及欺骗抓捕她的人，毕竟这正是这串虚假密码的目的。当利奥和她商量此事时，努尔惊讶地说："说谎话？我犯得着这么做吗？"说谎违背了努尔的宗教信仰。她决定不使用虚假密码，如果被抓了，无论对方怎么做，她都不开口。

很明显，此时的利奥已经被美丽的努尔打动了。他担心努尔的这个决定会让她遭受不可想象的痛苦折磨。为了保护她，利奥给她安排了一套全新的密码，告诉她："你用这套密码不代表你说谎，因为只有你我两个人知道这个密码的存在。"努尔随即开始练习用新密码给利奥发送信息。利奥后来回忆道："我祈祷……她会重复之前犯过的所有错误，这样我就可以给她写一个糟糕的报告，她就不会被派去前线。"[24]但是，努尔却完美地使用了新密码，利奥不得不给巴克马斯特写了一份评价积极的报告。凭着这份报告，努尔被安排在下一个满月之日飞回法国。6月16日，薇拉·阿特金斯开车把努尔送到了苏塞克斯。就在努尔上飞机前的最后几分钟，薇拉从自己的衣服上摘下一枚银质小鸟胸针，把它别在了努尔的衣领上，对她说："这是一只小鸟，它会给你带来好运。"[25] 从此刻起，努尔化名让娜-玛丽·蕾妮耶（Jeanne-Marie Renier），职业是儿童护士。这个复杂的掩护身份是薇拉·阿特金斯亲自设计的。

夏天，努尔和薇拉·莉被送回巴黎。此时的巴黎，每天都上演着报复和逮捕。通敌者和卧底的告密信像洪水一样涌向盖世太保的办公室。盟军怀疑给纳粹警察打小报告、专门破坏特别作战执行部的行动的嫌疑人之一是维奥莱特·莫里斯。这名双性恋者和前运动员长得人高马大且常常身着男装，所以总是非常显眼。更显眼的是，她常常开着她的黑色雪铁龙轿车载着盖世太保或维希当局的官员从巴黎到戛纳或尼斯的居所。她仍住在塞纳河的船屋里，"经常在那里接待德国军官"[26]。虽然她已经把在巴黎的汽车零部件商店的所有权交给了德国空军，但她仍在帮德军打理商店，这意味着她有取之不尽的燃油和黑市商品。坐过她的车的人都知道她就是那个"传说中的维奥莱特"，那个20世纪20年代的赛车手。1943年，许多逮捕都与她有关。一些被送到弗雷讷监狱的犯人听到维奥莱特·莫里斯的名字都会心惊胆战。

伦敦方面很清楚，在这种险恶的局势下，被派到前线线人的平均寿命只有六个星期。努尔来到巴黎后十天不到，她效力的情报网络就被德军掌握，随后陷入完全的混乱。7月初，德军抓获了几百个法国线人。努尔和其他两名线人逃脱了这次抓捕,其中之一是四十多岁的商人弗朗斯·安泰尔姆(France Antelme),他似乎对努尔十分着迷。两人试图警告其他同事并设法隐藏,与此同时,德国人正在严刑拷打那些被抓获的线人,以期获得其他人的下落。弗朗西斯·苏迪尔(Francis Suttil)就是惨遭折磨的线人之一。他的别名叫普洛斯珀(Prosper),是一个有一半法国血统的律师。他被迫站了几天,无法进食、喝水或睡觉。由于他拒不交代,逮捕他的人无情地殴打了他,甚至打断了他的胳膊。伦敦方面建议线人们从比利牛斯山区逃跑,或者在8月满月之日等英国方面派莱赛德飞机来接。不过,努尔却被建议留在巴黎,低调行事,不要给伦敦发送任何消息,尽管她拼命地想要行使职责。在巴克马斯特看来,她对于法国分部在这次灾难后重生将起到重要作用。安泰尔姆7月下旬回到家中。他报告说,在离开前,他已经给努尔进行了力所能及的培训,并让她和亨利·德里古建立了联系。当时德里古正好需要一个无线电报收发员。但安泰尔姆显然也感到不安和焦虑,他认为他将努尔独自留在了严峻的险境。八九月份,伦敦终于收到了努尔的电报,其中有好消息,也有坏消息。她的士气似乎依旧高涨,但她在电报中无视了基本的安全措施:她没有给信息加密,用明码发送了电报。伦敦方面并不知道,此时努尔还严重违反了另一条安全规则:她把所有给特别作战执行部发送的电报都抄在了一个笔记本上。她在电报里感谢了薇拉·阿特金斯,说她送的小鸟胸针确实带来了好运。伦敦方面就此认为,努尔已经进入了工作状态。即便后来她被命令返回伦敦,她也迟迟不愿收手,一直等着薇拉·阿特金斯找一个合适的替代人选,而薇拉一直没有找到。

在被德军追捕的那个夏天,努尔曾住在一个女人家,这个女人后来被逮捕和驱逐。努尔通过这个女人认识了来自凡尔赛的马里耶一家。尽管如此,家里的小女儿雅克利娜·马里耶(Jacqueline Marié)一直到战争结束后听到努尔的故事时才意识到她的真正身份。战争爆发时,雅克利娜·马里耶只有十七岁,她有一种天然的抵抗冲动。此时,她已经开始制作反德宣传画,她和哥哥皮埃尔会把这些宣传画送到附近可靠的邻居家。很快,她开始分发更加成熟的抵抗宣传册,包括《空中来信》《基督徒的见证》以及《保卫法国》。"保卫法国"属于最重要的抵抗组织之一,该组织有自己的地下出版社。雅克利娜说:"我无法接受住在一个被占领的国家。"她们全家都以某种方式加入了抵抗活动,这是因为雅克利娜的祖父曾在"一战"中被关押在德国,从此一蹶不振。

"最可怕的事情之一是带着一袋子反纳粹传单走出地铁时看到法国或德国警察等在出口。有时候我们在地铁站里接到警告,因为一般搜查会持续两个多小时,我们会沿着漆黑的地铁隧道走到另一个出口。通常,三个地铁站里有两个是关闭的,所以我们得一直往前走。对于在巴黎的抵抗者来说,这稀松平常。每个人都在这么做。"雅克利娜·马里耶耸耸肩,口吻轻松地诉说着她的恐惧。从巴黎市中心回到凡尔赛的家中,雅克利娜·马里耶还会去附近的雷诺工厂散发传单。有时候德国人在巡逻,或者没能赶在宵禁前回家,她不得不绕路,或藏在建筑物里,或躲在大厅里。"至少你知道他们在走近,因为他们的平头钉子靴会在凡尔赛的鹅卵石街道上发出响声。"[27]

她的母亲马里耶夫人参与了最危险的工作之一——在家庭公寓里隐藏年轻人，让他们在那里收发电报。雅克利娜·马里耶后来说："我和我母亲从来没有讨论过各自的工作，尽管我们知道对方在做什么。我母亲也从来没有阻止过我。但我确实感到过恐惧。"[28] 除了发传单，雅克利娜·马里耶的工作还包括为收发电报寻找合适的地点。这个地点需要经常变化，因为德国人会开着带天线的货车到处转——侦测电报信号。

像雅克利娜·马里耶一样，当时还是个小女孩的热纳维耶芙·戴高乐也有一个哥哥。他们在1940年6月17日听到贝当将军"懦弱的投降"后就立马加入了抵抗组织。她解释道："生活中有些时刻是令人无法接受的，纳粹对我们国家的入侵就是这样一个时刻。我的父亲（戴高乐将军的哥哥）让我读过《我的奋斗》，所以我知道希特勒的学说。我必须做点什么，所以我到家附近的一座横跨维莱讷河的桥上，扯下了一面纳粹旗帜。"[29]

这是一个微小的抵抗行动，就像维沃·谢弗里永试图在贡比涅监狱的高墙外演奏小提琴，或者刚结婚的雅克利娜·达兰库每天早上宵禁一结束就和她那三个十几岁的妹妹一起撕掉街上的纳粹宣传海报。这样的行动很快引领着她们加入了其他抵抗行动。热纳维耶芙·戴高乐的哥哥罗杰成功地穿越了法国和西班牙的边境，到英国加入了自由法国军。热纳维耶芙·戴高乐在四岁时失去了母亲，从小她就学会了照顾自己。她想要和哥哥一样做点事情，于是从布列塔尼回到巴黎，化名加利亚（Galliard），为抵抗组织"保卫法国"

写稿。她还帮助过逃亡的人。这些人当中有许多想要经过西班牙或布列塔尼去伦敦投奔她叔叔的自由法国，有时她甚至会陪同这些人一起到边境。她搜集关于德军部署和装备的情报，还帮助传递了好几包假身份证件。

为了显得年轻，雅克利娜·马里耶穿上了白色短袜，把她的传单都藏在一个学生书包里。热纳维耶芙·戴高乐也曾说："我看上去大概只有十六岁，这是个优势。有一次，一个德国军官甚至提出帮我提箱子，他不知道那里面装着武器。还有一次，我在路边找了个男孩，假装我们是情侣并开始亲吻他，这让我看起来十分无辜。"[30]

但是，1943年7月20日，她的运气用光了。当时二十三岁的热纳维耶芙·戴高乐在波拿巴街的一家书店里被盖世太保抓获。此前，这个法国流亡领导人的侄女经常把假身份证送到那里。像其他人一样，她先是被关在弗雷讷监狱，然后又被送到拉文斯布吕克。接下来的几天，共有八十一人被逮捕，其中五十五人像热纳维耶芙·戴高乐一样，都是为"保卫法国"组织工作的年轻人。雅克利娜·马里耶还记得那个7月她感到的恐惧，各种抵抗组织的大量成员被抓获，其中包括她的熟人。但她还是继续小心地进行抵抗工作。除此之外别无他法。

随着盖世太保获取到越来越多抵抗者姓名和住址，逮捕的节奏也日益加快，整个法国弥漫着恐惧的情绪。那些从巴黎搬到马赛本以为已经安全的人此时发现自己又一次处在危险的境地，且无处可逃。他们不断地变换住址，特别是孩子们，需要不断地变换学校，他们感受着父母的恐惧，却可能在许多年里都无法表达他们的情绪。

出生在巴黎的克劳德·基兹曼（Claude Kiejman）说："这实在太沉重了。尽管你不知道具体发生着什么，你还是觉得非常恐惧且毫无办法。这会摧毁你。"[31]

奥黛特此时正在与来自科西嘉的社会主义者皮埃尔·费里－皮萨尼热恋中。她在协助他的抵抗活动时受到了启发，于是加入了越来越危险的行动中。她后来坦言，秘密行动就像是吸毒。她乐于抓住这个机会遇见那些平时在她的圈子里永远不会遇到的人。战后，奥黛特写到过她和皮埃尔的恋情，她承认，是当时极度危险的环境和不确定第二天会发生什么的未知感点燃了他们之间的激情。她的这段婚外情与她的抵抗活动相伴相生。尽管她后来坚称这段感情只是一段"战时情事"，她也承认："我们把这段感情推到了它的极限。我们非常清楚需要活在当下，未来充满威胁，我们中的一个很可能在胜利到来前死去。但我们也曾梦想并计划着我们的战后生活……我们如此相爱……我们对对方说这场荒谬的战争还是有点好处的，它让我们发现了彼此。"[32]

除了他们共同的爱国心和"强大的灵魂"，奥黛特和皮埃尔是截然相反的两个人。但战争却让两人放下了彼此的分歧。尽管他们尽力保持低调，但皮埃尔的同事都知道两人的恋情。1943年初，奥黛特参与了各种抵抗行动。不过，在此期间她把女儿玛丽－克劳德从维希接到了她在勒拉旺都租的房子里过假期，她希望能静静地和女儿过个复活节。但事与愿违，4月23日，她正准备和玛丽－克劳德看电影，却得知皮埃尔和他的一些同事被逮捕了。奥黛特告诉十二岁的女儿在电影院等她，她会尽快回来，然后就去警告"信箱"网络里的八个人他们很可能已经处于德军的监控下——这些勇敢的人同意用自家的信箱在英法之间收发信息。当她走到第八个人——一个煤炭商人那里时，盖世太保已经在那里等着她了。她一度尝试糊弄过去，说她可以改日再来，天气还算暖和，煤炭不是她的急需。但都无济于事，她被逮捕了，关押在当地的监狱。电影结束很久之后，玛丽-克劳德终于不再等待母亲。她走到一个朋友家，她父亲刚好在那里找她。

奥黛特在当地的监狱度过了两个月。她坚称她是政治犯，而不是犹太人。这为她赢得了作为雅利安人的特权——每天一小时的散步放风时间。她渴望告诉其他犹太囚犯她也是犹太人，但她不敢这么做，"因为我从事的活动超越了我个人的层面"[33]。囚犯们在监狱里放声歌唱《马赛曲》时，她发现皮埃尔也在同一监狱。让她欣喜的是，她和皮埃尔被分在同一批次送往巴黎。在三天的火车路途中，她和皮埃尔在同一节车厢。奥黛特写道："在这个伤心的情境中，我们度过了令人难忘的欢乐时刻，甚至可以说是幸福的时刻，虽然这个词可能令人震惊。"[34]

在弗雷讷监狱，奥黛特被关押在单人牢房，10月，她辗转到贡比涅监狱又一路被驱逐到拉文斯布吕克集中营。她并不知道，11月她的丈夫罗贝尔也被逮捕了。罗贝尔坚称他的妻子是一个天主教徒，从而避免了被立即驱逐到德朗西监狱的命运。德国人知道罗贝尔是古董商，有一定的专业知识，于是安排他到巴黎市区的一个监狱，地点就在之前的列维坦百货商店。在那里，罗贝尔的工作是整理德国人偷来的家具和艺术品。他的女儿后来说，当罗贝尔在那里看到自家的银质餐具时,他设法把它们掰弯,这样,德国人就没法使用这些餐具了。[35]

列维坦百货商店此前是一个知名的家具店,店主是犹太人。1943年7月,德军征用了该商店,用来整理、修理及包装偷来的物品。这样的仓库在巴黎还有许多,一个在奥斯德利兹火车站,一个在巴萨诺街的卡恩·德·安弗斯(Cahen d'Anvers)酒店,一个在贝西的码头,还有一个在火车站码头。位于市中心的列维坦百货商店是其中最知名的一个。在那里工作的囚犯往往能(起码是暂时地)逃避被驱逐到德朗西和奥斯维辛集中营的命运。他们基本都有某种特质,比如,是雅利安人的配偶,是战俘的妻子,或者只有"一半犹太血统"。这些偷来的物品,只有最优秀的会被送往德国。家具和小物件大多供纳粹军官拿去装饰自己的房子。高品质的艺术作品主要存放在国立网球场现代美术馆,德军在那里登记并储存了2万件从犹太人那里偷来的艺术品。剩下的则被送到东京宫和卢浮宫。

当然,我们无法估计有多少巴黎女人曾经从列维坦门前走过,或者又有多少人明知道里面发生着什么却仍然若无其事地像往常一样生活。恐惧让许多人连门都不敢出。然而就在此时,德国人发现,仍然有许多"优雅的人"穿梭在巴黎街头,赢得了男人们"和那些希望知道时尚的人怎么穿的女人的目光……她们用巧思保持着入时的穿着,给本该一片灰暗的日常生活带来了色彩"。[36]

○ ○ ○

"风信子"玛格丽特·凯利此时已经与犹太钢琴家马塞尔·莱博维奇完婚。她发现生活艰难,家里的食物永远不够吃。1940年,德国人逮捕了她,把她关押在贝桑松的拘留营。此时她已经有了一个孩子,还怀着第二胎。最终,有钱有势的爱尔兰临时驻法代办吉拉德·奥凯利(Gerald O'Kelly)爵士给她提供了证明她是爱尔兰天主教徒的文件,以此让她得以获释。在后来的几个月,这纸证明充分地显示了其宝贵价值。马塞尔·莱博维奇此时也决定不再给妻子添麻烦,离开巴黎去马赛。玛格丽特不愿意去女神游乐厅上班。她不喜欢那里的人对待她的犹太丈夫的态度,更不喜欢在那里占绝大多数的德国观众,这些人把逛夜总会视为巴黎生活的高潮。她成立了一个仅有十人的小舞团,在剧场的小舞台上表演。舞团里还有两个嫁给法国人的英国女人。尽管观众里没有德国人,但她的表演还是吸引来了很多黑市的商人。他们喜欢在觥筹交错间谈生意,同时也希望和舞团里的女孩们搭讪。显然,德国当局此时已经盯上了玛格丽特。有一次,她被邀请去面见德国军官费尔德曼上校,他希望她去柏林进行巡回演出。她勇敢地选择了拒绝,告诉他自己有英国护照,还有亲戚在和德国人打仗,"我一秒钟也没想过要给你的军队表演"[37]。

但很快,她听说马塞尔已经被捕,有人把他是犹太人这件事告诉了当局,他被关押在格尔营地。这座营地此时的功能就是关押即将被驱逐到德国的犹太人。玛格丽特被吓坏了,她担心自己作为马塞尔的妻子也将受到波及。很快，一天清早6点，她被两个法国警察和一个穿盖世太保制服的德国人叫醒，他们搜查了她的公寓。由于没有发现任何罪证，他们没有逮捕她。随后，玛格丽特又得到一条令她既兴奋又担心的消息：马塞尔成功地逃出了监狱，回到了巴黎。他的一个音乐家朋友和抵抗组织取得了联系，给马塞尔提供了假身份证和乔装打扮的衣服。接下来的两年半，玛格丽特作为一个单亲母亲，做着一份要求极高的工作，还要把她的犹太丈夫藏在公寓的阁楼里。一家人只能分享极少的食物，因为马塞尔没有配给卡。由于马塞尔不能外出，玛格丽特只能把阅读材料和手抄新闻送给他，连他的衣服也只能偷偷摸摸地洗。隐藏犹太人最重可以被判处死刑，而玛格丽特每天都为自己的丈夫冒着生命危险。

但在1943年夏天，玛格丽特再次被捕，被押送到福克大道84号接受审讯。这次，她怀着六个多月的身孕。盖世太保向她打听她丈夫的下落。她后来回忆说，她在审讯过程中听到德国人用英语问她丈夫是否希望见到他的孩子。她则通过翻译反问这名德国军官是否想见自己的孩子。用这种张狂的口气，她幸运地避免了谈论她怀孕的事情。如果受到质疑，她也准备好了答案：兵荒马乱的年代，德国人不该对一个女人的道德水平要求太高。她随后被释放。对此，她的解释是，她可以用十分令人信服的方式撒谎："我从来没有左顾右盼。我总是正视对方。"[①]10月22日，玛格丽特生下了她的第三个

[①] 这个版本是玛格丽特向她的传记作家乔治·佩里讲述的。她说审问她的是盖世太保。但福克大道84号是纳粹保安处的法国总部。由于这两个机构职责互补，所以玛格丽特可能把两者搞混了。盖世太保在巴黎的总部位于苏塞街11号。

孩子，是一个女孩。但是，马塞尔却无法看到这个新生儿。

当玛格丽特找不到食物的时候，她会去巴黎南郊的沃克雷松（Vaucresson）找弗雷德里克·阿普卡（Frédéric Apcar）。弗雷德里克此时是萨迪·里加尔的伴侣。此时，萨迪已改名叫弗洛朗斯。这个南非女子曾在贝桑松的拘留营里见过玛格丽特。1941年，萨迪获释返回巴黎，但被要求每天都到当地的警察局签到。一个从事抵抗活动的朋友把她从车站接到一家旅馆，还给她买了晚餐。后来，作为报答，萨迪帮他藏了一把左轮手枪。随后，萨迪重新回到塔巴林舞厅工作。起初，她每天晚上都睡在更衣室里，因为她没有晚间外出的许可证明，即便后来她获得了许可，也把它借出去帮助其他人。正是在塔巴林舞厅，萨迪遇到了弗雷德里克·阿普卡。他们先是一起设计了一出双人舞剧《弗洛朗斯和弗雷德里克》，随后又发展出了恋情。两人很快成了法国最知名的舞蹈团队。他们的恋情后来没能持续，但两人双双加入了一个非正式的抵抗组织，致力于帮助马塞尔·莱博维奇这样的犹太音乐家和艺术家。匈牙利出生的女舞者吉西·沃尔高（Gisy Varga）以在塔巴林舞厅跳裸舞出名。她曾帮助犹太医生吉尔贝·杜康（Gilbert Doukan）躲藏，两人曾因此发展出一段命运多舛的恋情。这是个充满激情的时期，没有人知道谁会在明天死去。萨迪不断变换公寓，同时为抵抗组织藏匿并运送武器。有时她还藏匿犹太人，并陪伴这些紧张的、身份证件不全的、逃亡中的犹太人从一个藏身之地转移到另一个藏身之地。她不知道其中大部分人的名字。

一回到巴黎，马塞尔就在萨迪的陪同下出门散步。武装士兵随时可能出现，他们尽力让自己看上去显得很放松。让那些躲藏中的人呼吸到新鲜空气——这大概是最危险却不可或缺的工作了。有一次，萨迪在家里藏了一对从集中营逃出来的犹太姐妹。有一天，她去警察局签到后，一个警察跟着她一起走到塞纳河边，两人在那里并肩站定俯瞰河流。警察说，他接到了萨迪房东的告密，很快就要去搜查她的公寓。一回家，萨迪就带着两个犹太女孩转移，把她们藏到一个修道院里。在路上，萨迪目睹了纳粹搜查孤儿院时残忍的一幕，犹太儿童被从楼上的窗户扔到街上。那对犹太姐妹最终逃到了法国南部，随后逃到了纽约。她们一直没有忘记她们的救命恩人。同一个警察在得知萨迪在家里藏着手枪后再次提前警告了她。

这一年，"弗洛朗斯和弗雷德里克"收到邀请，和歌手夏尔·特雷内（Charles Trénet）、伊迪丝·琵雅芙和莫里斯·舍瓦利耶一起去德国的法国战俘营表演。萨迪在朋友的建议下接受了这个邀请，否则会因此引起注意。德国人承诺，如果她去演出，就会释放五百名法国战俘。萨迪并不相信这个说法，但她还是利用这次演出尽了一份微小的努力（回程时，她的行李箱里装满了法国战俘们给亲人写的信件）。回程之前，法国艺术家们因为盟军的空袭而被困在了柏林。在防空洞里，法国音乐家开始演奏爵士乐，这引起了德国人的大讨论。琵雅芙、特雷内和舍瓦利耶都感到必须为德国观众表演。这些演出最终让他们被视为通敌者。

萨迪的决定清楚地表明，什么事情都不简单。1943年，特雷内在柏林面对法国战俘演唱了歌曲《温柔的法兰西》。他特别容易受到纳粹的迫害，因为他是个同性恋者。舍瓦利耶的妻子是罗马尼亚犹太演员妮塔·拉亚（Nita Raya），婚后两人住在戛纳附近一栋舒适的别墅里。1942年，拉亚为了保护她的父母把他们接到戛纳来同住。他们后来都幸存了下来，而这段婚姻却没能幸存。后来舍瓦利耶的名誉被几张他在柏林表演时的照片永远地玷污了，因为这些照片并没能显示他的观众全都是法国战俘。

伊迪丝·琵雅芙小时候的名字叫伊迪丝·乔万娜·加雄（Edith Giovanna Gassion）。根据巴黎美丽城一带的坊间传说，她的父亲是个贫穷的杂技演员，她的母亲是个歌手。琵雅芙一出生就被母亲遗弃，曾经有一段时间，她住在妓院，由妓女和老鸨照顾。表演和取悦男人是她学到的全部技能。十七岁时，她成为母亲，但她的女儿玛塞勒（Marcelle）两岁时就患脑膜炎去世了。她当时手头紧张，不得不和一个男人上床换取给女儿办葬礼的费用。1935年，伊迪丝被夜总会老板路易·勒普利（Louis Leplée）"发掘"。勒普利打扮并训练了她，并给她起了艺名"琵雅芙"——巴黎俚语中"麻雀"的意思，这符合她娇小的流浪儿般的形象。而与之形成鲜明对比的是她充满力量和戏剧性的声音。

占领期间，德国人经常光顾琵雅芙所在的夜总会和歌舞厅，她的演艺生涯也因此得到了大发展。她在德军的宣传部门注册，像其他的表演者一样把她的歌词报送给德军审查。琵雅芙有意地与喜欢她表演的纳粹军官保持着良好的关系。但她也用她的知名度来帮助有困难的朋友，并且愿意为这些朋友冒一些风险。她最有名的一首单曲名叫《手风琴手》（*L'Accordéoniste*）。这首歌最初由犹太音乐家米歇尔·埃默尔（Michel Emer）演绎，巴黎被占领后，他逃到了法国自由区，琵雅芙为他的逃亡支付了路费。她还帮助过犹太人钢琴家诺伯特·格兰茨伯格，两人一度成为情侣。1942年，琵雅芙已经具有足够的经济实力住进巴黎一处暖气十足的豪华套房。这套房子就在著名的克莱贝尔之星（L'Etoile de Kléber）夜总会附近，临近福克大道84号（纳粹党卫队保安处就是在这里严刑审讯囚犯）。房子的主人是比利夫人，她的真名叫艾琳·索科达托（Aline Soccodato）。这位妓院老板同时是一个抵抗者，她的秘书是一个名叫安德烈·比加尔（Andrée Bigard）的抵抗者。比加尔和伊迪丝·琵雅芙住在一起，名义上是要协助琵雅芙的工作。

不论观众席里是否有德国人，琵雅芙都唱遍了法国。但是，她最受争议的行为还是在德国的战俘营里的表演。尽管这可能是她发挥最大作用的时候。当然，琵雅芙去德国表演的行为让她更受德国占领者欢迎。德国人可以以她为例向世界宣称，法国艺人对德国的占领感到满意，他们的生活也"正常地继续着"。曾和琵雅芙同去德国的安德烈·比加尔则坚持为琵雅芙辩护。她表示，在一次巡演时，她曾有意和几十个囚犯一起拍照，抵抗组织根据这些照片制作了120个假身份证。琵雅芙在随后的一次访问表演时把这些假证件交给了那里的囚犯，帮他们逃跑。

巴黎文化的阳春白雪与下里巴人同时继续着。秋天，维沃·谢弗里永应邀到法兰西喜剧院参加表演。在剧院大堂，她碰巧发现一份官方文件敞开放着，上面有一个签名，证明这场表演已经通过了审查。她给同伴使了个眼色，意思是她认识这个签名，那正是巴黎警察局长阿曼迪·比西埃的签名。她太熟悉这个签名了，因为她经常需要伪造这个签名来制作假的身份证件。一名单独在场的男子注意到了维沃那个神秘而得意的表情,过了几天,他主动联系她,说他在里昂的抵抗组织里工作,希望维沃能给他做一个假身份证。维沃震惊了,她问他怎么知道她做这个。男子回答说,是她使的那个眼色出卖了她。几个月后,这个名叫居伊·德·布瓦松(Guy de Boysson)的男人成了维沃的丈夫。

演员贝亚特丽斯·布雷蒂一直记挂着法兰西喜剧院。不过此时,她正在"自愿流放"的路上,追随她的犹太情人乔治·曼德尔。他很可能成为战后法国的政治领袖。她相信陪伴曼德尔比其他任何事情都重要。1943 年,柏林席勒剧院的演员曾两次在法兰西喜剧院表演。这让她更感到厌恶:"无法忍受德国口音……渗透进莫里哀的散文里。"[38] 这些表演的邀请函发给了占领时期的精英阶层和其他有头有脸的人物。作家埃尔韦·伯特夫(Hervé Boterf)甚至把这些表演描述为"法德大联欢"。[39]

连续数月,布雷蒂紧跟着曼德尔,从一个监狱跟到另一个监狱。曼德尔一度被关押在比利牛斯山区的博塔雷(Portalet)小城堡。这座在悬崖中依山而建的 19 世纪监狱正对着西班牙边境。在那里,布雷蒂几乎每天都能给曼德尔送去她亲手做的饭菜,同时照顾曼德尔的女儿克劳德。布雷蒂会把有关戴高乐将军等人的消息藏在她蓬松的头发里,然后使尽表演才华逃过警卫的搜查。这对情侣甚至被允许在监狱的庭院里短暂地散步,这在当时简直不现实。曼德尔并没有被公开审判。抵抗组织没有来营救他,部分原因是抵抗人士害怕因此遭到无情的报复。另一方面,自由法国也没有设法营救曼德尔。布雷蒂认为，这是因为戴高乐不想让曼德尔去伦敦，否则丘吉尔就会转而听曼德尔的话。曼德尔的追随者也讨论了一些模糊的营救计划，以求帮助他越狱，但最终没能成行。任何要求曼德尔抓着绳子从高墙上爬下来的计划都难以实现，因为当时他的健康状况已经不允许。另一个计划则需要曼德尔和布雷蒂互换装束，让曼德尔出来，布雷蒂暂时在里面等着。但曼德尔这样的知名囚犯往往处在森严的监视下，这项计划难度也太大了。1943 年 4 月，曼德尔被短暂地送到柏林北部的奥拉宁堡监狱。在那里，他被单独监禁，但还可以写信。他给女儿克劳德写了一封凄美的信，试图向她传授他的人生哲学。当月下旬，他又被送到布痕瓦尔德集中营，不过他有一间和集中营分开的小牢房。他此前的政治对手莱昂·布鲁姆已经被关押在那里，并获准在狱中与珍妮·赖兴巴赫女士结婚并同住一室。布雷蒂得知此事后向费尔南·德·布里农要求以同样的方式与曼德尔成婚。曼德尔得知这个请求后回绝了。他不想让布雷蒂与他在寒冬里同受命运的摆弄。他能看书，还能见到布鲁姆夫妇，他们现在成了朋友。尽管他感到孤独无力，但还是试着相信他的痛苦即将随着盟军的胜利而很快结束。

1944 年 7 月，他从布痕瓦尔德集中营回到法国，被关在拉桑特监狱。他对布鲁姆夫妇说的最后一句话是："告诉贝亚特丽斯·布雷蒂和我女儿，我没有什么遗憾，我知道我做了对的事情。无论如何，她们不需要以我为耻。"[40]

○ ○ ○

在1943年那个疯狂的夏天里，巴黎国立网球场现代美术馆的管理员罗丝·瓦朗眼睁睁地看着纳粹焚毁了五六百幅"堕落"的画作，其中包括毕加索、米罗、莱热、厄内斯特等人的作品。纳粹指定的"专家组"认为这些画没有艺术价值或商业价值，它们消失在了杜乐丽花园的一个巨大的篝火中。7月23日，瓦朗在给她的老板雅克·乔加的信里写道："我没能救下任何东西。"除了频繁地通知老板事件进展，瓦朗确实也很难做些什么。[41]

德国通过宣传攻势维持着巴黎仍然蓬勃发展的幻象。美国富家女弗洛朗斯·古尔德继续参观德国审查后放行的各种艺术展览，充分地享受巴黎的文化生活，同时继续运营着她的沙龙。对她来说，1943年也是艰难的一年。3月，她从作家路易-费迪南·塞利纳（Louis-Ferdinand Céline）位于蒙马特的公寓离开时滑倒摔断了腿。她经常在法兰西喜剧院的女演员玛丽·贝尔（Marie Bell）的陪伴下去那里。据塞利纳战后描述，古尔德曾想买他的手稿，但他拒绝了，因为"不想欠美国百万富翁任何东西"。事故发生后，恩斯特·荣格尔继续来看望她，有时还和格哈德·海勒一起来。据海勒描述，古尔德曾经向他介绍她的朋友、在里昂为德国情报机构阿伯维尔工作的"帕特里克上校"[42]。他也许只是一个崇拜者，但古尔德当时可能真的需要高级别的保护。此时，关于她丈夫弗兰克·古尔德是否是犹太人的调查仍在进行。如果结果是肯定的，那么他面临的是逮捕和驱逐出境，他的财产也会被没收和雅利安化。弗兰克·古尔德曾交出洗礼证书来证明他是个新教徒，但直到3月份犹太问题全国委员会才有点不情愿地表示古尔德一家不是犹太人，他们的财产不能被雅利安化。[43] 尽管如此，德国人还是控制了古尔德家族在里维埃拉的酒店和赌场。理由是这些财产的业主此时已成为敌国公民。占领期间，古尔德家族的这些物业一直被德国人控制和经营。

10月，努尔和薇拉·莉这两个特别作战执行部的女线人都被逮捕了。努尔在逃跑过程中成功地给伦敦发送了二十几条消息，这些消息被全数出卖给了德国人。出卖她的可能是亨利·德里古，也可能是勒妮·加里（Renée Garry）。德里古是特别作战执行部的执行官，他曾是法国空军飞行员。伦敦方面怀疑他还是纳粹保安警队的双面间谍。而勒妮·加里是埃米尔·加里的妹妹。埃米尔曾是努尔的电影院情报网的组织者。据说，她收了10万法郎，出卖了努尔，原因是她觉得安泰尔姆不再爱她，转而喜欢努尔了，因此心生嫉妒。无论如何，1943年10月13日左右，努尔被押送到了福克大道84号的纳粹警察总部。

尽管特别作战执行部的培训师从一开始就对努尔温柔且不谙世事的性格表示过疑虑，但努尔在被捕时曾做过激烈的抵抗，甚至咬了来逮捕她的警官。从此，德国人把她视作一个非常危险的囚犯。她的审讯持续了一个多月，在此期间她曾两次尝试逃跑。巴黎纳粹警察总部的头子汉斯·基弗在战后会见薇拉·阿特金斯时曾表示，努尔没有给盖世太保任何信息，而且还能把谎话编圆。尽管努尔在审讯中没有透露任何信息，也拒绝交出暗号，但德国人已经查获了她的笔记本。本子里面有充足的信息，让德军能够假装努尔继续和英国方面发信，伦敦方面也没能识破。因此，后来伦敦方面派到法国的三个线人一经着陆就被抓获。其中包括来自里尔的玛德琳·达默蒙（Madeleine Damerment）。她是一个邮政员的孩子，在伦敦接受了特别作战执行部的线人训练。

11月27日，乔塞·德·尚布伦与好友阿尔莱蒂去法兰西喜剧院观看夜间大戏《缎子鞋》（*Le Soulier de Satin*）。这出戏由保罗·克劳德尔（Paul Claudel）执导，原版长达十一个小时，不过，在这一晚，它被缩短到四个小时。萨沙·吉特利打趣说："幸好这戏没有下半场。"阿尔莱蒂也抖机灵评论说现场观众"应有尽有：所有的上流社会、所有的抵抗者、所有的占领者"[44]。很明显，这句话言过其实了。同一天，努尔被送往德国"妥善关押"，消失得无迹可循，"像雾消失在夜色中"。两天前，她曾联合两个囚犯一起大胆地尝试越狱，尽管她逃出了监狱的铁栏，终究还是在监狱附近被抓捕。从那以后，她就必须戴着铁链子，长达十个月不能出门放风。

○ ○ ○

1943年的冬天寒冷刺骨。据一些亲历者说，那年的冬天比战争前几年的冬天都要寒冷，而且因为煤炭短缺，更是冻彻肌骨。12月，十岁的罗莎·里瓦拉克（Rosa Liwarrak）成了孤儿。她的母亲1933年生下她的时候就去世了。她的父亲和姐姐都藏在巴黎，9月他们也被逮捕了。被捕之前，她的父亲曾试图安排他的会计师照顾罗莎和她的哥哥，但这位会计师拒绝照顾罗莎的哥哥，因为他受过割礼。此时，罗莎的父亲为她留下的钱也所剩无几了。于是，罗莎被送上了从巴黎开向布列塔尼的最后一班民用列车，去和她年轻的继母一起住。这趟列车坐满了德国士兵，车顶上还标有卐字符号。列车刚过雷恩就被英军的炸弹袭击了，几百名乘客死亡。令人惊讶的是，罗莎幸存了下来。由于她看上去不像犹太人，一个德国士兵甚至开吉普车把她送到了她继母家。她的继母、出身于虔诚天主教家庭的宝琳·波依克（Pauline Bohic）看到罗莎时当即跪下并宣称这是一个奇迹：在她看来，罗莎获救全靠她对圣母玛利亚的祷告。几个小时后，罗莎在一个当地牧师的主导下皈依了天主教，一年后又去了当地修道院的天主教学校。多年后她说道，天主教让她感到安慰。"天主教教会对于孩子非常有吸引力。耶稣能原谅他人且充满同情。教堂里充满了可爱的歌曲、图片和雕塑，而不是禁令和规矩。"[45]如今，罗莎已经改了一个更动听的布列塔尼式的名字——罗丝·里瓦莱克（Rose Livarec）。

在德朗西监狱的改宗并没能帮助贝亚特丽斯·德·卡蒙多改变境况。她经常写信给她的母亲，她母亲则写信给一个中间人乔治·普拉德（Georges Prade），希望能通过他和让·吕谢尔取得联系。在这个阴暗的世界里，关系至关重要。让·吕谢尔为什么解决不了莱纳克一家的事情？真的没有斡旋的余地了吗？还是说，莱纳克一家注定要为之前享受过的安全感付出代价？1943年3月31日，法兰西学院的常任秘书乔治·迪阿梅尔（Georges Duhamel）请求费尔南·德·布里农宽大处理莱昂·莱纳克一家。德·布里农随后把这个请求转给了纳粹保安处的高级司令赫尔穆特·克诺亨（Helmut Knochen）。纳粹保安处随后回复道，德国当局认为莱昂·莱纳克是个"典型的张狂犹太人"，应该被立即驱逐出境，与此同时，贝亚特丽斯可以留在德朗西。她必须在监狱里做各种杂活，包括清洁地板、给蔬菜削皮。她的女儿范妮则被安排在医务室当护士。她的儿子贝特朗则做木工，他和父亲都在男性监狱，但并没有被关在一起。

音乐家玛丽亚·弗洛伊德曾是热尔梅娜·吕班的老师。1943年2月11日，六十七岁的弗洛伊德在她位于巴黎的公寓里被捕，随后被关押在德朗西监狱。在此期间，她结识了莱纳克一家，并在后来高度评价了这尊贵的一家人。1943年3月21日，在钢琴家阿尔弗雷德·科尔托的帮助下，弗洛伊德被转移到了罗特席尔德医院。但即便是科尔托也没法让她获释。罗特席尔德医院的一位大夫给了弗洛伊德第二次逃生的机会。他在逃跑时机成熟时提醒了她。就这样，7月里的一天，她从一个无人看守的门逃了出来。当时她没有穿大衣，也没戴手套（1943年一整年，这样的穿着打扮都显得可疑）。此后她一直东躲西藏，就这样幸存了下来。①

11月中旬，莱昂·莱纳克一家的事情已经没有任何谈判余地了。莱昂·莱纳克和其他四十来个囚犯一起试图从德朗西监狱挖出一条1.2米高、0.6米宽的逃生隧道。这些囚犯使用改造监狱的设备，在阿洛伊斯·布伦纳和他的突击队不在监狱的时间（他们当时去尼

---

① 她的藏身之所之一是蒙特福特–拉姆利附近的一个森林木屋。在那里，她完成了一本日记，她从罗特席尔德医院就开始写这本日记。后来，她儿子多达·康拉德（Doda Conrad）在为自己的自传整理文书时发现了这本日记。

斯及其附近地区抓犹太人去了）进行挖掘。1943年11月9日，还没等这些囚犯逃跑，德国人就发现了这条隧道，结果参与挖掘的囚犯都被严惩了。莱纳克及两个孩子——范妮、贝特朗被带到了博比尼火车站，11月17日，作为第62批转移人员，他们被送到了奥斯维辛集中营。令人匪夷所思的是，德朗西的当地居民并不知道大量的囚犯被源源不断地送到这里。每一天都有人被捕，数以千计的囚犯被送到博比尼火车站。同样不可思议的是，根据1943年一张德朗西监狱的日程表，此时仍留在监狱的贝亚特丽斯正在"准备婴儿食品"①。她不知道这是她看到自己的孩子的最后机会。人们不知道她是否曾与她的孩子们道别，也不知道她是怎么维持求生的意志的。

这一年，《飘》的法语版刚刚在法国出版，许多女人在火车上读这本书。德鲁·塔蒂埃注意到，她们经常在读到美国内战的艰难困境时落泪，书中的故事似乎在诉说着她们眼下的困境。"这些列车上的人都很寒酸。而且，由于肥皂极度短缺，火车车厢里的气味熏人。"此时，在法国的某些圈子里，寒酸的穿着成了新的时髦。一些女性决定穿长裤，尤其是当她们需要骑自行车的时候，因为长裤又暖和又舒服。如果她们的丈夫成了战俘或战死，穿上他们的裤子既经济实惠，又满足了某种情感需求——尽管维希政府宣布裤子是男性穿着，并谴责那些穿裤子的女人道德沦丧。在德鲁·塔蒂埃

---

① 在1943年6月26日的日程表里，德国人用整齐的字迹写下一些犹太人的姓氏：李维、卡斯里尔、德雷福斯、施瓦伯、纳森等，并给他们分配了各种工作，包括做面包、种蔬菜、刷油漆、做卫生等。这种秩序感，以及纳粹对犹太人的想法（犹太人就应该做这些杂活）令人毛骨悚然。

看来,"只有通敌者才能买得起好衣服"[46]。就像科莱特所写的那样,大部分普通的巴黎女人成了"抢救行家、家政奇迹制造者和日常生活的大师"[47]。

第六章

1944（1—6月）：巴黎在等待

1944年1月17日晚上8点半左右，空袭警报响彻巴黎。在玛丽·路易斯诊所，警报响得尤为震耳欲聋。这家诊所位于直通皮加勒广场的马提尔街，占领期间，周边的夜总会和妓院生意比战前更加兴隆。此时，空袭警报和街上人群的哭喊声淹没了诊所一个新生儿的啼哭声，这是二十三岁的单亲妈妈马德莱娜·阿迪（Madeleine Hardy）在空袭期间刚刚生下的女婴。

马德莱娜是个穷会计，此前刚刚做过流产手术，但这一次她下定决心要把孩子生下来。孩子的父亲是个有妇之夫，马德莱娜知道他不会离开他的妻子，而马德莱娜也并不深爱这个男人。他比马德莱娜大二十岁，在计算器行业做经理，生活富足安定。他疯狂地爱着美如雕塑的马德莱娜和她的自由精神，并为她在奥马尔街租了一套两室小公寓。孩子出生后，他继续来看望她和女儿弗朗索瓦丝（Françoise）。这并没有让马德莱娜感到不悦。几个月后，马德莱娜又怀上了他的孩子。但这一次，眼看着战争的终点遥遥无期且城市里物资日渐稀缺，他退缩了，他不想和这个孩子有任何关系。意志强大的马德莱娜决定把孩子生下来。1945年7月,她迎来了第二个女儿米谢勒(Michèle)。她请母亲来帮忙带孩子,自己则重新开始工作。她的长女继承了母亲的姓氏——弗朗索瓦丝·阿迪(Françoise Hardy),后来成了法国20世纪60年代最受欢迎的流行歌手。她对她父亲不顾家的做派嗤之以鼻。

1944年大部分时候,巴黎是个危险的地方。只要德国人还在,宵禁就仍然有效。一天晚上,马德莱娜的情人来不及在宵禁之前赶回家,于是想要借宿在马德莱娜的公寓。马德莱娜拒绝给他开门,即便是他在付公寓的租金。马德莱娜怀疑他和其他女人有染。最终,他找了一个落脚的地方。对于盖世太保来说,这样的行为是不可原谅的。那几个月里,盖世太保不断激化紧张的局势。眼看着战争的局势扭转,盖世太保开始大肆抓人,几乎不需要任何理由。一年之前,德军在斯大林格勒惨败,此时,苏军正在东线推进。而盟军也在北非战场的胜利后开始在意大利南部追击德军,积极准备登陆欧洲。在巴黎,抵抗者也更加大胆。有一次,他们和德军在巴黎的街头交火,马德莱娜刚好路过,她俯身抱住婴儿推车,试图保护孩子。

随着逮捕疯狂加速,德国人也需要把囚犯从巴黎转移到其他营地。犹太人,不论男女,大多通过德朗西监狱中转后被送到了奥斯维辛集中营。但此时的德朗西监狱也已经爆满。更可悲的是,由于德国占领当局阻拦了红十字会的救援物资,法国以色列人总联盟被迫接管了改善犹太人饮食居住条件的任务。这种和德国当局合作的行为也让以色列人总联盟背上了纳粹同伙的罪名。事实上,以色列人总联盟从未准备过驱逐名单,也确实为法国的犹太人提供了一系列服务。但正是因此,它掌握着许多犹太人的下落,还把犹太儿童安排到德国当局认可的家庭——这些都让当局更容易开展灾难性的逮捕行动。以色列人总联盟的领导们面临着一个恐怖的困境:如果他们拒绝为有需要的犹太人提供诸如毯子、鞋子等基本物资,这些犹太人就必须往东部国家去,在那里他们的生存环境更严峻,注定会遭到种族灭绝。他们相信已经无从选择,必须面对现实。

截至1944年3月,贝亚特丽斯·莱纳克已经在德朗西监狱待了16个月。德国当局终于决定让她随第69批被驱逐人员一起去往奥斯维辛集中营。她在那里又生活了10个月,最终在1945年1月4日离世,当时距离奥斯维辛集中营解放只差两个星期。她的母亲伊莱娜终究没能救下女儿。战后,她继承了卡蒙多家族余下的财产,把它们全部用在法国里维埃拉的赌场。1963年,伊莱娜离世,享年九十一岁。贝亚特丽斯的父亲捐给法国政府的漂亮房子如今成了她的纪念地——这是卡蒙多家族留存于世的唯一财产。

埃莱娜·贝尔最初就职于法国以色列人总联盟的办公室,此时,她越来越关心犹太儿童的救助工作,不管这会让她付出多大代价。她开始越来越多地为那些非法或秘密的网络服务,这些网络往往会把犹太儿童从孤儿院和官方寄养家庭中偷偷带出来,送到巴黎之外的农场、村庄或其他安全的地方。这些网络包括第一次大战前夕在俄罗斯成立的致力于帮助贫困犹太人的儿童救济组织(OSE),以及在法以色列人互助组织(EFI)。其中一些组织在以色列人总联盟的框架下运转,另一些则与非犹太组织相关。但这些组织的问题是,它们仍在法律的范围运作,因此非常容易被识别为犹太人机构。埃莱娜清楚以色列人总联盟已经处于德国的掌控之下,且掌握着大量的犹太人名单,这将给她的工作染上通敌的污点。尽管如此,在强大的道德感的驱使下,埃莱娜·贝尔仍然认为努力把孩子救出集中营比个人顾忌更重要。这是她所能做的最重要的事情。1943年7月底,以色列人总联盟的办公室也被查抄,为该组织工作的46名员工被驱逐到奥斯维辛集中营。埃莱娜·贝尔加倍努力,甚至主动去德朗西监狱帮忙给孩子喂奶,尽力改善那里的儿童生活条件,每次一去就是两星期。历史学家大卫·贝罗(David Bellos)总结道:"在法国居住的犹太人有三分之一都被驱逐和杀害……但只有十分之一的犹太儿童在德国占领的这些年里丧生。这很大程度上依赖着埃莱娜·贝尔这样的人的勇敢和机智,以及那些善良慷慨的法国好心人组成的庞大的藏匿犹太儿童的网络。"[1] 尽管如此,还是有11400名法国儿童因此丧生。

1944年3月8日,埃莱娜·贝尔和她的父母在家中被捕。埃莱娜·贝尔此前经常去管家安德烈·巴迪奥(Andrée Bardiau)的家里,一页一页、一节一节地把她的日记留给管家代为保管。贝尔常常对女儿说:"这样的事情一定要记录下来,让后人记得。"埃莱娜·贝尔在被带走前写了一个便条,随后便辗转德朗西监狱被送到奥斯维辛集中营。她父母在被送去几周后就被杀害了。她在奥斯维辛集中营生活了八个月,后来被送到贝尔根-贝尔森集中营,在那里,她染上了伤寒。由于身体太虚弱,1945年4月,她被殴打致死。五天后,英军解放了这座集中营。

女性政治犯往往在弗雷讷监狱或条件略好的罗曼维尔监狱停留

数月,随后被驱逐到德国的集中营——这是令人谈之色变的命运场所。1943年,大量女性被占领当局抓捕,其中包括奥黛特·法比尤斯、丹尼丝·迪富尼耶、热纳维耶芙·戴高乐和雅克利娜·达兰库。1944年,她们从巴黎前往拉文斯布吕克集中营时并不知道那里的状况。这是一个专为女性囚犯设置的集中营,距柏林97公里。战争爆发以来,来自不同国家的女囚,不管是耶和华见证会的成员还是"反社会分子"都被关押在这里。抵达拉文斯布吕克之前,她们已经知道要做好面对残酷现实的准备。没人知道自己能否幸存。由于拉文斯布吕克名义上是一个"工作营",有些人认为她们至少可以在露天环境做苦力活,总比在弗雷讷监狱被关禁闭好。这些已经很虚弱的女人在巴黎东郊的小城铁站潘丁集结。德国当局也用这个车站中转他们抢劫的东西。这些女人,无论是伯爵夫人还是妓女,或是律师、教师和夜总会舞娘,此时都被以六十人为单位塞进开往东北方向的货运车,拥挤在一起抵达拉文斯布吕克。伯爵夫人们对妓女们唯恐避之不及。这些妓女往往因给盖世太保传染了性病而被捕。[2] 这些女人此时还穿着自己的衣服,有的还被允许带行李,里面装着她们的家人设法送进巴黎监狱的各种奢侈品,比如粉饼盒、古龙水、香肠和奶酪。这些人此前曾试图把需要的物品写在一张纸条上,然后扔出监狱,希望她们的家人能把这些东西送进监狱。神奇的是,她们几乎总能如愿以偿。但是对于大多数人来说,通往拉文斯布吕克的旅程意味着至少三天四夜没有食物和水,车里只有一个污水四溢的厕所。当列车到达弗尔斯腾贝格(Fürstenberg),德国警卫打开车门,挥舞着警棍高喊:"快,快,五人一组,你们这些肮脏的猪。"下车后,这些饥寒交迫的女人还要步行穿过积雪的松树林才能抵达拉文斯布吕克集中营。能支撑她们的唯有一个信念——盟军即将登陆,战争将很快结束。丹尼丝·迪富尼耶看到一个挥舞着马鞭赶她们下车的德国军官,"他不敢直视我们的眼睛,害怕看到我们眼里胜利在望的信心"[3]。

这些女人抵达集中营后通常会被羞辱性地剥光衣服、剃光头,赤裸地站立几个小时,且被没收所有个人财产。但在此之前,她们要接受其他囚犯的检阅——这些半饥饿的动物仿佛来自另一个星球,与之相比,法国女人们依然昂首挺胸充满自信。有些人抵达集中营时还穿着滑雪服装、呢子大衣甚或皮草,有的不肯吃配给的食物,因为她们认为吃了会中毒。有一个法国女人就在吃了难以消化的生甘蓝或大头菜后产生了严重的胃痉挛。也有人试图嘲笑她们目睹的疯狂现实。每个牢房都有一个头子(blockova),她们由纳粹从囚犯内部选定,但她们并不总是残酷的纳粹帮凶。一位波兰牢房头子回忆道,有一次,海因里希·希姆莱(Heinrich Himmler)马上要来营地视察,"整个集中营里的人都在颤抖,只有你们法国人还在笑"[4]。波兰、俄罗斯女人早在 1943 年末和 1944 年初就已经被关押在这里,并且也适应了纳粹当局的野蛮压迫,而此时法国女囚才开始大量抵达。老犯人把最累的活留给法国囚犯。因此,法国女人遭受着双重压迫——一方面来自纳粹,另一方面来自其他囚犯。而且,法国女人似乎不如波兰和俄罗斯女人那样壮实,后者"在更长的时间保持住了体重、气色和明亮欢快的原始力量"[5]。

热纳维耶芙·戴高乐、丹尼丝·迪富尼耶和特别作战执行部线人塞西莉·勒福尔（Cecily Lefort）同期抵达拉文斯布吕克。勒福尔嫁给了一个法国医生，曾和努尔并肩战斗。热纳维耶芙回想起她刚到达拉文斯布吕克时的感受："当我在弗雷讷监狱时，有时还能看到一缕阳光，或得到一些回应。当我们走进拉文斯布吕克，仿佛上帝已经被关在了外面。在那里的女人，有的已经生活了两年，她们就像活着的僵尸，面无表情。在手电的照耀下，我们看到许多女人背着沉重的箱子。我还没看到她们孱弱的身躯或剃光的头，就已经被她们的脸深深地震惊了。"[6]

这些女人的身体同样震撼了热纳维耶芙，尤其是七十四名原本身体健康、年轻的波兰女性，她们被称为"小白兔"，其中一位只有十四岁。这些人被纳粹的医生用来做活体医学实验，每个人都做过六项手术，包括破坏或切除腿部肌肉或者骨骼。医生蓄意用细菌感染她们的伤口，他们援引令人作呕的"理由"——为战场上的伤员寻找治愈方法。拉文斯布吕克集中营的人们都不会忘记这些年轻、勇敢且备受痛苦的"小白兔"一瘸一拐走路的场景，以及纳粹是出于何其恶毒的原因让她们继续活着。

热纳维耶芙此时已经是 27372 号囚犯。她意识到自己的身体正在被摧毁，想要活下去必须靠强大的内心力量。"我十分确定，比死亡更糟糕的是灵魂的毁灭——而这正是集中营的目的。"她下定决心，如果她忍下来了，她会用余生告诉世人她的经历。此前的生活里，她从来没有准备好在拉文斯布吕克做苦力——每天 12 个小时，穿着单薄的衣服，砸碎巨石铺路。随后发生的事情更糟糕，她被派去做更艰苦的工作。在此期间，她目睹了殴打和折磨以及她的朋友在夜里疲惫地死去。她本人也被故意撞倒在地,野蛮地拳打脚踢。她患上了胸膜炎、坏血病疮和眼角膜溃疡,但得不到治疗。眼看着身体日渐虚弱,热纳维耶芙相信死亡很快就会到来。就像监狱里的其他人一样,1944年,热纳维耶芙相信德国会战败,但不知道具体什么时候。为了活到那个时候,朋友的支持不可或缺。10月25日是热纳维耶芙的生日,这些朋友把她们能搜集来的所有面包屑都聚集在一起,混上一些配给的类似于果酱的黏稠物质,就这样做了一个蛋糕,再用树枝做蜡烛点缀。

此时,希姆莱已经意识到热纳维耶芙是戴高乐将军的侄女,因此有巨大的利用价值。他还错误地以为特别作战执行部的女线人奥黛特·桑瑟姆(Odette Sansom)是温斯顿·丘吉尔的亲戚。奥黛特·桑瑟姆于1943年4月被捕,为了自保,她谎称她的先生,以及和她一起被捕的英国线人彼得·丘吉尔是英国首相的侄子。此前,奥黛特是彼得的送信员,两人正在热恋中。伦敦方面认为,正是这段恋情让两人在安全方面掉以轻心,最终被捕。[①] 此时,希姆莱希望两人都能得到特殊待遇,尽快恢复健康,以便在日后成为与英国讨价还价的筹码。

10月3日收工后,精疲力竭的热纳维耶芙被叫到集中营负责人弗里茨·祖伦(Fritz Suhren)的办公室。弗里茨问她过得怎么样,她回答:"你也看得出来,我病得不轻。"[7] 他告诉她,她将被转移到另一个牢房,做相对轻松的医务室工作,而不必像现在在户外做重

---

① 这对情侣在战后1947年结婚,1956年离婚。

劳力。热纳维耶芙抗议说她不想和朋友们分开。弗里茨告诉她,这是命令。随后,她在特权"样板牢房"里住了几个星期,这是展示给稀罕的来客看的地方。在那里,她有自己的床垫、一条蓝白条相间的羽绒被、毛巾以及一套干净的集中营囚服,其中包括一件夹克衫和一条围巾。她在医务室给坏血病疮做了消毒。最重要的是,她惊喜地收到了一些维生素。月底,她再次被转移到一个拉文斯布吕克的单人牢房。在这里,她也被告知这不是要惩罚她。很快,她收到了一个装满药品的包裹,里面还有至关重要的钙片。她并没有恢复健康,但已经不再相信自己会马上死去了。

在热纳维耶芙抵达拉文斯布吕克的几个月后,雅克利娜·达兰库也在一个午夜被送到这里,她在冰天雪地里站了一夜,冻得僵直,直到天亮。"第二天,我们在男女狱警的要求下脱光衣服。对我们来说,这是第一次,我们被剥夺了一切和个人生活有关的物品:服装、结婚戒指、书籍,甚至是诸如信件、照片之类我们之前能够保留的最简单的纪念品——一切都被没收了。我们的头发被随机地剃光。随后,我们赤身裸体地挤在一起,不论老少,一个挨着一个地走到澡堂洗澡。在穿上条纹浴衣之前,我们只能努力不去看彼此。随后,我们必须用德语记住自己的囚号,这个号码也缝在我们的袖子上。我们不再有名字,我成了35243号囚犯。这个号码上还缝了一个红三角,这表明我们是'政治犯'。此时,我们已经一无所有了。我们先在隔离牢房被关押了三周。在那里,每天凌晨3点半起床,在寒冷的黎明接受几个小时的点名,不论下雨下雪还是刮风。然后警笛响起,这标志着这个痛苦的过程终于结束了。我们回到牢房,那里空间太小了,我们都很难坐下来。"

最终,雅克利娜·达兰库遇到了热纳维耶芙·戴高乐,接下来的几个星期,两人共享同一个草席,尽可能地鼓舞对方,直到热纳维耶芙被送到集中营里的隔离牢房享受特殊待遇。"我们下定决心要帮助对方,并由此找到了反抗的力量。"[8]

○ ○ ○

对于大多数囚犯来说,女性之间的团结至关重要,三五成群的小团体是最佳组合方式。但奥黛特·法比尤斯却没有心思这样做。此时的她已经是德国人眼中的"危险恐怖分子"。她一边挂念着女儿玛丽-克劳德,一边念念不忘1月底她在贡比涅监狱与情人皮埃尔·费里-皮萨尼度过的最后半小时。皮埃尔告诉她,他从不怀疑,在这些折磨和煎熬后,"我们会再次遇到对方,我们会一起过完余生,'当两个人有幸遇到彼此,在一起就成了他们的神圣职责,即便这可能对他人造成伤害'"[9]。随后,他们互换信物后道别。奥黛特不知道的是,皮埃尔被送到马格德堡盐矿做苦工,但很少有人能在那里幸存下来。如果她知道,两人分别时那份"点亮了后来的黑暗岁月"的记忆可能不会带给她相同的慰藉。

1944年8月,巴黎解放的传言在拉文斯布吕克流传开来,并很快得到证实。奥黛特这个"抑制不住的乐观主义者"终于坐不住了,她要越狱。盟军在弗尔斯腾贝格附近展开轰炸后,她设法加入了一个专门清理废墟的工作小组,用四个面包的配给名额和一个集中营的囚犯换来了"平民"便服，找了一个会说德语的狱友，准备一起越狱。一天正午，当警卫正在晒太阳午休时，她们抓住机会逃跑了。奥黛特知道，德军很快就会来追捕她们，于是她们决定分开逃跑，穿过树林，逃向柏林的方向。奥黛特奔跑了三天三夜后来到一个检查站。警卫要求她出示身份证件，但她没有。她试图糊弄过去，但被认了出来并立即带回拉文斯布吕克。她被脱光衣服绑在桌子上，鞭子在她的背上足足抽了五十下。随后，她被赤身裸体地送到一个没有床铺的牢房里，六天六夜水米未进。她的狱友怀疑她可能会马上死掉。[10]此外，集中营里所有的法国女性都因此遭到了处罚：她们奉命高举双手在锋利粗糙的水泥熟料上跪了24小时。一些女性认为，在集中营里抵抗的代价过于高昂，因此选择了妥协，虽然这意味着在德国工厂的工作，那也不能算是通敌。

热纳维耶芙·戴高乐坚定的信仰帮助她渡过了这些两难困境。这并不是唯一的方法，但足够不同寻常，令其他的幸存者记忆犹新。1944年2月，雅克利娜·马里耶在巴黎被捕。当年晚些时候，她和母亲一起被送到拉文斯布吕克。她记得热纳维耶芙·戴高乐有"极其深刻的信仰……那是她生命的本质，尽管她好胜且脾气火暴，但她绝不是一个政治动物"[11]。雅克利娜·马里耶必须保持坚强，因为她要照顾自己的母亲。与她情况类似的是三十六岁的人类学家热尔梅娜·狄戎。热尔梅娜下定决心要记录她看到的一切，因为她知道战后世人可能很难相信这里发生了什么。同时，她深深地为母亲的生死感到忧心。她的母亲、艺术史学家埃米莉·狄戎1944年初被送到了拉文斯布吕克。热尔梅娜的许多朋友都不断地试图保护埃米莉，毕竟老年人更难以在集中营的恶劣条件下生存。德国急于把那些头发灰白、四肢浮肿或有皱纹的人送进毒气室，因为德国人认为这些人没有体力在寒冷潮湿的天气里建设机场跑道，或者在军火工厂做完10个小时的工作后走回集中营。每当德军来进行筛选，总有一个年轻女人，通常是阿尼斯·吉拉德（Anise Girard）帮助埃米莉·狄戎躲藏。一些女人还会一起到有影响力的牢房头子那里求情，让她从名单上删去埃米莉·狄戎的名字。这个办法持续奏效了数月，但越来越难以为继。

拉文斯布吕克是人间地狱，但不是每个人都能诉诸宗教作为力量的源泉。有些人使尽浑身解数，包括性交易，只是为了存活下去。安妮·史波里（Anne Spoerry）就是通过可疑的行为幸存的。这个年轻富有的女人是瑞士人的后裔，但出生在法国。战争爆发时，她正在巴黎学医。史波里来自阿尔萨斯的一个新教徒家庭，家族在从事纺织品生意而累积了财富。她能讲三种语言，还在伦敦著名的弗朗西斯·霍兰德（Francis Holland）学校上过两年学，随后开始学医。1940年，她看到德军坦克开进巴黎时心生厌恶，很快就加入了抵抗组织。她的弟弟弗朗索瓦已经在法国南部非占领区为抵抗组织工作，她相信自己可以在巴黎开展抵抗行动，帮助英国人。1943年3月，她在被人出卖后被捕，在弗雷讷监狱待了几个月后，在1944年1月来到了拉文斯布吕克。

史波里个子不高，留着棕色短发。她被分配到10号牢房。这座牢房的头子名叫卡门·莫里（Carmen Mory），是出了名地厉害、残酷且毫无信用。很难解释是怎样扭曲的逻辑让莫里这样的人在集中营里呼风唤雨。她是瑞士人，曾住在柏林，后来她被盖世太保送到巴黎做间谍。1940年，她以拙劣的手法谋杀了一家报社的编辑，事发后被法国警方抓获，随后，她答应为法国做间谍，从而获释。1941年2月，德国方面发现了莫里双面间谍的身份，随即将她送到了拉文斯布吕克。驻营医生佩尔西·特里特（Percy Treite）认识莫里的父亲，因此对莫里照顾有加。史波里到达拉文斯布吕克之前很可能已经遭到了殴打和强奸，因此变得特别脆弱。战后，好几个女人在出庭做证时表示，莫里很快成了史波里的朋友、保护者和同性恋人。拉文斯布吕克10号牢房最后的幸存者之一名叫路易斯·德·博尔兹（Louise de Porz，别名露露［Loulou］），是一个来自波尔多的结核病专家。她深深地反感莫里的行为及其对特里特的崇拜。她回忆道："莫里曾私藏一些本该分发的药品……把所有的食物都留给自己……安妮·史波里是卡门·莫里的奴隶，她一定被吓坏了。"[12]

史波里很快改名克劳德（Claude），有时自称"克劳德医生"。对于路易斯·德·博尔兹来说，最令人震惊和无法原谅的是，史波里作为一个医生还能做出某些暴行。德·博尔兹记得，当时在精神病患牢房里，有一个波兰女人声音很美，她"日以继夜地唱歌，一首接着一首"，这激怒了莫里。"我记得她先是要求……主管护士批准杀死这个犯人，"随后德·博尔兹拒绝向这个犯人注射致命药物，"克劳德……拿着注射器。是的，她没有犹豫……我傻眼了。这对我来说是一个新发现——一个医生或者有志行医的人竟然可以故意杀死一个病人……我只能认为她是担心遭到报复所以才这么做。"[13]

才华出众的艺术家维奥莱特·勒科克此时也在 10 号牢房。作为法国红十字会的护士,她在战争之初就加入了抵抗组织。和许多人一样,在来到拉文斯布吕克之前,她已经在弗雷讷的禁闭牢房停留了一年之久。她也被莫里和史波里的行为吓坏了:"卡门·莫里是一个恐怖的女人,而那个小姑娘一直跟着她……她们是一对同性恋人。克劳德医生会做莫里让她做的任何事情。"有一次,她们给一个驼背女人注射了致命药物。还有一次,她们俩把一个正在进行术后恢复的波兰女人"拽到厕所里殴打,往她身上泼冷水——这导致了她的死亡"[14]。随着盟军大举推进,1944 年底,莫里被转移到另一个不太知名的集中营,再也没有见过史波里。史波里则被转移到了 6 号牢房,她恢复了真实姓名"安妮",并试图以高尚的方式行事。这也许是因为她知道战争即将结束,也许是因为这个本性高尚的女人终于逃脱了强大而恶毒的莫里的魔掌。在这里,她尝试救治伤寒和痢疾的病人,而不是给她们执行注射死刑。也正是在这里,她遇到了奥黛特·法比尤斯,奥黛特后来做证说,史波里曾经在关键时刻帮她在病床上隐藏了三个月,救了她一命。还有人做证说,史波里打开了毒气室的后窗,连推带拉,帮助六个生病的匈牙利犹太人逃过一劫。但是,没有人能保证史波里在这最后几个月的回心转意,能让她于战后在巴黎参加她盼望已久的医学考试。

在拉文斯布吕克,就像在日常生活中,有的女人会偷别人的面包和背叛他人,也有的女人会相互支持。不同的小团体之间也会产生分歧:谁无私地分享了食物,谁一点都没减体重,谁又无法鼓起勇气面对困境——通常这是因为她们此前的生活过于优渥,不缺财富和特权。8月底抵达的这拨巴黎女人中,有的人穿着"不知道怎么搞到的可笑的礼服"[15]。一个女人戴着爱马仕的丝巾,另一个带着粉饼盒。她们有办法在洗澡的时候把这些东西带进集中营里。但最重要的是,这些女性散布了令人振奋的消息——巴黎已经解放。那些后来幸存下来的法国人对当时的欢乐记忆犹新。丹尼丝·迪富尼耶后来写道:"这就好像我们的前世悄悄地进入了集中营,到处弥漫着一种法国的气息。"[16]

1944年夏天,从巴黎抵达拉文斯布吕克的时髦女性之一是伊丽莎白·德·罗特席尔德(Elisabeth de Rothschild)。她出身于勃艮第地区富裕的天主教贵族佩尔蒂埃·德·尚布尔(Pelletier de Chambure)家族。她的祖先是拿破仑的将军洛朗·奥古斯丁·佩尔蒂埃·德·尚布尔(Laurent Augustin Pelletier de Chambure),她的父亲是当地的市长。精致优雅的伊丽莎白先是嫁给了比利时贵族马克·爱德华·马里·德·贝克尔-雷米(Marc Edouard Marie de Becker-Rémy),但她很快就和英俊而大胆的男爵菲利普·德·罗特席尔德(Philippe de Rothschild)陷入了热恋,后者是法国最著名酒庄之一木桐城堡的主人。他们的女儿菲利皮内(Philippine)出生于1933年,但两人直到1935年伊丽莎白办完离婚手续后才终于得以完婚。1938年,伊丽莎白和菲利普有了第二个孩子夏尔(Charles),但他刚出生没几天就因严重的残疾去世了。这致使伊丽莎白和菲利普本就风雨飘摇的婚姻终于破裂。菲利普知道,在伊丽莎白看来,悲剧的源头在他那里:"整个怀孕期间,她都要借助药物来睡眠,她说这是我的错。"[17]

菲利普自己也承认他是个淫乱的好色之徒。在遇见伊丽莎白之前，菲利普曾有过许多情人，其中包括俄罗斯出生的伯爵夫人玛拉·切尼科夫（Mara Tchernycoff）。她后来成了占领期间巴黎最臭名昭著的黑市商人。玛拉十几岁时曾是香奈儿的模特儿，然后在斯基亚帕雷利做售货员，20世纪30年代初成为菲利普·德·罗特席尔德的情妇。菲利普曾支持过玛拉短暂的电影演员生涯。但后来菲利普娶了伊丽莎白，玛拉嫁给了一个失败的演员。在战争期间，玛拉和大法奸马克斯·斯特克兰（Max Stoecklin）联手倒卖酒水，获得了高昂的利润。他们给德国人提供市面上难以买到的香槟、雅文邑白兰地和干邑。她用这些钱在巴黎的特罗卡德罗街区租了一套新公寓，还买了不少新衣服。很快，她成了党卫军军官汉斯·莱默尔（Hans Leimer）的情人。她同时还是另一个法奸、小偷亨利·拉丰（Henri Lafont）的朋友。在他的帮助下，玛拉得到了一个四层大别墅作为采购办公室。她精心装修了这个办公室，那里的家具都是从库塞勒街上一个犹太人留下的公寓里偷来的。在拉丰的安排下，德军还帮玛拉搬运了这些家具。① 菲利普·德·罗特席尔德后来解释"合作"（collaboration，本书中也译作"通敌"）这个词"是如何随着时间的推移改变了意涵"。他在回忆录《贵妇瓦因》（*Milady Vine*）中写到他认识的一个时髦的巴黎女人，回望战争年代，他认为那是一个"更精致也更通敌的时期"[18]。也许他所指的正是玛拉伯爵夫人。

---

① 这套公寓的犹太主人帕尼格尔（Panigel）夫妇战后对玛拉提起了诉讼。

此时菲利普和妻子伊丽莎白已经分居。她也与一个亲纳粹分子厮混在了一起，这个男人认为没有什么是金钱买不到的。菲利普后来写道："我并不在意莉莉（伊丽莎白）在德国占领期间的行为。"他和伊丽莎白的婚姻始于巨大的激情，但这很快就变成了激烈的争执乃至互相谩骂。战争初期，菲利普被维希当局关押在阿尔及利亚的监狱里。1942年，他被释放，并决定必须去伦敦加入自由法国。在菲利普看来，伊丽莎白"受了一些下注给维希政权的朋友的影响"，因此她不想离开法国。她重新开始使用娘家姓佩尔蒂埃·德·尚布尔，并认为德国会尊重她这个法国老派天主教家庭的女儿。然而，5月一天的清晨8点半，十岁的菲利皮内刚刚跟着家庭教师去上学，两个身着灰色西装的盖世太保来到了伊丽莎白位于巴贝特街17号的家中并逮捕了她。管家们目睹了整个过程。此时距离诺曼底登陆仅剩三周。两个盖世太保冲上楼梯，推开管家马塞尔，在伊丽莎白的卧室门外大喊："开门，盖世太保！"

"我们听到她说：'你们在这里做什么？'他们要求她穿好衣服，把她带进了一个面包车里。马塞尔骑着自行车跟了一路。"[19]

当天晚些时候，她又被带回住所。盖世太保允许她在家里吃一餐午饭，同时搜查了她的公寓。在此期间，伊丽莎白要求见见刚从学校回家的菲利皮内。而家丁们都拼命地想把菲利皮内藏起来。盖世太保随后讨论了是否应该把这个孩子也一起带走，但最终他们决定把孩子留下。伊丽莎白强作镇定，和菲利皮内说："再见，一会儿见。"然后她傲慢地告诉德国人她还预约了一次理发服务。德国人让她打消这个念头，直接把她带到了监狱。菲利皮内很快被送出巴黎,她腿上缠着假绷带,被一辆救护车送到她祖父那里。她对她母亲后来的命运一无所知。

对于伊丽莎白为何会在战争行将结束时被逮捕,至今一直没有明确的解释。她从未成为过犹太人,也和罗特席尔德家族切割得干干净净——也许只是她自己这么认为。也许德国人想要通过她掌握菲利普的下落。此时,菲利普已经回到法国,与盟军并肩作战。德军控制的巴黎广播电台曾经提到过他的名字。奥黛特·法比尤斯在战前就认识伊丽莎白。据她说,伊丽莎白并不明白自己为什么被送到集中营里,这加重了她的痛苦。

她也不明白,为什么她的昔日"好友"费尔南·德·布里农没来拯救她。毕竟,这位颇有影响力的天主教贵族是维希驻占领区的代表,他还有一个犹太妻子。法比尤斯回忆道:

"她在拉文斯布吕克跪下来说她不是犹太人,尽管她的前夫是犹太人。但是,这并不是她被送到那里的原因。真正的原因是她此前在一次斯基亚帕雷利的时装发布会上对苏珊·阿贝茨的不敬态度。那时候,她知道盟军兵临巴黎城下,也许她是想趁还来得及疏远一些之前的关系。总之,在一个好友的陪伴下,她故意换了座位,远离了苏珊·阿贝茨。但她这么做的时机不巧,苏珊·阿贝茨很快安排了她的逮捕。我一度让她闭嘴,告诉她所有人都可以听到她的话并对她进行评判,而德国人不会,德国人听不懂,而且觉得她很烦人。"[20]

○ ○ ○

8月15日是个闷热的夏日，603名女囚犯抵达拉文斯布吕克，她们是从巴黎送来的最后一批。其中包括英国特别作战执行部的女线人维奥莱特·绍博、莉莲·罗尔夫（Lilian Rolfe）和丹尼丝·布洛赫（Denise Bloch）。还有克里斯蒂安·迪奥的妹妹卡特琳·迪奥（Catherine Dior）、雅克利娜·马里耶和她的母亲玛伊丝，以及珍妮·鲁索。戴高乐将军在法国的头号线人雷米（Remy）上校的妹妹也在这批女犯中。此外，这批人中还有三十四岁的弗吉尼亚·德·艾伯特-莱克（Virginia d'Albert-Lake）——拉文斯布吕克唯一出生在美国的女囚。她们被捕后，被塞进一辆货车送到拉文斯布吕克，此时距巴黎解放仅剩十天，同一天，盟军在地中海沿岸登陆。但战争依然持续了很久，德国迫切需要拉文斯布吕克集中营的女性在十几个营里做苦力。希特勒并不认为大局已定。盟军则向其他方向推进，意在拖垮已经疲惫不堪的轴心国军队。

弗吉尼亚在6月12日被捕。当时，她正在陪同之前着陆的盟军飞行员抵达安全地带。这是她在"彗星逃亡线"的工作之一。参与这项工作的人都知道，盟军登陆在即，因此这项工作变得比以往更加重要——这不仅是因为一个训练有素的飞行员的巨大价值，还因为他们的成功返回将大大鼓舞那些在英国等待飞行的军人们的士气。弗吉尼亚后来说，如果她和她的朋友们知道她们即将在拉文斯布吕克度过漫长的时光并被残酷地对待，她们不会拼命地带上所有的箱子和行李，而是在路上就把它们丢掉。这时候，集中营人满为患，本来为1万人设计的牢房此时已经承载着4万名女性，到1944年底这个数字更是上升到6.5万人。由于囚服不够，她们只能穿一些剩下来的衣服，不论这些衣服多么不合身。她们几乎没有内衣，也没有外套。雅克利娜·马里耶收到了一件只有一条袖子的长裙，还有一双41码的胶鞋，而她平时穿的鞋只有36码。这些衣服上都画着或缝着一个巨大的X，以标明囚犯的地位。弗吉尼亚随身携带的60法郎被没收了，但她的外套却意外地还给了她，外套垫肩里还藏着她的订婚戒指。集中营的床铺上经常出现跳蚤。一个床铺有时需要由七个人分享。一些新来的人甚至没有指定的床铺，多达7000名营养不良的女人被迫拥挤在匆忙建造的帐篷里，睡在硬地板上，空气里到处弥漫着凄惨的气息。

对于德国当局来说，拉文斯布吕克从一开始就被当作一个垃圾场一样的地点——把所有需要从集中营和监狱清理掉的女人送到那里。纳粹党卫军甚至从拉文斯布吕克"雇用"妓女，强迫她们到其他集中营的妓院工作。这些妓院的幸存者后来讲述了可怕的强奸和虐待的行为，这些行为有时会持续长达16小时。因为海因里希·希姆莱认为，在这些营地的女人已经"堕落"。1944年，他在拉文斯布吕克内部成立了三个新妓院，但苦于找不到足够的女性。于是，他开始在新来的女犯身上打主意，其中一些人之前就是妓女。

但法国女囚犯是不同的。据一位当时在场的波兰女犯回忆，这拨年轻的法国女政治犯"来自一个没有经历过奴役的国家，因此往往会用高超的手段非常大胆却不太明智地反对当局的命令"[21]。纳粹针对这种反对采取了多种手段。1944年,拉文斯布吕克集中营人满为患,这意味着规则有时可以被打破。巴黎的女孩学会了一些生存策略,比如在医务室排长队,从而避免去做工;或者在服装储藏间寻找珍爱的物品,那里被戏称为"老佛爷商场"。她们会把找来的物品藏在床铺下面——警卫已经很少仔细检查床铺,因为人和东西实在太多了。这些珍品包括药品、内衣甚至是鞋子(囚犯抵达集中营时她们的鞋子往往会被没收),即使是一个土豆或一支铅笔也会被珍惜地保存起来。法国人自己组织起来听埃米莉·狄戎的讲座,讲座的主题之一是法国艺术和文化。11月11日,约二百五十名法国囚犯在拉文斯布吕克下属营地默哀了一分钟表达抗议:"这一分钟给了我们巨大的希望,六台机器同时停止了运转。"[22]

带头领导抵抗行动的往往是伯爵夫人。雅克利娜·达兰库回忆说,和她一起抵达拉文斯布吕克的女人,她们来自鲁昂的一个大妓院,而这些教育程度较低的女人遭受了更大的痛苦,因为她们不知道为什么自己会被送到那里。雅克利娜后来对研究拉文斯布吕克集中营的历史学家萨拉·黑尔梅特(Sarah Helmet)解释说:"她们没什么不可妥协的,没有宗教信仰,没有价值观……我们在抵抗,我们知道是这些抵抗行动让我们被关押在那里。我们有种精神优越感。"[23] 雅克利娜和她的朋友们曾想帮助这些女人摆脱卖淫的工作,但并不总是能成功。这些迷茫的法国妓女在某种程度上遭受了双重处罚。她们从来没有写过回忆录,不是"抵抗"运动的一部分,因此,尽管有些妓女在占领期间庇护过逃亡飞行员,或做出过类似的勇敢行为,但终究,她们被历史遗忘了。

尽管女人们尝试保持团结、抱团取暖,但在凌晨刺骨的寒风和冬雪中点名时,还是经常有人会在被迫站立几个小时后晕过去甚至当场死亡。还有一些人此时已经太过虚弱,需要别人的帮助才能站立。像许多拉文斯布吕克的女人一样,弗吉尼亚·德·艾伯特-莱克不再来例假。而那些仍然有例假的女性毫无卫生保护措施,要忍受经血到处流的屈辱。弗吉尼亚日渐憔悴,但最终挺了过来。她说,这是因为她采取了一种坚决的态度:"这是士气的问题。你不能让他们看到你哭泣。那些在夜晚哭泣的女人通常天没亮就去世了。你不可以放弃。"24

一次又一次,那些幸存下来的人总是强调在野蛮的体制下女性之间互相支持的重要性。热尔梅娜·狄戎决心要留下见证。她每天不断地在所有她能获得的纸张上写下她在集中营里的思考。由于她接受了系统研究人类的学术训练,她试图去分析德国为什么会这样做。她还写了一出黑色幽默的轻歌剧《通往地狱之路》(*Le Verfügbar aux Enfers*),把文字和剧目填充进现成的音乐里。但最终她拒绝把这些作品搬上舞台,以免外界认为集中营里的生活是舒适的,囚犯还有机会写歌①。对于只有二十一岁的阿尼斯·吉拉德来说,热尔梅娜·狄戎是巨大力量的源泉。狄戎不断地告诉吉拉德,她还年轻,一定会活下去,会有很多儿女②。其他女人会在纸片上写下她们最喜欢的食谱,尽管当时她们正在挨饿。她们能吃到的不外乎稀汤、

---

① 狄戎最终同意别人演出她的歌剧。这部轻歌剧最终在 2007 年巴黎首演。当时已经一百岁的狄戎已经过于虚弱,无法出席。
② 1946 年 6 月,她与安德烈·波斯特尔-维奈结婚,两人育有四个孩子。

野生蒲公英或偷来的一点点食物。在这种野蛮条件下,她们异常地需要讨论食物——那些她们渴望和梦想的却已经数月甚至数年没见到过的食物。事实上,她们越是饥饿或缺乏食物,对食物的渴望就越发能激发她们的想象力。语文教师米舍利娜·莫雷尔(Micheline Maurel)在日记中记下了她在集中营度过的第一个冬天:"什么也没吃……第一场雪。什么也没吃……太冷了。天寒地冻,让人伤心。"几个星期,她浑身发抖,头晕,呼吸急促,她写道:"我希望我可以离开人世,消失得无影无踪。在牢房深处,我祈祷上帝让我马上死去。我也这样为我母亲祈祷。"[25]集中营里的汤加重了她的痢疾。最终,朋友米歇尔分给她的一小块面包救了她一命。

巴黎美国医院的护士长图凯特·杰克逊此时也在拉文斯布吕克集中营。5月,她被民兵团逮捕。一同被捕的还有她的丈夫萨姆纳,和他们唯一的孩子——十六岁的儿子菲利普。杰克逊一家在这年夏天忍受了无数个法国监狱。8月,图凯特终于被驱逐到了拉文斯布吕克的集中营,此时她已经完全不知道家人的下落。与她同期抵达的还有弗吉尼亚·德·艾伯特–莱克,两人很快成了朋友。弗吉尼亚对这段友谊一直心存感激,她后来说:"我从没见过和她(图凯特)一样有勇气、毅力和活力的女性。"[26]这种勇气帮助她们每天面对被选送去毒气室的恐惧。但勇气本身并不能治愈疾病。弗吉尼亚后来被送到医务室,那时她已濒临死亡。她的母亲埃莉诺·劳什(Eleanor Roush)曾写信给美国国务院求助。她指出"弗吉尼亚是个非犹太人,从纳粹的标准来看她可能比较好"[27]。华盛顿回应说,总部位于瑞士的国际红十字会坚称该机构的人员不能进入盖世太保管理下的营地。红十字会关心战俘的福利，但无法对平民的事务进行干预。

拉文斯布吕克集中营里最有力的反抗者之一是斗志昂扬的珍妮·鲁索。战争初期，她曾与纳粹斗智斗勇，成功地在监狱幸存了下来。此前的四年里，珍妮就德军研发的 V-1 飞行炸弹和 V-2 火箭撰写了准确的情报报告并发给盟军。她在霍什大道的一栋房子里为德国军官和法国实业家工作。她把在那里的所有见闻都记在心里，下班后去乔治·拉马克家里写下来。拉马克的家位于左岸的法贝特街 26 号，是一个安全屋。尽管珍妮当时还不知道这个火箭的巨大价值，但她知道她正在传送高度敏感的信息。最终，她写就了"二战"中最重要的情报文件之一。[28]

她后来承认，她在工作时有时会感到寂寞。"很难描述那种彻骨的恐惧，漫无边际的等待，以及某种沮丧的心情——不知道我冒着危险获取的情报是否被传递出去了，以及传递是否及时——这对于送信员来说十分重要。"[29] 但她的报告说服丘吉尔轰炸了波罗的海海岸佩内明德市（Peenemünde）的一个武器研发基地，大挫德军的战斗力。纳粹正在那里研发一种恐怖武器，并寄望它扭转战争大势。这一情报引起了英国方面的高度重视，他们希望把珍妮接到英国详细说明情况。而就在珍妮准备穿越雷区，登上一条停在海湾的小船前往英国时，法国向导出卖了她。她和同行的其他线人都被捕了。她编造了一个故事，说她想去布列塔尼的黑市上卖两打法国尼龙袜赚点钱，但这没有奏效，她还是被送到了拉文斯布吕克。她想告诉拉文斯布吕克的囚犯，战争即将结束，她们很快会重获自由。尽管她当时只有二十四岁，但她认为她有责任为大家鼓舞士气。她在集中营里有两个志同道合的朋友：从 1941 年开始就从事各种抵抗活动的老伯爵夫人热尔梅娜·德·伦蒂，以及来自蒙马特高地的共产主义者玛琳奈特·库拉托（Marinette Curateau）。她们说好了一起罢工，拒绝为纳粹的战争机器劳动，如果她们被分配到这样一个工厂或工作营，她们将组织抗议。珍妮·鲁索被逮捕时还在使用假名马德莱娜·舒福尔（Madeleine Chauffeur），此时，她坚持说她的名字是珍妮·鲁索，而且她不是间谍。这些变动迷惑了逮捕她的人，他们没有意识到这正是他们 1940 年在雷恩逮捕然后又释放的那个女人。"幸运的是，这是一个糟糕的审讯。"她若无其事地解释道。

不久，珍妮以及大部分和她同期抵达集中营的法国女人被分配到拉文斯布吕克下属的子营里做苦工。珍妮被派到了拉文斯布吕克以南 200 公里的托尔高（Torgau），那里有一个军工厂，生活条件似乎更好一些。但是，珍妮已经与朋友约定好，拒绝为敌人制造弹药。她去见集中营的司令官——一个圆脸的德国人，并用流利的德语告诉他，根据《日内瓦公约》，盖世太保无权强迫一个女战俘给他做弹药。在珍妮的带领下，其他女人紧随其后，拒绝工作。集中营的司令官威胁说，再敢这样下去，就把她们送回拉文斯布吕克。

包括弗吉尼亚·德·艾伯特-莱克在内的几个女人都认为留在托尔高要好过回到拉文斯布吕克。但珍妮·鲁索还是鼓励狱友们继续保持反抗的姿态。"你要明白，我当时深信，必须有人做点什么。必须有人站出来。我决定做这个人。"[30] 在后来的几十年里，珍妮一直避免谈论她的抵抗事业，包括这次罢工。她知道一些女人因为她组织的这些抵抗行为而丧命，她也知道她的一些同志因此而至今仍在责怪她。她在年事已高时,终于决定开口。她告诉一位前来采访她的记者:"我们当时很幼稚,但这也是没有办法的事。"[31]

然而,她并不孤单,雅克利娜·马里耶也在托尔高做过抵抗。珍妮"拒绝为与我的祖国敌对的国家的军工厂工作。我们每天工作12个小时,在酸槽里清理弹壳。这活儿不仅辛苦还有害健康"[32]。抗议后,珍妮和其他人都受到严厉惩罚。她在禁闭室被关押了三个星期,每天早上被浇冷水、殴打,然后被送回监牢,每天如此[33]。最终,她被带回拉文斯布吕克接受审讯。第一次进入拉文斯布吕克已经足够糟糕,离开再回去更是不可想象。

"我当时差点死掉。"她说,但德国人找不到珍妮·鲁索的案卷,因为他们压根儿没有。当他们问她为什么被送回拉文斯布吕克时,她回答说:"我不知道!"盖世太保已经明白,不管她到底叫什么名字,都是个惹麻烦的人。因此,无论她的卷宗是否存在,盖世太保都把她和其他两个法国女人送到了东部的柯尼斯堡(Königsberg)。这是珍妮抵达的第三个集中营,也是条件最恶劣的一个。在那里,女人们在天寒地冻的室外工作,为建设一个简易机场而搬石运沙。天黑后,她们跌跌撞撞地回到寒冷刺骨的营地,而她们的晚餐只是一碗热汤。汤在一个大桶里,由营地的首席警卫——一个胖胖的女人看管,法国女人因此戏称她是"女牛仔"。此时,胖本身就足以形成挑衅,而且这个女人还会戏弄饥饿的囚犯们——她会把桶踢翻,看着热汤流到雪地里,然后再看着囚犯们在泥地里寻找微小的食物碎屑。珍妮此时意识到,想要活下去就必须逃跑。她和伙伴们制订了一个逃亡计划,她们设法混在一帮结核病人里坐上了一辆卡车。

这些病人都将被送进毒气室,而珍妮和她的朋友却在卡车停下时逃了出来,回到了拉文斯布吕克集中营。

○ ○ ○

珍妮·鲁索深信战争将在秋季结束,因此,她从未怀疑过她在托尔高的抵抗行动。她认为那是道义的做法,并会赢得最好的结果。但是,战争一直拖到了残酷的冬天。如果巴黎确实获得了解放,盟军正在法国其他地区成功驱赶德国人,苏联人正在推进到波兰和乌克兰,为什么他们迟迟没能救出这些女人?事实上,整个1944年,更多的女人被送往数以百计的下属集中营。希特勒此时更加疯狂,他认为德国想要继续战斗就必须依赖这些女性劳动力。10月,已经不受纳粹控制的法国报纸刊登了一位拉文斯布吕克幸存者的口述。她讲到她在那里看着其他囚犯饿死,每天都有尸体被送进焚烧炉。尽管如此,国际社会并没有采取行动。1944年,不断有证据表明毒气室和其他纳粹暴行的存在,但国际红十字会继续宣称它的人员无法进入拉文斯布吕克,因此什么也做不了。红十字会对非军事领域的干预行动需要遵守严格的规则,因此它不能帮助这些女人的主张做宣传。①

德国没有抓住所有参与抵抗工作的年轻的巴黎女人。玛丽-弗

---

① 讽刺的是,虽然很多被囚禁的女人被捕的原因是她们庇护和帮助一些男人。但正是红十字会里的男人决定不去救这些女人,而唯一的反对声来自红十字会里的一位女性。(据卡罗琳·穆尔黑德的《杜楠的梦想:战争、瑞士和红十字会的历史》)

朗斯·若弗鲁瓦-德肖姆此时正躲在她在海边的小房子里,积极参与规划夜间行动。她根据接收到的德军情报,在火车沿线和公路边安置炸弹。这些情报包括德军何时会从何地经过,以及其运输物品的内容。此时她已经能在自家厨房的桌子上做炸弹,有时还会把炸药绑在胸前骑着自行车到处跑。她从各处搜集制作炸药的材料,再在家里组装完成。与此同时,她可以在任何时刻直视德国兵,看起来完全是个无辜的乡下女孩。她的女儿后来回忆说,她很少谈及这些活动,但"我想对于扮演无辜者这个角色她一定很得意,她心里知道她有办法随时把这些德国鬼子炸上天"[34]。

玛丽-弗朗斯和她的同事们在夜色的掩护下放置炸弹。在几个月按兵不动的观望后,他们终于成功地炸毁了目标。一种深深的满足和欣喜油然而生,他们终于感到做了一些对国家有用的事情。

后来,德军败局已定,但仍有小股德国士兵在乡村道路上漫无目的地行走,他们看起来疲惫且不堪一击。玛丽-弗朗斯和她的同事们经常伏击这些德国士兵,而这些德国兵会马上扔掉武器,侥幸地大喊"同志"。根据指示,玛丽-弗朗斯只是收缴武器,而没有杀掉这些德国士兵。但她从没忘记直视这些德国军人受辱的表情——他们被一个女人缴械!

○ ○ ○

女囚犯们离开后,巴黎成了一个日益恐怖的地方,绝望和短缺四处蔓延。1944年春季和初夏,尽管盟军即将登陆,但只有一小摄人了解登陆的具体细节。而在德国方面，关于政变推翻希特勒的谣言四起，纳粹内部日益疯狂。1944年1月，德国贵族律师赫尔穆特·冯·毛奇被捕，随后被关押在拉文斯布吕克集中营一个特殊的牢房里。一开始，他还享受着不错的待遇，并结识了一些其他囚犯，其中包括卡门·莫里。他还告诉妻子芙蕾雅，莫里给他"讲了非同寻常的故事"，是"一个出色的信息源"[35]。热纳维耶芙·戴高乐在禁闭牢房服刑期间也了解到了赫尔穆特的存在，但她并不知道其中的缘由。① 7月20日，克劳斯·冯·施陶芬贝格（Claus von Stauffenberg）阴谋刺杀希特勒失败，几百个押注在希特勒的反对者身上的同谋和反纳粹分子也被逮捕和处罚。巴黎的动荡随之加剧，随机的枪战和报复时有发生。

此时，各个方面都开始了最后的处决——处决那些他们认为曾经出卖过秘密或他人的人。4月26日，五十一岁的女同性恋运动员和通敌者维奥莱特·莫里斯开着她的雪铁龙来到诺曼底的乡间。车里还坐着两个通敌者和他们两个年幼的孩子。一行人这天都死在了马基游击队员的枪口下。人们认为，维奥莱特渗透过好几个特别作战执行部的线人网络和其他抵抗组织。

当然，与在拉文斯布吕克女人们经历的痛苦相比，那些在巴黎排队买食物的女人感到的恐慌和匮乏感难以相提并论。尽管如此，在紧张的时局下，巴黎的生活确实异常艰难，尤其是许多女性根本

---

① 1945年1月11日，赫尔穆特·冯·毛奇被从拉文斯布吕克转移到柏林的泰格尔（Tegel）监狱。1月23日，他在人民法院受审。4月，他被执行死刑。他的家人芙蕾雅、卡斯帕和康拉德都逃到了捷克斯洛伐克。20世纪60年代起，芙蕾雅定居美国。

不知道那些被关在集中营里的人正在经历些什么。年轻的维奥莱特·瓦森（Violette Wassem）在整个战争期间都在巴黎做秘书工作。在她看来，四年占领期间，最匮乏的时候就是1944年经常断煤气、断电的那个冬天。"我是个打字的文员。在此期间，我都在晚上工作，为此，我必须乘坐晚上9点到10点的末班车去上班，然后再坐早上六七点的首班车回家。午夜，我可以领到一顿简餐，就是一盘水煮白豆（呃！）。这样的情况持续了五六个星期。这期间的报纸只有一页纸，有时甚至是半页纸，而且已经不是白纸了，而是一种质量低劣的粉色纸张……涂改或伪造的粮票价格高昂。以面包票为例，我的一个同事整天都在忙着绘制假票。我还跟他买了一些这样的票，分给乡下的家人，甚至包括我的面包师朋友，他也需要用这些票来满足客户乃至他的面粉供应商。"[36]

像这个时期的大部分母亲一样，珍妮特·泰西耶·杜·克罗为她的孩子能否获得充足的食物和营养而感到担忧。她的一个孩子因为缺乏维生素而被诊断出脊柱侧弯。1944年，人们几乎时时刻刻要挣扎着寻找食物。

"我们的脂肪补贴，这包括了所有的脂肪，是每月10盎司，这在1944年冬天缩减到了每月2盎司。成人没有牛奶配给——我们只能得到非常少的脱脂奶酪。"珍妮特当时把这些数据记录了下来，因为这实在是太少了。"我们的面包配给是每天6盎司，但常常在各种各样的前提下，也许是因为报复还是别的什么原因，到我们手里的面包根本不到6盎司。"人们根本无法靠这些配给的口粮生存。作为补充，女人们只能在市场上和其他暴躁的女人一起排长队争取买到一些胡萝卜、洋姜、大头菜或偶尔才有的白菜。和大头菜同样令人倒胃口的是弥漫的谎言。珍妮特承认:"我们大家都被迫做出某种不诚实的举动。"独居老人和那些不得不藏起来的人的生活尤为艰难,而且假配给卡泛滥。有一次,珍妮特和一个鱼贩争吵起来,对方大声指责她连着两天用了同样的配给卡。她大声否认,随后发现是家里的女佣前一天盗用了她的配给卡。这都是巴黎女人每天面临的真实问题,这让她们必须"在孩子的注视下过着一种不诚实的生活,和我们对孩子的教导截然相反"。那些不愿意去黑市的人也许会被另一个灰色市场吸引。"市面上有真的假配给卡和假的真配给卡。第一种就是假冒的真配给卡,第二种更为昂贵,是那些能用非法获得的小麦做面包的乡下人把自己的面包配给卡卖给别人。"[37]黑市供不应求的不仅仅是食物。在一次时尚午餐派对上,客人们在入口的长凳上留下自己的大衣和帽子,其中一位还留下了她刚买到的两块肥皂,而另一位客人在离开的时候把这两块肥皂顺走了。在战前,在这样的场合,这样的行为是不可想象的。

在这个严酷的寒冬,没有暖气,煤气和电都短缺,连食物都很难做熟。尽管如此,一些讲究的巴黎女人不顾各种短缺,还是能在衣着方面创造奇迹,并以此为荣。

"几乎没人能穿特别好的衣服,我们把旧的裙子和大衣翻过来重新改样式,我们用软木鞋底做成漂亮的高跟鞋……我们用薄纱、面纱、花朵和回收来的羽毛做发饰和礼帽。用四五个旧手包就能做成一个大的新手包,别致得很。"[38]

尽管此时已经没有用来做丝袜的丝绸,但是人们发现了一种新的面料：降落伞丝绸。一般情况下，被击落的飞行员都被指示随便找个地方把降落伞埋起来。但如果他们没能埋好，女人们就会急着去回收任何没有撕坏的部分，这些布料可以做衬衫，甚至好几身奢侈的性感睡衣。

第二部

解 放

第七章

1944（6—12月）：剃光头

1944年6月，盟军终于在法国北部开始了令人期待已久的推进，英国、美国和加拿大军队登陆80公里长的诺曼底海岸。这场代号为"霸王行动"的诺曼底登陆是人类历史上最大规模的登陆行动。战斗十分激烈，伤亡人数很高，但进度却不及盟军的期望。直到7月21日，盟军才拿下主要目标重镇卡昂（Caen），8月1日才突破贝叶（Bayeux）。在盟军向巴黎推进的途中，许多城镇的民众都自发上街表示支持。绝大多数的参与者是女性，她们穿着红白蓝三色相间的衣服，亲吻每一个走到她们面前的士兵。

巴黎的战斗开始于8月15日。当天，警察罢工，地铁关闭。法国国内的军事抵抗力量之一——法国内政部队驻巴黎大区的指挥官亨利·罗尔-唐基上校领导了民众的起义。他的妻子塞西尔·罗尔-唐基是一个年轻的激进分子。她早就知道这将是个决定性的时刻，于是打印了大量的宣传海报，呼吁民众暴动。她在城市中到处游走，劝说爱国的法国人——"能携带武器的十八岁到五十岁的男人"——加入"抵抗侵略者的斗争",她承诺"胜利近在咫尺",随后"叛国者(维希政权的支持者)会得到严惩"。罗尔-唐基夫妇都是共产党,他们在占领下的巴黎整整生活了四年,冒着巨大的风险拖家带口秘密行事。幸运的是,他们没有像其他战友那样遭到抓捕。虽然塞西尔曾是亨利的联络员,但他们不能住在一起,因为他是德军通缉的对象,德国人太熟悉他了。

1942 年,塞西尔的父亲弗朗索瓦(François)第二次被捕,他随后被驱逐到了奥斯维辛集中营并被杀害。次年,塞西尔生了儿子让(Jean)。从此,塞西尔和母亲住在一个小开间公寓里,还带着两个孩子——1941 年出生的埃莱娜和仍是婴儿的让。塞西尔艰难地为一家人寻找食物。她还记得自己瘦了许多,连内裤都架不住了。塞西尔不得不穿越整个城市去工作。有时候她需要把埃莱娜抱在怀里,同时把武器藏在婴儿推车中的一袋土豆里;有时候,她会把一些文书放在婴儿车的褥子下面,再让孩子躺进去。她使用过一系列假名:珍妮、伊薇特或露西。偶尔,她还改变发型或戴一条时髦的头巾。除此之外,她很少掩饰自己。后来讲起这些事情的时候,塞西尔总是避重就轻地说她做的事情没什么大不了的。"我的优点就是总能保持冷静,我觉得这就是我的性格。"[1]

但此时,她需要特别努力才能保持冷静。解放巴黎的战斗持续了十一天,这是一个特别血腥和混乱的时期。超过一千五百名巴黎人付出了生命的代价,终于赶走了 2 万占领军和法奸狙击手。这些狙击手大多是维希政权的民兵,他们随时可能从屋顶开枪。想要赚快钱的商贩此时开始在街头贩卖红白蓝三色的胸花,一些想要宣誓效忠法国的女人会买来戴在胸前。终于,1944年8月25日,德国驻巴黎的军政长官迪特里希·冯·肖尔蒂茨(Dietrich von Choltitz)从莫里斯酒店的德军总部走出来,签订了投降协议。法国方面签署协议的有亨利·罗尔-唐基和戴高乐将军的代表、第二装甲师的菲利普·勒克莱尔将军。第二天,戴高乐将军走上香榭丽舍大街宣告胜利,成千上万的人在道路两边高喊"戴高乐万岁"。身材高大的戴高乐走在人群中也很显眼,他一边走一边把手举在空中,左右晃动,仿佛是在表示感谢。这个手势后来成了他的招牌动作,但当时巴黎人还没怎么见过。伊丽莎白·梅纳尔是一名教师,当天她带着学生们去看戴高乐的胜利游行。她回忆道:"对于聚集在那里的人来说,他就是抵抗侵略的法国人的代表。"[2] 冒着被德军或维希民兵狙击的危险,戴高乐试图用一段言辞激昂的演讲团结整个国家。他讲道:"巴黎人民解放了巴黎……支持他们的是全体法国人民。"

但他不能完全否认勇敢的共产党人发挥的作用,这也包括塞西尔·罗尔-唐基在抵抗运动中扮演的重要角色——这成了决定法国政治前途的关键因素。战后最激烈的争论之一则是关于女性抵抗者扮演的角色——她们究竟是使用了武器,还是仅仅起了辅助作用。这个争论延续到了21世纪,仍然在世的亲历者已经寥寥无几。很明显,在罗尔-唐基的指挥下,巴黎女人使用了武器。如今,人们可以在巴黎解放的历史镜头中看到女性们拿着武器保卫市政厅的情景。其中包括时年二十二岁的安妮·玛丽·达尔马索(Anne Marie

Dalmaso）。她此前加入了青年志愿者的队伍，专门帮助那些遭遇了轰炸或从战区撤离的人。① 二十岁的共产党人马德莱娜·里福（Madeleine Riffaud）当年7月被逮捕，原因是她于光天化日在一座横跨塞纳河的桥上枪杀一名德国军官。她在弗雷讷监狱接受审讯，德军甚至给她确定了死刑日期。但最终她在一次战俘交换行动后获释，并第一时间回到抵抗的前线。巴黎解放的第二天，十九岁的弗里达·瓦滕伯格（Frida Wittenberg）就被派到图卢斯搜集与"犹太人问题"相关的重要文件，这些敏感的文件里可能记录着关于法国境内的犹太人大屠杀的信息。出生于巴黎的弗里达此前一直为特别作战执行部和其他抵抗组织效力。她回忆说："当时一位官员问我我代表什么权威机关，我告诉他'我只有一把枪'，然后用枪指着他。"[3] 玛丽－弗朗斯·若弗鲁瓦－德肖姆则骑着自行车带着做好的炸弹穿行在诺曼底街头。她不仅会使用武器，还制作了炸弹。

尽管如此，解放后的狂喜留在历史中的图像则是法国各地的女人因为所谓的"性通敌"而遭遇的暴民审判。这些女人有的被指责和德国人上过床以换取利益，还有一些女人被指责向德军提供了敏感信息，更有一些人只是在占领期间为德军提供了一些服务，诸如管家、裁缝或厨师。无论指控是否属实，这些女人都被视为祖国的叛徒。她们被批斗，被欺负，被迫下跪且被剃光头发，有的人身上甚至被强制烙上纳粹党徽，并在村子里游街示众，半裸着接受公开的羞辱。亲眼见过这些场景的人都忘不了它的野蛮本质：整个村子

---

① 战后，达尔马索主动请缨，护送患上斑疹伤寒的集中营幸存者回法国。不幸的是，她本人因此染上了肺结核。1950年，达尔马索因病去世。

一边观看年轻女人被羞辱一边欢呼，尽管这个女人和德国兵上床只不过是想要换取一双丝袜或是一点钱。出生于美国的摄影师和时装模特儿李·米勒（Lee Miller）此时已经是英国版 *Vogue* 的战地记者。1944年8月2日，她乘飞机到达法国，随后抵达巴黎。她说："我不是到巴黎的第一位女记者……但我应该是到巴黎的第一个女摄影师，除非有人跳伞到巴黎。"① 米勒目睹了两个女孩遭受"惩罚"的过程，她们被剃头发、吐口水，并被公开掌掴。这让她感到震惊。尽管之前审讯并不能证明有充足的证据对她们提起诉讼。米勒在给她的编辑奥黛丽·威瑟斯（Audrey Withers）的信中写道："这只是两个年轻的傻姑娘而已，她们不够聪明，没能为自己的行为感到羞愧。"4

这种歧视女性的反应令人作呕。有人估计，多达2万名女性接受了这样的惩罚，她们被称作"被剃头的女人"，而惩罚她们的正是那些没能保护她们的男人。法国女秘书利西特就是其中之一。她与德国士兵约翰漫长的恋情在她的朋友圈里尽人皆知，她亲德的父母也许支持过她。他们是公寓管理员，犹太人被迫离开后，他们还曾进到犹太人的公寓里偷衣服。不过，利西特的表亲则拒绝与她来往。幸运的是，她没有遭受进一步的侮辱，为战争时期的奢侈待遇付上更高昂的代价。但与此同时，戴高乐并没有惩罚贝当和他背后

---

① 这是一个了不起的成就。当时，官方不允许英国女记者上前线做战地报道。美国女记者在这方面则自由得多。不过，许多美国女记者，包括玛莎·盖尔霍恩（Martha Gelhorn）在内，仍然需要想尽办法确保她们可以去前线做报道，而不只是在医院观望，或者在战役结束后才去到战场。

的男性政商精英。相反地，戴高乐将他们视为反共斗争的宝贵盟友。这一争议在后来越发成为舆论的焦点。特别是，历史学家指出，许多惩罚行为不仅取决于性别，还取决于阶层，甚至只是老式的打击报复。许多悲剧性的错误发生在那个恐怖的历史时刻。马克斯·果阿（Max Goa）和马德莱娜·果阿（Madeleine Goa）是两位年轻的抵抗者，曾为逃亡飞行员提供庇护。他们当时在位于意大利大道的公寓的阳台上庆祝胜利，突然街上传来了枪声。楼下的暴民以为开枪的是马克斯和马德莱娜，于是他们把马克斯拽到楼下，一顿暴打。马克斯最终被一辆驶来的坦克碾死。而马德莱娜则被关押在监狱里，直到她精神失常，最终被杀。[5]

暴民审判的狂潮席卷了法国，许多人在没有经过庭审的情况下就遭到恶毒的惩罚，这包括处决和公开的羞辱。当然，也有许多人站出来清晰而坚定地反对这种暴民正义，其中就包括亨利·罗尔-唐基和超现实主义诗人保罗·艾吕雅。他们的妻子都曾冒着生命的危险参与抵抗。1944年，艾吕雅写下了诗歌《如果你愿意，请理解》[6]，有力地表达了他的立场：暴徒不去惩罚那些真正的战争罪人，却对那些手无寸铁的女人下手。她们倒在地上，害怕得浑身发抖，衣服已被撕扯得残破不堪，而围观的人群却大笑，有的家长甚至把小孩子举高方便观看，许多人并不知道这些女人究竟做了什么。艾吕雅在格雷奈尔街的一家剃发店门前看到一个美丽的长发女子倒在地上，这让他愤怒。他指出，这些女人并没有在任何情况下伤害他人："她们没有出卖法国，她们往往没有出卖过任何东西。"[7]

珍妮特·泰西耶·杜·克罗是一个眼睛雪亮的日常生活观察

者。她看到了战败对男人意味着什么，但她认为战败给女性带来了更直接的后果。"女人的羞辱是一点一点累积的，她们一点一点地被降格到只能关心物质上的需求，她们甚至要为买东西求人，这样的羞辱每天都会重演……但我认为，男人比女人更难以接受军事上的失败，因此只要德国军队还在法国领土上，伤口就一直无法愈合。"[8]

与此同时，也有受过教育的人赞成剃头的做法。青年学生安德烈·杜塞（Andrée Doucet）曾在占领时期的后半段就读于巴黎的装饰艺术学院（美术学院的姐妹学院）。她认为这种处罚"确实是一种羞辱耻辱，没有错，但是和那些为法国冒过生命危险的女人相比，这些女人遭受的惩罚完全可以理解。她们活该。再说了，头发还会长回来。她们很快会继续正常的生活"。杜塞在巴黎郊区长大。她的父亲经营着当地的雪铁龙汽车店，一家人都为自己的法国人身份深感自豪。她很清楚，一些女孩对德国士兵过于友好，而这正是她的家人教育她要尽量避免的做法。有一次，她看到一个女性朋友挽着当地德军司令官的胳膊在路上走，立即大喊一声"肮脏的婊子"，她因此被捕。她随即辩解道，这句话的意思是说这个女孩和村里所有的法国男孩上过床，以此糊弄过去。万幸的是，她重获了自由，但这次经历吓坏了她。"如果你没有亲身经历过解放，就无法用语言形容当时的气氛……街道上充满了幸福感，人们欢乐兴奋地大叫。剃头似乎算不上什么大不了的事情。这又不是对肉体的折磨。"[9]

然而，一些女人在1944年很快发现，解放的喜悦当中可能充满危险。出生在巴黎的抵抗者吕西安娜·盖泽内克（Lucienne

Guezennec）曾在占领期间把自己的身份证件给了一个逃亡的犹太女孩。此时，她正在里昂庆祝解放。有一次，她在街上看到两个试图自保的裸体女子，一群大嗓门的女人正围在她们周围朝她们吐口水，甚至试图殴打她们。这群女人还对其他被剃光头的女人骂骂咧咧。吕西安娜对这种暴民正义深感震惊，试图上前阻拦。但她自己身体还很虚弱，很难保护自己。此前，德军突袭她的印刷作坊时开枪击穿了她的肺部。她还在操作印刷机时造成了手臂错位。由于认为吕西安娜想要帮助那些"荡妇"，一个年轻人朝她大喊大叫，并把她抓起来推上一辆敞篷卡车。卡车上已经挤满了被认为是通敌者的男男女女。幸运的是，吕西安娜很快就被人认出，获得释放。她不禁自问："许多同志死去了，难道就是为了这个？难道这就是他们奋斗和牺牲的意义？"。[10]

渴望步入正轨的人们很快适应了失而复得的自由生活。8月17日，德朗西监狱及其下属的列维坦和巴萨诺分拣中心获得了解放。1944年，从监狱或者境外返回法国的人并不多，但他们很快就认识到，巴黎并没有准备要欢迎他们。次年，大部分被驱逐者艰难地返回家园，情况急剧恶化。

代号为玛丽卡（Maryka）的伊莱娜·戴尔马（Irène Delmas）就是1944年获释的囚犯之一。她开始访问其他囚犯的家属，试图安抚他们。很快，她意识到，法国急需一个福利机构来协助刚被释放的女囚犯。她们中许多人体弱多病，甚至有身体或精神上的残疾。1944年9月，她创建了一个正式组织，并给前抵抗者们发出七百份邀请函。10月14日，超过三百五十名女性参加了该组织的第一次全体大会。她们一致批准了组织章程,并选举产生通过戴尔马为该组织的行政委员会的负责人。她们意识到自己的处境不同寻常,而她们在战争时期的行动几乎没有被法国民众理解和接受。她们越来越相信,如果她们自己不站出来,没人会为她们站出来说话。

○ ○ ○

8月26日,戴高乐在香榭丽舍大街上与狂欢的人群一起庆祝胜利时,巴黎文艺界的群众锄奸运动已在进行中。在得到盟军的认可后,当天,戴高乐将军自命为新成立的法兰西共和国临时政府的总统。他将会领导一个促进全国团结的临时政府,其最迫切的任务是在选举得以进行之前,继续对德国的战争,同时处理四年占领后的遗留问题。新政府一经成立就开始叫停无差别的报复攻击,并宣布了一个新罪名"辱国罪"。犯有此罪的人们被降格为二等公民,他们被剥夺了选举权以及在政府部门、工会、大众媒体和半国有企业任职的资格。9月30日之后,他们还要被没收所有私人财产。这样的处罚可能延续五年至终身,由法庭最终决定。在文艺界,那些为德军表演之余还炫耀过德国朋友或恋人的女艺人就成了首要目标。歌剧演员热尔梅娜·吕班就是首批被捕的人之一。当时,她正在准备演格卢克(Gluck)的《阿尔切斯特》(*Alceste*)。她经常唱瓦格纳的歌剧,有时还给魏玛国防军做特别演出。德国军官汉斯·约阿希姆·兰格是她的长期追求者,在他的斡旋下,吕班成功地救出了她的战俘儿子(他在1940年被捕)。吕班被捕后的两年一直被关押在监狱,从未经历过审判。她的遭遇揭示了人们多么想要惩罚那些曾与德国人公开过从甚密的女人。但同时,她那言辞生动的狱中日记流露出一股傲慢,她完全不理解自己为什么会被捕。这种态度某种程度上解释了为什么她会成为众矢之的。9月8日,她写道:"八天前,我第二次被捕。我坐在一个没有靠背的皮质板凳上等了十个小时。在我周围还有几个星期没剃胡子的肮脏男人、大楼管理员、洗衣女工和妓女。角落的垃圾堆里还有前一天晚上剃下的女人的头发。就在这一天,还有四个女人被剃了光头,其中一个女人的头发没有完全剃光,人们一边剃一边嬉笑地给她留下了一撮——看上去太可怕了,我吓得直哆嗦。在第四个女人被剃了光头后,我再也无法控制我的恐惧,一直在颤抖,我害怕我也会突然被那些狂热分子剃光头发。"[11]

更糟糕的还在后面。这一年,她还抱怨过她需要在监狱里和其他两个女人分享一张草席和一张铺盖。随后,她被转移到了德朗西监狱,此时关押在那里的人都是通敌者。在这里,"丑陋、肮脏、自私、残忍都混合在一起……很冷……我和别人一起用冰冷的水洗澡。这太不体面了。可恶的人,令人作呕的气味,咖啡的味道就像前一天晚上剩下的汤……德朗西是一个物质上和道德上的巨大的垃圾堆。我无时无刻不感到恶心"。[12]

影视明星阿尔莱蒂此时也成了众矢之的。占领期间,她的知名度飙升。看电影在当时不仅是一种逃避现实的方式,而且在冬日里,电影院是为数不多的暖和的地方之一,也因此成了人们进行性行为的理想地点——电影票比宾馆房间价格便宜多了。据测算,1938年,法国卖出了 2.2 亿张电影票。这个数字在 1943 年飙升到 3 亿。由于当时美国和英国的影片都被禁止上映,法国电影行业进入了一个蓬勃发展的时期。从 1939 年 9 月到 1945 年夏天,法国电影业总共制作了 220 多部电影。这一时期因此吊诡地成了法国电影业和法国女影星们的黄金年代。阿尔莱蒂主演了七部热门电影,成了法国电影业薪水最高的演员之一。她也因此成了通敌的巴黎女人的代表。她不仅漂亮,还有一种不经意的风趣和性感,是一种难以言说的巴黎风格。她认为自己只是本分工作、坠入爱河,并没有做错任何事。她为自己的工人阶级出身感到骄傲,在成为模特儿和演员前,她曾在工厂里做工。她一直保留着她标志性的巴黎工人阶级的口音。

尽管阿尔莱蒂从来没有参演过德资的大陆电影制片厂的影片,但由于她太出名,终究难逃审判。在众人眼中,阿尔莱蒂代表了乐于接受德国占领的法国人,证据就是她和德国军官汉斯-约尔根·索林的恋情。她出席过德国大使馆和德国文化协会组织的活动。1943 年一整年和 1944 年初,阿尔莱蒂基本都在拍马塞尔·卡尔内(Marcel Carné)导演的《天堂的孩子》,她在这部影片中扮演交际花嘉兰斯。这部电影拍完后,索林催促阿尔莱蒂和他一起逃跑,但被她拒绝了。

尽管如此,8 月 23 日,随着巴黎的战斗日渐激烈,四十六岁的阿尔莱蒂害怕了。她骑上自行车到蒙马特高地的朋友家里避难。随后,她住进了香榭丽舍大道附近的一家酒店。10 月,她在酒店被两名警察抓获。他们问她当天感觉怎么样,一贯言辞锋利的阿尔莱蒂回答说:"不是很有抵抗力……"她被关押在著名的巴黎古监狱(1793

年，玛丽·安托瓦内特皇后曾在被执行死刑前在古监狱关押过几个星期）。阿尔莱蒂在那里度过了十一个悲惨的夜晚，随后被转移到德朗西监狱。阿尔莱蒂没有逃过一次万众瞩目的庭审，好在她没有被剃头，也没有遭受什么严重的惩罚。几个星期后，她就被释放了。人们记住了她在庭审时风趣的发言："我的心属于法国，但我的屁股属于全世界。"她随后被判处十八个月的软禁，在此期间她都住在塞纳河畔马恩省的塞伊城堡里。

香奈儿也经历了与阿尔莱蒂相似的境遇。1944年8月，她被法国内政部队逮捕，原因是她和德国军官、疑似间谍的汉斯·京特·冯·丁克拉格的恋情。但随后她很快获释。据说，她事后"带着一种势利的不屑"讲述了"被捕时最可怕的事情是那个来抓人的士兵对她的门童直呼'你'"[13]。外界猜测，是丘吉尔本人曾出面为香奈儿说情。十几年前，香奈儿曾和丘吉尔的密友威斯敏斯特公爵本铎（Bendor）有过一段恋情，丘吉尔可能因此对香奈儿心怀恻隐。之前，为了解救她的战俘侄子安德烈，她曾写信请丘吉尔出面干预一个复杂且极具争议性的谈判。参与谈判的还有香奈儿在马德里的交际花朋友薇拉·隆巴尔迪（Vera Lombardi）以及一位名叫泰奥多尔·莫姆（Theodore Momm）的德国上尉。尽管没有证据证明香奈儿曾背叛法国，但这些行为显然不算体面。香奈儿随时准备着在对她有好处的情况下勾搭德国人，还曾"长篇大论地批评犹太人种"[14]。能逃脱牢狱之灾乃至杀身之祸对香奈儿来说实属幸运。[15]

作为军情六处的特工，英国记者马尔科姆·马格里奇（Malcolm Muggeridge）也来到了解放后的巴黎。他立即被巴黎充斥的复仇式的狂怒和混乱的状况震惊了。在弗雷讷监狱,他惊恐地发现,单人牢房里往往关着五六个女人。他总结说法国的司法和监狱系统都已经不堪重负。他的主要任务是调查作家沃德豪斯和他的妻子埃特尔以及香奈儿。沃德豪斯和他的妻子一直生活在布洛涅附近的勒图凯市。1940年5月德军占领了勒图凯市,随后一年多的时间,沃德豪斯被辗转关押在好几个集中营。但1941年6月,沃德豪斯以年事已高为由获释。他被送到柏林,埃特尔也跟到了柏林,此前,她被关押在法国。沃德豪斯随后接受了一家德国电台的邀请,录制五期谈话节目。这个名为《如何在没有训练的情况下做一个囚犯》的节目讲述了沃德豪斯在监狱经历的一些幽默逸事,并没有政治意味。节目先是在美国广播播出,当时美国还没有和德国开战。但后来,这些节目也在英国播出,并很快引起了轩然大波。尽管节目的内容无可厚非,但由于节目是德国电台录制的,这让人感到他是在帮助纳粹。然而马格里奇在慎重考虑后得出结论:并没有证据能证明沃德豪斯有过叛国行为,或故意地帮助过敌人,那些广播并不亲德,也不反德,它只是"沃德豪斯的风格"①。了结此案后,马格里奇把注意力转向香奈儿。他发现,她已经成功地经受住了第一波"锄奸"运动。香奈儿的方法"就像拿破仑将军成功的方法一样,极其简单,她在商店的橱窗里贴了一张告示:美国陆军官兵可以免费领取香奈儿香水。美国军人果然在香奈儿商店的门口排起长队,等着领取他们的免费香奈儿5号香水,如果法国警察敢动香奈儿一根毫毛,这

---

① 英国人从未原谅沃德豪斯。1947年,沃德豪斯夫妇离开法国,到美国定居。

些美国大兵一定会不依不饶"[16]。

在马格里奇看来，六十多岁的香奈儿"非常老态，几乎脱相了。我隐隐觉得她可能当天晚上就会去世"。这种早衰可能是她长期吸毒的缘故。战前，她和密友米希亚·塞尔特就曾多次造访瑞士的各大诊所，囤积吗啡。开战后，获取毒品越来越困难。1942年1月，她的朋友、记者布洛斯·李斯特吕伯（Boulos Ristelhueber）不得不紧急造访一个通宵药店，为香奈儿和米希亚购买鸦片。此时，两人的毒瘾已经积重难返。马格里奇后来把和香奈儿度过的这个夜晚写进了一份报告里。他总结道："真的，我没什么好说的。我确信不管'锄奸'机制再怎么精细也不会锄到香奈儿这里——事实证明确实如此。"[17]

1944年，尽管双方都还偶尔诉诸野蛮报复，但越来越多的人决定诉诸当时还不算完美的法庭。勒妮·梵克在1942年自杀后，她的朋友和前恋人伊利·斯卡利此时开始代替她到法庭做证，支持维希政府官员勒内·马蒂。马蒂是勒内·布斯凯的表亲。马蒂曾多次给斯卡利提供过官方通行证，让他自由穿越法国不同地区，并对他的商业活动睁一只眼闭一只眼。战后，马蒂上校被梵克雅宝公司雇用。一个女人自1919年就在该公司任抛光师。她的女儿后来说，很明显，马蒂继续享受着"高级别的保护"。梵克雅宝公司和政府打交道遇到麻烦时，马蒂总是能派上用场。"例如，梵克雅宝一度遭遇了一系列盗窃案，丢失了许多宝石和首饰。'上校'最终解决了问题。他推断肇事者一定是个内鬼。警察审问了全体员工，最终发现了罪犯。"[18]

法兰西喜剧院最受尊敬的女演员之一玛丽·马尔凯(Mary Marquet)此时也因通敌被捕,关押在弗雷讷监狱。她在审判中承认曾在1943年联系维希警察,要求他们阻止她儿子弗朗索瓦加入抵抗运动。但是,弗朗索瓦还是不顾警告开始抵抗行动,随后被捕并被驱逐到布痕瓦尔德集中营。他在那里遇害。马尔凯最终被无罪释放。这也许是人们认识到她已经遭受足够的不幸,或许是人们明白母亲都会保护自己的孩子,又或许是人们相信她并没有给敌人提供什么秘密情报。尽管如此,她再也没能在法兰西喜剧院表演。尽管她直到1979年8月才去世,但她的职业生涯已经毁于一旦。从此以后,她只能在一些无足轻重的电影或轻喜剧里扮演一些角色,艰难地讨生活。

与之形成鲜明对比的是女演员贝亚特丽斯·布雷蒂,她从一开始就坚决拒绝在一个排斥犹太人的公司里继续表演。[19]于是,她全身心地跟随乔治·曼德尔并照顾他的女儿克劳德。曼德尔曾在布痕瓦尔德集中营拒绝了布雷蒂的求婚。后来,他被盖世太保移交给了维希当局的民兵组织。之后,他从一个监狱辗转到另一个监狱。最终,1944年7月7日,他的囚车途经枫丹白露森林时,民兵把他拉下车后暗杀了他。几个星期前,他还在布痕瓦尔德集中营给布雷蒂写信倾诉衷肠。这封信在他死后被送到了布雷蒂手中。曼德尔在信中表示,他对布雷蒂的遭遇感同身受并深感悲哀:"你的事情就像我自己的事情一样深深地触动着我的心……在我流亡前所有的遭遇都不像你在法兰西喜剧院遭遇的前所未有的恶劣对待对我的影响深刻……所以,你放心,只要我一息尚存,我都盼着你得到你应得的补偿。"[20]

曼德尔去世两个月后,9月18日,布雷蒂终于重新登台,表演她最为人熟知的角色——莫里哀的《无病呻吟》中的托瓦奈特。台下的观众为她的回归献上了热烈的掌声。

塔巴林舞厅的明星萨迪·里加尔(艺名"弗洛朗斯")用亲身经历证明了艺人可以在不通敌的前提下继续演出。她曾伪装成一个细心而优雅的法国妻子,帮着护送逃亡者和犹太前警察或士兵。1944年夏天,一位德国文化官员警告萨迪的舞伴兼恋人弗雷德里克·阿普卡,说他们正准备逮捕萨迪。于是,萨迪躲进了一栋郊区僻静的安全屋。弗雷德里克也曾用它来隐藏其他犹太人,其中包括德朗西监狱的犹太逃犯、抵抗英雄吉尔贝·杜康医生和莫里斯·莱博维奇。两人都曾得到过萨迪的帮助。一天早上,美军的坦克停在萨迪的门前询问巴黎的方向。弗雷德里克和萨迪跟着坦克一直到了巴黎,在那里,他们亲眼看到了巴黎解放前的最后时刻。他们高兴地看到杜康正穿着法国军官的制服战斗。

1944年8月的巴黎充斥着欣喜和惩罚——这是一个奇怪的组合。战斗结束后,美军给当地人分发了巧克力、橘子、口香糖和香蕉——巴黎人已经有四年没见过这些奢侈品了。对于许多经历了占领年代的巴黎女人来说,严峻的生活似乎终于要结束了。但是庆祝还为时尚早。战争仍未结束,德国人还没想要投降。在到达法国后不到一个月的时间,李·米勒生动地报道了圣马洛的战斗。她还采访了四十四野战医院,她在那里看到青霉素紧缺,医生不得不同时使用卡尔瓦多斯苹果白兰地。但让她失望的是,她没有被允许跟随盟军八十三师继续挺进德国。她告诉她的编辑:"我非常不想去巴黎，特别是现在我已经尝过火药的味道。"[21] 但她还是爆出了猛料。一开始，她的任务是报道圣马洛的战后重建情况，但她到达那里才发现战斗仍在进行。她在 *Vogue* 发表的文章里出人意料地写道："我蹲在一个防空战壕里，突然踩到了一只横空飞来的已经脱离身体的手。我诅咒那些在这个美丽的小镇上做出如此肮脏丑陋行为的德国人……我捡起这只手，把它扔回了它之前飞来的方向，然后赶紧跑回来，在路上我的脚在石头上碰得青紫，还在血泊中打滑。上帝啊，这实在是太可怕了。"[22]

米勒能够直面恐怖，而非对那些难以启齿的事躲躲闪闪，这给了她的照片和文字一种原始的力量。当时，很少有记者具备这种力量，无论男女。但这也可能造成了她最终精神崩溃，在生下她唯一的孩子之后，米勒无法继续工作。短期内，这还给她带来了麻烦，因为她没有按规定待在官方事先划定的区域进行采访。但后来她搬到了巴黎——她太熟悉巴黎了，她的青春恋情就发生在这里。她住在接待所有外国记者的斯克里布（Scribe）酒店，那里的房间十分舒适。她很快意识到，巴黎有多到让她写不完的故事。

此时住在斯克里布酒店的还有来自芝加哥的玛丽·威尔士（Mary Welsh），她是《时代周刊》的特派记者。威尔士被派来写巴黎时尚业的复苏以及精品店的橱窗的内容——对于这个 8 月在巴黎的战地记者来说，这是十分温和的话题。当时，她正和海明威热恋中，并很快和海明威一起搬进了丽兹酒店。海明威此时常常和他的抵抗行动的友人坐在卧室的地板上，一边喝着香槟，一边擦拭武器。[23] 海明威常把和他一起战斗的友人称为"海明威师团"。不过，作为战地记者,他知道自己不能指挥军队。8月26日下午,海明威和朋友们观看了戴高乐的胜利游行后直奔莎士比亚书店。战前,他经常流连于这家书店,并和女老板西尔维娅·比奇成为好友。西尔维娅在维特尔监狱经历了六个月的痛苦煎熬后终于在1942年获释。她后来回忆起胜利日的下午:"我飞奔到楼下,和海明威撞了个满怀。他抱起我来转圈,还亲了我,街上的人和店里的人都为我们欢呼。"[24] 西尔维娅此时有一个法国女情人,图书管理员阿德里安娜·莫妮耶(Adrienne Monnier)。占领期间有几个月,莎士比亚书店被迫关闭。此时,西尔维娅和阿德里安娜欣喜地发现,纳粹并没有发现她们藏在楼上的宝贵书籍。她们因此邀请朋友到她们的公寓里一起畅饮庆祝。尽管如此,海明威还是谨慎地先去楼顶查看是否有狙击手,然后带着他的人一起解放了丽兹酒店的酒窖——这件事他事后很喜欢提起。

米勒则兴致勃勃地与老朋友保罗·艾吕雅、努什·艾吕雅、毕加索重逢,他们还住在奥古斯丁大帝街。她目光锐利地发现墙上有弹孔,而女孩子们的头里插着鲜花,她们骑自行车,到处献吻或是畅饮香槟——米勒由此看到巴黎女孩如何绽放光彩。"与强调实用和节俭的英格兰女孩相比,这些法国女孩的打扮欢快而迷人。裙摆宽大,腰线细致。她们在发型上大做文章,前面是垫高的蓬巴杜发型,后面是挥舞的发辫。她们还爱穿笨拙而花哨的厚底楔鞋。鞋子变了,法国女孩的步态也从战前的提臀小碎步变成了一次性抬脚大步走。"当她问美国士兵觉得巴黎怎么样时,对方马上满眼艳羡地说,这是"世界上最美丽的地方,人们都散发着美妙的气味"。大多数美国人都喜欢巴黎,并且惊讶地发现"巴黎女人都打扮得如此美丽可人,而不是想象中的瘦削、饥饿和穷酸"[25]。

不过,就像米勒细心观察到的那样,确实有许多人是瘦削、饥饿、穷酸的,她们只是没有上街而已。那些走上街头的都是精神抖擞、欢欣鼓舞的年轻姑娘,"带着胜利的狂喜且为她们的战斗伤疤感到骄傲"。这些巴黎人下定决心,即便没有食物,也要加入"全世界最大的派对"[26]。

在解放的混乱中,德国人不顾一切想要抓住最后的机会将抢来的宝物带走。此时,铁路工人已经开始罢工,许多德国平民拖着大包小包来到火车站,却发现无车可乘。一些画商也疯狂地试图带着最后一批藏品逃离。关键时刻,又是国立网球场现代美术馆的罗丝·瓦朗不知疲倦地救下了整整五节货运车厢的绘画和艺术品,价值连城。瓦朗日复一日冒着生命危险在国立网球场现代美术馆偷偷记录着纳粹的盗窃行为。她得知,8月1日,纳粹的罗森博格特别任务组将把所有剩下的艺术品匆忙打包,装上40044号货运列车运往德国。德国人计划运走的赃物中甚至有一些在纳粹看来是"堕落"的艺术品,这大部分是犹太人保罗·罗森博格的私藏。

40044号货运列车搭载五节车厢,里面装了967件画作,包括毕加索、杜飞、郁特里罗、布拉克、德加、莫迪里阿尼、雷诺阿、塞尚、高更和图卢兹-劳特雷克等的画作。此外,德军还安排了五十辆卡车运送一些从犹太人那里偷来的其他物品。瓦朗立即通知了她的上司乔加。乔加又把这些线索透露给抵抗者。最终,抵抗组织通过包括破坏行动在内的各种方式成功地在巴黎北部的奥贝维耶火车站拦截了一辆即将开往德国的列车,列车里装满了艺术品。

1944年8月27日,刚刚参与解放巴黎的法国第二装甲师的一个分支部队查获了一班列车。带领这支部队的是逃亡画商保罗·罗森博格的儿子亚历山大。由于担心车厢里有法国囚徒,士兵们没有马上开火。他们大力撞开车门,随后从里面抓出了几个德国老兵。这些人的任务是将列车里的战利品护送到德国。亚历山大在这列火车里发现了自家的画。他上一次看到这些画还是在他们家的公寓里。

与此同时,罗丝本人却一度被自由法国部队的解放者逮捕。他们怀疑罗丝通敌,用机关枪抵着她的背部,迫使她打开公寓地窖的门,检查她是否在那里藏匿了德国士兵。在确认她并没有通敌之后,法国士兵释放了罗丝,她很快重返工作岗位。11月24日,法国成立了艺术品追索委员会(CRA),罗丝·瓦朗出任该委员会的秘书长,实际上就是头号领导。她被推选去德国寻找法国丢失的艺术品,此后的五年,她成了法国政府和艺术品追索委员会之间的重要联络人。

1944年3月20日,戴高乐的临时政府宣布,将在解放法国全境后进行史上首次允许妇女投票的选举。在选举得以开展之前,临时政府成立了一个协商性的议会。戴高乐将军任命露西·奥布拉克(Lucie Aubrac)作为抵抗者的代表出席该议会。奥布拉克是个大胆的抵抗者。她曾组织营救她的丈夫雷蒙德·萨米埃尔(Raymond Samuel)逃出里昂的监狱——她假装怀上了萨米埃尔的孩子,因此必须和他结婚。作为第一位进入法国国会的女性,奥布拉克敏锐地意识到,在法国人民重获自由的同时,也对解放做出了某种男女有别的举措。她认为,法国应该避免陷入过于简单化的概念:女人是通敌者,而男人则加入了战斗。她坚称,是女性给抵抗运动带来了广度和深度:女人们待在家里,于是能够照看至关重要的信箱;女人们拿着大袋子不会引起怀疑,因此成了送信员;何况女人们确实使用了武器。并不是每个巴黎人都准备好了聆听她的声音,大部分人还忙着让生活重回正轨。1944年,兴奋的气氛重归平静,这不仅是因为天气寒冷、食物和燃料短缺,还因为人们知道仍有至少300万法国人不是死亡就是失踪或仍关押在德国的战俘营里。解放后,法国出现了一大批图书、杂志和宣传册,其中一张照片吸引了我的注意:1944年圣诞日,从巴黎的一个屋顶望去,万里晴空——这是20世纪最寒冷的冬天之一,但巴黎上空并没有从烟囱冒出的烟雾。[27]

第八章

1945：巴黎归来

1945年1月1日，托尔高军工厂陷入沉寂。这座位于德国东部的军工厂是拉文斯布吕克集中营的子营。在这里被迫劳动的女人们有一天的休息时间，有时候，她们觉得一刻也干不动了。雅克利娜·马里耶觉得自己陷入了黑暗。"我们感到非常寒冷：外面只有零下20摄氏度！雪覆盖了一切。我们都吓坏了，幸好我们没有镜子。但我可以看到我的母亲，她的腿瘦得皮包骨头，还要穿上重得离谱的胶鞋，这让我特别难过。但她本人却保持着难以置信的宁静，悉心地关怀我们这些年轻人。她头脑特别清楚，因为她经历过1914—1918年的战争。她警告我们战争的末期也许是我们需要忍受的最艰难的时期。"[1]

1945年的1月和2月，欧洲出现了20世纪以来最寒冷的天气，暴风雪频繁，气温偶尔会低至零下25摄氏度。这样的严寒一直持续到3月中旬。即便战争确实行将结束，集中营里的一些女人感到自己一天也撑不下去了。她们拖着病体，长期处于半饥饿状态，忍受着水泡、冻疮、坏疽等问题。有时，人们会发现冻在地里的尸体，想必是在死者倒下的那一刻就迅速冻住了。有一天，弗吉尼亚发现一个朋友蹲在垃圾堆后面抽泣："我想死。我再也忍不了了。我想马上死。"[2] 3月，盖世太保前来视察托尔高，逼问工人们为什么不能进一步提高生产力。这让在那里的巴黎女人们陷入了进一步的恐慌之中。"虽然德国已经陷入混乱，但法国女人们仿佛觉得是她们的生产力不足造成了伟大德意志帝国的陷落。"[3]

但后来，这些女人毫无理由地被推上拉牲口的卡车，送到拉文斯布吕克的另一个子营——临近莱比锡的马克莱贝格集中营。对于雅克利娜和她的母亲来说，这已经是她们的第四个集中营，也是条件最苛刻的一个。在连日的旅程后，迎接她们的是：

"又一个军官的殴打和咆哮，他看起来是我们见过的最疯狂的一个……我们（二百五十个法国女人）住在同一个简陋的棚屋里……其他营房还有一千三百个匈牙利犹太人，她们来自奥斯维辛或贝尔根－贝尔森集中营……纳粹党卫军和监狱的囚犯牢头们对法国女人尤为苛刻：天刚亮，我们当中大部分人还疲惫得跌跌撞撞，就要开始从冻住的土地里挖石块。我们每天工作12个小时，随时可能被暴打。有时候，我们还要把巨大的滚筒沿着道路拉到集中营附近。还有时候，我们被迫去森林里砍伐树木。还有更可怕的，就是我们需要整天卸载煤车。我们没有手套，没有袜子，没有换洗衣服，更没有肥皂！我们总是湿漉漉的。而我们的食物只有大头菜稀汤，里面的面包块体积非常小，而且越来越小！那些日子似乎没有尽头，我们经常感觉我们会当场死亡……我们甚至连女鬼也不是，我们是如此地丑陋。"[4]

她们知道，战争即将结束，她们能看到炸弹在莱比锡城爆炸的火光。雅克利娜写道："党卫军得知坏消息后，对我们的态度更为残暴。我们的力气几乎耗尽，配给的汤里也已经几乎不含任何固体。我们怎么能够坚持到最终获救？我们的世界如此灰暗悲惨，我都不敢再看我母亲每况愈下的身体。"[5]她仍保持着迫切的求生欲，这就像一场和纳粹的赛跑。

热纳维耶芙·戴高乐幸运地逃过了严峻的最后几个月。1945年2月下旬，她从拉文斯布吕克获释。[6]突然有一天早上，警卫给了她一些古怪的衣服来掩饰她瘦弱的身躯：一件宝蓝色的短袖连衣裙、一双帆布鞋和一件大衣。令人惊讶的是，这件大衣正是热纳维耶芙到达集中营时穿的那件。她还用一块毛巾布打包了一些特殊的杂物，作为集中营生涯的纪念品。随后，她被带去见一位盖世太保的高级官员。"他和我聊起巴黎，他在那里住过几个月，现在还很怀念那段日子。"那位盖世太保的秘书也对热纳维耶芙讲述她多么喜欢巴黎，还请热纳维耶芙在她的纪念册上写了几行法语流行歌曲的歌词——"比如，吕西安娜·布瓦耶（Lucienne Boyer）一首歌的开头几句，我太喜欢她了。"随后，热纳维耶芙在两名党卫军人和一个监狱警卫的看守下最后一次走出拉文斯布吕克的大门，尽量无视冰冷的冬雪和寒风。和她同行的还有另一个女囚。"那是一个十分憔悴的女人，看起来十分苍老……她剃光的头上长出了几根白发。"[7]热纳维耶芙和她牵着手，一路走利伯瑙（Liebenau）难民营。在那里，热纳维耶芙终于可以开始休养身体了。

和热纳维耶芙同时获释的还有她的同伴弗吉尼亚·德·艾伯

特-莱克。此时的弗吉尼亚已经瘦得"像临终的甘地"[8]。弗吉尼亚的获释很大程度上要归功于她在美国的母亲反复致信艾森豪威尔。而热纳维耶芙的获释则与她的叔叔——此时法国临时政府的总统戴高乐的要求有关。戴高乐从他的哥哥、热纳维耶芙的父亲格扎维埃那里得知了她的情况,格扎维埃当时是法国驻瑞士的总领事。热纳维耶芙始终坚持她的叔叔与她的释放无关。而事实上她可能一直不知道戴高乐的行动。她一直认为戴高乐不会利用自己的影响力去帮助任何一个家庭成员。但有证据显示,1944年9月,戴高乐曾将自己的担忧告知日内瓦的国际红十字会,还写信给德国红十字会,请求将热纳维耶芙送去瑞士休养。[9]

对依然留在拉文斯布吕克的巴黎女人来说,最后几个月如地狱一般。每个人都越发虚弱、寒冷,病情加重。同时,空袭更加频繁,集中营的警卫也更加神经质。一些人甚至将收音机偷偷带进了拉文斯布吕克,于是更多的人开始偷偷讨论盟军的推进。

1月中旬,苏军已经推进到距离集中营不到400英里的地区,纳粹也加快了屠杀集中营人口的速度。有的人单纯是因为疲惫或在极冷的天气里工作而丧生。枪毙已无法满足杀人的进度,越来越多的人被送入毒气室。1945年1月,奥斯维辛集中营关闭。德军将拉文斯布吕克集中营焚烧炉边上的一个小型建筑作为临时毒气室,每次将150个女囚送进去,随后从屋顶灌入齐克隆B毒气。目击者称,她们会听到持续两三分钟的哭喊和尖叫,随后则是一片死寂。

1945年4月,德军拆除了这个临时毒气室。但是,根据当时在场的波兰抵抗者卡洛琳娜·兰卡洛斯卡(Karolina Lanckarońska)

伯爵夫人回忆,"集中营附近的森林里出现了一个类似公交车的机器,外皮被涂成绿色,[10]在森林里显得很低调。那是个移动式毒气室,是纳粹新一代死亡机器"。

4月,集中营里进行了一次点名。阿尼斯·吉拉德和埃米莉·狄戎都被迫站在队列里。但这一次,埃米莉被选中了。阿尼斯赶紧跑去通知埃米莉的女儿、藏在医务室里躲过点名的热尔梅娜,但为时已晚,埃米莉已经被带走了。她们认为埃米莉被带去了"青年营",这是即将被送进毒气室的囚犯的最后牢房。但她们不知道具体在哪里。几天后,她们听说埃米莉已经在毒气室遇害。阿尼斯从未停止责备自己,一谈到此事就会忍不住哭泣。珍妮·鲁索一直认为当时她们什么也做不了,她说埃米莉坚持认为"我一向直面生活,我也期待能够直面死亡"[11]。何况,救下埃米莉意味着其他人将替她送死。集中营里的法国女人都尽力保护过这个有尊严有勇气的女人。但就像在日常生活中一样,集中营里也少不了分歧。包括路易斯·德·博尔兹在内的一些人认为,热尔梅娜应该承担责任,是她没有陪在自己的母亲身边直到最后一刻。[12]①

4月,奥黛特·法比尤斯和雅克利娜·达兰库等从拉文斯布吕克获释。这是瑞典红十字会副主席、皇室成员福尔克·伯纳多特(Folke Bernadotte)爵士努力的成果。1945年2月下旬,希特勒已

---

① 还有许多母女互相帮扶的故事。苏珊·勒格朗(Suzanne Legrand)曾经庇护逃亡的飞行员。在集中营里,她大胆地将母亲从毒气室的边缘拉了回来。当她听说母亲已经站在即将被送到毒气室的队列里时,她偷了一身警卫制服,一边大喊大叫并掌掴了她的母亲,一路把她拽出了队列。其他警卫都在一旁困惑地看着。这对母女最终幸存了下来。(卡罗琳·麦克亚当·克拉克2014年10月1日与笔者的谈话)

经决心消灭所有集中营的亲历者。伯纳多特则开始了一个冒险的行动——与希姆莱就释放集中营受害者进行谈判。他安排白色大巴将受害者送到中立的瑞典马尔默市休养。最初，这项计划只针对北欧国家公民，不过很快它的目的变成尽量多地救人。最终，超过1.5万名集中营囚徒通过这项计划获释。最后一班白色大巴在4月25日离开。作为额外的救助方式，这一天，共有四千名女囚徒被送上开往德国汉堡的瑞典列车。不过，这辆列车却在德国北部的吕贝克城外发生了故障。人们打开车门时发现已经有四名女性死在了车厢里。

图凯特·杰克逊也在同一个瑞典红十字会救助计划的帮助下重获自由。包括她在内的二百四十四名拉文斯布吕克集中营的女囚从吕贝克乘坐瑞典客船"莉莉·马蒂森"（Lillie Matthiessen）号从吕贝克逃到了马尔默。一经抵达，她就迫不及待地打听丈夫萨姆纳和十几岁的儿子菲利普的消息。她颤抖着给她的妹妹写信。她的"三个手指上还有未愈合的伤口，几乎握不住笔，且没有眼镜"。图凯特还写道："我患上了中耳炎。我的一只耳朵还在不停地流脓——我只有一边的耳朵能听到声音。我的双脚都肿了，我还患上了可怕的痢疾。尽管如此，我的士气还是不错的。"[13] 美国红十字会官员在1945年4月29日的报告里写到了，杰克逊太太的手和腿上都有溃疡疮，并需要马上就医清理耳部脓液。报告里专门写道："她几乎是皮包骨头。"[14] 而她的皮肤已经被虱子叮咬得坑坑洼洼。

不过，她的士气还是不错的，因为她相信她的丈夫和儿子还活着。然而，到了6月，她终于得知她的丈夫萨姆纳、儿子菲利普与其他2000名囚徒一起从诺因加默集中营坐上了纳粹党卫军"提尔贝克"（Thielbek）号运囚船。这艘船随后遭到英国皇家空军扫射。菲利普抱住一块木板漂浮着活了下来，而他的父亲最终被淹没在吕贝克湾。7月，图凯特给萨姆纳的妹妹写信说，她想在力所能及的范围找一份工作："法国的生活非常昂贵，我们的收入不足以弥补所有的开支。我想让你知道，我对萨姆纳的爱从未停止。我对他保持着巨大的钦佩和尊重。他是一个品质非凡的人。"[15]

图凯特还算比较幸运。对于雅克利娜·马里耶和她母亲这种此时仍在德国集中营里的人来说，前景越发灰暗。德国人开始将所有仍然能行走的囚犯编成两三百人的队伍，强制这些女人向西步行撤离。德国人希望以此清空集中营，并指望一些囚犯在路上疲惫而亡，这样一来盟军抵达时，所有的集中营都将处于废弃状态，没有人能活着见证集中营里发生过的野蛮行径。德军甚至会在行进中射杀那些步履蹒跚的人。本就虚弱的囚犯完全没有准备好这次远行。她们衣不遮体，且已经几个月得不到足够的食物，此时正忍受着饥渴。

从4月13日到5月9日，雅克利娜和她的母亲在路上到处寻找能吃的草。她们像僵尸一样行走着，脚上流着血。[16] 偶尔，她们会在路上遇到被德国警卫抛弃的法国战俘，他们正挣扎着往法国走。战俘们会分给她们一些食物。其他时候，她们从草和水洼里啜饮水分，尽管分量极少，但最终拯救了她们的生命。如果分量多了，她们的胃也会受不了。不过，雅克利娜也认识到，她们很快就会崩溃，然后被活活打死。她们依次走过莱比锡、布亨（Bauchen）、沃尔岑

(Wurtzen)、奥查茨(Ochatz)和迈森(Meissen),最终抵达德累斯顿。那里已经被炸弹夷为平地,一队人似乎已经无路可逃。

○ ○ ○

1945年的巴黎已经没有占领者,城市也因此变了一个样子。等这些集中营的幸存者回到巴黎时,巴黎已经解放九个月了。大部分居民不想再提战争期间的事,只想回归正常的生活——这意味着那些让人联想起战争的骨瘦如柴的集中营幸存者会被忽视。一些幸存者回到巴黎时头发就被剃光了,身上还文着囚犯号码。这些女人很多瘦弱多病到连她们的家人都认不出来。她们发现,巴黎成了一座不愿意承认她们存在的城市。

政治犯西蒙娜·罗纳(Simone Rohner)4月获释。回到巴黎时,她又一次被深深地伤害了:由于没有头发,她被误认为"被剃头的女人"(被指责为通敌者),路人们会故意避开她。"一些平民会用厌恶的眼神看我们,一些人甚至会侮辱我们。我们满脸惊讶。什么?法国人还不知道有人被驱逐出境这回事?……我们不得不忍受尖酸刻薄,我们愤怒地大叫……我们受到了充满敌意的对待……我们被震惊了。"[17]

几乎所有的集中营幸存者曾欢欣鼓舞地认为,回到法国后就能"正常生活"。而现在,她们的幻想破灭了,法国人对她们反应冷淡,更谈不上什么同情和理解,她们被激怒了,悲痛欲绝。戴高乐在巴黎组建临时政府后,很快就开始组织被驱逐出境的法国公民回国。负责这项工作的是刚刚上任的战俘、被驱逐人员及难民部部长亨利·弗勒奈（Henri Frenay）。战争期间，弗勒奈也参与了抵抗运动，因此很明白一些女性曾为此付出过高昂的代价。但他却警告，"不确切的信息"可能会造成对囚犯的报复及其家人的不必要的焦虑。另外，作为1945年法国政府归国计划的一部分，弗勒奈敦促女性辞去她们的带薪工作，让男人重新成为"一家之主"，找回他们昔日的自信。[18]

除了几个少数的例外，"二战"期间几千名法国女政治犯的故事并没能被写进历史。法国历史学家安妮特·维沃尔卡（Annette Wieviorka）写道："人们在戴高乐的战时回忆录中读不到那些被驱逐出境的法国女人们。戴高乐将战俘的回归称作'一个盛大的全国性活动……充满了喜悦……国家接回了它的250万个儿子'。"[19]

表面上看，在戴高乐临时政府的执政下，法国正在重回正轨。1945年4月29日的法国市政选举中，女性首次获准投票。前一年，戴高乐政府发布政令称"女性亦是选民，资格条件与男性选民相同"。商店里重新出现了食物，其中包括香蕉，许多儿童第一次见到这种充满异国情调的水果。尽管如此，配给制度、排长队和随之带来的争吵依然存在。偶尔，一些家庭终于团聚，他们会从地窖或墙后找出占领时期小心藏起的好酒。但更常见的是，许多家庭得知他们深爱的人再也不会回来了，他们没有什么值得庆祝的事情。

巴黎解放后，盟军马上进驻，跟他们共同进驻的还有外交官、公务员、秘书和记者。许多人对法国时尚的浮华感到震惊。他们以为会看到一个长跪不起的法国，而现实是，在战争中瘦下来的巴黎女人穿着短裙，垫着垫肩，戴着奢侈的头巾（头巾里往往塞了旧袜子从而看起来更加圆润）。她们的衣着色彩鲜亮，且通常穿着高跟的木质或软木塞底的鞋子。一些美国人对这样的炫耀感到愤怒，毕竟战争仍在进行。但他们误解了法国文化和一些巴黎女人的信念：寒酸的打扮并不是爱国的表现，她们通过穿着奢华的服饰表达对德国占领者的不屑一顾。一些人甚至认为这本身就是一种抵抗。对于法国人来说，即使在占领下的四年里，时尚也绝非微不足道——对于留在巴黎的人来说，入时的打扮代表着对未来的希望。用旧窗帘布做一件新衣服，或是把那些回不了家的男人的西装改成女装——这都是让巴黎女人感到骄傲的事情。"许多法国女性试图表现自己的个性以及对敌人的蔑视。在整个战争期间，她们尽力保持着对时尚的敏感。这是为了保留骄傲，鼓舞士气并保持真正的自我，因为时尚就是她们表达自我的方式。"[20]

战争之初，法国高级时装工会主席吕西安·勒隆曾在与德国方面激烈争论后保住了巴黎作为法国时尚业中心的地位。此时，他感到有必要给美国版 *Vogue* 杂志撰文，为战后第一场华丽的时装秀做辩护。"四年来，我们努力地让时装业活着——这是巴黎头等重要的行业。大量工人保住了工作，避免了被送到德国强迫劳动的命运。最后，我们保住了巴黎高级定制时装业一如既往举世瞩目的地位。"[21] 在这种氛围下，他和高级时装工会公关负责人罗贝尔·里奇（Robert Ricci，设计师妮娜·里奇之子）联手，想出了一个绝妙的方案。他们效仿18世纪的做法，用打扮人偶的方式来向世人呈现时尚，他们将其称为"时尚小剧场"。

他们计划打扮一百七十个三分之一人身大小的人偶。他们用线缆制成人偶的轮廓，再安上瓷质的头部。超过五十个巴黎的知名时装设计师为这些人偶设计了服装，其中包括克里斯托瓦尔·巴伦西亚加（Christobal Balenciaga，巴黎世家创始人）、雅克·法特、让·帕图（Jean Patou）和埃尔莎·斯基亚帕雷利。这些设计师都望眼欲穿地想要恢复战前的财富水平。人偶们还戴着宝诗龙、卡地亚和梵克雅宝的真品微缩首饰。设计师还给这些人偶缝上了精致的内衣，尽管从外面几乎看不到。"时尚小剧场"的展台则由让·科克托和克里斯蒂安·贝拉尔等人设计。

这一次，巴黎主动出击，目的就是要大张旗鼓地展示法国高级时尚的主导地位和法国创意产业的优越性。新成立的法国重建部支持了这次展览。在法国经济濒临崩溃的当下，这次展览养活了数百名裁缝和珠子匠人以及纺织业的工人和手艺人。另一方面，这次展览还给法国带来了它急需的美元外汇，以重建摇摇欲坠的工业基础。工人们在没有暖气、电力和食物短缺的条件下赶工好几个月，精心制作了微缩的鞋子、手袋、皮带、手套和箱包。且由于纺织品短缺，很多衣服都是用碎布块制成。顶级发型师还用人的头发和玻璃丝混合，给人偶制作了优雅的假发。

1945年3月28日，"时尚小剧场"展览在卢浮宫开幕，当即大获成功。这次展览吸引了10万名参观者，并为法国募集了100万法郎的战后重建款。该展览很快成了一个全球巡展，12月初到了伦敦，随后又到了利兹、纽约、旧金山，次年又到了哥本哈根、斯德哥尔摩和维也纳。许多英国女性的战时衣装都强调舒适、克制和庄严肃穆。对她们来说，这些来自巴黎的性感且华而不实的服饰简直令人费解。

○ ○ ○

与此同时，审判继续进行。巴黎解放后至1949年7月1日，法国高等法院做出了108份判决，其中包括18份死刑。这是法国的合法锄奸运动（与群众锄奸运动相对）的一部分。如果把其他法国法庭的判决考虑进来，这一时期，共有6763人（其中3910人缺席审判）因叛国罪被判处了死刑。实际上，只有791人真正被处决，许多人逃脱了刑罚，还有人在审判期间去世。大多数人被降格为二等公民。这是解放后法国政府发明的一种处罚，其中包括剥夺罪犯的政治、民事和工作等方面的权利。

1945年初最引人注目的是对小说家、诗人、剧作家罗贝尔·布拉西亚克的审讯。他是法西斯报纸《我无处不在》的主编。布拉西亚克对共和党人、共产党人、犹太人和外国人进行了无情的攻击。他一度是法国最引人羡慕和唾骂的作家。1月19日受审时，他完全不知悔改。解放后的残暴场面让他相信"如果不是维希政权维持秩序并与德国合作，被占领四年的法国可能更加可怕"。

与其他通敌记者或政治家不同的是，布拉西亚克并没有企图逃跑，他决定坚持到底，坚称他是一个爱国者，忠于合法的维希政府。[22] 他的老乡玛格丽特·科拉瓦西耶（Marguerite Cravoisier）了解到他面临的危险，于是帮他在巴黎参议院附近的一个女佣宿舍里找了一个藏身之所。科拉瓦西耶和布拉西亚克都来自勃艮第地区的桑斯（Sens），多年以来，科拉瓦西耶一直单恋着布拉西亚克。他就这样在这里藏了一个月，还不知道他的母亲被法国内政部队下属的武装抵抗团体逮捕了，并将他母亲和一些政治犯与"性通敌者"关押在一起。得知此事后，布拉西亚克主动到警察局投案自首。他被控通敌，在叛国罪特别法庭接受了审判。当时巴黎汹涌着复仇的狂潮，而这场审判则显示了某种虚伪。主审法官曾效力于维希政府，他可能觉得重判布拉西亚克可以减轻自己的罪责。陪审团则全部由抵抗者组成，而布拉西亚克则强烈地谴责抵抗运动。陪审员们只讨论了25分钟就要求给他判处死刑。

阿莱特·格雷贝尔（Arlette Grebel）是报道这次审判的众多年轻记者之一。这位只有二十岁的女孩效力于《自由法国报》，并在报道巴黎解放时一举成名。幸运的格雷贝尔在一个充满机遇的年代以全班第一的成绩从巴黎新闻学院毕业。此时，通敌的媒体都被关停，而街上到处是无以伦比的兴奋情绪。格雷贝尔当时仍然缺乏经验，当她被派去报道《法国行动》背后的极右派理论家夏尔·莫拉斯的庭审时，她甚至不知道他是谁。解放给格雷贝尔这样的年轻女性提供了出头的机会。西蒙娜·德·波伏娃旁听了布拉西亚克的审判。次年，她在一篇长文中写道："在1944年9月，二十到二十五岁的年轻人拥有最美妙的运气。所有道路都为他们敞开：记者、作家、新进电影工作者。他们大胆发声，积极地做着计划，仿佛决定未来的只能是他们自己。"[23] 身着白色短袜和短裙的格雷贝尔完美地印证了当时法国人的普遍想法：年轻人可以帮助法国重新开始,法国的未来将不会染上战争时期的污点。

尽管戴高乐收到了为布拉西亚克求情的请愿,但最终他还是决定维持原判。他解释说:"不管是在文学界还是在其他领域,才华都意味着责任。"1945年2月6日,布拉西亚克被绞死。波伏娃拒绝签署求情请愿书。她表示,虽然她在原则上反对死刑,但她认为在布拉西亚克的案例中,死刑是合理的。但占领期间,波伏娃本人的立场也并不单纯。她自己也承认,在布拉西亚克努力创造的那个世界,她也是同谋。[24]这或许可以解释为什么她如此忌恨布拉西亚克这样的通敌知识分子。尽管波伏娃是一个坚定的反纳粹主义者,但在过去四年的大部分时间,她仍然吃得不错。其中一部分原因是她与让-保罗·萨特的关系。萨特的母亲在占领期间经常派自家女佣去黑市排队购买最好的食物。

波伏娃本人在为德国控制的巴黎电台工作期间也能买到黑市上的食物。她也因此能够招待毕加索和他的情妇多拉·马尔之类的客人。"她用碗盛上青豆端给我们,还做了蔬菜炖肉。我则总是负责准备大量的红酒。"[25]她和萨特公开对占领者表示过反对,也曾拒绝参加德国人支持的弗洛朗斯·古尔德的沙龙。不过,波伏娃还是签署了维希当局的保证书,宣誓她既不是犹太人也不是共产党员,从而得以继续执教。她还在出版自己的作品时接受了纳粹的审查,这意味着她事实上生存在德国人主导的体制内。与此形成鲜明对比的是,许多法国作家为了抵制这种审查干脆拒绝出版任何作品。萨特更是尝到了战争的好处:他取代亨利·德雷福斯-勒弗耶(Henri Dreyfus-Le Foyer),得到了巴黎孔多赛高中的教职。亨利是个犹太人，也是德雷福斯上尉的曾侄儿。

3月，轮到弗洛朗斯·古尔德接受考验了。她知道自己在战争期间立场暧昧，于是在解放后给法国内政部队支付了一笔慷慨的捐款，还邀请路过的美国人参与她每周四组织的午餐宴会。尽管如此，她还是不得不面对法国的预审法官。针对她的调查并没有侧重在她与德国人的友好关系，而主要是关于她为什么在1944年下旬投资了纳粹在摩纳哥成立的查尔斯银行。古尔德发誓这是因为她被敲诈了。她声称，如果她拒绝入股查尔斯银行，她的丈夫就要被迫向德国空军控制的德意志航空银行支付更多的钱，而这家银行和查尔斯银行亦有关联。她说她之所以投资查尔斯银行，是她相信"查尔斯①先生会保护我的丈夫。他现在面临着极大的危险。他已经六十七岁了，身体很虚弱。我担心他可能会被当作敌国公民被带到德国，被迫离开我们在瑞昂莱潘的家"[26]。最终，古尔德没有遭到起诉，她得以继续组织她的沙龙。

然而，三年后，法国官方重启了对古尔德的调查。调查报告显示，纳粹德国成立查尔斯银行的目的并不是支持战争，而是将德国的钱输送到国外，从而建立一个第四帝国，或是在战败的情况下提供现金——这显然是个更可信的版本。不过这一次，古尔德同样没有被起诉，调查报告中写道："古尔德这个在法国的美国人似乎在占

---

① 欧仁·查尔斯（Eugène Charles）是个瑞士商人，他的真实身份是阿尔布雷希特·冯·乌拉赫伯爵，当时正在德国驻瑞士伯尔尼的大使馆工作。在他的参与下，德国人通过摩纳哥的银行将钱从瑞士转到美国。欧仁·查尔斯的表弟路易二世当时正统治着摩纳哥。1945年5月，欧仁·查尔斯被捕，但没有受到进一步的惩罚。

领时期享受了特殊的保护。即便她没有触犯'通敌'罪，她的态度也不值得称赞。"[27] 古尔德是极其幸运的。

眼下，法国临时政府更急切的任务是抓捕那些公开执行过纳粹政策的法国人。1944年9月，眼看着巴黎马上要解放，一些维希政府的高层逃离了法国。一行人中包括费尔南·德·布里农、贝当、拉瓦尔和几位资深通敌者，比如吕西安·勒巴蒂、让·吕谢尔和他的女儿科琳娜。他们逃到德国南部的小村庄西格马林根，在当地的一个城堡里建立了流亡政府。到了1945年4月，就在美军空军逼近时，德国空军将拉瓦尔送到了西班牙的巴塞罗那。但在戴高乐的施压下，西班牙政府交出了拉瓦尔，并把他送到了奥地利的美军占领区。拉瓦尔和他的夫人在那里被羁押并移交给法国军方，随后他们被带回巴黎，关押在弗雷讷监狱。拉瓦尔夫人很快被释放，但她的丈夫留在监狱中，等待叛国罪的审判。而贝当也在1945年4月26日主动向官方自首。

在监禁期间，拉瓦尔写了他唯一的一本书——《日记》。这本书在他死后得以出版（1948年）。拉瓦尔的女儿乔塞执意要证明父亲的清白，她把《日记》的手稿逐页带出监狱。拉瓦尔坚信他能得到同胞的理解，因为他的行为符合法国人的最佳利益。乔塞和她的母亲一直以来也坚信这种看法。"她们处在持续的狂热中，痛苦混合着希望。她们忙着请愿、接受采访、打电话，尽一切可能争取让拉瓦尔活下来"。[28]

为此，乔塞请求过许多人的帮助，其中之一是著名的天主教作家弗朗索瓦·莫里亚克（François Mauriac）。他后来评论说，这是一宗毫无希望的案件。他写道："我永远不会忘记，一天晚上，皮埃尔·拉瓦尔那令人钦佩的女儿来请我帮忙，好像我能够救她的父亲……从某种角度讲，皮埃尔·拉瓦尔背负了所有人的仇恨，甚至包括贝当元帅的追随者的仇恨。从未有一个替罪羊像拉瓦尔这样被重判——这不仅是因为他做过的事，更是因为他说过的话。"[29]

乔塞使出浑身解数，雇用了经验最丰富的刑事辩护律师团队。她的丈夫勒内·德·尚布伦在美国度过了战争时期的大部分时间。此时，他也回到法国支持他的妻子和岳父岳母。他向新闻界说，他们有足够的时间搜集文件并从国外传唤证人，以驳斥针对拉瓦尔的所有指控。1945年10月5日，法院开始审判拉瓦尔，仅仅一个多星期后，他被判叛国罪成立，并被判处死刑。拉瓦尔随后曾试图服毒自杀，但由于毒药早已过期，所以并没有足够的毒性致死，拉瓦尔又被救活。10月15日，拉瓦尔被执行枪决。后来的四年，只有三名政客和拉瓦尔有同样的遭遇。①

宣判的瞬间，乔塞无比恐惧。她"吓坏了，就像一只受伤的动物。她那闪烁着超凡光泽的眼睛在一瞬间暗淡了下来，茫然地盯着周围的人。她无法接受这样的命运"[30]。但是她很快就恢复了士气。她终生未生育，一心致力于给她的父亲昭雪，并照顾她的狗。拉瓦尔一家在法国中部夏特丹（Châtelon）有一栋大房子，在院子里，乔塞精心打理着一个宠物狗墓园，外观和古村落教堂外的墓园类似。每一只以自然原因死亡的宠物都有自己的墓碑。那里有巴尔

---

① 其他三人是维希政府驻巴黎的代表费尔南·德·布里农、民兵团首领约瑟夫·达南。贝当本人也被判处死刑，但以年龄原因最终没有被处决。

耶（1890年）、蓬皮（1891年）、麻豆（1908年）、布鲁（1909年），这些都是乔塞出生以前就葬在此地的，然后还有"威士忌，索科的后代，生于1948年，死于1962年，我父亲的忠实朋友"。

大屠杀受害者的儿子、作家菲利普·格兰贝尔（Philippe Grimbert）在看到这个狗墓园后愤怒了。他的母亲和表兄在占领期间遇害。菲利普意识到他死去的家人一直没有被认真纪念过，这成了战争给他带来创伤的一部分。正是拉瓦尔决定在犹太人大逮捕行动中囊括十六岁以下的未成年人，他辩称这样可以避免家庭分离。连拉瓦尔的狗死后都能得到如此正式的纪念，这激怒了格兰贝尔，启发他写下了一本畅销的自传小说《秘密》。

1992年，乔塞·德·尚布伦去世。她的丈夫随后把她的手稿交给了她的传记作者伊夫·普尔谢（Yves Pourcher）。在普尔谢看来，乔塞对她父亲的信任如同一种宗教信仰，"她一直不承认对她父亲的审判的公正性，并且为她父亲战斗到了生命的最后一刻。她对她父亲怀着无上的敬仰"[31]。

除了妻子和女儿之外，大概没什么人会愿意为通敌者说好话。有的时候，即使是家人也会反目成仇。来自人类博物馆的早期抵抗者阿涅丝·安贝尔在德国的安拉斯（Anrath）监狱服了五年的苦役刑。她被迫在附近一个条件恶劣的人造丝厂工作，那里的许多工人最后眼睛都瞎了。她幸存了下来，1945年年初，在美军的帮助下重获自由。她随后在那里跟着美军工作了两个月，主要的职责是设立粥棚和针对德国平民的急救站。直到1945年夏天，阿涅丝才回到巴黎。在那里，她得知她的儿子、海军中尉让·萨巴格（Jean Sabbagh）解放后在波尔多被捕，原因是他在 1944 年曾负责那里的港口。阿涅丝在给让的信里写道："先生，我知道您因通敌被捕了。从此以后，不要再把自己当作我的儿子。"[32] 几个月后，两人还是达成了某种和解，但这个家庭还是承受了无法弥补的创伤。

还有一些人会主动帮助通敌者。其中之一就是科琳娜·吕谢尔的校友西蒙娜·卡明克。5 月，西蒙娜听说吕谢尔父女都已被捕，被关押在弗雷讷监狱等待审判。此时的西蒙娜"是个没有工作合同的演员，且即将成为一名未婚妈妈"。她的犹太父亲安德烈·卡明克现在已随自由法国部队回到法国，用西蒙娜本人的话说，父亲一回来就发现"他的漂亮女儿怀孕了，男方是个从来没拍出什么、只知道四处拈花惹草的导演。这个人还是父亲的直系上司阿列格雷上校的弟弟"。西蒙娜提醒父亲，正是她之前在《新时代》报社的工作带来的收入让一家人免于挨饿。她马上请父亲给让·吕谢尔提供一份正面的证词，"就像吕谢尔曾给卡明克一家人在一段时间里提供了生计"[33]。

这一年剩下的时间，吕谢尔父女二人辗转了不同的监狱。身患肺结核的科琳娜曾试图自杀。她仍不明白她和纳粹的良好关系意味着什么。她不断地询问：我做错了什么？我的家人做错了什么？她抱怨解放后在法国的监狱里遭受了恶劣的对待，还指责法国官员和她说话的语气过于严厉，而且没有给她的孩子提供足够的牛奶——这一切都表明了她在占领时期生活在温室中，对于那些被德国拘押的法国女人的遭遇浑然不知。但随后，那些艰难地拖着病体回到巴黎的人发现，在这里，浑然不知成了许多人的宗教信仰。

1945年6月归国的人群既包括集中营里的犹太人,也包括政治犯和战俘。他们大多乘坐火车抵达巴黎东站。法国政府新成立了归国服务部,并招募了一些女性工作人员。她们穿着制服,在东站迎接归国人员,还管战俘叫:"可怜的男孩子……"[34] 车站广播里放着马赛曲。作家玛格丽特·杜拉斯此时正焦虑地等待着她的丈夫,被关押在达豪集中营的罗贝尔·安泰尔姆(Robert Antelme)。这时,杜拉斯捕捉到一个画面:一位"女士"指着她的军衔责怪一个士兵:

"这位朋友——你怎么不和我行礼呢?你没看到我的上尉军衔吗?"她说。

士兵看了看她,说:"我?当我看到一个穿裙子的女人,我不会对她行礼,我只会和她上床。"那位女士震惊地退了一步,保持端庄。

杜拉斯在她的著作中精辟地描述了那种令人发狂的痛苦,对于那些等待丈夫的妻子、等待儿子的母亲,就犹如"太阳穴跳动的疼痛"[35]。电话或门铃是否会响起?是否会有人寄来一封信?他的狱友是否会带来坏消息?也许他会毫无预兆地直接给家里打电话?如果现在出门的话,是否会错过这一切?

很快,杜拉斯接到了安泰尔姆的朋友弗朗索瓦·密特朗的电话(法国前总统,杜拉斯在书中给他化名"莫朗"):"我记不清那是几号,但肯定是4月而不是5月。11点钟,电话铃响了,是弗朗索瓦·莫朗从德国打来的。他没有说'你好',他的语气近乎粗暴无礼,却十分清晰。'听我说,罗贝尔还活着。冷静。是。他在达豪。你尽量再听一遍。罗贝尔非常虚弱,虚弱到你无法想象。我必须告诉你,他也许会在几个小时里去世,顶多还能再活三天,不会再多了。'"[36]

事实证明,对于重病在身的罗贝尔·安泰尔姆来说,达豪集中营的解放来得十分及时。他幸存了下来,并于1945年5月13日回到法国。他的姐姐玛丽-路易斯·安泰尔姆被驱逐到拉文斯布吕克集中营,最终没有回来。杜拉斯后来回忆起,她和丈夫在战后团聚后,他总是带着"不好意思的微笑"。"他对自己仍在这里感到十分抱歉,整个人已经沦落到残骸一般。然后笑容会消失,他又变成一个陌生人。"[37]

安泰尔姆回到巴黎时体重不到40公斤,整整三个星期都处在死亡边缘。杜拉斯后来把这段经历写进了作品《没有在被驱逐时死去》,等待丈夫时的痛苦固然可怕,但更可怕的是后来帮助丈夫残损瘦弱的身体恢复健康的日子。此前的几个月,他只能吃到草和土。"如果他从集中营回来就开始吃固体食物,他的胃会在重压下破裂。"

杜拉斯特意用生动的笔触描写了她丈夫的身体机能变化。她总结说:"对于那些读到这些段落时退缩或者感到恶心的人,我只想在他们身上拉屎。我希望有一天,他们会遇到这样一个男人,他的身体会通过肛门逐渐流逝。我希望那个人正是他们最美好、最可欲和最深爱的情人。我希望他们遭到这样的摧残。"[38]

许多女人在重获自由后直接冲向鲁特西亚酒店。这个宏大的装饰艺术风格的酒店建于1910年,那是巴黎更加风光的时候。1939年9月,酒店接待了众多难民,包括一些赶在德国军队前逃到巴黎的艺术家和音乐家。巴黎陷落后,德军征用了酒店,将其作为军事情报机构阿伯维尔的基地,并享用了这里的高档酒窖。解放后,鲁特西亚酒店成了一个混乱的归国中心，服务于战俘、在战争中流离失所的人以及从德国集中营回国的法国人。他们当中许多人好几年都没睡过床了，此时也无法马上睡在床上。有的还穿着集中营发放的条纹外衣。

一些受害者家属每天都会充满希望地来到鲁特西亚酒店打听消息，查看归国人员名单。这里有战争、占领期间最令人痛心的故事。这些故事往往有深远的影响。往往在多年以后，绝望、疾病、自杀和死亡接踵而至，有的已经超出了本书的时间范围。事实上，很少有人顺理成章地得到了圆满的结局。杜拉斯的故事就说明了这一点。1942 年，她和安泰尔姆的孩子出生时就已经死亡。这场悲剧发生后不久，杜拉斯和他们共同的朋友迪奥尼·马斯克罗（Dionys Mascolo）开始了一段婚外情。这段关系在安泰尔姆被关押在集中营期间依然继续着。1945 年，在马斯克罗的帮助下，安泰尔姆恢复了健康。1946 年，杜拉斯和安泰尔姆离婚，次年，她和马斯克罗的儿子出生。

除了失去爱人，许多人在回归后不得不面对另一个层面的悲痛——他们的所有财产都已经丢失了，而且能够帮忙追回损失的人都已死去。德国占领者的主要工作之一就是抢劫犹太人的家居用品，这不仅包括精美的艺术品，还有一些日常生活用品。这一方面对物品的主人进行非人化，另一方面也给德国公民和东线殖民地的士兵抢夺一些小奢侈品。在维希当局和一些法国平民的帮助下，这种抢夺行为被合理化了。有时候，一些大楼管理员会帮忙照看犹太人留下的空房子（也有时候是朋友，如让娜·比谢照看维埃拉·达席尔瓦的房子）。但当这些房子被洗劫一空时，大楼管理员（通常是女性）会被叫来见证全部过程，给这种抢夺行为提供合理性。很多时候，这些管理员已经进去拿过一轮了。执行搬运任务的往往是一些巴黎本地的搬家公司。1943年7月到1944年8月，近八百名囚犯在一个仓库里整理德军抢夺来的家具和小物件。这种强迫劳动，他们短的做了几个星期，长的做了一年。①

这种抢夺的规模在兵荒马乱的战争年代并没有被完全确认。但可以肯定的是，从1942年到1944年，数以万计的住房被完全清空。罗森博格特别任务组的负责人科特·冯·贝尔在一份报告中提到，截至1944年7月31日，共有69619套住房被清空，其中38000套在巴黎。[39] 1944年夏天，德军开始撤退，在仓库里留下了一些带不走的物品。法国临时政府就是从这里开始了漫长而痛苦的物归原主的行动。几乎所有的物品的主人都是被驱逐出境的犹太人。和归还小物件相比，归还整个公寓是一个更痛苦的工作，这涉及强制现有的住户搬出公寓。而在物质极其匮乏的此刻，即便是归还小物件也并不轻松。一些人认为，不如直接把这些物品发放给数以千计急需它们的人。1944年11月，临时政府为此成立了一些专门的仓库，不过，这样的行动远远不够。

1944年，二十岁的弗里达·瓦滕伯格回到自己家中，她发现不

---

① 早在1943年，艾萨克·施尼尔森（Isaac Schneersohn）就开始在格勒诺布尔秘密地创建了一个现代犹太人档案中心（CDJC），专门记录对犹太人财产的收缴，以期在战争结束后帮助犹太人。更完整的记录参见《纳粹在巴黎的苦役营：奥斯德利兹、列维坦、巴萨诺，1943年7月至1944年8月》。

仅所有的家具和个人物品被洗劫一空,连电灯开关都被拆卸,目的是取走里面的铜丝。[40]同时,法国临时政府决意强化国家团结,试图在11月强制实施法令,将易主的物品物归原主。不过已经有几十个民间团体组织起来,试图将战争期间的物权更替永久化。1945年8月,法国租客总联盟致信政府,威胁说如果政府强制执行法令,将有可能"加强法国业已存在的反犹主义"[41]。多达13.5万组赃物在尚未物归原主时就已经被转手。很多犹太人不得不出钱从国家那里买回自己家的财产。尽管经历了种种挫折,法国政府还是成立了转手物品归还服务处,并为其分配了相应的财政预算。1945年4月,法国政府还取缔了两个意图阻止犹太人拿回失物的民间组织。

美国历史学家蕾奥拉·奥斯兰德(Leora Auslander)2005年在她凄美动人的文章《回家?犹太人在战后的巴黎》中写道:"这些日常家居用品不过是冰山的一角,下面还藏着:被没收的银行账户、藏书、艺术品、企业、股票、债券和1940年住在法国的犹太人的家园。事到如今,物归原主和补偿损失(包括治疗精神创伤和补偿人命损失)的工作仍在进行。"[42]诚然,法国不是唯一一个在战后面临犹太人财产清空且无家可归这一问题的欧洲国家。而且在法国,犹太人和非犹太人都遭受了苦难。"但回到法国的犹太人的经历是特殊的。因为非犹太人的财产是被敌人洗劫的,而抢夺犹太人的财产常常是他们眼中的同胞,甚至是邻居……对于归国人员来说,更痛苦的是看到巴黎人对他们回国的努力反应冷淡。"[43]

政府主导的物归原主工作遇到了巨大的反对,许多人一心想要留住战争时期的"战利品",其中不乏一些女性,她们为能够获得这些物品感到骄傲。物归原主的流程也因此变得极其复杂。首先，失主需要写一份说明，阐述自身的情况，并附上一份清单，详尽地列出他们离开时留在家里的东西。此外，他们还要提供门房、房东或者公寓管理员的证明，确认这些东西确实是被没收了。此外，法国政府清楚地告诉失主们，除非他们的物品是在掠夺的最后阶段被收缴，即1944年春季之后，否则他们不太可能找回自己的财产，因为那些东西大多已经被及时运走。

奥斯兰德的文章中提到，1944年秋到1947年，数万名归国人员提交了寻物申请，这其中有男有女，有穷有富，有法国人也有外国人，但很少有人拿回失去的物品。[44]这些物品里可能是他们煞费苦心地买来的，或者是从国外运到巴黎来的，或者是继承而来的，无论如何，这些物品里都倾注了情感。历史学家估计，只有约20%的失物最终物归原主。这种剥夺打击了法国人身份的核心，正是这些日常生活的家居用品定义了人们的身份：一个人是谁？他曾过着怎样的生活？尽管提交寻物申请的通常是男性，但室内装饰（在许多文化中）一直是一个女性的活动，此时，她们正焦急地用物品重建生活。直到1947年，仍然有法国人在递交寻物申请，不过他们已经在付出了太多情感和期待后感到越来越绝望，许多人的满心希望已经变成了满腔怒火。

○ ○ ○

不管是否是犹太人，大多数被驱逐的巴黎人都梦想着有一天他们将返回巴黎。但当他们真的回到巴黎时，却充满了深深的失望。雅克利娜·马里耶回忆道："可以肯定的是，像成千上万的被驱逐者一样，我们被遗忘了，一些人可能希望再也不用见到我们。人们对被驱逐者回国这件事普遍缺乏热情，谁也不知道哪些人后来通敌了，哪些人什么也没做。我们好像是从另一个星球回来的生物。我们一无所有，只剩一身破布，我们的体重仅剩36公斤，瘦得皮肤几乎连骨头都包不住了。"

所有的女性归国人员看上去都有些诡异：面容憔悴，目光突兀，往往已经被剃了光头，且缺乏方向感。许多人患了重病，需要接受几个月甚至几年的治疗。雅克利娜·马里耶补充说："我们来到巴黎东站，在那里我们每人得到10法郎，随后被带到鲁特西亚酒店，在那里，他们给我们每人一个房间和一些不太合身的衣服，还有一张地铁票。但是，我们不得不卸掉酒店的床垫，因为它太软了。我们已经习惯了睡硬地板。"[45]

当雅克利娜一家回到凡尔赛的家里时，发现整个公寓已经被洗劫一空，但至少这公寓还是属于他们的。她的父亲还活着，但已经经受了太多折磨，再也没能完全恢复。"当我讲起之前的经历时，几乎没有人相信我们。他们认为集中营就像军营一样，有食堂提供食物，我们能吃上牛排和薯条。我们之间的鸿沟过于巨大，所以我干脆不再谈论我们的经历。"同样从拉文斯布吕克回国的米谢勒·阿尼埃尔（Michèle Agniel）说，当时她已经几乎站不起来，于是，她被允许插队领取配给食品，"但当我插队的时候，一个人又开始抱怨。我跟他解释说我刚从集中营回来。他说：'差不多点吧，集中营里的人总该知道怎么排队,不是吗?'我打了他"[46]。

一些人试图解释这种误解是如何形成的。弗朗索瓦·莫里亚克写道:"一些人认为人们之所以不想听集中营的故事,是已经听得太多了。这完全是错误的看法。事实是,人们从来没有从头到尾完整地听完任何一个故事,他们的态度很明确——根本就不想提起这码事。"[47]犹太律师、政客西蒙娜·韦伊(Simone Veil)此时刚从奥斯维辛集中营回到巴黎。她发现,她的父亲、哥哥和一个妹妹都已经被杀害。她将"被遗忘"称作第二次死亡。

马塞利娜·劳里丹-伊文斯(Marceline Loridan-Ivens,此时仍保留娘家姓罗森贝格)也感觉到她被禁言了。她回来后,别人建议她说:"什么也不要说,他们不会明白。"她和父亲一起被捕时年仅十五岁,她见证了任何儿童(甚至是成人)都无法承受的恐怖场面。她还知道,她有一个叔叔在巴黎杀死了一个德国人,后来在接受审讯的时候受尽折磨,但一直拒绝招供,最终从苏塞大街的窗户上跳下。被捕后的18个月里,她辗转了三个集中营:奥斯维辛-比克瑙、贝尔根-贝尔森和特莱西恩施塔。她后来解释说:"1945年7月,我回到鲁特西亚酒店时已经成为一个野蛮人。我就像一个野孩子。我们坚硬得像块石头,我们必须重新变回人类。"[48]另一个女人也有类似的经历。她解释说,她能在被驱逐后幸存下来是因为她学会了偷东西。她忘不了后来她的姑姑听说她教养良好的侄女成了小偷时的惊讶表情。但在集中营里,偷窃只不过是抓住任何能让你生存下去的东西,美其名曰"组织"——能否"组织"到一个勺子甚至能决定一个人的生死存亡。

很久之后,马塞利娜才愿意提起集中营的经历是如何泯灭了她的人性:她杀掉了身体里的那个小女孩。2015年,八十多岁的马塞利娜出版了回忆录《你没有回来》——这里的你指的是她心爱的父亲。她解释说,为了生存,必须摧毁记忆,"如果你为别人哭泣,那你会被眼泪淹死"[49]。她曾被迫在难民营里帮死神做工,这让她本人成了死亡的工具。多年来,她都没有讲起她在集中营里的强迫劳动:挖出浅浅的沟槽,以便让纳粹在里面焚烧女性的尸体。之前她一直辩称她挖沟是为了在里面种菜。直到最近,她才鼓起勇气承认:"我没有选择,但我确实这么做了。这种行为本身具有意义——我像通敌者一样参与了屠杀。"[50]

马塞利娜用动人的笔触写下了幸存者的内疚,同时也写到即便是最亲密的家人也无法理解集中营里的故事。"很快,母亲低声问我是否被强奸过,我是否还是个适合结婚的处女?那就是她提出的问题。"[51]在马塞利娜看来,即便亲人已永远缺席,一些犹太人在战后强烈地渴望用结婚生子来让生活重回正轨,这无异于一种疯狂。马塞利娜从特莱西恩施塔集中营获释的两年后,她的弟弟结婚了,她自己则跳进了塞纳河。一个陌生人救了她,她后来患上了结核病,被送到瑞士疗养。

共有一千五百人和马塞利娜同时被送往德国,其中只有一百人最后回到了法国。这个数据显示了长期困扰法国的一个问题:归国人员中间的巨大差距。在被驱逐的人员中,因抵抗活动被驱逐的有一半都能回来,而因犹太血统被驱逐的只有3%能回来。那些否认在法国发生过种族灭绝的人不怎么喜欢这个统计数据。然而,直到20

世纪末,许多法国人都把抵抗者视为爱国者,认为他们理应获得更高的补偿,而被驱逐的犹太人只是单纯的受害者。法国历史学家亨利·鲁索(Henry Rousso)后来把这种现象称为"抵抗主义",他认为这是法国人创造的一个神话,夸大了法国人对纳粹占领的抵抗,而淡化了通敌在法国历史上扮演的角色。这也让人们觉得,被驱逐的抵抗者是高尚的,而那些被德军网罗的受害者是可耻的。"即使是死去的受害者也无法逃避这种羞辱,仿佛他们犯了没有积极抵抗的错误,因为他们自觉遵守了反犹主义的法律。"[52]①

那年夏天,菲利普·德·罗特席尔德也到鲁特西亚酒店打听妻子伊丽莎白的消息。

"一群的法国女人刚从拉文斯布吕克回来,她们看上去就像刚从坟墓里爬出来的一样。其中一个女人一眼就认出了我,我又打量了她一下,发现那是德·弗勒里厄伯爵的夫人塔尼亚,这位勇敢的女人此前加入了抵抗组织。她一直很可爱,但现在,她所有的牙齿都被打掉了。很明显,她被打在了嘴上。她知道莉莉(伊丽莎白)的下落,她们俩曾被关在同一个牢房。伊丽莎白在那里遭到殴打和侮辱,直到完全动弹不得。她被别人抓着头发从床上拖到焚烧炉里,活活烧死。这是因为她随了我的姓。我对此毫不怀疑……我不再去打听她的下落了。至今我都没有收到她死亡的正式通知……可怜的美丽女人,在她被逮捕的那个早晨之前,她的生活多么地安逸,充满了玫瑰和丝绸。"[53]

---

① 还可参见安妮特·维沃尔卡的文章《在大屠杀中被驱逐:在记忆和遗忘之间》,内容是抵抗者和犹太大屠杀受害者在法国纪念活动中被不平等对待。

伊丽莎白是唯一一个死于大屠杀的罗特席尔德家族成员。战争结束后，奥黛特·法比尤斯曾和伊丽莎白的嫂子共进晚餐，她被问起集中营里发生的事情。"我告诉她我们会做苦力，她却完全没听懂。我说，整整两年，我们都在修路，清理尸体和粪便。她嫂子对我说：'嗯……她甚至从来不会亲自提行李箱，怎么能挥动铁铲？'她这么说是指望我笑吗？"[54]

许多囚犯在回到巴黎时都被分配了一些不合身的衣服。这些衣服都是在集中营的储藏室里找到的。但律师丹尼丝·迪富尼耶到达鲁特西亚酒店时却穿着一件晚礼服裙。她途经瑞士回到法国，此时的她已经瘦得不成样子，且受到了极大的精神刺激。后来，她很喜欢把这事当成笑话讲给别人听，她的女儿后来意识到，战后，这种黑色幽默成了她的铠甲。被捕前，迪富尼耶已经经济独立，她不仅是一名律师，还是一个有作品出版的小说家，"这给了她看穿并解构事物的独特能力"。回到巴黎后的几个月，丹尼丝很快发现人们对集中营缺乏了解，一些巴黎人还常常告诉她"我们在城里过了一段艰苦的日子"。很快，她逃到法国西部安茹（Anjou）地区的表姐家里。战前，她曾在那里写爱情小说。

一到表姐家，丹尼丝马上就开始写她在拉文斯布吕克的经历。"仿佛她背负着一个包袱——必须在这些故事腐烂之前通通写完。她下定决心，永不忘记。"[55] 这本书就是《死亡之屋》，由阿歇特出版社于1945年出版。它是最早描述集中营生活的作品之一，里面包含许多惊人而恐怖的细节，但也不乏庄严。迪富尼耶的法学出身和出众的记忆给她这本书带来了充足的事实支持。她是幸运的，因为后来出版商很快就停止了接受被驱逐者的手稿,他们认为公众对此漠不关心,尚未准备好倾听或者相信这样的故事。迪富尼耶写下此书的一大动力是记录"小白兔"们的遭遇。这些年轻且原本健康的波兰女孩被残忍的伪医学实验活活致残。其中一个女孩名叫艾拉,在集中营里,她腿上的骨头赤裸地探出皮肉,受尽了苦头。

不过,写完这本书以后,丹尼丝就专注于重建她的生活。她渴望正常的家庭生活。[56] 1946年,她嫁给了英国科学家、外交官詹姆斯·麦克亚当·克拉克(James MacAdam Clark)。两人1939年在伦敦相识。战争期间,克拉克曾在北非和意大利战场效力于皇家辅助部队。1946年底,对拉文斯布吕克警卫的审判在德国汉堡开庭,丹尼丝拒绝了出庭做证的邀请。不过,她还是和艾拉保持着亲密的关系。据她的女儿说,战后,丹尼丝所有的密友都和她有相似的经历,这成了连接她们的纽带。

同样地,热尔梅娜·德·伦蒂起初并不希望遇到任何从前的朋友。[57]作为瑞典红十字会的伯纳多特伯爵救助的幸存者之一,获释后,她先是在马尔默养病,1945年5月,她回到巴黎,到鲁特西亚酒店领取了标准的地铁票津贴。到家后的几个月,她都无法开口谈论她曾目睹的恐怖场景。

热尔梅娜的女儿克劳德回忆说:"她不说话,我也不敢问。我尊重她的沉默。她也会睡在床边的地板上,因为她不习惯柔软的床垫和能够舒适翻身的空间。"在拉文斯布吕克,她和两个人分享75厘米的板床——一个年轻的学生和一个共产党人——这些人成了她战后的朋友。"慢慢地,她开始恢复一些之前生活中的惯例,早上起来穿上衣服，为孩子准备早餐。然后，她迎来了自己的第一个外孙。她的丈夫在埃尔里希集中营遇害了，她在家里必须又当爹又当妈。"

热尔梅娜后来说，所有的幸存者都要经历这个痛苦的过程："与一个从没见过你的世界重新连接，在那里，孩子不知道你是谁，家人都以为你已经死了。"她在集中营的朋友都说，支撑她活下来的一个信念是她会和女儿重逢。克劳德明白，母亲回来以后，她们需要重建中断多年的母女关系。她还意识到，对于她母亲来说，最重要的是听到其他集中营的幸存者的经历，那些人和她一样经受了饥饿、痢疾、恐惧和永恒的绝望，正在尝试重拾普通人的生活。"那些没有经历过集中营地狱的人是没法理解的。只有那些亲历者组成了我母亲的新朋友圈。"让克劳德终身难忘的是，有一次，她母亲的一个老朋友评论道："话说回来，拉文斯布吕克的生活也没有人们说的那么糟糕吧？"她母亲用冰冷的语气回答："每天早上，我们都必须跨过那些前一晚死去的人的尸体。老鼠会从尸体的眼睛下口。"[58]

○ ○ ○

一系列的原因促成了这些女人的沉默，有时候这样的沉默会持续终生。她们不想谈起集中营，也许是因为她们想要从记忆里抹去这段地狱般的回忆，也许是因为她们为幸存感到耻辱，她们担心别人会认为她们被强奸过或者在集中营里通敌，她们害怕人们觉得她们罪有应得。她们不想说，别人也不想听。历史学家德布拉·沃克曼（Debra Workman）认为："公众还没准备好去倾听对集中营幸存者的口述，人们态度冷漠，无法相信或不愿相信这些口述。到了1947年，出版社已经不再出版被驱逐者的手稿了。"另一位历史学家安妮特·维沃尔卡则指出，战后最初的几年，整个法国都不知道如何回应被驱逐者，他们中的许多人援引好几个图书编辑的话说："人们听够了尸体！听够了折磨！听够了抵抗故事！现在我们想要笑。"[59]

1945年11月，幸存者组织"全法被驱逐者和被关押者协会"（ADIR）举行了第一次会议。与会人员很快意识到，该组织的服务范围应该是那些因抵抗活动被驱逐到集中营的女性，而她们的首要任务是去见证。此时，公众仍然认为抵抗是男人们的事情，因此，被驱逐者和被关押者协会的组织者决定维持协会的小规模，专注于帮助会员们延展在集中营里建立的人际关系，并为她们提供必要的心理、医疗和社交支持，同时纪念她们死去的伙伴。她们知道自己的经验绝无仅有。她们还没办法和男性组织交流，尽管这些男性也遭受了很多痛苦，但毕竟和她们经历的不一样。被驱逐者和被关押者协会很少做自我推广，在外界看来，该组织一直十分低调。协会的主要活动之一是为那些死去的人做见证。①

被驱逐者和被关押者协会借鉴了两种经验。一种经验来自"抵抗囚徒之友"（APR）组织，该组织联络了1942年夏天因抵抗活动被关押在巴黎的监狱的一小群女性，并组织她们的朋友和家人为她们准备护理包，特别是那些即将被驱逐出境的囚犯。另一种经验来

---

① 这项工作一直持续到20世纪，针对的是新纳粹和犹太人大屠杀否认者。1984年，热尔梅娜·狄戎和阿尼斯·波斯特尔－维奈都写下了书面证词，这距离她们在集中营的岁月已经过去40年。她们证明，至少从1945年1月底或2月初直到4月，拉文斯布吕克集中营里设置了毒气室。这份证言最终由巴黎午夜出版社出版，书名是《毒气室：国家秘密》。

自被驱逐到拉文斯布吕克集中营的女性。鉴于许多女性幸存者的身体和精神状况恶化,被驱逐者和被关押者协会预见到她们将会在回归正常生活时遇到困难,于是决定尽快为她们提供援助。

法国新总统戴高乐的侄女热纳维耶芙·戴高乐在瑞士结束疗养的几周就开始频繁地会见有影响力的瑞士公民,告诉他们被驱逐者面临的困境,以及他们中的许多人需要长期治疗。与此同时,另一位被驱逐者、第一批被释放的伊莱娜·戴尔马已经开始分发护理包。热纳维耶芙·戴高乐和伊莱娜·戴尔马在瑞士见面,她们意识到彼此都怀着相同的愿景,于是致力于将两个团体合并。被驱逐者和被关押者协会的女性并不把自己视为推动变革的力量或者政治行动者,相反,她们对个人和整个群体的定义只是"爱国者"——就像男人一样,这些妻子、母亲和女儿主动承担风险,保卫自己的国家,她们遭受了同样的折磨,现在决定团结起来争取她们应得的权利和认可。战争时期的超凡经历改变了这些女人,战后,许多女人继续超脱在法国社会允许的传统女性角色之外。

历史学家德布拉·沃克曼解释说:"在那个年代,法国的女性刚刚获得了选举权,在法律上仍处于她们的丈夫或父亲的监护下。被驱逐者和被关押者协会的女性则选择自发地组织起来,与主流政党保持距离,且不从属于任何机构。这种选择出于她们对自身所处的特殊境遇的深刻感知,她们相信外界对她们战争时期的行为了解甚少甚至并不接受。她们相信,如果不自己发声,没有人会替她们发声。这决定了被驱逐者和被关押者协会从酝酿之日起,就带有'创新的特质'。"[60]

被驱逐者和被关押者协会弥合了其成员之间巨大的社会出身的鸿沟。事实上这个鸿沟在集中营时期就已被弥合了，伯爵夫人和工厂女工分享同一个床铺，并以数不清的方式相互支持。这个卓越的组织帮助大部分被驱逐的女性政治犯重建了她们的战后生活。

○ ○ ○

不仅是出版业，整个艺术界也有意识地想要翻开历史的新一页，因为人们认为只有如此万象更新的法国才能复苏。德国占领期间，法国导演马塞尔·卡尔内拍摄了电影《天堂的孩子》。该片主要在尼斯拍摄完成，女主角是阿尔莱蒂，男主角是让-路易·巴罗。此外，这部戏还凝聚了许多正在躲藏的犹太人的才华，包括布景设计师亚历山大·特劳纳（Alexandre Trauner）和作曲家约瑟夫·考斯玛（Joseph Kosma）。两人都是匈牙利犹太人，秘密地用化名在剧组工作。这部电影雇用了1800名群众演员，其中许多也是犹太人。剧组的工作给这些犹太人提供了宝贵的日间掩护。

《天堂的孩子》的故事发生在1820—1830年巴黎的戏剧界。拍摄持续了好几个月，且经常在实际操作、财务和政府审批等方面遇到困难。影片于1944年底拍摄完成，当时已经背负了巨大的公众期待。由于时局动荡，这部电影的首映一直推迟到1945年3月9日。这是巴黎解放后上映的第一批电影之一。由于战争胜利在望，这部电影也让法国人对自己不屈不挠的文化恢复了自豪感。

《天堂的孩子》被誉为法国版的《飘》，它试图展示法国电影高于好莱坞的霸主地位。法国观众从这部电影中看出了深刻的象征意义,他们认为这部电影不只向爱情致敬,还特地展示了女主角嘉兰斯(阿尔莱蒂饰)的自由精神——四个男人同时在追求她,而她却坚持用自己的方式选择爱谁和如何爱。遗憾的是,阿尔莱蒂没能参加首映礼,此时的她正被软禁在城堡里,原因是她与德国军官索林的恋情。尽管如此,这部电影还是取得了惊人的票房成绩——在马德莱娜剧院连映54周,这奠定了这部电影的传奇地位。

占领期间,让娜·比谢勇敢地支持了法国的现代艺术。1944年初,她遭到了沉重的打击——她心爱的孙子皮埃尔在战争中阵亡。对让娜来说,活下去似乎成了不可能完成的任务。但就在这一年,她沉浸在了工作中,继续在她的蒙帕纳斯画廊里展览被纳粹压制的艺术家的作品。4月,她展出了尼古拉·德·斯塔埃尔(Nicolas de Staël)的作品。她还在春季为毕加索的情人多拉·马尔办了一场展览。郁郁寡欢的马尔当时刚被毕加索抛弃。

解放后法国现代艺术博物馆曾给毕加索举办了一场大型展览,这个展览也成了当年秋季沙龙的一部分。当时,年轻的弗朗索瓦丝·吉洛刚刚成为毕加索的情人。她评论道:"由于毕加索是德国人的头号艺术死敌,报复德国人最好的方式就是举办一个大型的毕加索回顾展。"让娜·比谢承担不起这种大型展览的布展费用,于是决定举办一个多拉·马尔的展览取而代之。这首先是一个艺术选择,但同时也是一个商业选择,让娜知道毕加索一定会来看展。此外,这也是让娜出于对马尔的同情。

马尔的原名叫亨丽埃特·狄奥多拉·马尔科维奇。她的父亲有犹太血统，母亲则是法国天主教徒。多拉·马尔聪明、有才华，但是个陷入困境的女人。她和毕加索在一起的时候，毕加索会让马尔处在永恒的等待中，她永远不知道毕加索会不会想要和她共进下一餐饭。他们第一次见面时，多拉·马尔还是曼·雷为首的超现实主义小组的一员。小组的成员还有米歇尔·莱里斯和保罗·艾吕雅。当时，马尔正在努力成为一个摄影师。但随着和毕加索的关系日渐亲密，她也把更多的时间花在绘画上，最终放弃了摄影。这段时间，多拉·马尔也成了许多毕加索肖像画的主题，其中的一些画充满煎熬和痛苦，但另一些也传达了她流光溢彩的青春和个性，表达了乐观、充满能量和温柔。

多拉·马尔的画在让娜·比谢的画廊展出时，毕加索的情人吉洛正在用毕加索对待马尔的方式对待他。吉洛拒绝给他任何承诺，有时候一连几周都不会来见他。这种方法似乎奏效了。对毕加索来说，阻止自己和吉洛永久地纠缠在一起似乎是件困难的事情。吉洛后来解释说："我可以五体投地地佩服他的艺术，但我不想成为他的牺牲品或烈士。在我看来，他的一些朋友没能逃过这一劫，其中就包括多拉·马尔。"[61] 吉洛也来参观了马尔的展览，"因为我想看看她在做什么，而不是因为我想在那里见到毕加索。但碰巧，我到了几分钟后他也到了"[62]。

这次展览展出的作品大多是静物。"绝大多数画作上只有一个物品。这在某种程度上反映了她和毕加索思维方式的相近之处"。吉洛评论道。她大方地称赞多拉·马尔的作品，且坚称这都是真心赞美："她选取一些最普通的物品——一盏灯、一个闹钟或一片面包——与其说她对这些物品感兴趣,不如说她对这些物品的孤寂感兴趣,那种可怕的孤寂和空虚在光影之间包裹了一切。"63

然而,展览结束后不久,多拉·马尔就患上了神经衰弱。毕加索拒绝为此承担任何责任,并将其归咎于她和超现实主义者的频繁来往。马尔住进了一家巴黎诊所,经过精神病学家雅克·拉康的长期治疗,她终于恢复了平静。

战争结束时,让娜·比谢已经七十三岁。1945年9月,她在美国现代艺术博物馆的邀请下访问了纽约,随后在那里停留了七个月。她偶尔做一些关于占领时期法国艺术的讲座,向美国受众推荐她信上的法国艺术家,包括1933年在比谢的画廊首次举办展览的维埃拉·达席尔瓦。①

○ ○ ○

巴黎解放八个月之后,英美的记者、间谍、外交官、士兵和辅助人员大量涌入。他们振奋了巴黎人的情绪,用他们的食品包和精美的丝袜挑逗着巴黎人,仿佛一个新的开始已经触手可及。一时间,巴黎教养良好的中产阶级女性开始和来自另一个世界的男人共进晚餐、跳舞狂欢。毕业于索邦大学的伊丽莎白·梅纳尔刚刚成为一名小学教师,她曾带领学生为戴高乐欢呼。她还加入了巴黎欢迎委员会,这是众多接待盟军士兵的民间组织之一,致力于帮助这些士

---

① 1946年夏天,让娜·比谢返回巴黎,不久后被诊断出胃癌,且无法手术治疗,最终在1946年10月去世。

兵熟悉城市并对接接待家庭。梅纳尔在为该组织工作时遇到了一个高大英俊的英国士兵，当时他管自己叫伊万·杜·穆里耶（Ivan du Maurier）。在梅纳尔看来，他就像电影《夜间来客》里的人物，"好像一个陌生而神秘的生物，刚刚降落在我们的星球"。

仅仅半年后，1945年3月14日，两人结婚，她的新婚丈夫提供了制作婚纱的降落伞丝绸。此时，梅纳尔才发现，她的丈夫叫罗伯特·马克斯韦尔（Robert Maxwell MC），是一个生于捷克的犹太人，他的大部分亲属都在集中营。他向她保证，他已经放弃了所有的宗教信仰。梅纳尔对此则持开放态度。她的父系家族有深远的胡格诺派新教传统，而她在玛黑区就读于思想自由开放的塞维涅女中，并在那里交到了许多犹太朋友，这让她比较容易和一个与她背景相去甚远的人结婚。但最重要的是，她爱上了这个魅力四射、强壮而不寻常的男人，两人随即组成了家庭，并积累了大量的财富。[①] 当年年底，他们搬到了英国。

1945年5月8日，战争在欧洲范围结束，法国人庆祝了欧洲胜利日。戴高乐将军再次用铿锵的音调强调了法兰西的荣耀。此时，法国人强烈地希望关于战争的一切到此为止，从而继续正常的生活。尽管建筑物上还有弹孔，一些道路入口处还有路障，还有人在游击队员遇害的地方摆上花圈纪念。但是在协和广场附近，美军的交通警察开始指挥交通，美国乐队在夜总会表演，杜乐丽花园的喷泉又开始喷水。尽管地铁正常运转，但城市里还没有公交车或私

---

① 罗伯特·马克斯韦尔成为世界上最成功的媒体大亨之一。1991年11月5日，他在西班牙大加那利岛附近落水丧生，这有可能是自杀身亡。

家车。巴黎女人主要骑自行车出行,而美国人和英国人主要靠步行,因此在街上非常显眼。他们经常出入的地方包括富堡·圣奥诺雷的英军总部、盟军征用的贝福德酒店(只要花5法郎就能住上一晚),圣奥古斯丁广场附近的美军军营,还有红十字会的俱乐部和餐厅。

英国大使馆也重新热闹起来。这座豪华优雅的建筑名叫沙罗公馆(Charost),建于18世纪,由威灵顿公爵出资购买,当时建筑所处的圣奥诺雷街四周还是农田和花园市场。战后首任英国驻法大使是丘吉尔的朋友和支持者、亲法的政治家达夫·库珀(Duff Cooper)。1944年底,他带着他美丽却长期备受煎熬的妻子戴安娜女爵来到巴黎。他们举办了数不清的晚宴和招待会,偶尔也会举办仪式表彰抵抗者(其中大部分是男性)。

不过,达夫并不喜欢戴高乐,还给他起了个绰号——查理·沃姆沃德(Charlie Wormwood[①])。另外,达夫也不大喜欢戴高乐的妻子、俭朴的天主教徒伊冯娜。她很少在公众场合露面,在她看来,铺张和通奸是同等程度的罪恶。1944年晚些时候,伊冯娜第一次公开露面,参与了停战日敬献花圈的仪式。

在一次珠光宝气的英国大使馆招待会上,达夫遇见了不到三十岁的苏珊·玛丽·帕滕(Susan Mary Patten)。这位迷人的女子是美国外交官比尔·帕滕(Bill Patten)的妻子,不过她很快就陷入了对达夫的迷恋中。达夫很冷静。他此时已经五十五岁了,比苏珊·玛丽大二十多岁。两人的婚外恋持续了几年,完全改变了苏珊·玛丽

---

① Charlie对应戴高乐的名字夏尔,Wormwood意为艾草,英文中有一个词组是"胆汁和艾草"(gall and wormwood),形容极度的苦涩和仇恨。——译者注

的生活。众所周知,达夫对性事贪得无厌,且玩弄过一长串情妇,这些女人往往也是戴安娜的朋友。

事实上,正是戴安娜提议邀请苏珊·玛丽参加宴会。当时的苏珊·玛丽已经在巴黎的社交圈里小有名气。她出身于罗马的美国贵族家庭,聪明且勤于思考。很快,她成了巴黎社交圈最美丽、最时尚的女人。《时尚芭莎》的主编卡梅尔·斯诺此时已经回到巴黎,她经常把苏珊·玛丽的照片登在杂志上。巴黎世家也很乐意借给苏珊·玛丽时装,还给她开出了"模特儿优惠价"。

苏珊·玛丽还成了温莎公爵夫妇家的常客。此时的温莎公爵夫妇仍在四处逍遥,但他们并不快乐,也没决定战后究竟要在哪里安家。他们一直住在酒店或者租来的房子里(到他们家的客人都会发现那里的暖气比别人家高几度),直到1948年才搬到自家的房子——克洛伊城堡里。在库珀夫妇的介绍下,苏珊·玛丽认识了伊夫林·沃和南希·米特福德等作家,以及富有的女主人路易斯·德·维尔莫朗(Louise de Vilmorin,她也是达夫的情人),还有科克托、贝拉尔等艺术家,更不用说政客和外交官了。达夫还带她去了一些巴黎最精致的餐厅,其中有普鲁斯特最爱的拉于(Larue)餐厅,也包括臭名昭著的拉佩鲁斯(Lapérouse)餐厅——从1766年起,法国男人就会带妓女到这家餐厅的小包房里交欢。慢慢地,她明白了在晚宴上什么能讲什么不能讲。有一次,她谈到有必要重建德国,她很快意识到这有失妥当,在这个问题上,英法和美国的立场并不相同。渐渐地,她也开始注意到巴黎人的反美情绪。

富有的米希亚·塞尔特曾是许多天才男性的灵感源泉。她感叹

"人们已经对法国的美国化司空见惯了"[64]。战后,她在巴黎艺术界影响力的黄金年代也已经过去。在她人生的最后二十年里,米希亚·塞尔特继续在公寓里招待客人喝茶,就像20世纪30年代一样。战后,她的朋友里既有通敌者也有抵抗者,她不得不小心翼翼地避免同时邀请两个阵营的朋友。她非常反感这种做法,因为双方必须互相迁就着维持表面的和平。就像五十年前法国民众被分裂成德雷福斯上尉的支持者和反对者两派,如今,对立的两派之间的鸿沟同样深刻而漫长。

1944年12月14日,阿尔弗雷德·德雷福斯上尉的遗孀露西·阿达玛去世了。这位坚强的女人只比米希亚·塞尔特大几个月。占领之初,露西还在维希政府的治理区,但很快就被迫到处逃亡,最后藏在一个修女之家里,化名"杜特伊太太"(这是她妹妹的夫姓)。1944年德国人离开后,疾病缠身的露西回到巴黎,不到一年后便去世,终年七十六岁。她被安葬在蒙帕纳斯公墓,和她著名的丈夫共享一块墓碑。这块墓碑上还有他们心爱的孙女的名字——马德莱娜·德雷福斯·列维(Madeleine Dreyfus Lévy)。马德莱娜是一名红十字会的社工。战争期间,她加入了抵抗组织战斗,帮助其他犹太人逃出法国。她于1943年11月被捕,并被关押在德朗西监狱,随后被送到奥斯维辛集中营。她在那里遇害,终年二十五岁。历史的阴影竟如此漫长。

第九章

1946：巴黎在调整

1946年1月9日，天寒地冻，薇拉·阿特金斯来到英军占领下的德国巴特恩豪森，决心为一群为自由法国献出生命的女人讨回公道。此时的她正在详细地调查她的女线人的下落——其中13人深入敌后，再也没有回来。阿特金斯是个优雅的女人，且有一段神秘过往。1908年6月，她生于罗马尼亚，原名薇拉·罗森博格，曾短暂地就读于巴黎索邦大学。1941年，由于她广阔的外交官人脉以及出众的语言天赋，三十三岁的阿特金斯被英国特别作战执行部法国分部雇用。她有意地隐藏了她的犹太血统和她的非英国公民身份。阿特金斯的工作是招募和培训线人，评估她们是否适合投入工作，并为她们编造掩护身份。在她们前往法国之前，薇拉和许多年轻线人建立了亲密的私人关系，有时候会把她珍视的个人物品送给线人作为护身符。她往往是线人们登机前往法国之前见到的最后一个人。

1944年8月巴黎解放后，薇拉和她的老板莫里斯·巴克马斯特简短地访问了巴黎，住在圣狄迪耶街低调的塞西尔酒店。不过，他们很快得知，戴高乐决心营造法国独立战斗获得解放的错觉，并准备无视英国特别作战执行部在其中发挥的任何作用。[1] 薇拉意识到，在当时法国乌烟瘴气、怨毒横飞的气氛中，法国安全警察已经控制了为数不多的德国人留下的档案，而这些档案大部分也已经被毁坏，她不太可能在巴黎取得什么重大发现。于是，她回到家，开始独立调查。

巴黎之行后，薇拉很快收到一些关于英国特别作战执行部女线人下落的线索，其中之一是关于塞西莉·勒福尔。之前，她不地道的法语口音一直让薇拉担心。薇拉得知，塞西莉曾经被关押在柏林以北梅克伦堡市的拉文斯布吕克集中营。这是薇拉第一次听说"拉文斯布吕克"这个字眼。事实上，塞西莉·勒福尔几乎一到达集中营就生病了，1945年2月被送进拉文斯布吕克的毒气室。一位目击者还告诉薇拉，塞西莉去世的前几天曾收到她的法国丈夫的信，寻求离婚。

在接下来的一年，薇拉·阿特金斯搜集了更多关于她的线人被捕和关押在不同监狱的细节，仔细将它们整理归档。然而，她还是不能确认任何人的下落。此时，她对代号为"马德莱娜"的努尔·伊纳亚特汗一无所知，努尔通常被称为诺拉或诺拉·贝克。1945年末，英国特别作战执行部解散，但阿特金斯才刚刚开始独立寻找线人的下落。她后来告诉她的传记作者："我去找她们，这是我个人想做的事情……我想知道她们的下落。我一直认为'失踪且被推定死亡'是一个可怕的判决。"[2]

战后，薇拉·阿特金斯被拔擢为女子辅助空军的中队指挥官。

随后，在军情六处的资助下，她加入了战争罪调查小组，开始认真开展她的调查。在这个职位上，她可以对纳粹的战争罪嫌疑犯进行审讯，并在随后的庭审中作为控方证人出庭做证。但她的首要任务始终是寻找她的女孩们，了解她们到底遭遇了什么。

就在她 1946 年前往德国之前，阿特金斯遇到了英国特别作战执行部的线人布赖恩·斯通豪斯（Brian Stonehouse）。他是一个绘画天赋过人的艺术家，1941 年 10 月他被逮捕，并被先后关押在四个不同的集中营里。而正是他的绘画天赋让他得以幸存。

1944 年 6 月，斯通豪斯被关押在法国孚日省的纳茨维勒 – 斯特鲁托夫（Natzweiler-Struthoff）集中营，这是法国境内唯一的纳粹集中营，里面关押着 6000 名男性囚徒。斯通豪斯后来告诉阿特金斯，有一天，他在那里看到四个女人在党卫军的押送下走进集中营，她们走过他位于集中营东部工作场所的栅栏。他记不起那天的确切日期，只记得那是发生在刺杀希特勒未遂事件（1944 年 7 月 20 日）的前后。事实上，好几个人在那个午后看到了这一幕，尽管他们的记忆不尽相同，但有一点是一致的：四个女孩衣着光鲜，看上去很健康，还对她们的逮捕者展示了不服从的态度。

事发 18 个月后，斯通豪斯努力地回想当时的场景，给薇拉画了那四个女人的肖像。薇拉一眼就认出了戴安娜·罗登（Diana Rowden），因为她总是在头发上系着蝴蝶结。薇拉认为另外一个女人很可能是努尔，斯通豪斯对那个人的描述是"五官有显著的大陆特征，也许是犹太人"[3]。1946 年 4 月 9 日至 5 月 5 日，薇拉在纳茨维勒的特别法庭上出庭做证，她认为这四名女性受害者分别是薇拉·莉、戴安娜·罗登、安德烈·博雷尔（Andrée Borrel）和努尔·伊纳亚特汗。薇拉·阿特金斯认为，她们都被下了迷药，然后被活活烧死。不过，薇拉努力避免向英国媒体透露任何关于受害者身份的信息，她不想让这些受害者的家庭承担这份不该他们承担的悲伤。更有可能的是，由于此时受害者的家庭都强烈要求公开承认受害者的卓越胆识，薇拉希望避免媒体对线人招募和培训的过程提出太多质疑。

如今可以肯定的一个事实是，这四名女性受害者于1944年7月6日被带到纳茨维勒-斯特鲁托夫集中营，当晚就被送进了焚烧炉。薇拉·阿特金斯在给战争办公室的一封信中写到了这四个人的死因，说她们很可能是被注射了致命药物，"也许是巴比妥类的麻醉剂，注射后迅速被火化。她们应该已经失去了意识，但被焚烧时可能还活着"。庭审中，许多证人给出了一些恐怖的细节。注射前，警卫要求四个女人都脱去衣服，她们问"这是为什么"，回答则是"为了治斑疹伤寒"。其中的一个女人在被注射麻醉剂后醒了过来，她努力地挣扎，避免自己被脚朝前地放进焚烧炉[4]。集中营的刽子手彼得·施特劳布（Peter Straub）否认了这些陈述。最惊人的证言出自集中营政治处的翻译沃尔特·舒尔茨（Walter Schultz）。他说，杀死这四个女人后，施特劳布酩酊大醉。第二天，他醉醺醺地详述了前夜发生的事，以及第四个被杀的女人如何在被推进焚烧炉之前恢复了意识。施特劳布当时指着自己脸上的疤痕对舒尔茨说："这里，你可以看到她怎么抓了我……她就是这样自卫的。"[5] 薇拉·阿特金斯认为这个女人可能是四个人中年龄最大的薇拉·莉，不过她没有证据确认这个想法。

有一段时间，这些女线人的身份也成了让薇拉·阿特金斯头疼的问题。尽管她承认这些女性可以被称为"间谍"——毕竟，对于她们这样深入敌占区的非军事战斗人员，也没有别的称呼，但阿特金斯也一直担心德国人杀害她们的行为会因此成为"合法处决"。[6] 不过，控方律师还是成功地说服了法官，即便她们是间谍，但德国人未经审判就对她们进行处决，这违反了《日内瓦公约》，因此构成战争罪。最终，纳茨维勒－斯特鲁托夫集中营的医生和指挥官被判处死刑。薇拉·阿特金斯对这个结果相当满意。尽管斯特劳布在此次庭审中只被判处了十三年有期徒刑，但在几个月后的另一场审判中，他被判战争罪成立，并在当年 10 月被处以绞刑。

英国公众此前并不知道有英国女性被送上战场执行危险任务。因此，当英国报刊头条出现英国女性被活活烧死的标题时，民众震惊了。1946 年 9 月 18 日，遇害的巴黎女帽商人薇拉·莉被授予表彰勇敢行为的国王奖章。表彰的推荐词写道："薇拉·莉是一个十分英勇的女孩子。私底下她十分害怕执行任务，但她更害怕别人看出她的这份恐惧。她非常有头脑、非常勇敢且富有想象力……"[7]

就像薇拉·阿特金斯后来评论的，英国特别作战执行部法国分部的所有女孩尽管各自动机不同，但都有一个共同的特质，就是勇敢。"你可能在任何人身上发现这个特质，只是你可能不知道怎么去找。"[8]

戴高乐将军的侄子贝尔纳·戴高乐后来娶了若弗鲁瓦－德肖姆家族的小女儿西尔维，他认识许多女性抵抗者。在他看来，"那些献出生命的女人并非不恐惧。这也是为什么在很长一段时间，女性在抵抗运动中的作用没有被认可——这非常复杂——她们生活在永恒的恐惧中，她们吓得发抖，但是没有人愿意去谈论这种恐惧。大家都对战争泛泛而谈，但没人谈论自己经历的战争，因为那是无法讲述的事情。她们为这种恐惧感到羞耻"[9]。奥黛特·丘吉尔后来也承认，在拉文斯布吕克的女人没有一个是毫无恐惧的，她认为唯一的区别在于她们如何管理这种恐惧。"每个人都力所能及地做最勇敢的自己，但我们每个人都有脆弱的时候，我们都在某个时刻哭泣过。"[10]

奥黛特·丘吉尔和此前遇害的维奥莱特·绍博也于1946年被授予乔治十字勋章。但薇拉·阿特金斯知道她的工作还没有结束。在接下来的时间，她必须紧紧地跟进每一条线索，在那些可能帮到她的狱警和囚犯死去、逃亡或被处决之前和他们谈话，努力弄清楚她的线人的遭遇。10月，她的光荣使命被延长，这让她能在德国停留更长的时间，以协助检方调查拉文斯布吕克集中营。1946年12月，针对该集中营的特别审判正式开始，并一直持续到次年。

1946年1月中旬，戴高乐将军出人意料地辞去了总统的职务，回到乡下，表面上是为了写回忆录，实际上他的主要任务是团结法国，让经历了失败屈辱的法国重拾自豪感。他决心写就不同的历史——法国并不是战败国，而是战胜国。这也让他能够进一步批评法国共产党。法国共产党主张继续"锄奸"审判，将所有可能被称为"通敌者"的人绳之以法。戴高乐却认为，那些著名的叛徒已经受到了惩罚，而所谓的"经济通敌者"（偶尔是工业家，但大部分是公务员和警察局长）应该得到宽恕，以保障国家机器的平稳运行。此外，作为国家元首，戴高乐还保留了对死刑犯的宽恕权。此前，他共接到1554份死刑判决，他对其中998人进行了宽恕，包括所有的女性死刑犯。

戴高乐的这个政治策略一定程度上解释了为什么法国政府当时疯狂地试图审判高级别的通敌者，并允许这些审判快速进行，快到让人认为有失体面。1946年2月22日，记者、编辑让·吕谢尔被执行死刑。在他的审判中，检方律师在开庭陈述中说道："当一个男人用笔叛国时，驱使他的往往是法西斯主义。而在吕谢尔的案例中，驱使他的是贪婪和腐败。"[11] 他还说，在其他审判中，他感到了深深的愤怒，此时，他还感到"恶心"。

让·吕谢尔的女儿科琳娜此时已经离婚，独自带着小女儿布丽吉特。她之前与德国空军军官沃拉德·格拉赫（Wolrad Gerlach）短暂交往后于1944年5月生下了布丽吉特。她悲伤地写道："我的厄运还没有结束。接下来还有我自己的审判……但我什么也记不得了。我一直在哭泣，为我父亲哭丧。"[12] 此前，科琳娜的生活中总有香槟和香烟做伴，此时，她的金色青春已经化为泡影。1940年以来，她一部电影也没拍过，已经沦为别人小说中的一个人物。四个月之后，对她本人的审判正式开始。当时《生活》杂志的记者写了一篇文章，标题是《纳粹的交际花、法国女演员、通敌者：占领时期巴黎城的宠儿如今失去了她的美貌和公民身份》，文中写道："在法官罗列她之前的情人和她去过的派对时，她默默地站在那里，她的骄傲被完全摧毁，放荡的生活和结核病在她的脸上刻下岁月的痕迹。当法官判她辱国罪成立并剥夺她十年的公民权时,她恳求道:'我年少无知。我没意识到问题的严重性。'"[13]

这篇文章指出,此时的科琳娜已经是一个"枯槁的残骸"。她的女儿布丽吉特随后被安排在上萨瓦省沙泰勒村的一户人家中,这家人会接待付费的住客。她在那个村庄上学,冬天,人们偶尔能看到她在山坡上滑雪。[14]那些认识她的人会小声地谈论她的母亲——当年的法国版玛丽莲·梦露。

也有人对科琳娜表示了同情。诺贝尔文学奖获得者帕特里克·莫迪亚诺将她称为"我的妹妹科琳娜",还在他的小说中多次以科琳娜为原型塑造人物。毫无疑问,这是因为莫迪亚诺本人也有过不同寻常的童年境遇,而他的父亲也是一个可疑的人物。莫迪亚诺认为,科琳娜"在一定意义上是她父亲冒险的牺牲品……而她父亲的冒险和勒巴蒂或布拉西亚克相比根本不值一提"。他还指出,科琳娜的父亲让·吕谢尔受到了左派政客的欢迎,且有不少犹太人近亲,包括他的妹夫泰奥多尔·弗伦克尔、他父亲的第三任妻子安东尼娜·希尔博斯坦。莫迪亚诺这样评论让·吕谢尔:"性格弱点以及对享乐和金钱的渴求让他误入了通敌的歧途。他也慷慨地用钱贿赂德国人,从而拯救了一些人的生命。勒巴蒂和布拉西亚克这样的法西斯主义者憎恨他,认为他亲犹太人。在我看来,吕谢尔代表了占领时期巴黎的某种氛围和令人不安的世道,他们陷进了黑市的陷阱。我本人的父亲也参与了黑市。吕谢尔为他的轻率付出了生命的代价。"[15]

○ ○ ○

这些审判试图为那些死去的人讨回公道,但那些最终幸存、回归家园的女性通常需要更多帮助。1946年,死亡行军的幸存者、年轻的雅克利娜·马里耶和抵抗组织的同志盖伊·弗勒里(Guy Fleury)结婚,他们的第一个孩子在同年晚些时候出生。雅克利娜说:"我认为这不仅是生命的印迹,还是对德国人的不屑一顾。在德国人所有的所作所为当中,我永远不能原谅的是他们对孩子所做的事情。"[16]

雅克利娜和她的弟弟皮埃尔·马里耶各自生养了五个孩子。如今,作为弗勒里太太,她已经有了孙子和曾孙,这不只是她巨大的自豪感来源,还是她战后自我修复的重要途径。但后来,"我开始对襁褓中的儿子讲述这些故事,终于在1963年,我开始到学校演讲,从此再也没有停下来"[17]。当时,她名义上是被驱逐者和被关押者协会的主席。

"不要忘记,始终见证"这句口号激励了许多被驱逐者和被关押者协会的成员。但正如雅克利娜·达兰库所说,对于大多数人来说,开口还是太难,原因很简单,这是"一段说不出的经历,我们没有词语去形容它。但渐渐地,那堵囚禁我们的沉默之墙开始裂缝,有些人壮着胆子问我们发生了什么事。很明显,我们需要发声,需要避免被遗忘。我还能听到那些被送进毒气室的同伴尖叫着说:'告诉全世界这里发生的事!'这个声音将一直回荡在我的脑海里"[18]。

1946年5月,热纳维耶芙·戴高乐也结婚了,男方是她在日内瓦休养期间遇到的来自里昂的出版商贝尔纳·安东尼奥(Bernard Anthonioz)。安东尼奥也是阿拉贡和安德烈·马尔罗等抵抗者的朋友。戴高乐将军为他们的婚礼做了证婚人。夫妻俩后来养育了四个孩子。一个月后,1946年6月,被驱逐者和被关押者协会发布了第一份通讯《音容笑貌》(*Voix et Visages*)。热纳维耶芙·戴高乐·安东尼奥(现在她坚持让别人这样称呼自己)在通讯里提醒曾被驱逐的同伴们,是她们用"坚韧而全心全意的"友情帮助彼此度过了集中营的时光,此时这份友情"将在她们执行新的人道主义任务时发挥作用"[19]。最初,被驱逐者和被关押者协会的通讯主要是为了纪念阵亡的战友,但在接下来的几个月乃至几年里,它公布了大量的有关抵抗者权益的法律和政策。

比通讯更重要的往往是人际接触。被驱逐者和被关押者协会的总部位于盖伊内梅街,每周一那里都会举行下午茶会,为来访者提供安抚和陪伴。协会帮这些女性寻找工作或住房,为她们提供抵抗者权益方面的行政事务咨询,还提供关键的紧急医疗服务——当时法国政府还没有准备好提供这些服务。许多归国的女性都患有一系列疾病,包括尚未确诊的肺结核、斑疹伤寒、坏疽、痢疾及各种感染和消化系统疾病。被驱逐者和被关押者协会组织了十七位医生为会员提供免费的医疗服务,还购买了结核病筛查设备。每周,协会的医疗人员都会给会员提供两次无限制的诊疗服务。此外,协会还给那些需要在法国或瑞士长期住疗养院的会员发放一些补贴。1947年1月,已有超过五百名女性享受了这项权益,到了20世纪40年代末，这个群体已经超过一千人。

即便如此，对于一些人来说，一切都为时已晚。因种族和政治原因被驱逐的人里大约有四万人幸存，其中三千人在解放后的几个月内就去世了。截至1954年10月，他们返回不到十年后，大约有35%的幸存者死于战争时期的伤病或虐待的后遗症。其中的一个受害者是马尔卡·雷曼，这位犹太母亲曾和两个女儿一起遭遇了冬季自行车赛场的大围捕，又凭着非凡的勇气和机智带着两个女儿逃出了博恩-拉罗朗德监狱。随后，她经邮差介绍结识了家住旺多姆的基督教徒菲利波（Philippeau）夫妇，并在1942年将她的两个十几岁的女儿寄养在这对相对贫穷的夫妇家中。马尔卡需要给女儿支付生活费，于是她三次回到占领下的巴黎寻找她之前藏好的珠宝和布料。随后的两年，马尔卡一直变换藏身的场所，同时通过给别人做饭和做衣服勉强过活。

解放后，马尔卡一直盼着丈夫亚伯拉罕·雷曼能回来。整个1945年，她无数次到巴黎东站和鲁特西亚酒店打听丈夫的下落，查看归国人员名单，想要知道丈夫的下落。当她听说曾在皮蒂维耶监狱仁慈地照顾过她一家人的警察此时正面临着通敌罪审判时，她毫不犹豫地出庭做证支持他。但到了1946年1月，三十九岁的马尔卡确定，亚伯拉罕已经在奥斯维辛集中营遇害。从那时起，她失去了活下去的意志。她不再开口说话，时常当街晕倒，并持续地忍受着日益严重的头痛。她无法想象未来的生活里没有她青梅竹马的爱人——亚伯拉罕怎么过。"她死于心碎，"马尔卡的女儿阿莱特如此形容，"我想让她为了我们活下去，但她病得太重。她的最后一句话是'我要去见你们的父亲,明天我们就能在一起了'。"[20]从此,马尔卡的两个女儿成了孤儿。十五岁的马德琳随即被派去工作。而十三岁的阿莱特则被送到了法国西北部勒芒市附近的一个小村庄里上寄宿学校,在那里,她被称为"来自巴黎的小孤儿"。

历史学家德布拉·沃克曼认为被驱逐者和被关押者协会比政府和公共医疗部门更早地理解了被驱逐者可能遭受的一系列病痛。[21] "直到1953年,幸存者回国的八年之后,法国退伍军人事务部才成立了一个特别工作组,研究被驱逐者们患有的疾病,从而为他们制订一个全面系统的诊疗和康复方案。"此外,那些以政治原因被驱逐出境的人和那些因犹太血统被驱逐出境的人的经历大不相同。戴高乐本人从来没提过犹太人,也没有为他们的处境表达任何歉意。①

显然,那些仅仅因为有犹太血统就被驱逐的人此时需要自己的组织。巴黎解放三周后,安德烈·梅尼尔-阿马尔(André Mesnil-Amar)和妻子雅克利娜创建了这样一个信息联络组织——被驱逐以色列人服务中心(SCDI)。雅克利娜为该组织编辑月度公告,她搜集来自瑞士、波兰和比利时等国的信息,企图让那些因战争分开的家庭重新团聚。战前,雅克利娜·梅尼尔-阿马尔还是一个相对世俗的犹太人。但占领期间的饥荒和恐惧、安德烈在南部的犹太抵抗组织战斗的经历以及战后她目睹的犹太人流离失所的情景,这些都促使雅克利娜转变为了一个恪守教规的犹太教徒,用她

---

① 据他的传记作者之一乔纳森·芬比的记载,戴高乐"很少提到纳粹,我不知道他是否提到过任何关于大屠杀的事情"。另一些人注意到戴高乐的演讲中经常提到"为法国"牺牲的人们,并指出这些人里并没有包括上百万在法国遭遇折磨的犹太人。

自己的话说就是"良心发现"了。安德烈本人在被驱逐的途中跳下火车侥幸生存了下来。她和安德烈从小"都热爱着法国文化,他们接触拉丁、希腊文明的时间也要早于希伯来文明了"。战前,他们首先是法国人,其次才是犹太人。现在他们只是"犹太人"[22],他们深切地关心外国犹太人的命运,也因此更深刻地浸润在犹太教文化中。他们的女儿西尔维后来认为,这"吞噬"了他们的思考。他们的一些朋友也发现这对夫妇越发沉迷于宗教,于是逐渐远离了他们。连西尔维也向父母抗议,觉得他们除了宗教之外几乎不再过问其他事。

在巴黎,太多的归国犹太人把自己的遭遇埋在心底,也许是因为开口讲述实在太痛苦,也许是想要保护他们的孩子,最终他们保持了沉默。就像罗曼·加里(Romain Gary)说的,选择不开口是"因为不想让事情更复杂"[①]。

但安德烈和雅克利娜·梅尼尔-阿马尔夫妇并不孤单。一年后,雅克利娜的同事安德烈·萨洛蒙(Andrée Salomon)从法国的儿童救济组织离职后移居以色列。占领期间,安德烈·萨洛蒙在救助法国犹太儿童的行动中扮演了重要的角色。到达以色列后,安德烈·萨洛蒙继续为儿童救济组织工作,整理档案,追寻那些孩子的下落,这些孩子此时已经散落世界各地。

大约有 11600 名法国犹太儿童被驱逐出境且全数殒命集中营,但也有许多犹太儿童被藏在法国。那些幸存的孩子此时面临着一

---

① 罗曼·加里生于维尔纽斯,在尼斯接受教育,成为自由法国军队的飞行员。他在讲述与英国女王战后会面的情形时讲出了这句话。

个特殊的问题。1940年，二十二岁的薇薇特·萨米埃尔（Vivette Samuel）就职于儿童救助组织。她的父母是乌克兰犹太人，学识渊博，他们于"一战"期间移居巴黎。据薇薇特的统计，大约有72400名十八岁以下的犹太人没有被驱逐出境，其中大约62000人和他们的父母在一起，或由他们的父母直接托管给某些机构或非犹太人家庭。如何让这些儿童重回正常生活此时成了一个前所未有的问题。更何况，在战后一片废墟的欧洲大陆，犹太人的困境只不过是诸多问题中的一个而已。出生在纽约的摄影记者泰蕾兹·邦尼（Thérèse Bonney）是第一个赢得索邦大学奖学金的美国人，多年来一直关注欧洲儿童恶劣的生存条件。早在1943年，她的著作《欧洲的儿童》一经出版便震惊了公众。李·米勒此时已离开巴黎来到德国，她在那里也见到了类似的场景。而她在维也纳的一家医院里拍摄的照片成了她整个战地记者生涯中最悲惨也最重要的作品。她写道："整整一个小时，我看着一个婴儿慢慢死去。我看到他的时候，他已经浑身泛着深深的灰蓝色，就像回荡着华尔兹的维也纳的夜色，也像达豪集中营骷髅般的囚犯们的条纹外衣上的蓝色，或者也像施特劳斯想象中的多瑙河的蓝色。我曾以为婴儿长得都差不多。但那只限于健康的婴儿，濒临死亡的婴儿样貌各不相同。我眼前的不是一个两个月大的婴儿，而是一个小小的角斗士。他喘着气，为了活着奋力挣扎。医生、修女和我三个人就只能站在旁边默默看着……我们什么也做不了，只能看着他死去。他咬紧尚未长出牙齿的牙龈，握紧拳头，抵抗着死亡的侵袭。这个小婴儿为他唯一的财产——他的生命——而挣扎着，仿佛那是多么值钱的东西。"

战后，不仅仅是法国，在全欧洲，被遗弃或丢失的无家可归的儿童都成了日渐严重的社会问题。这场浩劫在整个欧洲大陆留下了数量惊人的孤儿和流浪儿童，其中包括5万名捷克斯洛伐克儿童和28万名南斯拉夫儿童。而统计数据无法传达的是每个个体所经历的痛苦。截至1947年，联合国善后救济处（UNRRA）仅在德国就照顾着50万名孤儿，其中许多人已经忘记了他们是谁、从哪里来的，也有的年纪太小，对之前的生活经历毫无记忆，且往往内心脆弱，不愿意听到实情。

1945年夏天，红十字会在欧洲各地的邮局和火车站的墙上贴出海报，上面印着婴儿和儿童的照片，下面写着"我是谁"。一位护工把这些营养不良、敏感、体弱多病的孩子形容为"疲惫、苍白、支离破碎的小老头小老太太"。在雅克利娜·梅尼尔-阿马尔看来，他们是欧洲文化和人类文明陷入混乱的象征。[23] 据儿童救济组织估计，战后，法国共有五六千名犹太孤儿，他们有的生活在全国各地的非犹太人家庭，也有的生活在临近法国的瑞士和西班牙。他们需要追根溯源，与他们的家庭和传统重新建立连接。

正是这样的氛围深深地震动了英国小说家马甘妮塔·拉斯基（Marghanita Laski）。拉斯基对巴黎了如指掌。1937年、1938年，她和丈夫曾长住巴黎，并且两人在巴黎举行了婚礼。战后，拉斯基更是频繁地回到她深爱的巴黎旅行。拉斯基出身于世俗的犹太人知识分子家庭，战争爆发前夜，她的家庭曾救助过两个从欧洲大陆逃亡而来的犹太难民。以上种种都让她更能深切地体会到法国战争孤儿的内心情感。1949年，拉斯基基于这些体验写出了畅销小说《遗失的小男孩》。小说里的故事发生于1946年"笼罩在腐败瘴气"[24]中的法国,黑市经济当道,熟悉的氛围令人不寒而栗。故事里的反派男主角名叫希拉里,他一度犹豫要不要从一个气氛诡异的天主教孤儿院领养一个身份不明的孩子作为后代。他还告诉自己的朋友、抵抗者皮埃尔,他总是禁不住好奇每个人在占领期间都做了什么。皮埃尔回答说,他确实也想知道这些人在占领期间做了什么,"这就像一种条件反射,但我并不关心这个问题的答案。我厌倦了'通敌者'这个词,它被滥用了。在德国人的统治下,我们每个人都做了自己能做的事情,至于具体是什么事情,这在很早之前就已经注定了"。就在希拉里犹豫不决的时候,天主教孤儿院的修女也在仔细考察他。修女对他说:"你要知道,除非我们非常非常肯定这孩子是你的,否则我们不可能把他交给一个非天主教家庭养育。"[25]

一些战时拯救儿童的计划充满了巧思和风险,如今,这些计划的后果也开始显现。雅克·塔蒂埃的表妹德鲁·塔蒂埃的好友玛利亚·埃拉苏里斯(María Errázuriz)与沙梅松教区的神父亨利·弗朗索瓦·梅纳尔戴(Henri François Ménardais)合作救助犹太人。他们在自己家里、沙梅松的孤儿院以及当地的塔希(Tachy)城堡里都藏了好几家人。当时塔希城堡里还住着巴黎欧仁·拿破仑基金会的修女,她们在巴黎的家被德军征用了。梅纳尔戴经常去罗特席尔德医院,还曾和社会工作者克莱尔·海曼(Claire Heymann)一道工作。两人会在歌剧院秘密碰头,因为梅纳尔戴是那里的芭蕾舞演员(被称为"歌剧院里的小老鼠")的专职神职人员。每次,他都会给海曼带去几十份签好字的洗礼证明,这样她就能给一些犹太儿童更改出身。梅纳尔戴神父甚至将一些犹太儿童托管给一些公立孤儿院直到战争结束，毕竟谁会去可怜的孤儿中间寻找犹太人呢。整个占领时期，梅纳尔戴神父就这样从纳粹的铁蹄下救下了两百多个犹太儿童。现在问题来了，这些孩子应该如何处置？有些孩子像阿莱特·雷曼一样定期去教会并学会了唱弥撒，对自己的基督教恩人们心怀感恩，但无论如何还是认为自己是犹太人。出于安全原因，大部分年纪尚幼的犹太孤儿都在战争期间接受了洗礼，现在，这些孩子面临着复杂的未来。一些基督教机构坚持辩称，如果孩子的母亲让孩子接受了洗礼，这意味着她希望孩子长大成为天主教徒。

1939年以来，许多孩子被收留在罗特席尔德家族在巴黎城外维伦纽夫（Villeneuve）市的盖特（Geutte）城堡。战后，罗特席尔德孤儿院也被迁到这里，由爱德华·德·罗特席尔德男爵夫人接管。男爵夫人原名热尔梅娜·阿尔方（Germaine Halphen），在照顾失去双亲的孩子方面颇有经验。直到1947年，这里仍有一些孩子得以与家人重逢。这些幸存者经历了种种厄运，与家人团圆时往往正忍受着巨大的精神创伤。在这个前所未有的绝望情况下，几乎没有专业人士能够提供什么帮助，因为没有人知道什么是正确的行事方式。许多家长倔强地保持沉默，他们觉得抹去自己的记忆是一种善待孩子的方式；另一些家长则更加感性化，试图让孩子认可他们经历的磨难。

对于薇薇特·萨米埃尔来说，占领期间最吓人的工作就是让拘留营里的家长签字同意送走自己的孩子，他们知道这是唯一能让孩子幸存的方式。她还向一些家长承诺会尽力让孩子在犹太文化氛围中长大，但这极其困难，因为这可能会让孩子再次经历分离，"就在他们刚刚找到平静时就又要经历一次精神创伤。我们有没有足够关心这些孩子？抚养他们的家庭已经从心理上接纳了这些孩子，希望他们能一直留下来"。这些家庭会尽可能地妥协，保留孩子的犹太人身份。但对于那些被安置在修道院里的孩子，问题就更复杂一些，因为其中许多都已经受洗并改宗基督教。"当然，他们获救了，这是最重要的。"[26] 但是，薇薇特·萨米埃尔也意识到，在这个悲剧的两难困境中，一些家庭不管初衷多么善良都不是那些受过伤害的孩子最好的去处。

"奇怪的是，在救助机构里长大的孩子反而容易找到不同的、有益的榜样——这不仅因为他们周围的老师们归属不同的政治倾向和宗教信仰、同龄人之间形成的友情，更要归功于救助机构在物质、教育和士气方面都尽最大努力给孩子们创造最好的条件。这些孩子和其他在救助机构长大的孩子有着相同的成长经历，也比那些在住家里长大的孩子更容易适应周围的环境。"[27]

○ ○ ○

对于一些人来说，有亲属幸存反而造成了一些麻烦。1946年，十三岁的罗莎·里瓦拉克回到巴黎。此时她是一个孤儿，在很多方面仍然十分孩子气，但她很有主见。她的天主教继母多次到鲁特西亚酒店打听她父亲的消息，最终徒劳而返。罗莎随后重新开始上学，学费由儿童救济组织承担。但很快，她相继被两所学校勒令退学，她自己也承认,她当时是个淘气且咄咄逼人的孩子。当时,她的一个姑妈带她去见一个拉比,想要让她皈依犹太教。"他给我讲了一些教规,比如在安息日不能触碰电源开关,否则会冒犯上帝。我对他说:'你这是在告诉我,我一个全家人都被毒气杀死的孩子现在不能碰电源开关,就是为了不得罪上帝?'我用手指戳了戳他胖胖的肚脐眼,然后怀着恶心跑开了。"如今,罗莎虽然承认天主教和犹太教都在她的生活中发挥了作用,但她对所有宗教都不置可否。[28]

尽管罗莎的父母是从德国移民法国的,但由于罗莎在法国出生,所以她一直把自己当成法国人。但是许多犹太儿童是贫穷的中东欧裁缝、针织工、矿工或修锅匠的后代,他们曾在法国寻求庇护,但从未被这个国家接受。这些孩子的童年里只有恐惧、流亡、饥饿、丧失、抛弃和死亡。战后,雅克利娜·梅尼尔-阿马尔在回忆录中痛苦地问道:我们怎么才能让这些孩子重新变得正常?怎么才能把那个他们从来没有过的童年还给他们?怎么才能让他们不再把成年人视为敌人?毕竟正是成年人杀害了他们的父母。她写道:"这不是礼物,而是物归原主;不是施舍,而是公道。"她坚持认为,成年人必须悉心照料这些孩子,让他们重回人类大家庭。"我们必须帮他们重燃希望,因为他们是这个世界的唯一希望,而我们辜负了这个世界。"[29]

奥黛特·法比尤斯在被捕之前就纤瘦优雅。从集中营回来时,她已经瘦得就剩一具骨架。她和同样体弱多病的图凯特·杰克逊一起从拉文斯布吕克集中营去了马尔默的疗养院,直到两人都能独立走路了才出院。奥黛特后来又拄了几个月拐杖,但身体已经康复。让她兴奋的是,她终于见到了女儿玛丽-克劳德。不过,她也震惊地发现，她1943年抛下的那个苗条的小女孩两年后已经"胖了好几圈……当然，还是漂亮，但宽度已经是之前的两倍。这是因为所有人都试图用美食让她忘记母亲不在身边的痛苦"[30]。当时很少有母亲会因为担心孩子超重而带孩子看医生，但奥黛特却带她的女儿去看了巴黎著名的儿科医生罗贝尔·德勃——这在某种程度上也折射出她在拉文斯布吕克集中营生存下来所凭借的钢铁意志。

奥黛特还去了维克多广场的犹太教堂出席了她姨妈、姨夫贝尔夫妇的丧礼。贝尔夫妇天赋异禀的女儿埃莱娜先是被驱逐到奥斯维辛集中营，随后又被送到贝尔根-贝尔森集中营，并于1945年在那里遇害。奥黛特震惊地发现，幸存者中间弥漫着一股有毒的气氛：有些人会在私下谈论谁利用特权生存下来，还有人会谈论谁在占领时期得到了好处。处在这种情绪里的巴黎人还没有准备好纪念埃莱娜·贝尔短暂的人生。但至少，贝尔家的管家安德烈·巴迪奥还精心保管着她的日记。安德烈已为贝尔家族服务了五十年，埃莱娜曾把日记一页一页地交给他保管。1946年6月20日，安德烈把这本手稿转交给了埃莱娜的弟弟，他打印了一份副本，随后把原件交给了埃莱娜的未婚夫让·莫拉维基。莫拉维基因为之前抛下埃莱娜而深怀负罪感，于是悄悄地把日记保存了起来。

为了女儿，奥黛特和罗贝尔又重新生活在了一起。奥黛特将之视为权宜之计，两人都可以不受彼此限制地自由交友。时机一到，奥黛特立即去马赛看望皮埃尔·费里-皮萨尼。她在拉文斯布吕克时就不断地想起他，还为他们这次团聚做了不少准备。尽管如此，此时皮埃尔虚弱和瘦削的程度还是超乎她的想象。他瘦了20公斤，由于之前踩到了地雷,他耳朵半聋,且因为不太自信,他已经一年多没有大声说话了。一见到奥黛特,皮埃尔马上张开双臂,却忽然昏了过去。"他的生活和能量全部被掏空了。他不明白我怎么能这么说,毕竟我也遭受了恶劣的对待,但我一直努力寻找这段遭遇的积极方面,比如力量和友谊。"[31]

奥黛特和皮埃尔的关系又持续了几个月。皮埃尔后来来到巴黎,表面上是为了团结政治盟友、准备选举,但同时也是为了和奥黛特重燃旧时恋情。他一度希望在巴黎找到一个长期的工作,这样他就可以经常来。但他的妻子发现了他和奥黛特的恋情,并试图自杀。奥黛特认为,此时她和皮埃尔已经没有共同的敌人,两人的关系也注定无以为继。皮埃尔战后的风格和她1943年认识他时相比已经大不相同。"吊诡的是,解放给我们的关系制造了障碍……我意识到我没有办法和之前的生活完全划清界限,如今战争结束了,我又回归过去的生活角色中。"此时的奥黛特手头逐渐吃紧,她丈夫的生意摇摇欲坠,一家的财务状况也因此岌岌可危。她下决心结束了和皮埃尔的婚外情。1946年中旬,从集中营返回一年后,奥黛特·法比尤斯到纽约接受了一份联合国提供的工作。她后来再也没见过皮埃尔——"他是我见过的最聪明的男人"[32]。

○ ○ ○

和热纳维耶芙·戴高乐、雅克利娜·马里耶娜一样,1946年,雅克利娜·达兰库也结了婚。她的丈夫叫皮埃尔·佩里(Pierre Péry),

是一位布痕瓦尔德集中营的幸存者。婚后,夫妻俩决定定居纽约。雅克利娜·达兰库的一些朋友都建议她去见一个名叫卡罗琳·费里迪(Caroline Ferriday)的美国女人,还说"我知道你们俩一定能理解对方"[33]。

卡罗琳·费里迪1902年7月4日出生在一个富裕且有权势的家庭,是这家的独生女。这个惊艳的女人十分喜欢法国,会讲流利的法语,且从青年时代就对政治感兴趣。希特勒上台的时候,她正在纽约的法国领事馆做志愿者。1941年,她是美国亲法组织"永远的法国"的活跃成员。保罗·罗森博格的女儿,即安妮·辛克莱的母亲米芝莲·罗森博格也参与了该组织的活动。卡罗琳非常关心法国人民特别是儿童的境遇。整个战争期间,她都在为战争孤儿筹款,到了1945年,她已经有一长串急需食品、衣物和其他物资的女性和儿童的名单。战后,她曾作为"永远的法国"的代表深情地呼吁:"尽管德国遭遇了军事上的失败,但如果获得解放的欧洲人民不能尽情享受胜利的果实的话,长远看来,胜利的还是德国。"[34]卡罗琳和雅克利娜成了终生的朋友。雅克利娜·达兰库后来回忆道:"我们在第一次见面时就成了朋友,当时她很快就问我:'我能做点什么?'我们后来情同姐妹。"[35]卡罗琳在美国成立了被驱逐者和被关押者协会的分部,并不断地寻求帮助法国的战争受害者的方法。

○ ○ ○

一些担心自己可能会面临不利的司法审判的人逃离了巴黎。备受指责的香奈儿1946年大部分时间都在瑞士度过，时常和作家保罗·莫朗在一起。莫朗是维希政府的活跃支持者。他十分了解香奈儿，因此，香奈儿委托他为自己写回忆录。她仍然沉浸在和斯帕茨的感情生活中，尽管这个时期他们表现得相对低调。那段时间见到斯帕茨的人都形容他是"一个贫穷的上年纪的花花公子，但还装得像个有钱人"[36]。斯帕茨表面上的风光很大程度上得益于香奈儿。后来，斯帕茨移居巴利阿里群岛从而结束了和香奈儿的情侣关系，但香奈儿还是会给他每月寄生活费。在莫朗看来，"在远离时尚业的这些年，香奈儿充满了忧郁的愤怒和难以压抑的能量，毕竟是时尚业塑造了她的人生和名声"[37]。此时，她正在努力夺回她的香水生意的控制权，且聘请了勒内·德·尚布伦作为律师。德·尚布伦在20世纪30年代曾是香奈儿的法律顾问。

像许多时装设计师一样，香奈儿也意识到把品牌拓展到香水领域不仅能大赚一笔，还不用每季更新服装设计。1920年夏天，她见到了传奇调香师恩内斯特·博（Ernest Beaux）。博在南法的格拉斯有自己的调香作坊。*Vogue*主编贝蒂娜·巴拉德（Bettina Ballard）说，香奈儿在那里忍着巨大的悲痛调制出了著名的香奈儿5号香水。当时，和她交往了九年之久的英国马球手亚瑟·爱德华·卡佩尔上校（外号"小男孩"）刚刚去世。卡佩尔曾在香奈儿创业早期给她的商店提供了资助。

一开始，香奈儿香水的生产并没有规模化。直到1924年，香奈儿经人介绍认识了皮埃尔·韦特海默（Pierre Wertheimer）。皮埃尔和他的兄弟保罗是法国最大化妆品公司之一妙巴黎的老板。韦特海默家族是法国颇有名望的犹太家族,名下有数个工厂。皮埃尔决定投资新公司"香奈儿香水",并保证香奈儿的香水和美妆产品可以大规模生产,并通过老佛爷百货商场等渠道出售,从而赚取巨额利润。

但是,香奈儿和韦特海默兄弟一开始就不和。公司成立之初,香奈儿持10%的股份,韦特海默家族持股70%,剩下的20%则归属老佛爷百货的老板泰奥菲勒·贝德(Théophile Bader),正是他撮合了这单生意。香奈儿一直想扩大持股比例,皮埃尔·韦特海默则一直拒绝。尽管这桩生意十分成功,香奈儿也赚到了能保证一辈子经济安全独立的钱,但10%的持股比例依然让她很不舒服。1940年,韦特海默家族逃离巴黎,离开之前,他们对家族产业进行了雅利安化,并将香奈儿香水公司的股份交给了一位名叫菲利克斯·阿米奥(Félix Amiot)的法国天主教商人。此前,韦特海默家族持有阿米奥航空生意50%的股份,此时也一并拱手相让。香奈儿对公司的雅利安化深感愤怒,因为这样一来她就不能趁着占领时期夺回对公司的控制权。战后,阿米奥迅速将香奈儿香水公司的股份还给了韦特海默家族[①],这让香奈儿决心打官司争取更多的公司股份。

1946年,香奈儿开始制作自己的香水样品,取名"香奈儿小姐1号、2号",这与韦特海默旗下的香水生意形成不可小觑的竞争之势。最终,双方达成了妥协,香奈儿也因此变得"富可敌国"[38]。

---

① 尽管如此,很多人还是怀疑阿米奥曾经通敌:他曾被迫为德国飞机制造商容克工厂工作,战后也没有提起香奈儿卖香水给德国人的事情。事实上阿米奥成立过一个抵抗组织,甚至试图为自由法国军队制造飞机。但最终他被免于审判的原因主要是他和韦特海默兄弟的这桩生意。

1947年5月之后，香奈儿开始出让同名品牌香水的特许经营权，抽取全球毛销售额的2%，据估算，这笔钱每年高达100万美元。她还获得一笔一次性补偿作为过去的特许经营权出让费……就像香奈儿的一位传记作家所写的那样，她现在"已经足够富有，再也不需要工作了"。

战后，许多犹太人的公司被归还给它们的合法拥有者，这为律师们创造了大量工作。同样正在经历漫长的公司正常化的是珠宝公司梵克雅宝。作为该过程的一部分，1946年6月3日，勒妮·皮桑的遗体被挖掘出来。此前，这具遗体已经在维希的坟墓里躺了四年。她的母亲伊斯特把遗体运到尼斯的犹太人墓地，掩埋在勒妮的父亲的墓旁边。梵克雅宝公司在巴黎旺多姆广场的门店也很快重新开张。但是这一次经营公司的主要是雅宝家族的成员。尽管梵克这个姓仍然保留在公司名当中，但是勒妮已经死去且没有后代，因此梵克家族事实上已经从公司里消失。一些商业历史学家认为，正是勒妮锐意开启的公司雅利安化最终救了公司。[39]如果当年勒妮没有把公司卖给保罗·德·勒西吕克伯爵，德国人会亲自收缴该公司。

香奈儿此时还关照着斯帕茨，但他那个有二分之一犹太血统的前妻卡茜则没那么走运。战争初期，她先后被关押在好几个地方，但最终幸存，后来她被驱逐出法国，到奥地利和几个表亲一起生活。在战争末期，她回到了她心爱的巴黎，还换了一个名字[40]，但很快又在1944年因涉嫌通敌罪被捕。有证据表明，她参与了黑市交易，卖过内衣，因此在后来的两年都被关押在监狱——这是她为她和斯帕茨的婚姻以及和其他德国军官的亲密关系所付出的代价。

"她遭遇了一些恐怖的经历。"法国文学评论杂志《交流》的创始人阿拉纳·哈珀（Allanah Harper）后来写道。出生在英国的哈珀是卡茜的继妹西比尔·贝德福德的密友。1946年9月，哈珀在巴黎看望了刚刚获释的卡茜，她后来给西比尔汇报说："我带她去了和平路的一家酒吧。她告诉我那是唯一一还能喝到真正的好香槟的地方。我们每人喝了三杯香槟，每杯100法郎。"她还补充说，卡茜之前住的牢房卫生条件极其恶劣，且好几个月都只有面包和水充饥。

"她说，刚入狱的那段时间生活还比较有趣，因为当时监狱里尽是犯了通敌罪的侯爵夫人和伯爵夫人。但几个月后，她们都通过人脉关系获得释放，只剩下她、'清洁工和妓女'。她觉得自己被捕是因为她前夫，但我认为这是因为她和许多德国军官交往。无论如何，这都不太可能是因为她有犹太血统，毕竟她是解放后才被关押的，而且四个月前刚刚被放出来……我认为她感到非常寂寞……她说她要工作赚钱，因为她没钱了。她打算从下周开始和朋友去一家帽子店打工。"[41]

西比尔深爱着她的姐姐，并对司法制度深信不疑。尽管如此，她听了这个故事以后都感到很不舒服。

尽管英国人无法在法国伸张正义，但可以通过英国文化协会推进两个盟国之间的友好关系。巴黎的英国文化协会位于香榭丽舍大街28号，在成功地举办了约翰·派珀、格雷厄姆·萨瑟兰等人的画展之后，协会又把注意力转向音乐。1946年夏天，三十二岁的玛丽·沃林顿（Mary Wallington）出任该协会的音乐助理一职。玛丽曾在牛津大学修读法语和意大利语，随后一度在出版业工作。那个夏天，除了降雨频繁之外，玛丽对她新工作的方方面面都很满意。她的主要任务是组织乐团交流活动以及留声机音乐会，推荐一些英国的音乐家，其中包括亨利·珀赛尔（Henry Purcell）、沃恩·威廉斯（Vaughan Williams）和德利厄斯（Delius）。毫无疑问，德利厄斯的名曲《巴黎：伟大城市之歌》很受欢迎。玛丽还会选一些英国的海上船工的劳动歌曲，"这给整个活动带来一个轻松的尾声"[42]。玛丽从家到办公室的路经过富堡·圣奥诺雷街。"我一直在看那些美得令人难以置信的商店橱窗，已经看花了眼，以至于到目前为止我只买了三双袜子！"[43]

另一方面，玛丽也看到许多为食物焦头烂额的普通巴黎女人，如今她们正在适应和平年代的购物和烹饪方式。尽管玛丽偶尔也会哀叹吃不到英式果酱或买不到易溶卫生巾和土耳其香烟[44]——她曾写到她有不少弗吉尼亚人牌的香烟，但英国海陆空三军合作社的小卖部并不卖土耳其香烟，不过她还是写信告诉她"亲爱的家人"，她在巴黎吃得不错，这里有很多肉，但没有蔬菜沙拉。一天晚上，她应邀去当地人家里出席晚宴。她震惊地看到女主人慷慨地把一大块黄油放进锅煎小牛肉[45]，然后又往面条里混进更多的黄油。这个故事显示出当时巴黎存在的惊人的不平等现象：英国人、美国人和富有的巴黎人食物多到吃不完，而另一些人则永远处于饥饿的边缘。只要愿意出钱，肉多得是，而肉店老板会十分精明地利用供需关系。其他主食更是供不应求。

1946年1月1日，法国政府重启了面包配给制度，这引发了愤怒的示威。面包店里也经常出现激烈的争吵。一些一口气买好几块面包的女性会被那些仍然在排队、担心买不到面包的人攻击。黑市再次蓬勃发展,许多人开始以物易物(包括赃物)。这些都避免了现金的使用,也为正在努力增加财政收入的政府设置了难题。有些人甚至为了增加口粮,会用死去的亲属的名字冒领配给卡。在占领期间,不论是厨师还是伯爵夫人都花时间学会了伪造证件的技术。美国记者珍妮特·弗兰纳在《纽约客》的专栏《巴黎来信》中写到一个文质彬彬的巴黎女人的开心一刻:"她在自家阁楼里翻遍战前的藏书,发现两箱战前子弹。她用二十枚子弹和邻居家的枪手换了'两只野鸡、一公斤农家黄油和一块烤小牛肉'。"

尽管如此,谁也拿那年冬天的极寒天气没有办法,特别是,当年出现了严重的取暖燃料短缺。包括剧院在内的众多公共建筑都没有暖气。玛丽·沃林顿幸运地在暴风雪来临前在秋季参加了一些精彩的文化活动,其中就包括马里尼剧院的大戏《哈姆雷特》,这部戏由让-路易·巴罗主演,剧本则由安德烈·纪德(André Gide)翻译。玛丽将之称为"当时戏剧界的大事件"。不过,珍妮特·弗兰纳则对这部戏的制作水准并不满意,她认为这部戏"炫技、急迫而草率"。但她意识到,没有人敢批评"半人半神的纪德"[46]。

10月16日,玛丽·沃林顿应邀出席了一场晚会,她兴奋地看到,玛乔丽·劳伦斯在晚会上表演。战前,玛乔丽·劳伦斯和热尔梅娜·吕班是瓦格纳歌剧演唱的竞争对手。战争时期,劳伦斯患病。但随着青霉素在全法各地的普及,劳伦斯的疾病也逐渐治愈。吕班本人也终于在被监禁三年后迎来了审判。一些曾经在战争期间接受过吕班的帮助的人也出庭做证。法庭宣布许多针对吕班最严重的指控都不成立。尽管如此,她的职业生涯也已经结束了。

"这次审判对我来说是一次完整的平反:我终于获得了清白……没人知道我帮着释放了多少囚犯。没有人问过我,为什么我在占领期间拒绝了温弗里德·瓦格纳去德国演出的邀请。"吕班坚持说。尽管如此,她还是被终身降格为二等公民(后来减刑为五年),并被没收全部财产,其中包括一座位于图尔的城堡。她被迫流亡意大利,和朋友住在一起,直到1950年才返回巴黎。她对自己的遭遇耿耿于怀,宣称自己失去了十几年的歌唱生涯。

如果吕班读到玛丽·沃林顿写给父母的关于那场晚会的描述,她可能会感到轻微的慰藉。在沃林顿看来,那场晚会"最精致也最庸俗,许多摄影记者不等劳伦斯唱完就朝着她的脸使劲打闪光灯……她的声线固然优美,但不幸的是她嗓子不太好,晚会快结束的时候,她在唱高音的时候破音了"[47]。

不是每个亲历者都被迫公开解释他们在占领时期的生活选择,但毕加索却被频繁地质问,因为人们逐渐得知,德国军官那时会来看他,甚至购买他的作品(或者确保他有充足的生活物资)。占领期间,毕加索都在位于奥古斯丁大帝街的画室里工作。他的朋友都认为那座破落的豪宅和他很般配。超现实主义诗人安德烈·布勒东(André Breton)是毕加索和艾吕雅共同的朋友。布勒东在美国度过了战争年代,1946年夏天,他返回巴黎与毕加索重逢。布勒东在这次会面中批评了毕加索自占领时期以来的政治倾向,特别是他加入共产党这件事。毕加索的情人弗朗索瓦丝·吉洛见证了这次不愉快的会面。毕加索告诉布勒东:"你在占领期间没有和我们一起留在法国,你没有经历我们经历的那些事情。我的立场都是基于这些经历。我不会批评你的立场,因为你对那些事情的理解来自另一个角度……对我来说,友情可以超越政见分歧。"[48]

这些分歧一直没有被弥合,而吉洛也一直坚定地支持自己的情人。她相信"他能在战争时期留下来,这需要极大的勇气,特别是希特勒亲自谴责了他的画作,而占领当局对知识分子又持极其阴暗的看法。许多艺术家……在德国人到来之前就逃去了美国。对许多人来说,逃离风险是一个明智的选择"。有一次,吉洛直接问毕加索为什么留在纳粹占领下的法国。他回答说:"哦,我并没想要承担什么风险……我并不在乎以一种被动的方式屈服于强权或恐怖。我想留在这里,因为我人已经在这里。只有一种力量可以让我离开,那就是我真心渴望离开。留下来并不体现什么勇气,这只是一种惯性而已。我想这仅仅因为我更喜欢这里而已。所以,我留了下来,不惜一切代价。"[49]

○ ○ ○

1946年10月27日,法国政府终于修改宪法,规定"在所有领域,男女享有同等权利",并将之视为共和国的一项基本原则。一个月后,法国女性终于可以第一次在全国性选举中投票。战争期间,许多女人都一边工作一边照顾家庭。此时,一些杂志却开始劝说女人重拾战前的清纯和女人味,"不再做决定,不再关心收支平衡,不再准时到咄咄逼人"[50]。但是当时人们普遍认为,女性足够聪明,可以在钻研时装、美容、健康和家居装饰的同时做一份有趣的工作。在公众意见的变化下,1946年,杂志《她》改头换面,与战前的 *Vogue* 形成天壤之别。《她》在战后的第一任主编是才华横溢的记者、作家弗朗索瓦丝·吉鲁(Françoise Giroud)。这位三十岁的自由女性深切地关注着社会问题。[①]

1946年春天,《玛尔特·里夏尔法案》通过国会审查,并于10月正式生效。该法案取缔了自1804年以来一直在法国享受合法地位的妓院和拉皮条活动,但仍然允许卖淫活动。当时法国仅登记在册的妓女就有7000名,人们自然会担心新法律会导致非法的站街女人数增加和性病的蔓延。理查德本人和这项新法案一样充满争议。她之前是一名妓女,人们还怀疑她曾是一个双重间谍,她曾在维希停留过一段时间,后来回到巴黎,据说她雇用了一些女孩招待德国人,还做了一些小偷小摸的事情,最终巧妙地抓住时机加入了抵抗活动。1945年,她进入政府,努力推动反妓院法案。但她的动机却令人半信半疑,许多人认为新的法律攻击了法国文化。包括英国大使达夫·库珀在内的许多人都对巴黎著名妓院关张表示了惋惜。一些评论人士认为,此时法国正在遭受各种短缺,从电力到土豆都供不应求,取缔妓院并不是什么要紧的事。难道世界寻欢之都"快活巴黎"真的要在战后的审慎氛围中凋零吗?

但法律改变的背后有复杂的背景。在新法律实施前,妓院要遵守数不清的规则并接受无数次的检查,这给滥用警权和行贿受贿

[①] 后来,吉鲁被任命为妇女事务部部长。

打开方便之门。更重要的是,巴黎的卖淫业在占领期间蓬勃发展。最为臭名昭著的妓院之一 123 的老板娘法比耶纳·雅梅(Fabienne Jamet)曾如此回忆占领时期:"我都有点不好意思说出来,但那是我一生中前所未有的好时光……占领时期的夜晚如梦似幻……法国妓院从没有像德国人在的时候那样好好地经营和管理过。"[51] 这并不是说妓女甚至老鸨都是亲纳粹的通敌者,毕竟一些著名的妓院在被德军征用后只能服务德国军官,在那些妓院工作的妓女们别无选择。但整个行业都不可避免地染上了污点。在法案通过的时候戴高乐并不在位。不过,他和妻子伊冯娜都无法容忍妓院在战后的法国继续合法地存在。

显然,关闭妓院并不是为了支持女性,而主要是为了在巴黎和其他城市建立正常秩序,避免美国人对法国的城市管理指手画脚。《生活》杂志的记者乔·韦斯顿(Joe Weston)写道,美国士兵就像之前的德国士兵一样将巴黎视为一个"巨大的妓院",但时代不同了。占领期间,德军严格地管理德国军官使用的妓院,在这些妓院工作的妓女每周都要看医生检查身体。在青霉素尚未普及的时代,德军用这种方式避免士兵感染梅毒。但在解放后的几个月里,法国行政系统一团混乱,既没有足够的医疗人员也没有足够的警察去监管妓院。巴黎人将妓院戏称为"银色散兵坑",它们像磁铁一样吸引着休假中的美国大兵,等着服侍他们的是一些从法国各地蜂拥而来想在大城市赚钱的女孩子。《自由的代价》的作者、历史学家玛丽·路易斯·罗伯茨(Mary Louise Roberts)研究了美国军人"二战"期间在法国的性生活。她认为,法国方面曾试图给妓女们提供简单的公立医疗保健服务，但妓女们却尽力躲避。"这项服务顶多是毫无效果，在最坏的情况下甚至称得上是肉体折磨。体检的场所阴暗肮脏。通常，医生在两场检查之间连洗窥器都懒得清洗，更不用说换床单和凡士林锅了。病情最严重的妓女被锁在医院的病房里，那里的修女只能硬着头皮忍受她们的酗酒、脏话和同性恋性行为。"[52]

美军入驻巴黎市中心的小皇宫之后做的第一件事就是在这个美丽的20世纪展览中心挂上一块大牌子，上面写着免费发放避孕套。美国军方并不关心陆军士兵是否会和法国女人发生性关系，但他们十分关心自家士兵是否会感染性病。然而，美国大兵们每天都面临着惨死沙场的可能，他们并不害怕染上一个可治愈的疾病。由于法国官方在1944年尚未能取缔妓院，也无法监管每个法国女人的个人卫生，于是只能用发放大量的避孕套的方法来尝试解决问题。但避孕套的供应一直跟不上快速移动的军队，而且军工厂生产的避孕套总是会遭到不少投诉。此外，一些美国军官认为，试图控制士兵"在法国这种地方的性行为……无异于让他在牛排馆吃生萝卜"[53]。

"无论在美国的流行文化里还是在美国高级外交官和军官的圈子里，妓女就代表了'法式'本身。"[54]罗伯茨解释说。她们出卖身体的行为被更广泛地解读为法国对国富兵强的美国的服从。

"在一些美国士兵看来，只要他们愿意出钱，就可以让年轻的法国女人做任何事情。盟军远征军总部对法国政府的监管水平感到沮丧。法国政府无法将法国女性视为性病传染的受害者和加害者，这一点极大地影响了法美两国的关系。此外，性病的'问题'加强了美国对法国作为一个堕落的国家的偏见。美国也因此主动插手法国的内部事务,仿佛管理法国人民的解放是美军的天然'权力'……妓女们的所谓'传染性极强'的身体变成了权力的角斗场。不过,这项斗争一直停留在象征性层面。"[55]

关闭妓院代表着一个时代的结束。以前,二十出头的外省女孩常常会在名利的诱惑下来到巴黎。她们通常跟着一个许诺给她们爱情和财富的男人而来。到了巴黎后才发现她们必须工作才能养活自己。以可可·香奈儿和让娜·图桑为代表的一些女人跟着富有的赞助人来到巴黎,然后创造了属于自己的一片天地。但大部分女孩并没有这么幸运。专门关押妓女的小罗盖特(La Petite Roquette)监狱的记录显示,只有20%的囚犯来自巴黎及其近郊。

新法律通过后,妓院的建筑和里面的美好时代风格家具也一起被变卖。一个著名妓院紧闭的大门上写着"去你的玛尔特·里夏尔"。在新制度下,年轻的女人在光天化日衣着暴露地在巴黎圣但尼街附近或其他法国大城市的街头做生意。对于一些男人来说,这并不是什么好事,甚至威胁到了巴黎本身的魅力。南希·米特福德写道:"这些(妓院)最近被迫转到地下运作,外国人很难找到它们。[56]这都是因为一个女议员(此处不准确,玛尔特·理查德当时并不是议员)的欠考虑的决定。"

但是,人们还是能找到一些本该在1946年关闭,但不知何故仍然多多少少在合法营业的妓院。其中最有名的"见面地点"是克莱贝尔之星。占领期间,伊迪丝·琵雅芙和朋友们曾在这座妓院楼上的房间里住过几个月。琵雅芙可能没有加入过任何抵抗组织,并且在一些德国人或法国通敌者经常光顾的妓院和夜总会里表演。然而，她在战后受审时，由于有安德烈·比加尔出面辩护，最终被赦免。她的著名歌曲《玫瑰人生》在1945年就写好了，但她直到1946年才第一次在演唱会上演唱，随后立刻成为一首流行金曲。歌手夏尔·特雷内在占领期间也在魏玛国防军时常光顾的女神游乐厅和快乐巴黎人舞厅表演。此时，他的最新歌曲《大海》一经推出就广受欢迎，他在占领时期的种种可疑行为也都被人淡忘。这些歌曲代表了法国解放两年后人们的心情：是时候忘记战争时期的艰辛和痛苦了，巴黎的生活是美好的。

第三部

重建

第十章

1947：巴黎换新颜

截至1947年1月，薇拉·阿特金斯已经两次在盟军对纳粹高级军官的庭审中出庭做证，这些军官往往在集中营里面杀过人。薇拉希望通过这种方式了解更多的信息，同时伸张正义。第一次是1946年对曾在纳茨维勒-斯特鲁托夫集中营工作的德国军官的审判。在那里，她失去了四个女线人：薇拉·莉、戴安娜·罗登、安德烈·博雷尔和努尔·伊纳亚特汗。第二次是在1947年年初，她在对拉文斯布吕克集中营警卫的第一场审判中协助检察机关。那里同样夺去了四个女人的生命：塞西莉·勒福尔、维奥莱特·绍博、丹尼丝·布洛赫和莉莲·罗尔夫。尽管如此，她还有许多下落不明的线人。[1]正如德国当局希望囚犯们消失在"夜与雾"里，她们已经消失得无影无踪。但是，战争结束两年后，作为战胜国，气氛发生了明显变化，人们逐渐把精力用于战后重建和外交谈判，而不是惩罚战争罪犯。

对于薇拉来说，这不仅仅是要惩罚。还原真相是她对那些女孩应负的责任。然而，一些了解她的人认为她的坚定决心也反映出她心怀内疚。一些线人被空投到法国时，她们的情报网络已经被德国人渗透了。1944年2月29日晚上，玛德琳·达默蒙被空降至夏特尔（Chartre）市外30公里处，一降落就被德军抓获了。此前，德军在俘虏了努尔后继续使用她的设备与英国方面展开了"无线电游戏"。玛德琳先是被带到弗雷讷监狱，然后又被带到福克大道纳粹保安警察总部接受审讯。1944年5月，她和其他七名女特工一起被转移到德国卡尔斯鲁厄监狱。很可能，薇拉的私人纠葛和她内心深处的不安全感是阻止她更早表达异议并要求调查的原因之一——她一直担心自己不够英国范儿。况且，她对英国特别作战执行部法国分部负责人莫里斯·巴克马斯特忠心耿耿，两人保持着紧密的合作关系。如今她拼命地探寻真相，这样至少有机会为这些死去的勇敢的女孩讨回公道。

争议至今存在：为什么伦敦方面一边担心线人网络已经被敌人破坏，另一方面又继续向法国派遣线人和投入资金呢？[2] 一些历史学家认为，莫里斯·巴克马斯特只是粗心大意。出于政治需要，他必须保证一些线人在法国继续工作。也有人认为英国人意识到了德国方面的"无线电游戏"却用假戏真做的方式欺骗德国，从而将德国人的注意力从诺曼底登陆计划移开。无论如何，许多无辜女孩的生命被浪费了。英国特别作战执行部历史学家福特后来说："要问为什么如此缺乏经验的人被派去做这么重要的工作，唯一的回答是：必须有人做这些工作，但又无人可用。"[3] 利奥·马克斯在训练努尔时对她深感同情，于是给了她一个额外的安全暗号，只有在她被敌人逮捕时才能使用。"我默默祈祷那是努尔的失误，"利奥·马克斯后来写道,"但是我知道这只是我不愿接受现实而已。"⁴ 巴克马斯特坚持认为,伦敦必须像什么也没发生一样继续与努尔保持双向通信。

尽管 1947 年初,薇拉相信她已经得到了她想了解的大部分信息,但她还不想就此收手,特别是,她此时又开始收到关于努尔的新证据。在纳茨维勒-斯特鲁托夫集中营的庭审后,薇拉在囚犯名单里首次见到了索尼娅·奥珊内斯基(Sonia Olschanesky)这个名字。奥珊内斯基显然是卡尔斯鲁厄监狱的一名囚犯,但薇拉从没听过这个名字,她认为这很有可能是努尔的别名。特工们都会改名字。薇拉认为,努尔出生在莫斯科,她很可能会选择一个俄文名字。① 真正帮助她了解努尔生命最后几个月的生存状况的信息来自努尔的哥哥维拉亚特。他得到了两个目击者的口述:1944 年 9 月,法国姑娘约兰德·拉格拉夫(Yolande Lagrave)曾在普福尔茨海姆监狱遇到"诺拉",另一个在该监狱工作的德国女人印证了这一点。薇拉从约兰德这里了解到,努尔在监狱里总是戴着手铐、脚铐,显然,柏林传来命令,将她视为极度危险的囚犯,给她分配极少的口粮,并经常殴打她。努尔在那里不能和他人交谈,也不能去户外放风。慢慢地,薇拉通过和等待审判的监狱警卫谈话,拼凑出了关于努尔的信息——她是如何在普福尔茨海姆监狱面对残忍对待仍然保持坚韧和尊严的。

1947 年 1 月,薇拉的调查取得关键性突破。她采访到了帝国

---

① 薇拉后来发现索尼娅·奥珊内斯基这个人真的存在,但她对这个人的故事并无兴趣,她只想知道努尔是怎么死的。

保安部在巴黎的二把手汉斯·基弗（Hans Kieffer）[①]。薇拉知道，基弗曾经在巴黎审问过她的女线人，她们正是因为他才被送去他家乡的卡尔斯鲁厄监狱。但是只有努尔被处罚关在普福尔茨海姆监狱的单人间，并一直戴着手脚铐。她曾两次试图越狱，因此被认为是特别危险的因犯。无论她遭受多么野蛮的对待，努尔都不招供任何信息。这激怒了逮捕她的人。1944年9月11日，她从普福尔茨海姆监狱被转送到卡尔斯鲁厄监狱，在那里她见到了埃利亚内·普鲁曼（Eliane Plewman）、玛德琳·达默蒙和约兰德·比克曼（Yolande Beekman）。她们随后被带到达豪集中营，并关在不同的监牢里。9月13日凌晨，她们分别被射杀。她们并不是手牵着手同时被从身后枪击身亡的。关于努尔被杀的具体细节存在不同版本。尽管这并不在官方史料里，但根据薇拉从不同来源得到的信息，努尔死前那晚遭受了"全套待遇"。一个德国军官把他从集中营狱警那里听到的话告诉了曾在战争期间为加拿大的情报机构工作的威基（Wickey）中校："努尔在监牢里被德国人严刑拷打。她被扒光衣服，拳打脚踢，最后伤痕累累地躺在地板上。第二天凌晨，她在监牢里被射杀。"[5]

然而，没有任何达豪监狱的工作人员因为杀死玛德琳、约兰德、努尔和埃利亚内而受审。部分原因是，没有证据也没有证人来证明他们的杀戮。那些最有可能杀人的人要么已经死亡，要么因其他战争罪行受审。在了解努尔在达豪死亡的真相后，薇拉·阿特金斯能做的也只是争取英国政府追授努尔乔治十字勋章，这是英国授予勇

[①] 1947年6月，基弗被执行绞刑，但他的审判与英国特别作战执行部的女特工的死并无关系。

敢平民的最高奖章。薇拉在推荐理由中提到，基弗在讲述努尔在监狱里的勇敢行为时都流泪了。1949年，努尔被授予该勋章。

薇拉于1947年复员。然而，她的故事继续令人着迷和疑惑。据她的传记作者所知，那些下落不明的女孩的亲人们认为薇拉"冷漠、无动于衷且麻木不仁"。这和薇拉积极寻找失踪人员下落的行动形成了鲜明对比。英国国家档案馆的一份文件显示，巴黎出生的约兰德的母亲表示，她女儿在被送入法国的时候已经怀有身孕。而戴安娜·罗登的母亲并不知道她的女儿收到过战争十字勋章，直到1958年作家伊丽莎白·尼古拉斯（Elizabeth Nicholas）在为她的书《无以为傲的死亡》（*Death Be Not Proud*）调研时才发现此事。尼古拉斯还发现，索尼娅·奥珊内斯基的未婚夫和家人并不知晓她的情况。而奥珊内斯基曾以难以置信的勇气在她隶属的弗朗西斯·苏迪尔（Francis Suttill）的情报网络被暴露之后继续坚持工作。在维奥莱特·绍博的小女儿塔尼亚·绍博看来，薇拉·阿特金斯"冷漠且疏远"[6]。维拉亚特对薇拉·阿特金斯的传记作者说她是"冷血动物"——"薇拉·阿特金斯是真的想弄清楚发生了什么，她想理清头绪，让事情水落石出"。但他相信，他的姐姐是被利用了。伊冯娜·巴瑟登（Yvonne Baseden）在瑞典红十字会的介入下幸存。谈起出狱时见到薇拉的场景，她记得薇拉当时"相当疏远，一开始几乎是冷漠甚至可疑的……我想她一定认为——你懂的——为什么被释放的是我而不是其他人呢？我做了什么让我有资格获释？我觉得这一定是她冷落我的原因"[7]。

然而，无论法国公众和政府多么不想不再回首往事，还是有些十恶不赦的罪行无法原谅。别名"克劳德医生"的安妮·史波里就是其中之一。在拉文斯布吕克集中营,人们曾见过她好几次注射杀人。解放后,史波里一度回到巴黎,希望能完成医学学业。但很快,她被要求为虐待狂、监狱老大卡门·莫里辩护。尽管史波里最终没有去汉堡出席莫里的庭审,但她也无法再默默无闻地生活。她也随即被捕,被控虐待和谋杀。整个1946年和1947年,她都在瑞士法院和自由法国军队的巴黎荣誉法庭(由前抵抗团体成员组成)接受庭审。莫里在她的庭审中指控史波里是10号监狱的杀人犯,但史波里的辩护律师辩称,莫里无法证明这个指控,这帮史波里摆脱了最严重的指控。1947年4月,莫里被判处绞刑,但就在临刑一星期前,她用刀片割腕自杀了。

史波里在她的庭审上试图否认一切指控,但她承认被莫里控制了,还管莫里叫恶魔。荣誉法院宣判史波里触犯了多种罪行:冒充医生、背叛法国以及用非人道行为给法国带来耻辱,相应的处罚是驱逐出法国二十五年。当时史波里已经有一个医学文凭,但还没有正式的医学学位。在荣誉法院的判决后,法国医学院取消了史波里的学位资格。此后,史波里决定离开法国,自称"史波里医生"。她坐慢船到了非洲,1949年在肯尼亚安定下来,学会了驾驶飞机,在余生成了深受人们喜爱的飞行医生。如果有人提起战争期间的事情,她会勃然大怒。她在非洲的慈善工作无疑给她带来了一定程度的赎罪感,但毫无疑问,她从来没有忘记拉文斯布吕克。

○ ○ ○

　　1947年2月12日，克里斯蒂安·迪奥用他的第一场高级定制时装发布会吸引了全巴黎的目光。当天气温零下6摄氏度，但兴奋的巴黎女人们还是穿上暖和的貂皮大衣抵达了他位于蒙田大道30号的秀场。迪奥的靠山——纺织业巨头马塞尔·布萨克表示，他有信心这场秀将会圆满成功，这不仅因为秀场里有华丽的鲜花装饰，还要归功于之前迪奥的舆论影响。迪奥品牌创立于1946年10月，至此不到一年，但它似乎契合了当时人们的政治意愿——把注意力从战争上挪开，追求奢侈时尚。激动的观众坐在镀着金边的小椅子上，欣赏着模特儿们在台上展示的90套衣服：芭蕾短裙，外面包裹着好几层衬裙，衬托着腰部的纤细轮廓。风情万种的模特儿们散发着独特的女性魅力，她们旋转的裙摆扑散了观众的烟灰。对于这群习惯了紧凑简短的铅笔裙的观众来说，迪奥设计的裙子展示了令人叹为观止的奢华。整场秀结束时，掌声和叫好声如雷贯耳，人们甚至看到迪奥本人不得不捂住耳朵。《时尚芭莎》主编卡梅尔·斯诺和 *Vogue* 主编贝蒂娜·巴拉德这两位时尚界元老疯狂地赞扬了迪奥的风格——如此新奇，但又根植于美好时代的理念。

　　斯诺兴奋地惊呼："克里斯蒂安，这真是一个惊喜。你的衣服展示了一种新面貌。"这句夸奖定义了这场秀，时至今日这依然是最有历史标志意义的品牌首秀。要知道，贝蒂娜并不怎么喜欢表扬别人，看完这场秀她说道："我们见证了时尚的革命，以及展示时尚的革命……时尚界从未像今天这样迎接它的拿破仑、亚历山大大帝和恺撒。巴黎时尚界一直在等一个人除旧布新,指明前路。没有谁比1947年的克里斯蒂安·迪奥更轻易而完整地征服了时尚界。"而卡梅尔·斯诺则直截了当地说:"迪奥拯救了巴黎。"

美国媒体一致认为,这场秀标志着全球时尚业的一次革命,并让巴黎重新回到高级定制时装业的顶峰。但英国记者却很难写下这样的溢美之词。迪奥的这个系列似乎意味着战时的紧缩和面料配给制度要结束了,但在英国,这仍是现行体制。在这个紧缩的时刻,英国版 Vogue 主编艾莉森·塞特尔(Alison Settle)禁止迪奥的名字出现在她的杂志上。此时英国的紧缩甚至比战时更甚,因为英国政府需要偿还战争贷款。另一方面,即使是完美身材的模特儿也需要依靠一些塑身内衣才能撑起迪奥新面貌系列的蜂腰宽臀设计。但在配给制下的英国,紧身胸衣被视为非必需品而禁止贩卖,除非出于医疗需要。总之,英国当局担心新面貌的潮流将使人们对面料的需求飙升。当塞特尔建议提升面料配额时,贸易局负责人斯塔福德·克里普斯(Stafford Cripps)爵士对她咆哮道:"新面貌算什么玩意儿?"[8]

后来,情况略有改观,因为伊丽莎白和玛格丽特公主也是迪奥"新面貌"系列的追随者,尽管她们不能公然藐视法规。但是,那年秋天迪奥去英国伦敦时,女王请迪奥办了一场私人时装秀。此后,英国设计师也开始通过修改旧大衣或插入黑丝绒绸带的方式来制造面料宽裕的错觉。此时住在巴黎左岸的小说家南希·米特福德在看完迪奥的新系列后写信给她的妹妹戴安娜·莫斯利:看了迪奥的新面貌系列后,她发现迪奥"一举"让"其他衣服都变得穿不出去了"。米特福德1946年为了接近情人加斯顿·保勒斯基（Gaston Pawleski）而移居巴黎。但她很快发现，即使在巴黎，穿"新面貌"这么奢侈的衣服也要冒极大的风险。"人们会从面包车里朝你喊'垃圾'，"她在写给埃迪·萨克维尔·韦斯特（Eddie Sackville West）的信中说，"不知怎么的，这件衣服比黑貂皮更能制造阶层感。"[9]一个月后，迪奥品牌的模特儿们在蒙马特的街头拍摄时装大片时遭到了一群愤怒女摊主的攻击。她们甚至打了一个模特儿，拉扯她的头发，剥下她的衣服，大声辱骂。她们认为这衣服奢侈得如此显眼，无法反映她们近几年的遭遇和眼下的食物短缺。

1947年2月，蒙田大道的这场秀还发布了另一个产品。许多观众都闻到了秀场里喷洒了一种富有异国情调的香水——这正是"迪奥小姐"香水。这个名字来源于克里斯蒂安·迪奥的小妹妹卡特琳·迪奥。但是，大部分人可能不知道她是谁，更不用说了解她的故事——她从1941年起从事危险的抵抗活动，并因此被捕。直到2013年，卡特琳的故事才为人所知。这一年，迪奥的创意总监约翰·加利亚诺涉嫌发表反犹言论的手机视频被曝光，迪奥公司认为有必要将卡特琳的故事公之于众，以此澄清"迪奥品牌的价值观"。

卡特琳2008年去世，享年九十一岁，她很少谈论战争期间的抵抗活动。她曾隶属一个名叫"中央高原"（Massif Central）的抵抗组织，专注于搜集德军动向、铁路运输动向、生产和武器装备等方面的情报，为破坏活动提供了重要的信息。奥地利出生的作家基塔·塞雷尼（Gitta Sereny）1940年在巴黎当护士。据她所知，"这个有2000多名线人的精英团体遭受了巨大的损失……（这个组织）后来被认为是欧洲最有活力的情报组织之一。截至1942年底，该组织的大部分领导人已被盖世太保杀害"[10]。卡特琳1941年年底加入了这个情报网络，当时她只有二十四岁。劝说她加入该组织的是一位抵抗同志——埃尔韦·帕皮尤·德·沙邦尼耶（Hervé Paupillaut des Charbonneries）。她之前在去商店买收音机时遇到了埃尔韦，对他一见钟情。埃尔韦是这个网络的创始成员，当时已经结婚。他和卡特琳保持着低调的浪漫关系。莉莉·迪耶特兰（Lily Dietlin）是卡特琳在该抵抗组织中的密友，她是"典型的巴黎女人，娇小、纤细、身材优美，举手投足、衣着打扮都散发着特殊的优雅——一种成年后来到巴黎的人无法效仿的优雅"[11]，莉莉和卡特琳担任信使，在组织的不同分部之间传递大量的信息，有时她们只是把信息记在脑子里。每次到巴黎，卡特琳都住在皇家路10号她哥哥和朋友们共用的公寓。然而，1944年7月，她在与盖世太保会面时被捕，随后被拷打并驱逐出境。8月15日，她被送上从巴黎到拉文斯布吕克的最后一班列车。随后，她为德国军工厂工作，那里的工作条件是出了名地恶劣。

克里斯蒂安·迪奥大概知道妹妹在从事抵抗活动。卡特琳被捕后，他立即联系一切可能的人帮忙斡旋。他当时还在为勒隆工作，他找遍了客户里的德国军官的妻子，请求她们帮忙。但最终没能成功。卡特琳直到1945年4月才获释。一个月后，卡特琳回到巴黎。在遭受了十一个月的饥饿和虐待后，她羸弱而消瘦。幸运的是，她身体恢复得比较迅速。从那时起，她就和埃尔韦生活和工作在一起，他们成立了切花经销生意，专卖法国南部及殖民地的异国情调的切花。她和埃尔韦成了终身伴侣,他们会在早晨 4 点去巴黎大市场买鲜花,再将其供应到全国和世界各地。这是她喜欢的工作和生活方式。也许与已婚男人生活在一起是她不愿意谈论自己抵抗活动的一个额外的理由。卡特琳获释两年后,她的哥哥用她的名字命名了迪奥的第一款香水。卡特琳罕见地被授予了英勇十字勋章(这通常保留给正规军人)、抵抗志愿战斗者十字勋章、战士十字勋章、英国的国王勇气自由奖章和荣誉军团骑士勋章。鲜有女性在战后这么短时间内获得这么多的认可。

迪奥的新面貌系列不仅激怒了贫穷的巴黎女人,还有香奈儿。她对新面貌系列的成功报以了"无法抑制的蔑视"[12]。这倒不是因为迪奥的奢华设计没有考虑到普通女性的困难处境,而是因为某种嫉妒和愤怒,毕竟,她之前成功地把女性被迫穿着的紧身胸衣扫进了历史垃圾堆,如今,这种趋势受到了挑战。她对贝蒂娜说道:"女人穿上我做的衣服可以从容地生活、呼吸,且看起来更年轻。"如今,她觉得她在时尚业的影响正在流失。一个富有的女人评价她刚买的迪奥裙子:"这是我见过的最神奇的裙子……我没法走路、吃饭甚至没法坐下来。"[13]

香奈儿、斯基亚帕雷利和让娜·浪凡是三位战前影响力巨大的女设计师。这个时代似乎一去不返了。战后,主导女装品牌的几乎都是男性。在战争期间,迪奥和皮埃尔·巴尔曼(Pierre Balmain)都在吕西安·勒隆门下工作。但现在,巴尔曼决定成立自己的时装品牌,并于 1947 年聘请了一位英国女人做总监——吉内特·斯帕尼尔(Ginette Spanier)。吉内特的丈夫是法国医生保罗-埃米尔·赛德曼（Paul-Emile Seidmann）。作为一名犹太人，在占领时期的大部分时间里她都在法国东躲西藏，①用不断搬家的方法成功地躲避了被驱逐出境的命运，但经常带不够钱和食物。解放后，吉内特找到了一份为美军做翻译的工作，还陪同参加了纽伦堡审判。保罗–埃米尔则在巴黎救治集中营的幸存者。两人都曾因他们的工作而授勋。吉内特后来说，她的性格为战争所锻造，是战争"证实了我认为生活中最重要的事情：朋友、英格兰、对温暖的热爱和对生命本身的热爱。它也让我害怕任何死亡的、残忍的、故作高雅的以及缺乏人性的事情……战争令我不再信任财产"[14]。然而，这个随时面临死亡、常常衣衫褴褛的女人从来没有轻视过时尚。在巴黎，时尚非同小可。作为巴尔曼的总监，她负责公司上上下下的人际问题，不管是公众能看到的，还是公众看不到的，比如两个营业员争夺同一宗交易的佣金。这事非同小可，因为巴尔曼的客户里包括温莎公爵夫人和玛琳·黛德丽（Marlene Dietrich）以及其他的皇室成员和女演员。吉内特对待工作非常认真，这让她成了一个传奇人物。

时尚业带动了法国的经济复苏。这一年，二十岁的西蒙娜·博丹（Simone Bodin）怀着致富梦想来到巴黎，最终获得了一段不同寻常的经历。她的父亲是诺曼底铁路工人，但很早就抛弃了家庭。战争期间，西蒙娜和妹妹由身为教师的母亲抚养长大。巴黎一解放，西蒙娜就搬来寻找任何可能的工作机会，无论是保姆还是建筑师助手，但她一心想成为一名时装设计师。一个偶然的机会，她经人介绍认识了女装

---

① 在一个秘密地点，吉内特曾经碰到过尝试回家的英国保姆罗斯玛丽·塞伊。

设计师雅克·科斯特（Jacques Costet）并成了他的模特儿。科斯特很喜欢西蒙娜乡村女孩的长相和她苗条的身材。但是很快，科斯特的生意陷入混乱，西蒙娜于是转而去为吕西安·勒隆工作，并拒绝了经验尚浅的迪奥为她提供的工作机会。不过她很快就远离了勒隆，开始为雅克·法特（Jacques Fath）工作。法特的品牌在战争期间蓬勃发展，能为她提供五倍于此前的薪水。

法特让她一夜成名，他给她改名为贝蒂娜（Bettina），因为他想传达一种美国精神，符合战后理想的全新态度。"他喜欢我的与众不同。我还很年轻，不化妆，还有一头红发。"尽管此时，模特儿仍然服务于"定制时装"，而非成衣。但从表到里，贫困家庭长大的贝蒂娜和战前巴黎高级资产阶级模特儿都完全不同。贝蒂娜的故事代表了战后时尚界最大的变化之一——模特儿的职业化。那些上流社会的伯爵夫人、公主不再是时尚的代表人物和缪斯。后来贝蒂娜剪了短发，一举成为被拍摄最多的法国模特儿，也成了新一代时髦的巴黎年轻人和热爱自由的现代女性的化身。20世纪40年代末期，贝蒂娜和摄影师吉尔伯特·格拉齐亚尼（Gilbert Graziani）有过一段短暂的婚姻。贝蒂娜有过许多情人，其中包括摄影师罗贝尔·卡帕。1960年，她打算嫁给王子阿里汗，还怀了他的孩子，但两人却遭遇了一场车祸，夺去了阿里汗和他们尚未出生的孩子的生命。

另外一个声音也在温和地反对迪奥的奢华风格：设计师玛丽-路易斯·卡尔旺（Marie-Louise Carven），原名卡门·德·托马索（Carmen de Tommaso）。卡尔旺只有1.5米高。她是出了名地厌恶老派的巴黎式精致，在她看来那就是美好时代的盛大风格——厚厚的真丝面料和紧身剪裁,颇受富有的老年女人的青睐——这种风格已被迪奥复兴。20世纪20年代,十几岁的卡尔旺已经开始设计礼服。在学习了建筑和室内设计后,她又到巴黎高等美术学院求学。1945年7月战争一结束,卡尔旺就勇敢地在香榭丽舍大街开了自己的时装店。这段时间,整个欧洲都面临极度的面料短缺,纤维原料的进口或生产几乎为零,工厂和机器也被废弃或销毁。在巴黎,只有那些战前囤积过纺织品,或者有独特办法的女装设计师才能办时装秀。比如迪奥就仰仗了纺织业巨头马塞尔·布萨克遍及全球的棉纺和印花工厂。

相比之下,玛丽-路易斯·卡尔旺更善于巧妙地寻找每一块废弃面料。以她处子秀里展示的长裙边的夏裙为例,其原材料是她在一座城堡里发现的一卷薄荷绿和白色相间的棉布。这很可能是"一战"之前买下存在那里用来制作女佣制服的面料。[①] 她的礼服无论是款式还是颜色都被认为是年轻的、新鲜的和随性的,这和那些结构分明的长裙截然相反,后者显然不适合她这样娇小的女人。但更重要的是,她的理念契合了另一种新气象——时尚成了日常生活的一部分,而不仅仅是为了打扮去参加舞会的人。迪奥的新面貌系列抢到了头条,但可以说,卡尔旺是第一批成衣设计师之一,更加深远地影响了女性的穿着方式。

[①] 绿白相间的棉布十分受欢迎。卡尔旺用它来包装她的香水。1946年她在推出这款名为"我的签名"的香水时,雇用了一架飞机飞过巴黎上空,空投了数百个微型降落伞,里面放着香水样品。

○ ○ ○

战后的巴黎，时装业和电影业一如既往地相互促进。卡尔旺的衣服满足了一些身段娇小的明星的需求，如伊迪丝·琵雅芙（她坚持让卡尔旺去掉衣服上所有花哨的装饰）、莱斯利·卡龙（Leslie Caron）、齐齐·让麦尔（Zizi Jeanmaire）和西蒙娜·仙诺。1946年，导演马塞尔·卡尔内的黑暗惊悚片《夜之门》大获成功。紧接着，他又开拍了一部阿尔莱蒂主演的影片，内容是关于法国战前被判入狱的儿童恶劣的生活条件。奇怪的是，影片名字叫《时代之花》。这部电影改编自一个真实故事，讲的是法国海中美丽岛（Belle-Iles-en-Mer）地区儿童犯越狱后被追捕。这部电影虽没能拍完，却标志着一个女演员七十年职业生涯的开端——阿努克·艾梅（Anouk Aimée）参演这部电影时还是个十四岁的孩子。她在这部电影中扮演的角色名叫阿努克，因此取它为艺名。后来，她又参演了亨利·卡列夫（Henri Calef）的电影《海底之屋》。

阿努克·艾梅原名弗朗索瓦丝·索尔雅·德雷福斯（Françoise Sorya Dreyfus），1932年4月27日生于巴黎。她的父母都是演员。她的父亲亨利·德雷福斯是犹太人，曾用艺名亨利·默里（Henry Murray）进行演出。她的母亲热纳维耶芙·索尔雅（Genviève Sorya）是天主教徒。一家人的犹太背景鲜为人知（他们可能是阿尔弗雷德·德雷福斯上尉的亲戚），人们也不知道他们是如何在战争期间幸存的。但有这么一个故事，占领期间的一天，弗朗索瓦丝·索尔雅·德雷福斯从学校走回家里。她的同学对着一个迎面走来的德国士兵大喊："这里有一个犹太小姑娘。"幸运的是，她碰上了一个好的德国士兵，他怜悯她，叫她摘下"黄星"，并把她送回她祖母家。然后，她就和她母亲一起搬到南部的邦杜尔（Bandol）市，受洗成为天主教徒，上寄宿学校。

毫无疑问，那些日子的紧张经历塑造了她的性格。艾梅惊人的美貌让她成为克劳德·勒鲁什（Claude Lelouche）1966年的电影《一个男人和一个女人》的女主角。而她的经历也让她在2003年的电影《白桦林》中胜任了犹太女人这个核心角色。这部电影基于作家、导演马塞利娜·劳里丹-伊文斯的亲身经历，讲述了一个犹太女人最终接纳了她在比克瑙集中营做囚犯的童年经历。电影史学家吉内特·文森多（Ginette Vincendeau）描述艾梅"将自己塑造为了一个空灵、敏感和脆弱的美人，总是有悲惨的命运和痛苦的经历"[15]。近年来，作为改宗犹太教的成年人（她母亲不是犹太人），艾梅通常被视为世界和平与和解的代表人物，但她从没有透露过她童年经历的细节。在2003年比克瑙影片上映时，她也只是谈到记录犹太人历史的重要性。

○ ○ ○

对于即将成为作家的英国女孩埃玛·史密斯（Emma Smith）来说，1947年夏天是"一个永远不会终结的夏天，不间断的热，万里无云的蓝天和阳光：时间好像静止了"[16]。这个夏天，埃玛无法自拔地陷入一场不合适的恋情。她抓住了一个偶然的机会来到巴黎——她在伦敦遇到了若弗鲁瓦-德肖姆的五个儿子之一、珠宝商克劳德（Claude）。后者解释说，他的家在巴黎北部的瓦尔蒙杜瓦，家里有一个年久失修、近乎被遗弃的大房子。为了在战后的艰难条件下补贴家用，家里人开始接待英美留学生。他们需要一个人帮忙铺床、给蔬菜削皮、早上去买牛奶和羊角面包等，并承诺给此人提供食宿。埃玛接受了这个邀请搬到了瓦尔蒙杜瓦，她的房间陈设只能满足基本的生活所需，一个悬挂的灯泡，有百叶窗但没有窗帘，地板上没有铺地毯，一张床，一把椅子以及一张桌子——这对她来说已经足够。

埃玛沉浸在这个法国抵抗家庭的强烈氛围里，她同时爱上了这家的两个小儿子[17]：德尼和让-皮埃尔。她后来写下了这种青春的崇拜之情；兄弟俩都是"法国的抵抗英雄"，"这些年轻人都是勇士中的勇士，他们在山上躲起来，在灌木地带英勇作战，他们不屈不挠的勇气战胜了邪恶的德国法西斯，拯救了整个世界"。

长子安托万是个音乐家，也是维沃·谢弗里永的朋友。他告诉埃玛，他之所以能忍受纳粹酷刑并最终幸存是他在脑海里默默回放了巴赫的古钢琴曲。而他的母亲若弗鲁瓦夫人则在一个有弹孔的衬衫上做刺绣。她的儿子穿的正是这件被枪击过的、她用刺绣来纪念这个伤口的衬衫。那个夏天，埃玛听到了许多英勇抵抗的故事，比如让-皮埃尔是怎么将他受伤的弟弟拖出医院，赶在德军到达的几分钟前逃脱了追捕。他们的姐姐玛丽-弗朗斯更是受过戴高乐将军亲自表彰。她曾护送被击落的抵抗运动飞行员到自由区，还带着枪骑自行车，把枪藏在一堆洋葱底下，把炸弹藏在外套里面。那个夏天，玛丽-弗朗斯刚和英国儿科医生德尔默德·麦卡锡（Dermod MacCarthy）结婚，在度蜜月时途经瓦尔蒙杜瓦。西尔维是家里孩子中最小的，她曾在法国南部与马基游击队共事（当时她还没有嫁给戴高乐总统的侄子贝尔纳·戴高乐）。西尔维和埃玛是同龄人，她们经常在厨房里一起劳动，因此成了特别好的朋友。埃玛后来说："我记得我当时一直很瘦，总是觉得饿，好像吃的东西永远不够。"[18] 不过，她对那个夏天法国战后生活最深刻的记忆还是那些有趣的事情：抽着刺鼻而纤细的"高卢蓝"香烟，在乡村小酒馆"小酌一杯白葡萄酒"，梦想让-皮埃尔就是她一直等待的英俊王子。不过，三个月后，她突然被解雇。在法国外交部工作的二儿子弗朗索瓦是事实上的一家之主，他告诉埃玛，她的食宿是一份额外开支，而若弗鲁瓦-德肖姆家已经承担不起这份开支了。悲痛欲绝的埃玛回到家里。那年秋天，她在巨大的进取心的驱使下写下了她的第一部小说。

热爱巴黎的李·米勒此时也已经回到英格兰。1947年9月，她生下了第一个也是唯一的孩子安东尼，这是她和罗兰·彭罗丝的孩子。自此，她几乎放弃了新闻事业，希望开始一段新生活。米勒的昔日情人曼·雷曾在她刚来巴黎的时候教她摄影。为了庆祝安东尼的诞生，曼·雷送给米勒一张他签名的照片，上面是苏珊·贝尔佩龙珠宝的模特儿努什·艾吕雅，她戴着成套的手镯、戒指和胸针。这是对战前美好生活的一次凄美回望，当时美丽的努什·艾吕雅是保罗·艾吕雅的情人、毕加索的缪斯。这位珠宝模特儿是李在巴黎时期最亲密的朋友。但是努什一直体弱多病。战争时期，她很难吃到一顿饱饭，并且常常感到焦虑和恐惧。她和保罗都加入了共产党的抵抗运动，因此需要不断搬家，以逃避盖世太保。1946年11月28日，保罗去了瑞士，努什独自一人在巴黎，她和多拉·马尔打了一通电话约定共进午餐，随后突然晕倒，脑出血夺去了她的生命。对许多人，特别是对保罗和多拉来说，她的去世都是巨大的遗憾。多拉·马尔感到她正在同时失去所有她爱的人。而对李来说，这意味着她人生的一个篇章已经结束了。

○ ○ ○

这一年，迪奥的新面貌系列礼服在巴黎最好的模特儿是苏珊·玛丽·帕滕——美国外交官比尔·帕滕的美丽贵族妻子、英国大使达夫·库珀的情人。1945年，她来到巴黎，适应了好一阵子。不过，她下定决心要了解这个城市。她到处旅行，旁听了一些通敌者的庭审，还是一位尽职尽责的女主人。她的高层社交圈加上她沙漏形的修长身材使得迪奥经常借给她甚至送给她衣服。迪奥知道，苏珊·玛丽将会是他的梦幻设计的完美模特儿。在参加了一个又一个外交晚宴后，苏珊·玛丽聪明而饶有兴致地察觉了政治舞台上正在发生的变化——苏联与日俱增的影响力正在引起人们的疑虑，而对于如何反制苏联，人们的意见并不统一。在法国1945年10月和1946年11月的全国性选举中，共产党赢得了500万选民的支持，占比29%。丘吉尔此时尽管已经退出政坛，但还是在前一年的一次颇有影响力的演讲中警告"铁幕已经在欧洲降下"。但总体来说，美国人认为不应该把重点放在向德国索取战争赔偿上，而是应该尽快重建德国。但是，当苏珊·玛丽在一次晚宴上提到这个观点时，库珀发怒了。像许多法国人一样，他认为德国人不应该有重新崛起的可能性。

6月，美国国务卿、"二战"期间的美国陆军参谋长乔治·马歇尔宣布了一项欧洲复兴计划。这项计划将通过三年时间向欧洲提供130亿美元的经济援助来刺激欧洲经济复苏。如果想要在欧洲打败共产主义，这项计划至关重要。法国当时迫切需要改善国民的日常生活，人们依然活在食物短缺和猖獗的黑市交易中。1947年，巴黎又经历了一个严冬，混乱和暴力事件时有发生。为了抗议物价上涨和工资停滞，3万名工人举行了罢工。在持续混乱的作用下，电报线路被切断、铁路被破坏、电力和邮政服务也被中断。一次列车脱轨事件甚至造成了16人遇难。不过，在罢工和对峙的最高潮，法国最主要的工会之一工人总联盟（CGT）号召工人停止罢工，这让码头工人及时回到工作岗位以便迎接从美国运来的马歇尔计划的第一批救援物资。《时代》杂志把这次前所未有的慈善计划称为"和平时期的诺曼底登陆"。其他人看到一个虚弱和不安全的欧洲大陆，认为复苏的希望渺茫，从而将马歇尔计划形容为给一个溺水之人的救生圈。资深记者泰奥多尔·怀特（Theodore White）写道："欧洲像一条在沙滩上苟延残喘的鲸鱼，它正在阳光下腐烂。"[19]

无论苏珊·玛丽对政治多么感兴趣，她心里清楚，除了扮演一位经济分析家的妻子的角色，她不能擅自发表任何意见。因此，吸引达夫·库珀的并不是这位二十九岁美国丽人的政治观点。然而，至少在苏珊·玛丽看来，1947年5月，两人已经陷入了热烈的婚外情。达夫已经年近六旬，他对此深感得意和兴奋，但可能并没有真的坠入爱河。他仍然爱着路易斯·德·维尔莫朗，尽管两人可能并没有性关系。但苏珊·玛丽已经深深地陷入这场婚外情。她很快发现，没有比巴黎更合适发生婚外情的地方，这里不仅有需要上楼才能到达的餐厅，还有为恋情保密的文化。

然而，达夫·库珀自从9月便知道他在巴黎的时间行将结束。12月10日，库珀夫妇在大使馆举行了盛大的告别舞会。苏珊·玛丽伤心欲绝。在任期将满时达夫曾说："我不介意离开这里，只是对书房有些不舍。"[20] 他的妻子的艺术家朋友们精心装饰了这间宏伟的书房，以容纳她丈夫的书籍。几位英国人也出席了舞会，其中就包括温斯顿·丘吉尔。他无法抗拒见到偶像、香槟王朝掌门人奥黛特·波尔·罗杰（Odette Pol Roger）的机会。当然还有一些法国政府部长。苏珊·玛丽当晚穿着一身斯基亚帕雷利的紫红色缎面和象牙罗缎的惊艳长裙。她一直待到清晨5点。后来，她在给库珀的信中写道："如果能换取我在你腿上坐5分钟，紧紧抱住你，贴紧你的心房，我愿意为此放弃一切。"[21] 那时，她并不知道自己已经怀孕，而达夫正是孩子的父亲。当达夫得知这个消息时，他在日记中写道，虽然苏珊·玛丽已经结婚九年，但这是她的第一个孩子。[22] 等苏珊·玛丽第一次去看妇科医生时，她已经怀孕四个月，不可能堕胎。患有哮喘病的比尔高兴极了。苏珊·玛丽很清楚达夫对这个孩子并无兴趣，因此自作主张地对儿子比尔·帕滕二世隐瞒了他父亲的真实身份。直到五十年后，2006年，记者苏珊·布罗迪（Susan

Braudy)才在一本杂志的文章中曝光了此事,苏珊·玛丽也在两年前离开人世。1947年,对于许多巴黎儿童和他们父母来说,合法身份是一个棘手的问题。

第十一章

1948—1949：巴黎美国化

随着马歇尔计划的开展，黄油、奶酪、鸡蛋和其他急需物资终于开始进入欧洲的千家万户。医院也开始收到崭新的补给。每天，大约150艘船在港口卸货，将货物带到欧洲。负责执行马歇尔计划的经济合作局的总部设在巴黎。行政人员乘着飞机抵达巴黎，伴随他们的还有官僚作风。1948年春天，近3000名美国男性来到巴黎，在酒店套房和公寓里设立办事处。随之而来的还有数百名女性，主要是秘书，也有一些是妻子。

刚刚过去的冬天与战争时期的冬天一样严苛，煤炭和天然气短缺，加上频繁的"让人隐约感到窒息"[1]的大雾。但1948年的春天，巴黎在希望和丰盛的物质生活中再次绽放。咖啡店坐满了人：萨特、加缪、毕加索和安德烈·布勒东都是左岸咖啡店里的常客，查理·帕克和杜克·艾灵顿等美国爵士乐手常去这类地方表演。尽管如此，在迷人的灿烂阳光下，人们还是看到了一幅喜忧参半的图景。巴黎当然没有恢复战前艺术交易的卓越地位。1948年1月，法郎的大幅贬值让美国人感到巴黎到处是便宜货。在旺多姆广场周围的奢侈品店,人们还会在停电时用烛光照明。

战后的几年,英国同样面临着紧缩、配给制度和禁欲主义。但在法国,共产党组织的罢工让情况更加复杂。1948年,人们十分担心共产阵营赢得"冷战"——这个新词被用来形容美国和苏联之间不断恶化的关系。南希·米特福德告诉伊夫林·沃她对苏联入侵的恐惧:"我确实是被吓坏了。有时,我在夜里醒来一身冷汗。谢天谢地我没有孩子,这样我随时可以服药自杀,告别人世。"[2]

即便人们没有公开讨论,法国社会的分裂也已十分深刻。戴高乐主义者认为抵抗是一种纯粹的爱国主义,是为公共利益而牺牲个人利益。而共产主义者则认为抵抗体现了社会革命的理想。分裂同样存在于不同类别的战争受害者中间:因种族和政治倾向被驱逐的人、曾在整个战争期间躲藏的犹太人、难民、劳动义务兵、不能证明法国国籍的外国人、吉卜赛人和维希政权决定不欢迎的其他人群。

1948年8月,法国通过了一部新法律,承认了两种受纳粹迫害的人群:一种是因抵抗而被囚禁或驱逐者,另一种是以政治原因被囚禁或驱逐者,前者地位更高,只包括参加过抵抗运动的人,享受比后者更丰厚的福利。这样的二分法意味着犹太人、吉卜赛人和其他以种族原因被驱逐或囚禁者只是普通的受害者,没有资格获得更高的地位。同时,一些庇护过逃亡战士但没有加入官方军事编制的女人也没有资格获得什么头衔。

另一个问题是,如何决定什么人是"战士"——这个词呼应着法国"一战"时期的军事荣耀。如果一个抵抗者可以证明他是战士而不是平民，则不仅能够获得较高的收入，还能凭借"战士证"享受一定的特权。正是出于这个原因，一个奥斯维辛幸存女子将她在集中营的幸存者同仁描述为"没有武器的战士"[3]。她认为，承受纳粹的非人对待犹如一场战斗。对于大多数女性来说，她们的活动可能是同样危险的，在纳粹眼中同样值得惩罚，但这并没能让她们得到"战士"的称谓。[4]

法律远不能解决问题，只是把问题搁置一段时间。政治分歧也没有得到解决，而只是被掩盖罢了。一些人认为，资本家已经从战争中获益，诸如雷诺这样的企业支持了纳粹的战争机器，从而兴旺发达；而共产党人积极抵抗、受尽苦头。出人意料的是，共产党人得到了反美右派的支持，后者在战争中可能没有大声反对德国占领，却将美国视作一个新的占领力量。乔塞·德·尚布伦当时仍在努力洗脱她父亲的罪名。保罗·莫朗写信支持她："我看到你就感到精神振奋。此时，受困的欧洲成了马歇尔计划的木偶……我们享受精彩的表演，但我们不欠哪个设计师、七大姑八大姨、皮条客、间谍或可口可乐公司。"[5]莫朗的朋友米希亚·塞尔特做出了类似的批评："法国的美国化最终成了司空见惯的事。"[6]法国共产党的报纸《人道报》发问："我们是否将被可口可乐殖民？"[7]连英国外交官哈罗德·尼科尔森也加入进来，坚称这不是欧洲人反美："只是他们害怕被巨人玩弄于股掌之中，特别是当这个巨人四肢发达，却只有老处女的情商和孔雀的智商。"[8]

○ ○ ○

但是，这种消极态度并没有阻挡涌向巴黎的美国游客，他们不确定自己究竟是受欢迎还是被嫉恨，或者两者皆有。他们只是饥渴地享受巴黎的魅力，以及在强大美元支撑下的购买力。

对于年轻富有美国女孩来说，法国的首都逐渐成为一个时髦的目的地，参观巴黎成了她们教养的一部分。1948年夏天，年仅二十岁的诺琳·墨菲（Norine Murphy）和她二十二岁的姐姐玛丽莲（Marilyn）作为其中的先锋来到巴黎。当时，很多美国父母还觉得战争尚未远离法国，那里仍然不够安全。墨菲的父母十分担心他们的孩子去巴黎，他们把美元缝到两姐妹衣服的垫肩里，一方面确保她们能够购买食物，另外，万一她们需要马上离开法国，这些钱也可以用来贿赂边境守卫——这是墨菲夫妇真实的担忧。在"伊丽莎白女王"号客船上，姐妹俩注意到了客舱里仅有的另外两名女性——十几岁的女演员伊丽莎白·泰勒和她的母亲。三个美国女孩在航程的大部分时间都在玩牌。

"巴黎让我们感到震惊，"诺琳回忆说，"我们抵达时，整个城市正在闹煤荒，一周中好几天只能点蜡烛照明。我们领到了面包券，并被告知需要小心保管护照以免被偷。"事情并没按原计划进行。这对姐妹必须乘火车去瑞士继续旅行，她们还将在那里学习一年。但她们在巴黎火车站等待数小时后发现，火车已经开走了。"我们试图给美国大使馆打电话，但不知道如何使用付费电话。此时，一位绅士路过停下来帮助我们。我们的母亲告诉过我们各种该做和不该做的事情,我们不知道该怎么办。我们注意到他不是法国人。他告诉我们,他来自俄罗斯。他不停地重复着'我,白色俄罗斯人',我们不知道这是什么意思,但认为这听起来并不坏。我们那时已然知道,战后苏联成了美国人的心头大患。"[9]

他主动提出开车送两姐妹到美国大使馆,因为他希望"为美国人做点好事",她们同意了。他开着一辆大众汽车,她们以前从未见过这个牌子,这给她们留下了深刻的印象。当她们最终回到家乡,诺琳和玛丽莲从来不敢讲这个故事,因为她们知道这会让她们的父母很恼火。

然后,她们发现之前预订好的乔治五世酒店由于接待联合国会议已经爆满,于是她们被安排到雅典娜广场酒店。但两个姑娘还年轻,当时已经是午夜了,"我们很害怕……我们不停地抱怨,根本不知道它是一个么好的酒店。前台人员说,如果罗斯福夫人觉得这个酒店足够好,那应该也能满足我们"。

一安顿下来,两姐妹就去逛街,尤其是那些美国杂志里出现过的商店。[10] 她们去了爱马仕给家人和朋友买手套。让她们吃惊的是,那天整个商店都在用烛光照明。然后,她们到马克西姆餐厅午餐,享用了美味的烤鸭。她们选择了马克西姆餐厅,因为"清单上的餐厅我们只认识这一家"。随后,大使馆的两名女士带她们观看了一场莫利纳(Molyneux)的时装秀——这是当时极少数的举办时装秀的品牌之一。

行程即将结束时,两姐妹碰到了同样来自伊利诺伊州的校友茱莉·莱弗尔（Julie Loeffel）。茱莉几乎不会讲法语，她甚至无法让人修理她的墨镜。于是，三人来到迪奥的商店，在那里，茱莉立刻被相中成为模特儿。她因此留在巴黎，作为模特儿展示了迪奥最惊艳的晚礼服之一——维纳斯。灰色的丝绸薄纱上缀着贝壳状的花瓣，还有小颗的珍珠、亮片和水晶，这件礼服据说是受了波提切利的维纳斯的启发。一年之后，她才极不情愿地回到美国伊利诺伊州的格伦科居住。

这些年少天真的女孩可能对美国之外的生活一无所知，也可能已经被她们财大气粗的父母惯坏了，但不得不说，她们充满了冒险精神，她们对风险既感兴趣又想排斥。而茱莉的故事说明了巴黎对美国人的强大吸引力——在他们眼里，巴黎是一座激动人心的城市，在那里，梦想仍有可能成真。

1948年，即将成为作家的美国女孩芭芭拉·普罗布斯特·所罗门（Barbara Probst Solomon）痴迷于书本里对巴黎的描述。她同样极富冒险精神，且不畏罢工和食物短缺。芭芭拉在一个富裕而见识渊博的犹太家庭长大，她家在康涅狄格州的威斯波特市有一座宏伟的房子。在那里，个人主义备受推崇。她们家的邻居是"杰伊"·盖茨比，至少在她看来，那位邻居就像菲兹杰拉德笔下的盖茨比的原型。

芭芭拉的父母都是高级知识分子，"一战"重创了他们的生活。在此期间，她父亲在法国亚眠附近的战壕里被毒气袭击，在美军战地医院待了三年才得以恢复。[1] 她的哥哥曾在"二战"中服役。芭

---

[1] 安东尼·普罗布斯特是一名律师。他作为伍德罗·威尔逊的竞选经理开始了职业生涯，随后加入美军，成为二等兵。

芭拉小时候时常生病,她喜欢在病床上阅读关于巴黎的图画书,特别是路德维格·贝梅尔斯曼(Ludwig Bemelsman)1939年出版的《玛德琳》,一读就是好几个小时。随后芭芭拉很快开始阅读普鲁斯特的半虚构作品。从十七岁时开始,芭芭拉就迫不及待地想去巴黎上大学,不想再待在美国。她的父母同意了,但是有一个条件,他们要陪着芭芭拉一起度过横跨大西洋的航程。

在船上,芭芭拉和母亲结识了另一对母女,梅勒太太和她的女儿——也叫芭芭拉,她是即将成名的诺曼·梅勒[①]的妹妹。船到了谢尔堡(Cherbourg)靠岸,诺曼和妻子贝亚已经等在岸边。这对夫妇住在巴黎卢森堡公园附近的一套公寓里。在那里,这两个名叫芭芭拉的美国女孩见到了各种各样的人,艺术家、知识分子,包括许多流亡中的西班牙异见分子。这些流亡者不是共产党人,根据芭芭拉·普罗布斯特的说法,他们是无政府主义者和社会主义者,他们和共产党人根本不合,他们在法国非常脆弱,而且他们不属于任何一个阵营。

几周之后,诺曼就说服两位少女一起踏上一次冒险的旅程——驾车南下西班牙营救两名困在苦役营中的学生。那是西班牙独裁者弗朗西斯科·佛朗哥治下的最残暴的苦役营。其中一个学生名叫尼古拉斯,他的父亲是西班牙共和国流亡政府总统、历史学家克劳迪奥·桑切斯-阿尔沃诺斯。另一个学生名叫曼努埃尔·拉马纳。他们被迫在佛朗哥政府位于英灵谷的奴工监狱里做苦力——建造宏伟

[①] 诺曼·梅勒(Norman Mailer,1923—2007),美国著名作家。——译者注

的佛朗哥墓。很少有人能够越狱。西班牙内战结束后很长一段时间还有行刑队当街处决逃犯。然而，不知为何，两个女孩同意加入这场解救计划，"诺曼告诉我们，他有一辆车和一个计划，但他需要芭芭拉和我帮忙。我们同意了。他认为有两个女孩的陪伴，更容易穿越群山跨越国境，因为我们看上去太年轻太美国'范儿'了，很难引起怀疑。我们就是两个希望看世界的美国孩子"。

芭芭拉·普罗布斯特回忆了许多救援细节。与他们同行的还有年轻的西班牙学生活动家帕科·贝内特（Paco Benet）。他的父亲在西班牙内战之初就被枪杀了。贝内特对西班牙十分了解，他的法语和西班牙语同样流利。"我们已经预先安排好了接头地点。尼古拉斯和曼努埃尔接到消息，当天晚间列队时站在队列最尾，一辆车会在那里等他们。当时的西班牙太贫困，囚犯们没有制服，只穿着便服，这一定程度上方便了逃跑。"芭芭拉·普罗布斯特回忆说。警方在邻近地区搜查逃犯时，两个女孩子已经驾车一路南下逃脱了。

当一行人到达巴塞罗那时，帕科·贝内特和芭芭拉·普罗布斯特已经坠入爱河。这对情侣随后离开了大部队。从照片上看，当时的芭芭拉十分漂亮，而且聪明博学。她记忆中的帕科·贝内特身材修长，一头金发，有迷人的黑眼睛，且非常聪明。他们返回了巴黎，芭芭拉开始就读于索邦大学，并开始与帕科在一起生活。

像许多当时在巴黎的美国人一样，芭芭拉被物质的匮乏震惊了。1948年，芭芭拉可以在巴黎享受舒适的生活是因为她父母会定期从美国给她寄来食品包裹，但她大部分同学却面临困境。她为此感到内疚,她认为一个外国人能享用那么多本国国民享受不到的奢侈物质,这在道德上是不合适的,况且法国人已经受了太多苦难。

除了在索邦大学求学,芭芭拉·普罗布斯特努力学习希望成为一名记者。她缠着各种编辑和她讨论选题。"没有人愿意了解'二战'结束后西班牙人为结束佛朗哥独裁统治所作的斗争。就好像每个人都受够了折磨和集中营一样,西班牙的事情无人问津。"在巴黎,芭芭拉的生活围绕着一群西班牙流亡者展开,她感到自己的使命就是向世界讲述她一手经历的故事。当她来到巴黎时,她敏锐地意识到没有人照顾犹太人,这后来成了促使她踏上去西班牙的救援之路的动力之一。"我母亲的几个法国亲戚都在奥斯维辛集中营丧生。只有一个,表妹莉娅在躲藏中幸存。我知道,我不想事后回想发现没有人为这些孩子挺身而出。这对我来说非常重要。我不能坐视不管。"[11]

令她义愤填膺的是,西班牙的反法西斯主义抗争现在同样被忽视了。这是一个特别邪恶的现象。因为在法国,早期的抵抗行动往往是西班牙异见分子开始的,其中大部分是共产党人,他们在法国解放中扮演的角色后来被淡化甚至完全被忽视了。

回到巴黎,贝内特和芭芭拉创办了地下刊物《半岛》,他们用走私的方式把杂志运到比利牛斯山另一边的西班牙,企图与两方面的意识形态宣传做斗争。杂志的口号是"不要佛朗哥也不要斯大林"。但在一起五年后,这对情侣最终分手了,芭芭拉回到了美国。她在巴黎度过的时光成了她人生的决定性时刻,这开启了她积极行动的一生。"我在巴黎学会了面对世界的阴暗面,勇敢行动。这段时光决定了我后来的职业生涯。"①

当芭芭拉·普罗布斯特为自己的食物包裹感到过意不去的时候，卡罗琳·费里迪则呼吁所有的美国人用向法国寄食品的方式"助养"营养不良的法国儿童："他们尝不到大米的味道，也喝不到牛奶，因为根本不够喝；黄油在最富裕的家庭里也是奢侈品。"她讲述了一些令人心碎的故事，一些孩子的父母去世了，他们现在一无所有。他们"需要别人的善意，更需要食物"。她鼓励她的同胞加入"个人马歇尔计划"[12]。

○ ○ ○

与这些故事形成鲜明对比的是，1948年秋季，成千上万名派驻巴黎的美国人不仅享受着美国大使馆的后勤补给，还有钱到不错的餐厅吃饭。保罗·蔡尔德（Paul Child）是一个中层外交官，三年前与茱莉娅结婚。身高1.8米的茱莉娅来自加州，她不会说法语。保罗的任务是向法国人推广美国，"建构两国之间的友谊，巩固美国作为法国强大坚实盟友的地位，告诉法国人马歇尔计划是为了帮助法国重新走上正轨……同时影射贪婪的俄国不值得信任"[13]。

与此同时，曾在战争期间在斯里兰卡和中国效力于战略服务办

---

① 帕科·贝内特后来成为一位杰出的人类学家。1966年，他在挖掘行动中遇难，他驾驶的吉普车在沙漠中撞毁。普罗布斯特后来就读于哥伦比亚大学，嫁给了法学教授哈罗德·所罗门，并源源不断地写小说、随笔和回忆录。但她从来没有抛下对法国的爱和关心。1987年，她还报道了"里昂屠夫"克劳斯·巴比的审判。

~ 373 ~

公室（OSS，中央情报局的前身）的茱莉娅则开始探索巴黎的生活。他们也经历了"恼人"的短缺："配给的咖啡很快就喝完了，化妆品价格昂贵，正宗的橄榄油比宝石还珍贵"，而且他们没有冰箱，所以像大部分巴黎人一样，必须把牛奶放在窗台上保存。但让蔡尔德夫妇惊叹的是，只要花上五六美元，就可以在众多的巴黎餐厅吃上一顿美味，甚至还够叫一瓶普通红酒。

博大精深的法国美食迅速虏获了茱莉娅的芳心。一盘干煎诺曼底比目鱼，辅以奶油、蘑菇、酒、牡蛎和贻贝，让她馋得流口水："我从没想到，鱼能被如此认真地对待，并做出天堂般的味道。"她学着像巴黎女人一样购物："当你向一个商贩买奶酪，他会反问你想在什么时候吃，然后试图找到那块成熟程度分毫不差的奶酪。他会一个一个打开奶酪盒按压奶酪，直到找到最合适的那一块。"当地的蔬菜商人不仅告诉茱莉娅哪些蔬菜好吃，何时、如何烹饪能得到最佳风味，"还给我讲蜗牛的吃法、某某人战争期间的经历以及去哪里修表带"[14]。

1949年8月，保罗看到茱莉娅已经完全沉浸在法国的美食世界，于是在茱莉娅三十岁生日时，他送给她一本上千页的《拉鲁斯美食词典》作为生日礼物。两个月后，茱莉娅就到著名的巴黎高等蓝带学院注册了专为未来的大厨准备的为期一年的课程。她的大多数同学是受政府资助前来学习烹饪的退役美国大兵。茱莉娅·蔡尔德进步神速。在巴黎，她潜心研究了法国美食的秘密，后来她和两个朋友合伙在法国建立了自己的烹饪学校。1961年，她们写就了突破性的食谱书《掌握法式烹饪艺术》，一举成为畅销书。直到今天，这本书仍被认为是一个美国新娘的必备书。这本书，与后来非常受欢迎的电视节目一起，吸引着世世代代迷恋法国美食的美国人，它在促进法美友好关系、帮助美国人理解法国文化这方面做出的贡献可能不亚于任何外交官。

○ ○ ○

涌向巴黎的不只是美国人。1948年5月，新婚的伊丽莎白公主和她丈夫菲利普对巴黎进行了为期三天的国事访问。浩浩荡荡的人群涌到香榭丽舍大街两旁向他们欢呼。当时伊丽莎白公主只有二十二岁，正孕育着未来的查尔斯王子。这是她第一次离开英国本土。法国有谣传说英国女人总是穿着厚重的呢子大衣，拿着捕猎手杖。巴黎女人不确定这是否真实，她们想通过伊丽莎白公主的打扮一探究竟。

伊丽莎白公主的每件衣服都经过精心挑选，她的珠宝也备受仰慕。一年前，菲利普在巴黎给他的新娘买了一条精致的宝诗龙牌钻石手链，伊丽莎白公主此时将手链戴在手套外面，朝人群挥手。宝诗龙一直是威尔士王子爱德华的最爱，20世纪30年代初他曾经买给情妇弗丽达·达德利·沃德（Freda Dudley Ward）。但沃利斯不想看到任何能让她联想到弗丽达的东西，于是让爱德华去别处买珠宝，这才让卡地亚和梵克雅宝进入英国王室的视野。此时，宝诗龙再次得到英国王室的青睐。

伊丽莎白公主到凯旋门下的无名士兵墓敬献了花圈，然后出席了一个展览的开幕式，展览主题是英法两国几个世纪以来的文化交流。她在开幕式上用流利得惊人的法语发表了演讲。一天晚上，她观看了伊迪丝·琵雅芙的表演。另一天晚上，她在英国大使馆的晚宴上接待了法兰西喜剧院的女演员贝亚特丽斯·布雷蒂，后者现在是公司的宠儿。布雷蒂提到她早前曾在伦敦见过公主，公主也礼貌地回应说，她清楚地记得那次会面。访问期间唯一的不快是，当公主明确表示希望观看让－保罗·萨特的戏剧《脏手》时，使馆官员打消了她的想法，他们认为公主公开观看这样的政治类戏剧并不合适。

"谁能抗拒巴黎的传奇诱惑——巴黎——充满浪漫的吸引力，它的林荫大道和建筑物，它的咖啡馆、广场和横跨塞纳河的桥梁……"埃玛·史密斯解释说。1948年夏天，她在巴黎左岸圣叙尔皮斯街的一个便宜旅馆里写她的第二本小说。我在2014年遇见她，当时她已经九十多岁了，是一个成功的作家。她解释说："我完全爱上了巴黎，爱上了法国，我想回去用我的成功给让－皮埃尔（若弗鲁瓦－德肖姆）留下深刻印象。"

不过，1948年夏天，让·皮埃尔已经离开了这座城市。取而代之的是德尼，他带埃玛去剧院，听一个娇小的女人站在空旷的舞台中心唱歌，"那个女歌手用她优美的音色和与她身高不成比例的响亮音量征服了所有观众……她的歌声中有抵抗和胜利的意味"[15]。作为抵抗英雄，德尼显然并不介意观看伊迪丝·琵雅芙的演出，即便她曾为德国观众献唱。

那年夏天，埃玛·史密斯偶尔去花神咖啡馆和双叟咖啡馆，她记得时髦的女孩们剪了短发,穿着"新面貌"系列的长裙。与之形成对比的是,墙里出现了一些神龛,纪念在那里被射杀的抵抗运动英雄,神龛里总是有盆花。"花总是新鲜的。但没有人会再谈论战争。这是一个新世界,而新世界总是振奋人心的。这是一种了不起的感觉:现在我们要做一些新的事情了。"[16]

8月,热浪袭城,埃玛·史密斯养成了一个"简单而固定"的日常生活习惯来应对。在酒店享用完羊角面包加牛奶的早餐后,她马上带着打字机去西岱岛。在那里,她会坐在塞纳河边的石板上,开始"一整天沉重的脑力劳动"。有一天,一个摄影师刚好路过,拍下她工作的照片,把它登上了《巴黎赛报》周刊的封面。这个摄影师是罗贝尔·杜瓦诺(Robert Doisneau)。埃玛·史密斯把打字机放在膝盖上工作的情景被印在杂志的中心跨页上,图片说明则是:工作中的巴黎女人。"我从来没有见过他,"埃玛·史密斯后来说,"我很希望见到他,因为这张照片出现在他所有的作品集里。"不过,她坚称,这张照片中最不可思议的细节是,她好像能在石板上坐一整天。"我仔细看照片里的我是否坐在坐垫上,"她得意地说,"并没有!"[17]

○ ○ ○

这一年,科琳娜·吕谢尔也在写一本书。这本自我辩护的回忆录发表于1949年,名为《我的荒唐一生》。这明显是在向她父亲的报纸《整个一生》致敬。这本书在一名记者的帮助下写就。她毫不遮掩地试图为她深爱的父亲洗脱罪名。这意味着，她被自己童话般的成功故事遮蔽了双眼，而一直没有明白战争期间和战后五年发生的事情。她被一阵"快乐安逸的生活的旋风"[18]席卷了，她成功的巅峰是那场盛大的婚礼，随后她和盖伊·德·瓦森-拉文涅（Guy de Voisins-Lavernière）的婚姻一败涂地。①

科琳娜一直对迎面而来的大量奉承持怀疑态度，这让她"成了男性主导的政治体制的一个组成部分——这个体制知道如何利用某种根深蒂固的态度来巩固它的权力"[19]。曾经有一段时间，她的故事——一个普通的巴黎女人如何成为伯爵夫人——是令人钦佩的，如今这个时代已一去不返了。1949年，她的病情加重，整个人日渐虚弱。1950年1月22日，她以一种可悲又戏剧性的方式去世了，当时她正和朋友共进晚餐，突然无法吞咽，口吐鲜血。她坐上一辆出租车直奔医院，但还是在路上去世了，终年二十九岁。她至死仍心有不甘，只留下一个年幼的孩子。

科琳娜在世的家人很难帮上什么忙。她的姑姑吉塔也有自己的烦恼。由于嫁给了泰奥多尔·弗伦克尔，占领期间，她因丈夫的犹太姓氏而陷入险境；现在，尽管她是弗伦克尔夫人，却因她的婚前姓吕谢尔而被鄙视。随着来访巴黎的年轻美国人越来越多，为了补贴家用，吉塔·弗伦克尔也像很多巴黎人一样，给这些美国人提供

---

① 法国小说家帕特里克·莫迪亚诺长期以来一直着迷于科琳娜的命运。1974年，他写了一出戏剧《拉孔布·吕西安》，讲述了不道德的贵族让-贝尔纳·德·瓦森与通敌者勾结，和他的情妇——一个失败的女演员——享受黑市的各种好处。这个情妇的角色让人联想到科琳娜。

住宿,这是当时能勉强维持生活的为数不多的体面方法。

许多美国学生记录了他们在巴黎经历的严重的文化冲击,从中可见,当时的巴黎和西蒙娜·德·波伏娃1947年在美国大学做讲座时抒情描述的那个城市并不相符,特别是公共生活的便利程度方面。但波伏娃心里有更崇高的事情。1949年,她的《第二性》发表,这成为几年内女性主义领域最重要的作品。波伏娃希望女性过上不被性别定义的生活,挑战所谓"永恒的女性"的神话——这种在战前占据主流地位的思想在战争中被消解了。

此时,尽管已经没有性别压迫,但有些女学生还是在家书中写道,如何被餐馆里的蹲便厕所震惊,在那里你得小心地把双脚放在嵌在地板里的陶瓷厕所的两边,而且厕所里经常没有卫生纸。即便是中产阶级街区的公寓,也可能出现整个楼层共用一个厕所的情形。供不应求的不只是基本食品,整个城市都显得寒酸,即便最宏伟的建筑也是外面肮脏,里面漆黑。几乎所有的美国年轻人都在兴奋的同时经历了严重的被剥夺感,尽管他们在巴黎并没有挨饿,但还是时时记着这座城市刚刚经历过战争。

战争期间逃到美国的犹太作家、教师亨丽埃特·尼赞发现,大多数巴黎的美国学生比法国人还表现得像法国人,他们会点皮孔柠檬酒(一种苦味柠檬啤酒),而当地人却在喝可口可乐。"年轻的美国女子还带动了法国女孩追随蕾丝凉鞋和长直发的潮流,而在法国1900年以来已经没有人这么打扮了。"[20]尼赞写道。

这一年,一位不知名的美国女孩也到一个法国家庭住宿——二十岁的杰奎琳·布维尔(Jacqueline Bouvier,后成为美国总统肯尼迪的夫人）。当时她还是瓦萨学院的三年级学生，但已经非常漂亮。她发现瓦萨没有出国留学计划，于是转校到史密斯学院[①]。与她同行的有35个学生，大部分住在宿舍里。而杰奎琳通过一个朋友的介绍住进了一位伯爵夫人家里。这让杰奎琳的母亲、"势利得可怕"[21]的奥金克洛斯夫人喜出望外。

这位伯爵夫人就是热尔梅娜·德·伦蒂，她住在位于16区莫扎特大道一个拥有四间卧室和一间浴室的大公寓里。德·伦蒂夫人一次性接待了两名美国留学生，杰奎琳分到了最大的那间卧室。德·伦蒂一家过着简单的生活。最年轻的女儿克劳德刚从美国学习一年回来，讲一口流利的英语，很快就和杰奎琳成了密友。不过，住家的规矩是大家都必须说法语。克劳德现在正在巴黎政治学院完成学业。杰奎琳则旁听了索邦大学的讲座。一些史密斯学院的女孩的住家规矩十分严格，不能在午夜之后回家、不能带男生回家。但在这方面热尔梅娜·德·伦蒂就放松多了，也许是她在拉文斯布吕克的经历所致。她带着杰奎琳到处参观，热切地向她展示法国文化。杰奎琳在巴黎生活到1950年初，一边学法语，一边深入地吸收法国文化。因此，她的余生都烙上了法国的烙印，她的穿着打扮、室内装潢风格都被认为是法国式的。

[①] 史密斯学院已经自1935年以来都有派女学生去巴黎的项目，战争期间，该项目一度中断，直到1947、1948年才重启。

○ ○ ○

20世纪40年代末,所有艺术分支都在努力恢复战时的人气,争取稀缺的资金。战后初期,莉莉·帕斯特雷生活得并不如意。这位诺里·普拉特家族的女继承人在战争时期用她的城堡收留了从巴黎逃难而来的犹太音乐家。战争结束后,她觉得生活失去了意义。但在1948年,念着她曾经的仲夏夜之梦大会演的成功经验,莉莉开始酝酿在马赛附近举办音乐节的想法。她认为歌剧爱好者不应该只是前往拜罗伊特或萨尔茨堡,在她看来,那里的票价已经高得离谱。

莉莉面临的第一个挑战是找到一个合适的场地。在制作人、钢琴家加布里埃尔·迪叙尔热(Gabriel Dussurget)的帮助下,她找到了艾克斯大主教宫殿的庭院,他们认为这是举办音乐节的理想地点。第一年的音乐节,莉莉自掏腰包全程赞助,不知疲倦地工作。她的想法是请来指挥家汉斯·罗丝鲍德(Hans Rosbaud)和他的西南德广播交响乐团——一群演奏莫扎特的专家。她的朋友、记者和抵抗者后裔埃德蒙德·夏尔-鲁评论道:"战争结束三年了!人们铆足了干劲。"[22] 和莉莉一样,夏尔-鲁出身于马赛航运业的显赫家族。尽管莉莉的想法大获成功,第二年,莉莉却因与迪叙尔热不和,辞去了音乐节董事会的职位,从此与艾克斯音乐节再无瓜葛。

"这是巨大的不公平,"夏尔-鲁评论道,"没有她,事情就完全不一样了。"[23] 迪叙尔热从此成了音乐节唯一的负责人,并停止接受莉莉的赞助。他不喜欢她的业余——或者说是热情，正是这腔热情让她的蒙特东城堡在战争期间成为非凡的艺术天堂。此时，迪叙尔热将莉莉的贡献简要表述为为音乐节提供了某种家庭聚会的氛围，同时对她进行了残酷的批评。他在后来出版的回忆录里写到了这一点。[24] 迪叙尔热决意将战后的音乐节做得更加专业，他从艾克斯的机构申请到了赞助。如今，这个音乐节被认为是世界顶级音乐节之一。人们设立了迪叙尔热奖来纪念他的努力，艾克斯还有迪叙尔热街以及迪叙尔热头像的大理石浮雕。但是，无论音乐节如何成功，都失去了它最初的独特魅力和莉莉·帕斯特雷本人的精神。

从那以后，莉莉每年夏天还是会到访音乐节。对于那些不认识她的人来说，这位伯爵夫人看起来专横、偏心，有时甚至有些滑稽。但大多时候，她的名字被遗忘了，直到最近她在战时的英勇事迹才被公开认可。① 她人生的最后几年是孤独而困难的。她于1974年8月去世。她的慷慨持续到最后一刻——她将自家城堡周围的土地捐赠给了天主教会，专门为照顾无家可归者而成立慈善组织"埃玛于斯"（Emmaus）。

1949年11月，科莱特已经是一个极具争议的人物。整个占领期间，她一直待在巴黎继续写作，并当选了龚古尔文学奖评委会主席，成为第一位获此殊荣的女性。她将自己的著名小说《亲爱的》改编为戏剧。剧目开幕当晚，她收获了"粉丝"们雷鸣般且持续不断的掌声和欢呼。珍妮特·弗兰纳写道："（科莱特）上了年纪，患了

---

① 2013年，艾克斯有一个名为《莉莉的客厅》展览，致力于展示她的工作。

关节炎，蜷缩在一个舞台音响后面，人们只能看到她的头——她的脸依然世俗而诙谐，周围是光环般的头发——她收到了三代巴黎上流社会的幸存者的掌声。"[25]

对于那些被判有罪的通敌者来说，登台表演仍是个巨大的风险。玛丽·马尔凯一直被法兰西喜剧院拒之门外，现在找到一份工作太艰难了。终于，她于1949年出现在电视屏幕上一部平庸的喜剧中。在这部二流的电视剧里，她的角色比跑龙套好不了多少。相比之下，她的同事贝亚特丽斯·布雷蒂比以往任何时候都更受欢迎。贝亚特丽斯成了公司里职业生涯最长也最受喜爱的演员，并且在法兰西喜剧院一直工作到1959年。

1949年9月，戴高乐总统计划在波尔多北部的莱斯帕尔（Lesparre）为布雷蒂的情人、被暗杀的政客乔治·曼德尔竖立纪念碑，并在揭幕仪式上讲话。这激起了她的愤怒。她压抑了五年之久的情感瞬间爆发了。她愤怒地写信给安排这次纪念仪式的副手埃米尔·里卡尔（Emile Liquard）："你这是打搅死者，用他的棺材板来做政治跳板。"这封发自内心的信后来在当地的《波尔多和西南地区新闻》报上全文发表，其中写道：

> 我感到惊讶的是，戴高乐将军竟然支持你的计划。当年，他没想着在英国帮助乔治·曼德尔逃亡。戴高乐将军回到法国后，从来没有在任何场合提起这个为共和国牺牲的人的名字，也从没在任何时候觉得应该去曼德尔的墓前祭奠，更没有关心过曼德尔留下的十四岁的孤儿。从他长期以来的态度来看，他

对曼德尔的人生和记忆都漠不关心。况且，他不是在阿尔及尔说了，他不会给人扫墓吗？我们这里可真的不用他来。[26]

布雷蒂在战争期间就支持曼德尔，现在又拼命地维护他在战后的声誉。然而，法国前总统尼古拉·萨科齐在1994年出版的一本曼德尔的传记中提及贝亚特丽斯没有为曼德尔做更多。他评论说，因为她不是犹太人，所以没有被危及。[27]但是，她已经为曼德尔放弃了自己的事业，还曾主动向他求婚，与他共担集中营的命运，照看他的孤儿孩子，给报纸写信强调戴高乐没有努力营救曼德尔。除此之外，还能强求她做什么呢？大部分女人能做到布雷蒂做到的一半就很不错了。

整个40年代，得益于马歇尔计划的成功推进，巴黎乃至法国其他地区的物质条件已经显著改善。出生在约克郡的著名美国记者安妮·奥黑尔·麦考密克（Anne O'Hare McCormick）写道："任何人对比今天和1947年的照片，都难以相信能有这样的进步……这里上演了重建的奇迹。"[28]她的观感得到了《纽约客》记者约瑟夫·威士伯格（Joseph Wechsberg）的呼应。他在1949年9月写道，他很高兴地发现，战争结束后，破天荒的，"我的巴黎朋友们停止抱怨黑市和定量配给，再次长时间地、热烈地讨论起法国美食的奥秘，除了女人以外，这大概是他们最热衷的话题了"[29]。

不仅是巴黎人又开始注重美食，温莎公爵夫人沃利斯和她的朋友也重新开始购买珠宝和时装。1948年，沃利斯购买了迪奥秋冬系列的明星款——一件名为"拉合尔"的蓝丝绒长衫，上面缀着浓重的印度风格的珍珠刺绣。卡地亚的让娜·图桑正忙着给公爵夫人制作华丽的珠宝。1948年,沃利斯买了一枚豹形胸针,黄金和黑色珐琅围绕着一块巨大的翡翠,这使豹形珠宝成为一种时尚。次年,她又买了一只类似的珠宝——一只大猫栖息在一块巨大的凸圆形蓝宝石上。

而对于图桑的密友香奈儿来说,这是艰难的几年。香奈儿直到1954年才推出了新系列,当年她上演了某种回归秀。1949年,香奈儿与她的朋友米希亚·塞尔特会定期前往瑞士采购吗啡。她们从1930年就开始了这样的旅程,因为在瑞士比较容易买到吗啡。①

但更好的食物和丰富的物质条件无法隐藏某种不祥的预感。有关战争遗产的争论仍在继续,许多事情都还没有摆开来讲清楚。官方压倒一切的看法是,为了维护团结和牵制共产党人,法国必须被视为一个抵抗者的国家,抵抗者是大多数,通敌者只是极少数——"一小撮可悲和无耻的人"[30]。法国共产党也不是铁板一块。阿涅丝·安贝尔②是最早的抵抗者之一,战争期间都在德国的集中营度过。1949年,她被授予英勇十字勋章。当年晚些时候,她前往南斯拉夫,发表了她在那里的见闻,包括她对该国领导约塞普·布罗兹·铁托的拥戴,而当时铁托正在与苏联决裂。她不仅因此被她亲任主席的女性组织"和平之友"驱逐,还被法国共产党日报《人道报》谴责。

---

① 对于香奈儿来说,这可能就是一种镇静剂。但对于塞尔特来说,吗啡是一种用来遗忘的东西,她因此而在监狱里待过24小时。
② 阿涅丝·安贝尔于1963年去世,她被埋葬在法国北部村庄瓦尔蒙杜瓦。若弗鲁瓦-德肖姆家族曾在那里世代居住。

○ ○ ○

利西特和约翰，这对不顾禁忌的恋人在各自遭受处罚后，现在正试图重建他们的战后生活。他们还年轻，就像他们充满激情的情书中写的，他们相信，他们在经历了那么多之后有权寻找幸福。

战后，利西特被剃了光头，随后被送到德朗西监狱短暂拘留。她向当局解释，她曾给抵抗组织传递过一些有用的名单，因此很快获释。约翰 1944 年离开军队，被移交给了美军，美军又将他关在法国皮卡迪地区的拉昂战俘营，随后又被转移到德国巴登－巴登的另一个营地。利西特无法忍受独自在巴黎的"充满痛苦"的日子，一路追着约翰来到拉昂，随后又想尽办法在巴登－巴登的占领军队里谋到了一份秘书的工作。最后，1949 年 2 月，约翰终于与妻子离婚，迎娶了利西特。后来的三十年里，这对夫妻居住在德国，并在酒店行业谋生。但是，约翰的孩子不想见他，也不想认识他们的法国继母。据亲戚说，他们的生活很艰难，和战争时期利西特梦想的幸福生活相差甚远。

利西特和约翰的故事在某些方面具有象征意义，那些占领期间因生存所需走到一起的德国男人和法国女人往往没有圆满的结局。甚至在 21 世纪，约翰和利西特的亲属们在提起他们的故事时都拒绝提供真实姓名，可见这段往事的敏感性[31]。约翰和利西特没有孩子。据估计，"二战"时期，德国士兵和法国女人大约生下了 20 万名婴儿，这其中大部分人后来不知道自己的完整身份，即便知道了，也会为有德国父亲感到耻辱。[32] 直到 21 世纪,一些人才开始寻找他们的德国父亲并申请德国公民身份,而这往往为时已晚。法布利斯·维尔吉利(Fabrice Virgili)是最新的法德混血婴儿研究的作者。他认为这个人群大约有 10 万人,他们大部分在耻辱中被母亲单独带大,从不知道父亲是谁,"大多数情况下,这些'战时恋情'在解放后就结束了"[33]。

20 世纪 40 年代末偶有一些审判。雅克·德苏布里(Jacques Desoubrie),化名让·马森(Jean Masson),是出卖了丹尼丝·迪富尼耶的叛国者和双面间谍。他导致 168 名盟军飞行员被捕。战后他很快逃到德国,并在那里被捕,1949 年 12 月,他被执行死刑。希特勒派驻法国的大使奥托·阿贝茨也受到了审判。这位年轻人能成为法国大使主要是因为他是法国的崇拜者。1949 年,他被判处二十年监禁,原因是他犯了战争罪,在他的安排下,许多法国犹太人被驱逐最终被毒气杀害。1954 年,阿贝茨获释,但四年后他和妻子苏珊在德国死于车祸。一些人认为这是法国前抵抗者进行的一次暗杀行动。

○ ○ ○

1949 年圣诞节,杰奎琳·布维尔和朋友一起参观达豪集中营。目前还不清楚是什么原因促成此行。她的女房东德·伦蒂伯爵夫人并没有同行。然而,杰奎琳的决定也许与德·伦蒂家族的想法有关——长期敌对的德法两国必须和解。不同寻常的是,作为集中营的幸存者，克劳德和她的母亲早在1946年就访问了德国。她们请一位在军队工作的表亲给她们发送了邀请函。

热尔梅娜·德·伦蒂认为，不管之前的遭遇如何，在马歇尔计划的框架内，"我们需要在美国的帮助下与德国一起重建。我母亲总是说这才是我们该做的事情。德国人民也吃了不少苦头，甚至在拉文斯布吕克也有德国女人遭受折磨"[34]。无论如何，1949年，达豪当时还没有成为一个博物馆，甚至也不是一个纪念馆，当时那里还有一部分捷克难民，营地将来的用途也是一个充满争议的话题。

20世纪50年代，很明显，气氛已经被彻底转变，后人将如何纪念战争年代正在成为一个关键问题。1949年，毕加索创作的鸽子出现在法国共产党发起的巴黎和平大会的海报上，在随后的冷战年代，它一直是希望与和平的标志。那些经历过战争后开始建立家庭的人们无比渴望和平。然而，和平在后来的冷战时期并没能长久维持。一些美国人指责法国不排斥他们中间的共产党人，而许多法国人则批评美国是帝国主义国家。

尽管战争暂时远去，但直到1949年，关于声誉的战斗还没有结束。茱莉娅·蔡尔德和埃玛·史密斯都注意到，大理石纪念牌正在巴黎各地抵抗者倒下的地方竖立，纪念勇敢的抵抗者。但是有些名誉改变起来需要更长时间。1857年，波德莱尔的《恶之花》出版。这本关于巴黎堕落女性的情色诗集很快招来了震惊和愤怒。第二帝国时期，波德莱尔和他的出版商被判"侮辱公序良俗"，被罚款300法郎，六首诗被禁。1949年，禁令被取消，《恶之花》终于首次完整地在法国出版。

结语：和平时期的巴黎

毕加索，这位高耸入云的天才艺术家在占领时期完成了三四百幅画作，还有大量的素描、版画和雕塑，却一直无法公开展出。在此期间他在巴黎的行为不断遭到质疑。李·米勒坚持认为："从艺术的角度讲，毕加索最宝贵的贡献是在占领期间一直留在巴黎，给予他人灵感。他没有弃船，小心低调地继续着他的生计。他几乎没有公开露面，只在他的工作室及附近活动。这四年，他的创作没有间断，也从未接受任何德国人的东西。他乐于尝新，巧思迭出。"[1]

毕加索喜欢女人，需要她们来给他的生活带来能量，但他对个别女人又十分残酷。特别是多拉·马尔，毕加索从来没有停止过羞辱她。多拉·马尔1997年去世。对于毕加索来说，艺术总是第一位的。据弗朗索瓦丝·吉洛说，毕加索的这个性格特点从他年轻时就形成了。当时，他深爱的妹妹孔奇塔（Conchita）患上了白喉，他曾许诺上帝，如果妹妹恢复健康，他就不再作画。但他很快就放弃了承诺，且一直没有停止作画。最终，孔奇塔还是因病去世了。吉洛说，毕加索只把这个故事告诉过他的情人们。"那是在警告她们，像孔奇塔一样，她们将成为艺术祭坛上的牺牲品，这是她们共同的命运，只有吉洛逃过了这一劫。"[2]

当我参观巴黎的毕加索博物馆时，这个视艺术高于人性的故事一直萦绕我心头。该博物馆坐落在华丽的玛黑区的一栋17世纪的豪宅里，一度闭馆修缮，经过多年的延迟和内讧，2014年10月才重新开放。在那里，我被一幅氛围宁静的画像震惊了。1918年，毕加索为他的画商朋友保罗·罗森博格的妻子和女儿米舍利娜画下这张像。1940年，这一家人逃离了巴黎。这是罗森博格家族在战后追回的第一幅画，他们在巴黎的一家小博物馆里发现了这幅画，当时它已经被戈林重新命名为《母亲和孩子》。这张画是毕加索送给他画商的礼物。在他画下这幅画不久前，罗森博格刚发现他的妻子与他的生意伙伴乔治·威尔顿斯坦（Georges Wildenstein）有染。2012年，罗森博格的外孙女安妮·辛克莱回忆起这个凄美的故事，当时她在承受痛苦的个人经历。罗森博格发现妻子的婚外情时近乎崩溃。辛克莱后来用细腻的笔触记录了她的祖父母如何在那之后继续一起生活的故事，并补充说，这帮助她理解了为什么她祖父总是显得沉重。那一段时期充斥着太多的动荡，这一块画布上凝结了太多的故事。①

1943年到1953年的十年里，美丽、有才华、敏锐机智的弗朗索瓦丝·吉洛是毕加索的情人。然而，他们1946年才搬到一起住。毕加索坚持认为，一个没有做过母亲的女人算不上是真正的女人。

---

① 这段故事仍在继续。2012年，在辛克莱的书《波艾蒂路21号》出版后，该别墅的新主人在墙上挂起了一块大理石纪念牌匾，上面写着保罗·罗森博格和曾在这里展出画作的艺术家的名字（据作者2013年10月28日与辛克莱的对话）。

1947年,他们的儿子克劳德出生;1949年,也就是毕加索创作和平鸽的那一年,他们的女儿帕洛玛出生。吉洛的独立个性让毕加索既兴奋又愤怒。1964年,她写了《与毕加索的生活》,对他们战争时期在巴黎的生活做了有趣的揭示。毕加索愤怒了,他试图阻止该书的出版,但没能成功。从此,他拒绝和克劳德、帕洛玛见面。

德国企图将它的文化、军事霸权强加给法国,同时又从法国文学艺术的源泉汲取营养——这是本书的重要主题。战争时期,法国艺术依然蓬勃发展,同时,法国艺术界并没有怎么抵抗雅利安化。艺术家如果想要在秋季艺术沙龙参展,只要签署一份声明宣誓他们不是犹太人即可。许多犹太画商被迫逃离,但他们的藏品四散,总有人愿意接力顶替,比如科西嘉人马丁·法比亚尼(Martin Fabiani)——纳粹掠夺艺术品的知名经销商。

1949年9月底,罗丝·瓦朗领导的艺术品追索委员会(CRA)在发挥了重要作用后被解散。这个机构曾找到约6万件艺术品,并将其中4.5万件物归原主(在本书成稿时,仍有上千件艺术品下落不明)。在柏林生活了十年后,罗丝·瓦朗返回法国,并终为成为法国国立博物馆的管理员。

1948年,美国政府给罗丝·瓦朗颁发了自由勋章,法国政府也授予她荣誉军团勋章以及艺术与文学司令勋章。但这个拯救了众多法国文化遗产的低调抵抗者并没有像其他抵抗者那样得到正式认可。一些人猜测,这可能是因为她没有后代,或者更可能因为她刻意回避曝光她的私生活——她的亲密伴侣和情人是英国翻译家、女学者乔伊斯·海伦·希尔(Joyce Helen Heer)博士。希尔1917年出生于利物浦,后来在美国大使馆工作。这样的私生活在 1940 年法国赞美抵抗运动英雄的气氛中并不容易被接受。或许,她没能获得抵抗者身份的原因是她救的不是人命,而是艺术品,而历史学家认为人命的价值高于身外之物。

由于罗丝·瓦朗的专业技能、艺术知识和不妥协的个性,她很可能成了某些画商和博物馆专业人士的眼中钉。"提起瓦朗就会重启一些艺术界的争议,并对一些国家博物馆馆藏的艺术品的归属产生疑问。"[3] 与历史记录的那个"羞涩胆小的管理员"相反,不知疲倦的罗丝·瓦朗高调地表示支持将艺术品物归原主。"需要的时候她可以让自己变得十分不起眼……但她敢于在任何时候质疑任何人的行为方式。"[4]

在歌剧方面,德国人认为他们已经拥有了文化霸权,尤其是因为他们有瓦格纳。不过,热尔梅娜·吕班却为认可这一观点付出了高昂的代价。直到 1950 年,她才回到巴黎,试图用一场独唱音乐会恢复职业生涯。尽管她收获了一些同情,后来也陆续有一些演出机会,但这个过渡时期仍然极其艰难。1953 年,她的儿子自杀身亡,此后,她完全放弃了公开演出。余生,吕班成了一名声乐老师,在位于巴黎伏尔泰码头的家中授课。她的得意门生包括女高音歌唱家雷吉娜·克里斯潘(Régine Crespin)。1979 年,八十九岁的吕班在巴黎逝世,只留下悲伤和孤独的身影。

那些于占领时期在巴黎抛头露面的女性表演者在战后面临着最为艰难的转型。但是那些被公众崇拜或需要的人们却被纵容了。虽然阿尔莱蒂获得了宽恕,但她的战时恋情从未被忘记,这影响了她找工作。直到1949年,她才拍了战后第一部电影。那一年,她在巴黎最后一次见到汉斯-约尔根·索林,她意识到,他们的恋情已经结束了。此时,他已经娶了一位德国女人,生了两个儿子,并打造了一个成功的德国外交官职业生涯。1960年,他被任命为德意志联邦派驻新成立的刚果共和国的大使。不久,在一次家庭出游中,他和长子在号称安全的刚果河中游泳时突然神秘死亡,死因很可能是溺水,但他的尸体一直没有被找到。阿尔莱蒂对此深感震惊,亲自前往哥德斯堡看望他的遗孀和子女。但她自己的身体并不好。长期饱受视力恶化之苦的她在1992年离世时已经是个盲人。阿尔莱蒂享年九十四岁,比她的情人多活了三十二年。

1947年萨迪·里加尔因她的抵抗活动获得了法国"特许居民"的荣誉。然而,她不久就离开了巴黎,和弗雷德里克一起到美国开始新生活。弗雷德里克不仅是她的舞伴,还是救命恩人。1948年,他们组成"弗洛朗斯和弗雷德里克"舞蹈组合在美国进行巡演。战争期间,里加尔曾帮助一对姐妹从巴黎逃到马赛,后来又从马赛逃到纽约。当这对姐妹得知里加尔巡演的消息后专门找到里加尔,当面感谢她。里加尔在纽约的科帕卡巴那俱乐部进行日常演出时遇到了年轻的演员、导演和学者斯坦利·瓦伦,他们很快坠入了爱河。她培养出了一个新"弗洛朗斯"替代自己,她本人则留在纽约。1949年,她与斯坦利结婚。此后,她继续在百老汇和电视界享受她丰富多彩的职业生涯,还为斯坦利在非洲、中国导演的演出做编舞。[5]

大约在1973年到1983年的十年间,里加尔都在纽约市立学院教授戏剧和舞蹈,还是纽约州艺术委员会的成员。直到1996年,她才第一次到约翰内斯堡为父母扫墓,但她对于如何来到巴黎以及她在20世纪40年代的勇敢行为仍然讳莫如深。最终在2003年,她的儿子马克·瓦伦拍摄了关于他母亲的一部纪录片,名叫《舞蹈课》。这让世人了解了她早年的抵抗行动经历。当时,她为德国军官跳舞,后者并不知道她有犹太血统。战争爆发时刚刚二十多岁的她本可以遵从父亲的意愿,回到南非的家里,过上平静的生活,但她选择了一条积极抵抗的道路。她的儿子说,他认为她经常"很害怕。但我不认为她当时有多么深思熟虑。她就是这么做了"[6]。她在2012年去世,享年九十五岁。

伊迪丝·琵雅芙成了国宝。她属于巴黎,至少属于巴黎的某一部分。1961年,珍妮特·弗兰纳描述了琵雅芙在巴黎最后的表演之一:她颤颤巍巍地走上舞台,因为经历了一系列事故和病痛,她行走困难。她穿着黑色连衣裙,看起来就像个没精打采的流浪汉。"雷鸣般的掌声向她袭来,她却表现得好像什么也没听见。"[7]此时,她的主打歌曲《我毫无悔恨》(*Non, Je ne regrette rien*)刚发布一年,立即得到了许多法国人的共鸣,成了他们的"心声"——他们只是在想尽办法生存罢了。

琵雅芙从未精确地说出过她在随团访问纳粹德国时转送过的假身份证件的数量,也从来没有谈到她与她在克莱贝尔之星遇到的德国军官有什么关系。1963年,四十八岁的琵雅芙死于肝癌。一天之后,她的好友让·科克托也去世了。琵雅芙的遗体被安葬在巴黎拉雪兹神父公墓,就在她死去的两岁女儿的墓地旁边。

像香奈儿一样,琵雅芙也是无数电影、戏剧和人物传记的主角。

她们两人充满纠葛的生活一直充满神秘色彩,不全是坏的,也不全是好的,她们的讲述也不全是事实。她们的生活反映了某种双重性,犹如毕加索的牛头怪,这个神话般的半人半兽的生物是他重要的艺术创作,象征着人类行为中夹杂着的人性与兽性。然而,人们总是执迷于揭示这两个巴黎女人的人生真相,想看看她们究竟在战争中倾向哪一边(当然是她们自己的那一边)。

在舞台上为德国观众表演的女性是高度可见的,也容易成为靶子,而经济合作却很难被证明。战后,没有一个政府会想毁灭经济复苏的种子,惩罚责任方有可能带来严重的后果。在为本书做调研的过程中,我采访到一些犹太人或有部分犹太血统的人的后裔。他们当年能生存下来,很可能是因为他们拥有建筑公司,或者能生产铁丝之类的产品(包括对德国人至关重要的铁丝网)。但是,不管这些行为在今天看来多么令人厌恶,我们又为什么非要谈论它呢?最好还是保持沉默。

与之形成鲜明对比的是,法国国内对普通女性在抵抗占领者的行动中所做出的贡献保持着长期而不公平的沉默。比如,一个女孩在神父的建议下在巴黎骑自行车散发反德传单。如果她因此被逮捕,可能面临监禁。但重要的是,她的行为让巴黎人知道,反对占领的人并不孤单。她十分珍视这些工作,并将那些传单保留了七十年,如今,年过九旬的她将那些脆弱而发黄的纸张拿出来给我看,传单的标题是《基督徒的见证》。我看到传单上写着:"手无寸铁的法兰西显得无力,但这只是暂时的,她不会就这样无视她的传统、希望、荣誉和灵魂。"她们用一种精神上的爱国主义去反对希特勒主义。然而，这个冒着生命危险反抗的女人却要求我不要提她的名字。

"为什么？"我问。

"哦，我没做什么大不了的事情。"她耸耸肩。

许多高贵的大楼管理员在明知楼里住着犹太人、抵抗运动分子或逃亡者的情况下支走警察。这些人的全名永远不会被写进历史。"娜娜"（Nana）就是其中之一。这个勇敢的管理员同时经营着一个小商店，那里的肥皂货架后面藏着十几个被通缉的男女。娜娜试图去完成不可能的任务。在一个牧师、一些修女和她的"老姨妈""堂兄弟"的帮助下，她承诺给监狱里的抵抗者寄送包裹，其中包括雅克利娜·梅尼尔-阿马尔的丈夫安德烈·阿马尔。

直到 2015 年 5 月，战争结束七十年之后，热纳维耶芙·戴高乐和热尔梅娜·狄戎这两个最知名的女性抵抗者才被重新埋葬在法国神圣的先贤祠。这是为伟人准备的世俗陵墓，它的题词是"祖国承认的（男）人"。1964 年，在戴高乐总统的安排下，抵抗运动英雄让·穆兰的遗骸被埋葬在这里。他作为戴高乐的个人使者在 1943 年被纳粹拷打和杀害。直到 2015 年 5 月，安葬在那里的唯一女性是科学家居里夫人。

奥朗德总统宣布他正在围绕迁葬筹划重大纪念仪式，这立即成了头条新闻，尽管两个男人——让·扎伊（Jean Zay）和皮埃尔·布罗索莱特——也共享此殊荣，但在此之前，女性在抵抗运动中的贡献从来没有被充分承认。她们发挥的作用远远超过了当时社会所期待的范围。战后，许多女性本身都十分谦虚，她们坚持说她们"只是"提供信息或充当信使。她们这样做或者是因为渴望回归正常生活——这一态度得到了法国政府的批准；或者是因为想要保护孩子，不想让他们了解占领和战争时期的残酷现实。此外，女性很难证明她们真的是曾经手拿武器的战斗人员。1940年到1946年，戴高乐政府给1038人授予了法国解放勋章，其中只有六位女性（四人为追授）。①1943—1947年，共有4.8万人获得了比解放勋章地位稍低的抵抗者勋章，其中只有1090名女性。而如今，随着热纳维耶芙·戴高乐和热尔梅娜·狄戎墓迁先贤祠，人们也开始重新认识女性在抵抗德国占领的运动中扮演的角色。

1999年，我见到了热纳维耶芙·戴高乐-安东尼奥夫人。在外界催促多年后，她刚开始写自己的回忆录。她毕生致力于帮助无家可归者，并创建了大型慈善机构"团结起来，为了尊严——第四世界运动"（ATD）。她也因此被誉为"法国的特蕾莎修女"。该组织的目的是帮助边缘人群靠自身努力逃脱恶性循环，专注于组织街头图书馆、研讨会和培训，而不是施舍。

对她的这次访问加深了我在之前访问诸多女性抵抗者时产生的印象：她们在战时的遭遇决定了她们的余生。这并不是说她们无法从过去走出来，也不是和谁做朋友这么简单的事情。这段往事切切实实地决定了她们在余生做什么、怎么做。在后来的工作中，无论是为了帮助占领期间的被驱逐者和被关押者，还是巴黎街头的流

---

① 她们是贝尔蒂·阿尔布雷赫特（Berty Albrecht）、洛尔·迪伯尔德（Laure Diebold）、玛丽·哈金（Marie Hackin）、西蒙·米歇尔-列维（Simone Michel-Lévy）、艾米莲·穆罗-埃夫拉尔（Emilienne Moreau-Evrard）和玛塞勒·亨利（Marcelle Henry）。

浪汉，热纳维耶芙·戴高乐都紧紧抓住一些让她曾在集中营得以忍耐下去的东西——一些友谊的小纪念品，它们给她带来了生存的动力和希望。

1999年和我会面时，热纳维耶芙·戴高乐仍然精神矍铄。她从一个箱子里拿出了一个金色的大号巧克力盒。"我的小纪念品，"她苦笑着说，"我很少给人看这些东西。"她的手微微颤抖（她告诉我这是帕金森氏症的结果），慢慢地打开盒子，一个接一个拿出里面的东西：假身份的配给卡——这已经不是她逮捕时身上带着的那个，因为她后来用过许多张不同的；她父亲写给她的一封信，这是她在监狱期间收到的唯一一封。还有一些物品几乎令人心碎：一个穿着粉红色蕾丝连衣裙的布娃娃——这是她的朋友雅克利娜·达兰库想办法偷偷送给她的；一个用偷来的德军坦克司令官的贝雷帽制成的皮革针线包；一些她自制的微缩扑克牌；还有一个刺绣小布包，用来放配给给她的面包。

在拉文斯布吕克，热纳维耶芙忍受了强迫劳动、殴打和长期的半饥饿状态。她在那里目睹的场景将让她在余生提心吊胆。她看见一个德国女警卫一边充满仇恨地尖叫，一边用铁锹切断囚犯的喉咙。然而，1945年重获自由时，她决心做一些积极的事来改善战后世界。尽管她的名字给她提供了政治资本，但她对从政并无兴趣。"恰恰相反，我想超越政治。对我来说，人生最重要的目标是消除苦难。"[8]

1957年，热纳维耶芙经人介绍结识了神父约瑟夫·莱辛斯基（Joseph Wresinski），一位致力于帮助巴黎贫民窟里的流浪汉和绝望者的天主教牧师。热纳维耶芙后来解释，那里的人们的眼神让她想起了拉文斯布吕克集中营里的囚犯们，强烈的使命感驱使着她用全部余生来建立慈善组织，为这些人发声。

在我写就本书时，年近九旬的珍妮·鲁索仍然优雅地活在人世。她的故事同样尘封了许久。她一直保持沉默。直到1998年《华盛顿邮报》记者大卫·伊格内修斯在一次聚会上发现了她，说服她接受采访。大卫很快意识到珍妮·鲁索的故事意义非凡，他后来将这段长长的采访录音存放在了华盛顿国际间谍博物馆。但是，为什么珍妮·鲁索等了将近五十年才开口？是因为希望生活继续，于是自然陷入沉默；还是因为随着年纪渐长，她冷静下来意识到：在托尔高集中营，许多女人曾因她头脑发热的个人英雄主义而失去了生命？

像许多人一样，珍妮开始加入抵抗运动时还十分年轻，她认为她当年不愿接受死亡和眼前的现实正是因为她还太年轻。当她终于同意谈论她的战时生活时，她对这个问题嗤之以鼻："我就那么做了，就是这么回事……那并不是一个选择。你当时只能这么做。那时候我们都以为自己快要死了。"就像大卫后来写的："这就是她的回答：英雄主义并不是个选择，而是条件反射——这并不是大脑的属性，而是来自中枢神经系统。"[9]

许多女性抵抗者都坚信，抵抗占领者并不是一个政治行为，而是一个本能反应——这对她们来说至关重要。就像热纳维耶芙·戴高乐强调的，她们的行为超越了政治。玛丽-奥迪尔·杜卢普（Marie-Odile Tuloup）说："我的母亲、被驱逐到拉文斯布吕克集中营的安德烈·贝斯（Andrée Bès）总是强调，战前，她们中很少有反法西斯主义者。她不能在她的国家被侵略、犹太人被掳掠谋杀的时刻坐视不管。这是她基于自身本能道德观的自然反应。"[10]

通过珍妮·鲁索在拉文斯布吕克集中营里的所作所为，我们似乎能够窥见好人应该如何应对邪恶这个问题的复杂性。拉文斯布吕克集中营的巴黎女人在她们的压迫者面前并不能都保持像珍妮·鲁索的信念。尽管集中营里涌现了许多女性相互支撑求生的故事，但也有人成了压迫、谎言、偷窃和酷刑的共犯。堕落面前，人性并不总能保持高贵。安妮·史波里的故事便是一例。这个年轻女子本来接受了治病救人的医学训练，还在战争初期加入了抵抗组织。她的故事也因此特别令人着迷和恐惧——它揭示了在极端条件下，良好的本意可以被轻易扭曲。史波里在非洲度过余生，寻找救赎。

○ ○ ○

对于许多巴黎女人来说，正是集中营的极端条件探测了她们的道德反应。研究拉文斯布吕克集中营历史的萨拉·赫尔姆（Sara Helm）认为在战争史研究中，集中营长期被边缘化了。在最近发表的一篇文章中，她写道："然而，正是因为拉文斯布吕克是个女性集中营，世人应该知道这段历史……拉文斯布吕克显示了人类可以对女性做出什么样的事情。"[11] 它同时也显示了女性可以为彼此做什么。

一如既往地，战争给莉莉·帕斯特雷和奥黛特·法比尤斯这样的巴黎女人指明了新的人生方向。但在战后的岁月里，这种感觉并不总能持续，有时候这甚至会带来灾难性的后果。正是战争让奥黛特·法比尤斯和皮埃尔·费里-皮萨尼两个人完全不同的命运产生了交集。而他们共同承担的风险也让他们对彼此产生了激情。1956年，奥黛特选择了离婚。七年后，1963年，皮埃尔把左轮手枪放进嘴里开枪自杀。像许多集中营的幸存者一样，皮埃尔最终没能在这个世界里继续生活下去——无论是出于内疚、羞辱或是无助感。奥黛特伤心欲绝。她立即去马赛见了皮埃尔的儿子夏尔律师。夏尔告诉奥黛特，两方面的因素导致了他父亲的消沉和去世：一方面毫无疑问是和她分手，另一方面则是对政治的失望。皮埃尔曾试图恢复他作为一个强大的工会领导者的地位，却在年青一代的反对下输掉了选举。美国中央情报局还在与共产主义的斗争过程中试图利用皮埃尔控制码头工人，不过在中情局看来，他比科西嘉的帮派分子强不了多少。奥黛特并没有参与他人生的这一面。她在他去世后写道："现在我意识到，我失去的不仅仅是一位昔日恋人，还是我这辈子在这个地球上最好的朋友。"[12]

学界普遍认为，大屠杀幸存者的自杀率是普通人群的三倍。[①] 如今世人仍在努力尝试理解集中营和大屠杀这场20世纪的标志性事件。很明显，没人能逾越集中营的经历。对于许多幸存者来说，这意味着他们已经走上了一条不归路——他们不能继续生活下去。奥地利作家托马斯·伯恩哈德（Thomas Bernhard）解释说："我们不断以最严格的标准纠正自己，因为我们每一刻都觉得我们做的是错

---

① 有时，自杀的是那些幸存者的家属。马塞利娜·罗森贝格的弟弟从没能从他父亲被谋杀的阴影里走出来，于是在四十多岁时自杀身亡。

的（所写、所想、所作所为都是错的）……这个时间点的一切都是一种伪造，所以我们试图纠正这种伪造，然后我们再修正我们纠正后的结果，随后再纠正我们修正后的纠正结果，以此类推。"常常，自杀成了解决问题的最终手段。[13]

一些试图让生活继续的幸存者往往开始组建家庭、写书或教书。战后的几十年内，世人对他们的故事毫无兴趣。直到20世纪80年代，这一情况才急剧转变：人们希望在那些经历过罪恶和恐怖的人离世前听一听他们的故事。《最后一班地铁》是法国著名导演弗朗索瓦·特吕弗职业生涯最后阶段的作品之一。这部叫好又叫座的电影摄于1980年，讲述的其实是马塞尔·莱博维奇和玛格丽特·凯利的故事。他们的风信子舞团在战后的巴黎大获成功。这部电影的编剧是让－克劳德·格伦贝格。他小时候也曾四处藏匿，活在恐惧中。他母亲把他和弟弟托付给一个女蛇头，将他们送往了未知的目的地，由此逃过一劫。

作为"二战"的一个间接的结果，有人名声尽毁，也有人功成名就，但有时这都为时已晚。1942年，小说家伊莱娜·内米洛夫斯基被驱逐，当时她在法国是一个成功的作家，但在法国之外却鲜为人知。两个月后，她的丈夫米歇尔·爱泼斯坦也被逮捕。家里的两个女儿，十三岁的丹尼丝和五岁的伊丽莎白也一度被捕，不过很快被释放了。这要感谢她们遇到的一个德国军官，他在两个女孩身上看到了自己女儿的身影。"他告诉我们的家庭老师茱莉，今晚我们不会抓走这些孩子。回家吧，我们明天会再来抓她们。"[14]茱莉听明白了军官的言下之意，联系到了她在抵抗组织里的哥哥，把两姐妹藏了起来。

她们随身携带了一个小手提箱，里面是衣服和个人纪念品，还包括一些字迹细密的手稿。丹尼丝后来说："我也不知道这是什么，只知道那对母亲很重要。"[15] 但是两姐妹只是把它放在一边，没有细看里面的内容。后来的几年，她们在一位老师、一些朋友和家庭教师茱莉的帮助下幸存。茱莉安排她们藏在修道院和安全住所，直到战争结束，此时她们才意识到父母已经被杀害。和许多人一样，她们继续着各自的生活，直到1992年，小女儿伊丽莎白出版了关于她母亲的假想传记，名为《瞭望台》(Mirador)，其中引用了她在那个手提箱里发现的信件。

两姐妹对她们是何时以及如何意识到手稿的存在说法不一。后来，丹尼丝通过作家罗曼·加里（Romain Gary）找到了作家米丽娅姆·阿尼西莫夫（Myriam Anissimov）。阿尼西莫夫由此成了法国文学界第一个看到手稿的人，她很快意识到它的巨大价值，并建议将其出版。[16] 伊莱娜·内米洛夫斯基的悲惨命运，以及她将尚未完成的手稿隐藏在一个手提箱里保存多年的故事，都可能为该书的宣传做出贡献。这本题为《法兰西组曲》的小说一经出版便收到狂热反响，它被誉为一部杰作，并被翻译成几十种语言。一时间，伊莱娜·内米洛夫斯基被视作和巴尔扎克、托尔斯泰比肩的文学天才。2004年，她被追授了文学界颇有名望的勒诺多文学奖，这也是该奖项有史以来第一次追授。

2015年，《法兰西组曲》被拍成电影，这让伊莱娜·内米洛夫斯基更加广为人知。同时，电影也展示了战争年间人们为了生存不得不做的各种事情。这再次引发了人们关于内米洛夫斯基自身盲目性的讨论,她一直无视当年法国的反犹主义,直到为时已晚。甚至有人认为,出生在法国的老一辈犹太人为了自保不惜牺牲新生代犹太移民(所谓"外国"犹太人)的利益和生命——这种令人不安的看法可能忽视了真正的敌人。

走在今天的巴黎街头,我们不仅能看到那些纪念勇敢的抵抗者的牌匾,也能看到法国政府承认对一些犹太儿童的死亡负有责任的纪念物。这类牌匾中的第一个位于奥斯德利兹火车站,成千上万在冬季自行车赛场关押的犹太人曾从那里被运向死亡。1995年7月16日,这块牌匾正式揭幕,希拉克总统发表了重要讲话,承认法国政府对这场惨剧负有责任。为了纪念那些与纳粹抗争的人,许多街道也改了名字,比如乔治·曼德尔大街、埃莱娜·贝尔广场。

埃莱娜·贝尔去世六十多年后,2008年,她的日记终于发表。这是这位充满音乐和文学天分的年轻女子留给世人的唯一遗物。这是一个重要的文本,因为埃莱娜在其中精辟地分析了她面对的选择的本质,以及法国以色列人总联盟内部潜在的巨大灾难。这个有污点的组织既不算是通敌的恶魔,也没有像预想的那样成为犹太人的避风港。正如美国历史学家理查德·科恩的巧妙论证,这个组织的核心有种与生俱来的"不稳定的二重性"[17]。这再次让人联想到毕加索的牛头怪。

埃莱娜·贝尔的日记最终出版很大程度上要归功于她的侄女马里耶特·若布的决心。自1946年起,她就得知了这本日记的存在,家里的管家把日记给了埃莱娜的弟弟,他又把它交给了让·莫拉维基。20世纪90年代,马里耶特认真地寻找日记的下落,终于找到了暮年的莫拉维基,此时他已经是一名退休外交官,定居巴黎。

"他一直把这份手稿放在高高的橱柜顶上。对他来说,这份手稿的分量几乎重到令人难以承担。"[18] 马里耶特解释说。莫拉维基同意将其出版,这毕竟也是埃莱娜的本意。莫拉维基在书的《后记》中写道:"在那罪孽的阴沟里,埃莱娜从来没有放弃对未来的憧憬,一直努力地克服她周围的逆境。她保持了她的良心,也帮助她的朋友们保持了她们的良心……愿这本日记流传下去,让那些无声的记忆永存。"[19]

埃莱娜的朋友雅克利娜·梅尼尔-阿马尔也记了日记,她在里面扪心自问,如何能在那么多朋友遇害后继续活下去。"在险恶的处境中,我们是否还有选择的余地?一个人怎么可以就这样承受甚至接受它呢?我们的心里是否有一部分在某一个时刻接受了这种处境?这是否就是我们为了洗脱那近乎幸福的生活背后的悔恨所付出的代价?就像某种修行……活着算是一种背叛吗?"[20] 雅克利娜后来找到了某种安慰,她致力于帮助那些比自己不幸的被驱逐的犹太人,同时深刻地认同了她的犹太人身份。

利斯·伦敦经历了西班牙内战,坐过数月法国监狱,紧接着又在拉文斯布吕克集中营度过了近三年,还在1945年经历了死亡行军。1990年,她终于写了一本回忆录,名叫《达盖尔街的悍妇》,这也是维希政府派驻巴黎的代表费尔南·德·布里农给她取的别称,当年她正是在达盖尔街组织了反纳粹起义。她说,共产主义给了她信心和力量,让她在监狱的折磨中活了下来。"共产主义者不只是从属某个政党，它事关信仰。我们希望传播革命。当你失去了信心，一切都崩溃了。"[21] 战争结束后，她搬到捷克斯洛伐克，这是她深爱的犹太丈夫阿图尔·伦敦的出生地。他们共同度过了十多年的时光。阿图尔在毛特豪森集中营幸存了下来。他得偿所愿回到家乡。1951年，他被以"犹太复国主义叛徒"的罪名逮捕，不得不面对公审。阿图尔最终于1956年获释并得到平反，随后携全家搬回巴黎。在那里，利斯·伦敦继续投身于进步事业。

1970年，阿图尔写的戏剧《审判》被拍成电影，西蒙娜·仙诺饰演利斯，伊夫·蒙坦（Yves Montand）饰演阿图尔。为了让形象和处于半饥饿状态的阿图尔更接近，伊夫·蒙坦减掉了30磅（约13.6公斤）体重。这部剧基于阿图尔在苏联的监狱里写下的手稿，他出狱后，利斯想办法把这些手稿也偷了出来。她是一个忠诚而勇敢的妻子，仍然热衷于正义和彻底的反抗运动。她的儿子米歇尔说，她很少提及纳粹集中营。但在2005年阿图尔去世后，她决定带家人去毛特豪森集中营。"她的情绪十分激动，但依然镇静。她让孙辈们看那里的营房、焚烧炉、条纹睡衣，仿佛那是这个世界上最自然的事。"[22] 在最后一次接受采访时，利斯说，她仍然是一个共产主义者，"但这不是政治意义上的，这是出于对那些和我有共同梦想并为自由而献身的同志的忠诚"[23]。

不过，在近年来出版的大量书籍中，并不是每一本都有助于提升名誉。贝尔纳·乌尔曼（Bernard Ullmann）是莉塞特·德·布里农与其第一任丈夫克劳德·乌尔曼（Claude Ullmann）的儿子。2004年，八十多岁的贝尔纳出版了一本令人不安的书，讲述了他的犹太母亲与著名的反犹主义者费尔南·德·布里农结婚后如何在"二战"中得以幸存。莉塞特出身于银行家族，一家人已经完全融入了法国社会。在战前的巴黎，她是惊艳浮夸的女主人。在和第一任丈夫克劳德·乌尔曼离婚后不久，她改宗天主教。她始终认为，虽然反犹主义在法国长期存在，"但不可能伤及我们这样的人"。

贝尔纳生动地描写了1942年，他母亲让他钻进轿车的后备厢里，偷偷地把他送到了北非战场——这个决定部分出于他继父的建议。那之前的一天，他观看了极端反犹电影《犹太人苏斯》，随后，德·布里农带他去银塔餐厅吃饭。此时德·布里农在贝当政府步步高升，为了保护莉塞特和她的两个儿子，他让母子三人淡出了公众视野。正是这种保护让贝尔纳深感羞愧：他为自己的礼貌教养感到羞愧，这让他从没能与他母亲的丈夫正面对峙。更让他羞愧的是，正是这个人让他得以幸存。

1947年，贝尔纳大度地去监狱里探望了德·布里农，此时，他正在等待审判。几天后，他被执行枪决。莉塞特曾被短暂地关押在弗雷讷监狱。她始终忠于她的丈夫，在战后与维希时期的朋友来往时，她继续自称德·布里农侯爵夫人。1982年，穷困潦倒的莉塞特在巴黎的一家疗养院去世。

1992年，丹尼丝·迪富尼耶的著作《死亡之屋》又出了新版本，其中加入了一篇作者的反思。驱使她这么做的一部分原因是她收到了大量飞行员的母亲的来信，她曾经帮助这些飞行员逃亡。这些年轻人往往在他们执行下一次任务时就牺牲了。写信的女人们感谢迪富尼耶在她们的儿子最需要帮助时挺身而出。迪富尼耶写下反思的另一个原因是她觉得人们对她这样的女人的所作所为缺乏理解，特别是在英国。"我希望英国人能知道我们曾经承担了巨大的风险。"[24] 像许多加入抵抗运动的女性一样，丹尼丝·迪富尼耶曾承担的风险多年以来都未能获得官方认可，其中也包括一个个人原因——她嫁给了一个英国外交官，因此不能接受外国的奖赏。直到她丈夫退休后，丹尼丝才终于获得了法国荣誉军团司令勋章。但很多其他女性抵抗者直到20世纪末才得到官方认可，有的甚至拖到了21世纪。

珀尔·维什林顿（Pearl Witherington）是英国特别作战执行部中最著名的女性之一。她主导的组织一度达到3000人的规模。她拒绝了大英帝国平民勋章并冷冰冰地说道："我做的事情一点也不'平民'。我可不是一天到晚坐办公室的那种人。"后来，她接受了大英帝国员佐勋章（MBE）。2004年，英国女王授予她大英帝国司令勋章（CBE），在授勋仪式上，女王说道："我们早就该这么做了。"2006年，在她乘降落伞着陆法国六十年后，珀尔·维什林顿终于收到了她的降落伞勋章，她觉得这比任何大英帝国勋章都更值得骄傲。

我为本书做调研时还注意到了一个令人头疼的争议——抵抗者和受害者的区分。那些因选择反抗而被驱逐出境的巴黎女人回归时受到政府授勋；而那些因为有犹太血统而被驱逐出境的巴黎女人仅仅是普通的受害者。薇薇特·萨米埃尔战争期间曾在儿童救济组织做志愿者。后来她去了致力于帮助被驱逐女性的组织——法国被驱逐者和被关押者协会。她用心地写下了她对在那里遇到的女性的敬佩和爱戴，同时，她也写下了一些被误解的时刻。"她们曾在抵抗组织里奋战，因此我听到她们对以种族原因被驱逐的人表达的不屑。这事甚至让我做过噩梦……不过，在那里度过了三个月试用期后，我还是决定留下来。"[25]

我的受访者也经常提醒我，"这事非常复杂"，有时候即使是一家人也会有意见分歧。后来改名韦尔奈的丹尼丝是犹太人，但是因为加入了抵抗运动所以被关押在拉文斯布吕克集中营。而西蒙（即后来的西蒙娜·韦伊）和她的母亲以及另一个妹妹马德莱娜则作为犹太人被关押在奥斯维辛-比克瑙集中营。她的母亲雅各布太太挺过了死亡行军，却在1945年3月死于伤寒。马德莱娜虽然也在集中营幸存了下来，但在1950年的一场车祸中丧生。韦尔奈从拉文斯布吕克集中营回到法国后受到了诸多奖赏，包括荣誉军团司令勋章、国家功绩大十字勋章、1939—1945年战争棕榈勋章以及带花结的抵抗者勋章。然而，西蒙娜·韦伊直到2012年才获得了荣誉军团最高等的大十字勋章。

此前，西蒙娜·韦伊有过一段辉煌的政治生涯，她因推行堕胎合法化的法案而闻名。经过激烈的辩论，这项法律在1975年获得通过。1993年，她抱怨道："人们一直在用残酷的方式告诉我们：我们只是受害者，而不是英雄，我们的经历无关紧要。即便是那些昔日的抵抗者里也有人这么说。"西蒙娜·韦伊还面临着恶毒的人身攻击，有人把堕胎的合法化比作对犹太人的大屠杀，一位议员甚至问她是否同意把胚胎扔进焚烧炉里。

历史学家终于开始衡量法国政府在"二战"时期的确切责任。必须指明的是，被维希政权驱逐的犹太人数量惊人：1940—1944年，在法国居住的33万名犹太人中,有76000人被驱逐,[①]等待他们的只有死亡。然而,这个比例还是要比比利时、荷兰、挪威的要低,后者最高能达到73%。这个不均衡的现象被称为"法国悖论",它常被用来为维希政权以及法国民众做辩护。当然,法国人曾经努力救助过数以千计的犹太人,但这种辩护未免偏离了主题,毕竟,如果维希政权没有那么积极主动地与纳粹合作,数以千计的犹太人也不会白白被屠杀,特别是1942年,德国方面没有办法独自如此高效地行事。

当然,战争不只事关统计数据,更不是一场声誉的游戏。战争在摧毁生命。图凯特·杰克逊从拉文斯布吕克集中营出来后再也没能完全恢复健康。她一直默默地生活在巴黎郊外昂吉安莱班市的家中,直到1968年在美国医院去世。她的丈夫曾在那里不知疲倦地工作过。战后,她曾希望在巴黎市内做点小生意来负担城市里昂贵的生活。但她一直体弱多病,无法做护士,甚至完全不能工作。

尽管生活艰难,但图凯特还是保持着尊严和勇气,并被授予了无数奖项,包括1946年的战争十字勋章、志愿战斗者勋章,1946年她还获得了荣誉军团司令勋章。然而,再多的奖赏也无法填补她的孤独。有时候,她会在日记里简短地写道:"没人来看我……"[26]她的儿子菲利普负责照料她。菲利普也获得过许多奖章,1946年5月,还在汉堡的战争法庭出庭做证。他后来通过不断深造成为一名工程师,然后结婚生子组建了家庭。在我写就本书时,他已经是巴黎市

[①] 数据来自犹太人大屠杀纪念馆、耶路撒冷雅德·瓦什姆纪念馆历史学家的最新估计以及美国华盛顿犹太人大屠杀纪念馆。

中心专为老兵设置的荣军院的住客，我们曾在那里见面，聊起他的母亲。

无论如何努力，温莎公爵爱德华和夫人沃利斯都未能在战后恢复声誉，他们仍被视为失败主义者，或更糟糕的——纳粹同情者。从那时起，他们开始了漫无目的的流亡，一场接一场地流连在欧洲上流社会的应酬活动。沃利斯不时地向英国大使抱怨说她丈夫没有收到时事汇报或者官方接待邀请。她还不切实际地幻想着英国皇室最终会给她皇室头衔，从而对温莎公爵夫妇以礼相待，让他们可以毫无羞耻感地返回英国。他们考虑过美国纽约、加拿大（爱德华在阿尔伯塔省拥有一个农场）和法国南部。在南法，他们一直租用着一个战前就租好的拉克罗城堡，还在那里配备了许多佣人。在巴黎，他们变成战后生活的一个孤立的部分，至少在上流社会是如此。他们被邀请到时装秀和珠宝店。沃利斯则特别喜欢去伊丽莎白·雅顿的美容院，在那里她很少付钱，并且总是能拿到一件口袋上印着SAR字样的长袍。但是，总是等着英国方面的反应也是一件令人不安的事情。于是，1948年，爱德华和沃利斯回到费桑德里街85号那座富丽堂皇的建筑，它曾被沃利斯的战前好友装修过。不过，爱德华和沃利斯都对这座建筑没什么特别的感情。1953年，英国女王伊丽莎白二世登基。很明显，英国皇室对沃利斯的态度毫不软化。于是，爱德华和沃利斯决定在巴黎定居。他们接受了法国政府的提议，住进了恩特拉蒙大街4号的一栋三层建筑。

这座占地4英亩的豪宅位于布洛涅森林，建于19、20世纪之交，是法国政府从雷诺公司征缴而来的，原因是这家汽车制造商此前曾有通敌行为。路易·雷诺最初拒绝为德国人制造坦克，但最终还是为他们生产了卡车。在解放后乌烟瘴气的氛围中，他于1944年9月23日被逮捕，关押在弗雷讷监狱等待审判。一个月后，他在"神秘的情况下"死亡。戴高乐将军下令国有化了雷诺公司。他和妻子伊冯娜曾短暂地在这所位于布洛涅森林的房子居住。不过伊冯娜一直很低调，她觉得这个房子"比希望的高调一些"[27]。

法国政府与温莎公爵夫妇签订了五十年的租约，租金微不足道。正是在这里，沃利斯举行了一系列盛大的娱乐活动。她的公爵丈夫于1972年去世。20世纪80年代，强势的苏珊·布鲁姆（Suzanne Blum）律师主导了沃利斯的生活。"二战"期间，苏珊和丈夫逃到了纽约，1945年，他们回到了巴黎。她在巴黎建立了自己的律师事务所，从此就不断地斩获大客户，其中大多是电影界名流。她还为知名通敌者贝尔纳·费伊（Bernard Faÿ）辩护，后者是美国作家格特鲁德·斯坦的朋友和护卫者。在闲暇时光，布鲁姆律师还用笔名写侦探小说。她自己的复杂人生也为小说提供了不少精彩情节。

尽管温莎公爵夫妇没能保住声誉，但弗洛朗斯·古尔德却成功地洗刷了此前通敌的污点，保住了晚节，尽管她曾成功地招待过诸多著名的反犹分子。她于1993年去世，留下的大量财产最终注入了弗洛朗斯·古尔德基金会。这个美国慈善组织致力于支持艺术创作，尤其是法国和美国之间的文化交流。纽约有弗洛朗斯·古尔德音乐厅，旧金山也有弗洛朗斯·古尔德剧院。

像许多巴黎人一样，巴黎的许多建筑也在战后迅速被重塑。弗雷讷监狱就是一个例子，1945年，它成为关押通敌者的监狱。德朗西监狱也继续运营，只是关押的囚犯不同而已。到了1940年，由于法国的住房短缺日益严重，那里的所有建筑物，即拉姆艾特（La Muette）小区回归了它原本的用途——住房。1976年，小区的入口竖立了一座为德朗西囚犯而建的巨大纪念碑。它的创作者是在占领期间被驱逐的波兰裔犹太人什洛莫·泽林格（Shelomo Selinger）。纪念碑的旁边还有一节货车车厢，正是这个型号的车厢当年把那些被驱逐者送向死亡。参观德朗西是一个令人不安的体验，它像极了历史照片上那个毫无人性的地方。我问一个居民，他如何能住在一个有过那么多悲伤和痛苦的地方。他奇怪地看了看我，回答说："巴黎到处都有历史。大部分的地方德国人都住过。这总比那些地方好吧？"

一些斗争远未结束，甚至到20世纪40年代才刚刚开始，并持续了好几十年。热情亲法的卡罗琳·费里迪终身未婚。她把一生奉献给了那些在法国受过苦难的人，还加入为"小白兔"们追索赔偿的斗争中——这些波兰女孩曾在拉文斯布吕克遭受纳粹可怕的活体实验，如今多已残疾。费里迪从雅克利娜·达兰库那里了解到了"小白兔"们的情况。雅克利娜曾和她们在同一个集中营里。费里迪惊讶地发现，由于"小白兔"们所处的波兰和西德没有外交关系，她们并没能被纳入纳粹受害者赔偿计划。该计划从1952年开始拨付赔偿款，而这些"小白兔"却被抛弃和忽视了。她们中许多患有慢性疾病，包括心脏病、肝炎、膀胱炎，需要长期就医，更需要经济支援。然而，尽管费里迪努力争取，还是没能让德国人改变立场。在将近二十年的时间里，她不停地为她们奋笔疾呼，还邀请她们到她在康涅狄格州伯利恒市的家中。

1959年，战争结束近十五年后，35名波兰女人来到美国就医。费里迪帮助这些女人筹集了旅行资金，并在游说方面发挥了至关重要的作用。在她的协调下，美国的报纸发表了一系列文章。60年代初，西德政府终于屈服于国际压力，给最严重的136名残疾幸存者支付了全额赔偿，其余的人也收到部分赔偿。

无论是在拉文斯布吕克、维希还是巴黎，压迫下的生活显示了女性在极端情况下的韧性。如热尔梅娜·狄戎所说："义愤能移山。""1940年的法国令人难以置信。已经没有男人了，开始抵抗的是女人。女性没有投票权，没有银行账户，没有工作。然而，我们女人能抵抗。"[28] 珍妮·鲁索走上了抵抗道路。伊丽莎白·德·罗特席尔德走上了另一条道路，勒妮·皮桑走了第三条道路。然而在当时，很少有人认为自己有选择或在决策，无论是抵抗者还是辛劳度日的菜贩；或是看到机会的黑市商人；或是将孩子托付给他人的犹太母亲；或是享用午餐和精致服饰的巴黎名媛；或是重操旧业的歌手。许多人认为，即便禁止法国人和德国人社交，也不能改变什么，可能只会让法国人的日常生活变得更加痛苦。生活还得过下去。他们相信，让巴黎黯淡下去与其说是要惩罚德国人，不如说更是在惩罚巴黎人。大多数人只是勉强苟活罢了。

如今看来，她们是有选择的。作家、艺术家和演员必须将他们的工作提交德国官员审查，这不可避免地意味着不同程度的妥协和合作。对于一些人来说，沉默或离开法国是一个选项，继续表演但不参与应酬是另一个，对不认可的行为视而不见的是最容易的选择。对于一些女性来说，选择只是决定戴上出格的礼帽或走出一家餐厅。对于其他人来说，选择意味着各种交易。但是，想要在纳粹占领下的巴黎生存总要做出某种抉择，这事关如何忍受与德国人共同生活。这不是我们能评判的，但凭着想象力，我们可以尝试去理解。

主要人物

苏珊·阿贝茨（1958年去世），生于法国，德国驻维希政府大使奥托·阿贝茨的夫人。

苏珊·玛丽·帕滕（婚前姓 Alsop，1918—2004），美国人，生于罗马，1945年与美国外交官丈夫来到巴黎，随后与英国驻法国大使达夫·库珀坠入爱河，并生下一个私生子。

阿尔莱蒂（1898—1992），广受欢迎的法国女演员和歌手，以快人快语出名。1945年曾短暂入狱，原因是她与德国军官汉斯－约尔根·索林的恋情。

埃莱娜·雅宝（婚前姓 Ostrowska，1907—2006），模特儿，父母是俄罗斯人，1933年嫁给路易·雅宝并移居纽约。

薇拉·阿特金斯（1908—2000），生于罗马尼亚，曾在总部位于伦敦的英国特别作战执行部法国分部工作，终生未婚。

露西·奥布拉克（1912—2007），与犹太人抵抗者雷蒙德·萨米埃尔结婚，并组织了他的出逃。后来她成了法国政府的部长。

苏珊·贝尔佩龙（1900—1983），颇有影响力和原创力的巴黎珠宝设计师。在强制的工商业雅利安化时期，她从贝尔纳·赫茨手中接管了生意。

埃莱娜·贝尔（1921—1945），才华横溢的索邦大学学生。她拒绝出逃，留在巴黎照顾父母和被遗弃的孩子，且把每天的工作生活都记在日记里。

贝亚特丽斯·布雷蒂（1893—1982），法兰西喜剧院的女演员，一度从剧院辞职，专门照料情人、政治家乔治·曼德尔和他的女儿克劳德。

莉塞特·德·布里农（原名 Jeanne Louise Rachel Franck，1896—1982），先是嫁给犹太银行家克劳德·乌尔曼，然后离婚，改嫁给费尔南·德·布里农侯爵，后者是一名天主教贵族，也是一名维希政府的积极分子。在德·布里农侯爵的帮助下，莉塞特成了名义上的雅利安人。

让娜·比谢（1872—1946），前卫的画廊老板，支持了许多被禁的艺术家。

贝亚特丽斯·德·卡蒙多（婚后姓 Reinach，1894—1944），出身于显赫的犹太银行家族，后改宗天主教。她经常和德国人一起骑马，但最终还是和两个孩子一起被捕，在奥斯维辛集中营遇害。

玛丽-路易斯·卡尔旺（原名 Carmen de Tommaso，1909—2015），法国服装设计师，1945年为娇小的女性成立了同名品牌。

吉塞勒·卡扎德絮（生于1915年），1934年以领固定报酬的女演员的身份加入法兰西喜剧院。整个战争时期都在工作，1962年离开了法兰西喜剧院。后来她继续出演电影，并在90年代迎来了事业的第二春。

达尼埃尔·卡萨诺瓦(1909—1943),法国共产党活动的组织者,抵抗者。

加布丽埃勒·(可可)·香奈儿(1883—1971),极具影响力的法国时装设计师。战争初期关掉了自己的店铺,和她的德国情人住进了丽兹酒店。

克莱尔·谢弗里永(1907—2011),教师、抵抗者,在巴黎的监狱被关押过四个月。

维沃·谢弗里永(婚后姓Boysson),克莱尔·谢弗里永的表妹、音乐家,曾在战争期间伪造身份证。

茱莉娅·蔡尔德(1912—2004),出生于美国加州,作家。她与丈夫1948年在巴黎居住期间迷上了法式菜肴。

奥黛特·丘吉尔(婚前姓Sansom,1912—1995),英国特别作战执行部线人,三个孩子的母亲,1943年在法国被捕。她谎称自己的丈夫彼得·丘吉尔是英国首相的侄子。她是第一批获得乔治十字勋章的女性之一。

西多妮·加布丽埃勒·科莱特(1873—1954),法国小说家,占领期间一直在巴黎并处在焦虑中。她的丈夫莫里斯·古德凯一度被盖世太保逮捕。

弗吉尼亚·德·艾伯特-莱克(1910—1997),出生在美国,抵抗者,参与了"彗星逃亡线"的相关抵抗活动,曾被关押在拉文斯布吕克集中营。

西蒙娜·德·波伏娃(1908—1986),女权主义作家,让-保罗·萨特的情人。

热纳维耶芙·戴高乐（1980—2002），抵抗组织"保卫法国"的成员，曾被关押在拉文斯布吕克集中营，戴高乐将军的侄女。

埃尔西·德·沃尔夫（婚后姓 Mendl，1859—1950），出生于美国的室内设计师，颇有影响力的巴黎沙龙女主人。

尤琪·德斯诺斯（原名 Lucie Badoul，1903—1966），大胆的模特儿，艺术家的灵感来源。她的丈夫是超现实主义诗人、抵抗者罗贝尔·德斯诺斯，其丈夫最终在特莱西恩施塔集中营遇害。

卡特琳·迪奥（1917—2008），抵抗者。设计师克里斯蒂安·迪奥的妹妹。她曾在法国为波兰情报部门服务。1944 年 7 月被捕并被遣送至拉文斯布吕克集中营。

丹尼丝·迪富尼耶（婚后姓 McAdam Clark，1915—1994），法国小说家、律师、抵抗者。1943 年被关押在拉文斯布吕克集中营。她的著作《死亡之屋》是最早描述集中营生活的作品之一。

奥黛特·法比尤斯（婚前姓 Schmoll，1910—1990），抵抗者，极少数企图从拉文斯布吕克越狱的女囚之一。她曾和马赛工会领导、抵抗者皮埃尔·费里-皮萨尼坠入爱河。

卡罗琳·费里迪（1902—1990），亲法的美国慈善家。终生致力于帮助在拉文斯布吕克集中营被纳粹用来做活体实验的波兰女性。

珍妮特·弗兰纳（1892—1978），美国作家、记者。1925 年成为《纽约客》杂志派驻巴黎的记者。

雅克利娜·马里耶（婚后姓 Fleury，生于 1923），十几岁时就成了抵抗者。和母亲一起被关押在拉文斯布吕克集中营，后幸存下来。

战后成为被驱逐者和被关押者协会的活跃成员。

弗朗索瓦丝·吉洛（生于1921），巴黎画家。1944—1953年，她是毕加索的情人和灵感来源。两人育有两个孩子——克劳德和帕洛玛。

弗洛朗斯·古尔德（婚前姓Lacaze，1895—1983），美国丽人，嫁给了富裕并年长的慈善家弗兰克·杰伊·古尔德。战争期间成为巴黎沙龙的女主人，招待了许多德国人。

英格·阿格（婚前姓Abshagen，1918—2009），德国名媛、记者和间谍，曾在巴黎效力于海军上将威廉·卡纳里斯，反对纳粹。

弗朗索瓦丝·阿迪（1944— ），法国歌手、演员。1962年，她的第一张专辑《所有的男孩和女孩》给她赢得了巨大的声誉。

阿涅丝·安贝尔（1894—1963），抵抗组织的成员，是一位离过婚的母亲，有日记《抵抗》。

努尔·伊纳亚特汗（又名Nora Baker，1914—1944），出生于俄罗斯的印度公主，有部分美国血统，在巴黎接受了教育，是音乐家和作家，后来成为英国特别作战执行部的线人，在达豪集中营遇害。

图凯特·杰克逊（1889—1968），法国女护士，嫁给了萨姆纳·杰克逊，是抵抗者，也是拉文斯布吕克集中营的幸存者。

西蒙娜·卡明克（后改姓Signoret，1921—1995），法国犹太人、电影演员。曾供职于让·吕谢尔做主编的通敌日报。曾写有自传体小说《永别了，沃罗迪亚》（*Adie Volodya*）

玛格丽特·凯利（婚后姓Leibovici，1910—2004），生于爱尔兰，舞者，在巴黎建立了风信子女郎舞团，曾为她的丈夫、犹太钢琴家马塞尔·莱博维奇提供庇护。

让娜·浪凡（1867—1946），前礼帽设计师，法国女装品牌浪凡的创始人，她的女儿成了德·波利尼亚克伯爵夫人。

乔塞（1911—1992），维希政府总理皮埃尔·拉瓦尔的独生女，嫁给了律师勒内·德·尚布伦伯爵。终身致力于为父亲讨回清白。

玛乔丽·劳伦斯（1907—1979），澳大利亚女高音歌唱家，瓦格纳歌剧的演绎者，热尔梅娜·吕班的竞争对手。

维奥莱特·勒杜克（1907—1972），双性恋小说家，受到西蒙娜·德·波伏娃的赏识和大力提携。她坦诚的自传在2014年被改编为电影《维奥莱特》。

薇拉·莉（1903—1944），生于英国利兹，在巴黎接受教育的礼帽设计师、抵抗者，被英国特别作战执行部派到法国执行任务。1944年被捕，在纳茨维勒-斯特鲁托夫集中营遇害。

罗莎·里瓦拉克（后改名Lady Lipworth，1933—　），战争期间被藏匿的儿童，后来成为国家助养的孤儿，如今则是住在伦敦的慈善家。

利斯·伦敦（婚前姓Ricol，1916—2012），共产主义者、抵抗者，西班牙内战老兵阿图尔·伦敦的妻子。

热尔梅娜·吕班（1890—1979），充满戏剧色彩的法国女高音歌唱家，她对瓦格纳歌剧的演绎受到过希特勒的褒奖，后来因为曾对纳粹表示好感而被惩罚。

科琳娜·吕谢尔（1921—1950），让·吕谢尔的女儿，结过两次婚,死于肺结核,留下的孩子成了孤儿。

吉塔·吕谢尔(生于1904),让·吕谢尔的妹妹,嫁给犹太医生、作家泰奥多尔·弗伦克尔。

多拉·马尔(原名 Henriette Theodora Marković,1907—1997),有一部分阿根廷血统、一部分克罗地亚犹太血统,法国天主教徒,也是摄影师、诗人、画家,1936年后的近十年里,她是毕加索的情人和灵感来源。

玛丽-弗朗斯·若弗鲁瓦-德肖姆(1919—2011),抵抗者,画家夏尔·若弗鲁瓦-德肖姆的女儿,嫁给了英国儿科医生德尔默德·麦卡锡。

米舍利娜·莫雷尔(1916—2009),抵抗者,教师,曾被关押在拉文斯布吕克集中营,是第一批书写集中营往事的人。

雅克利娜·梅尼尔-阿马尔(1909—1987),彻底融入法国的犹太母亲和作家,著有《妈妈》《我们现在怎么称呼?》,积极帮助被驱逐的犹太人。

伊丽莎白·梅纳尔(后改名 Betty Maxwell,1921—2013),曾在巴黎欢迎委员会做翻译,在那里遇到了她的丈夫罗伯特·马克斯韦尔。

李·米勒(后改名 Lady Penrose,1907—1977),美国时装模特儿、摄影师,曾在巴黎与曼·雷同居,后成为 *Vogue* 杂志的战地记者。

南希·米特福德(1904—1973),小说家,著名的米特福德姐妹中的大姐。1945年移居巴黎。她曾和法国政治家加斯顿·保勒斯基有过一段漫长的恋情。

维奥莱特·莫里斯（1893—1944），法国运动员，女同性恋者。曾在1921年、1922年的女子世界田径锦标赛分别获得金牌和银牌，但法国官方取消了她代表法国的运动员资格。后来倒向盖世太保。

伊莱娜·内米洛夫斯基（1903—1942），俄裔犹太小说家，在奥斯维辛集中营遇害。她未完成的小说《法兰西组曲》2004年一经出版就成为畅销书。

伊冯娜·奥东（1902—1982），人类博物馆抵抗组织成员。

莉莉·帕斯特雷伯爵夫人，法国著名酒商家族的继承人，曾在她位于马赛附近的城堡里庇护众多犹太音乐家和画家，战后参与创立了艾克斯音乐节。

雅克利娜·佩里·达兰库，抵抗者，在拉文斯布吕克集中营成为热纳维耶芙·戴高乐的朋友。战后在美国又成为卡罗琳·费里迪的朋友。

伊迪丝·琵雅芙（1915—1963），法国女歌手、演员。曾在占领期间访问德国并为战俘演出，因此成为争议性人物。

勒妮·皮桑（原名Rachel Van Cleef，1896—1942），珠宝公司梵克雅宝的女继承人，后自杀。

热尔梅娜·德·伦蒂伯爵夫人（1899—1994），抵抗组织成员，曾被关押在拉文斯布吕克集中营。战后在巴黎收留过杰奎琳·布维尔。

马德莱娜·里福（生于1924），记者、诗人。十几岁时就成为抵抗者，还给自己改了一个男孩的名字——瑞纳。在占领末期枪杀了一名德国军官，一度面临死刑。

萨迪·里加尔（即 Florence，婚后姓 Waren，1917—2012），出生于南非的犹太舞者，曾在塔巴林舞厅工作。占领期间曾帮助抵抗者和难民。

诺琳·里奥斯（生于1925），出生于马耳他，父母是英国人。曾为特别作战执行部法国分部工作。

塞西尔·罗尔-唐基（生于1919），亨利：罗尔-唐基的妻子、联络员，勇敢的共产主义者。

珍妮·鲁索（后成为 Jeannie Vicomtesse de Clarens，生于1919），早期抵抗者，抵抗组织"德鲁伊"的成员，成功逃脱盖世太保的监视刺探了德军无人轰炸机和火箭的研发计划。最终她被送到了拉文斯布吕克集中营。她还在托尔高军工厂组织罢工。

马塞利娜·罗森贝格（婚后姓 Loridan-Ivens，生于1928），作家和导演。著有回忆录《你没有回来》，记录了她在集中营的生活。

安德烈·萨洛蒙（1908—1985），曾为儿童救济组织工作，致力于救助犹太儿童。

米丽娅姆·桑贾尔（婚后姓 Stantun，1914—2005），内衣厂老板的女儿，出生于波兰。她的英国未婚夫曾被困在法国数月。

罗斯玛丽·塞伊（1919—1996），在法国做保姆的英国女孩，法国陷落后一度被困巴黎。后来在伦敦效力于英国特别作战执行部。

阿莱特·斯卡利（1911—2011），犹太名媛，战争时期逃离巴黎，在南法幸存下来。她的好友包括维希政府官员马蒂上校和珠宝设计师勒妮·皮桑。

埃尔莎·斯基亚帕雷利（1890—1973），意大利时尚设计师，在两次世界战争间隙的巴黎颇具影响力。

马克西米利亚诺·冯·舍恩贝克（1899—1978），英国女作家西比尔·贝德福德的表姐妹，一度嫁给汉斯·京特·冯·丁克拉格，后者后来成了香奈儿的情人。战争期间和战后都曾被监禁。

安妮·辛克莱（1948—　），法国记者，保罗·罗森博格的外孙女，毕加索的画商，如今仍然在寻找家族失落的艺术收藏。

埃玛·史密斯（生于1923），英国女作家。战后曾寄宿在若弗鲁瓦-德肖姆家里。1948年，她在巴黎的一家旅馆里写出了一部成功的小说。

吉内特·斯帕尼尔（1904—1988），在巴黎出生，在英国接受了教育，战争之初嫁给了一位法国犹太医生。他们逃离了巴黎，并积极帮助难民。她后来成了时装品牌巴尔曼的总监。

维奥莱特·绍博（1921—1945），她的丈夫是匈牙利人，两人育有一个女儿，名叫塔尼亚。她的丈夫遇害后，维奥莱特加入了英国特别作战执行部。1944年，她在法国被捕，随后被送到拉文斯布吕克集中营，并在那里遇害。战后被追授了乔治十字勋章。

德鲁·塔蒂埃（原名Leyton，1903—1997），美国演员、抵抗者，嫁给了法国人雅克·塔蒂埃。

珍妮特·泰西耶·杜克罗（婚前姓Grierson，1905—1990），生于苏格兰，嫁给了出身于法国古老的新教家庭的弗朗索瓦·泰西耶·杜克罗。

阿莱特·雷曼（1933—　），1942年冬季自行车赛场大围捕行动中的幸存者，成年后一直致力于见证这场历史事件。

热尔梅娜·狄戎（1907—2008），人类学家，人类博物馆抵抗小组的成员，曾和她的母亲、艺术史学家埃米莉·狄戎一起在拉文斯布吕克集中营，其间写过一些滑稽剧。

罗丝·瓦朗（1898—1980），出身于铁匠家庭，后来成为国立网球场现代美术馆的助理馆长。战后负责在德国追讨被纳粹抢夺的艺术品。

珀尔·维什林顿（婚后姓Cornioley，1914—2008），出生在巴黎，父母是英国人，曾作为英国特别作战执行部线人跳伞降落在法国，并成为抵抗组织"摔跤手"的领袖。

致　谢

首先，我必须感谢书中提到的那些历史事件的亲历者。我幸运地见到了其中的一些女性，她们在战争年代也许还是儿童或少年，但必须像成年人一样行事，那些回忆历久弥新。这些口述重现了那个年代给人的亲身感受，这往往超乎想象。和这些女人交谈是我的殊荣。除了一些幸存者，许多人写下了他们在战争时期的经历。同时，我也很幸运地遇到了一些幸存者的子女和孙辈。

我还要感谢一些法国和英国的个人和机构对本书提供的支持。我的调研始于巴黎的犹太人大屠杀纪念馆。在那里，我在刻于墙上的幸存者名单里看到一个名字——安娜·鲁宾斯坦，这也是我童年时的名字。我也到巴黎的塞纳河畔皮埃尔菲特国家档案馆、国家图书馆、装饰艺术博物馆、国家抵抗博物馆和犹太艺术历史博物馆做了调研。我要特别感谢：勒克莱尔元帅巴黎解放纪念馆、让·穆兰博物馆的馆长克里斯蒂娜·莱维松-图泽、国际现代档案馆（BDIC）的安妮-玛丽·帕维拉尔、尼西姆·德·卡蒙多博物馆的苏菲·德·塔耐克。我也要感谢诸多帮我找到特定档案的机构，其中包括位于里昂的抵抗和驱逐历史中心，这是一个令人清醒又着迷的地方；位于英格兰的国家档案馆、帝国战争博物馆、大英图书馆、法国文化中心的图书馆和电影院，以及剑桥的丘吉尔档案中心。我要特别感谢伦敦图书馆的工作人员，他们不辞辛苦地找到我需要的文章和图书，让我带回家在闲暇时间阅览。如果没有他们的帮助，我无法完成这项工作。

我需要特别感谢巴黎的娜塔莎·莱尔，她和我一起探索、搜寻、翻译、总结，并给了我许多宝贵的建议。我还要感谢尼古拉斯和克里斯托弗·博曼，他们从一开始就鼓励我追随自己的想法。珍妮·迈卡伊同样给了我鼓励，她给我讲了她母亲于20世纪'40年代在巴黎的探险，当时她母亲还把美元现钞缝在衣服里以防万一。

我也希望感谢以下个人对本书的帮助和贡献：尼克·阿尔比、卡地亚的米歇尔·阿里加、维奇·安斯特伊、罗特席尔德档案馆的梅兰妮·阿斯佩、大卫·巴里、帕特里克·贝德、萨利·贝德尔·史密斯、罗德里克·贝利、法国大使希尔薇·贝尔曼阁下、维沃·布伊松、露丝·布兰登、汤姆·博尔、罗娜·鲍恩、提姆·巴克马斯特、卡罗琳·布罗瑟、威廉姆·班克斯-布兰尼、卡特尔·勒布利斯、犹太大屠杀纪念馆的乔治·本苏桑、罗贝尔·本苏桑、伍安·卡梅伦、梵克雅宝的凯瑟琳·卡里欧、吉塞勒·卡扎德絮、查尔斯·查德威克-西里爵士、剑桥大学图书馆查德威克-西里、乔安·查普曼、希拉里·卡特梅尔、卡琳·德·莫雷斯特、安德烈·杜塞、达维娜·伊斯特伍德、代表弗朗索瓦丝·吉洛的多萝西·艾尔肯、蕾切尔·厄尔鲍姆、康涅狄格州地标基金会的杰米·方丹、亨利埃塔·福斯特、詹姆斯·福克斯、莫里斯·法利、妮可·法利、强纳森·芬比、勒妮·芬比、苏菲·福德尔、强纳森·福莱耶、克劳德·费叶特、安德鲁·富兰克林、劳伦斯·戈德曼教授、莎莉·戈登·马克、克劳德·杜格兰吕特、贝尔纳·戴高乐、已经去世的热纳维耶芙·戴高乐、吕西安·阿蒙、伊曼努尔·阿蒙、杰尼·汉普顿、克里斯丁·哈维尔、塞琳娜·哈斯丁女爵、乔吉娜·海曼、玛丽－克劳德·海曼、萨拉·赫尔姆、丽莎·希尔顿、华盛顿间谍博物馆的文森特·豪顿、大卫·伊格内修斯、朱利安·杰克逊、菲利普·杰克逊、让娜·比谢、贾格尔画廊的维罗尼克·贾格尔、约翰·詹姆斯、希尔薇·耶绪雅－阿马尔、加布丽埃勒·乔斯波维奇、马克·吉德尔、克劳德－凯瑟琳·基兹曼、弗里迪·诺勒、莎拉·劳森、劳伦斯·列维、杰米·路易森、罗莎·利普沃斯女爵、卡罗琳·麦克亚当·克拉克、吉尔·马克多诺、珍妮·迈卡伊、苏菲·麦卡锡、阿列特·马丁、海德维格·莫里斯－吉列、卡罗琳·摩尔海德、安妮－伊丽莎白·穆泰、安妮－索兰奇·诺贝尔、朱利安·诺迪、特拉克·欧布罗恩、劳伦·帕皮尤、安东尼·彭罗丝、贾斯丁·皮卡迪、戴安娜·平托、蒙罗·普莱斯、达利·普莱斯－琼斯、伊芙琳·博赛梅、皮埃尔·瑞恩内罗、让－雅克·理查、阿兰·莱丁、马德莱娜·里福、诺琳·里奥、约翰·罗基斯特、马丁·罗丝博士、塞西尔·罗尔－唐基、塔蒂安娜·德罗丝奈、埃里克·德·罗特席尔德男爵、尼古拉·卢塞尔、贝亚特丽斯·萨尔博格、宝诗龙的克劳丁·萨布里耶、阿加莎·桑胡安、克劳丁·塞鲁西、尼古拉·莎士比亚、安妮·辛克莱、支卡·斯拉沃娃、埃玛·史密斯、芭芭拉·普罗布斯特·所罗门、安迪·史密斯、莎拉·谢里丹、米卡·施罗瑟、马克·沙利文、卡洛琳·桑博格、阿莱特·泰斯特伊勒和丈夫查尔斯、菲尔·托马塞利、罗贝尔·托姆、欧拉夫·梵克、马克·维莱、吉奈特·文森朵、埃德蒙德·德·瓦尔、珍妮·威尔金斯、莎拉·威尔森、斯丹尼斯拉斯·德·奎尔西斯、弗朗索瓦·森纳奇斯。我还要感谢得克萨斯大学奥斯汀分校的哈里·兰索姆中心允许我引用阿拉纳·哈珀写给西比尔·贝德福德的信。

我还要感谢那些帮助提升了本书质量的人：无与伦比的图书编辑彼得·詹姆斯（Peter James）、克里斯托弗·菲普斯；让-马克·德雷福斯博士阅读并更正了手稿中的诸多错误；奥里昂出版集团的露辛达·麦克尼尔、西蒙·莱特、伊丽莎白·阿伦和其他工作人员为这本书的前前后后努力地工作。但是在这些人投入工作之前，我还接受了来自三个人富有启发性的支持和建议，他们是来自伦敦的阿兰·萨姆逊、来自纽约的查理·斯派塞和我的经纪人克莱尔·亚历山大，我要对他们致以最诚挚的谢意。

最后，我要感谢我的家庭，亚当、艾米和伊莫根给了我许多技术层面的建议，并在我为本书调研和写作的过程中以数不清的方式支持了我。我要感谢家里的每一个人，特别是我的女儿伊莫根，她给了我许多有益的建议，还帮助我做了校对和其他实实在在的事情。我还要感谢我心爱的丈夫马克，他一直愿意倾听，并和我分享了许多或虚或实的旅程——在令人心痛的拉文斯布吕克集中营、在令人困惑的维希以及偶尔在巴黎享受欢乐。他在认识我之前就住在巴黎。一如既往地，我愿意承担所有的错误。

引 文

序

1 La Loi du 18 Mars 1942, on 'l'enseignement ménager familial'.
2 Edward Stourton, *Cruel Crossing: Escaping Hitler across the Pyrenees*, Doubleday, 2013, p. 78.
3 Jean-Claude Grumberg, conversation with author, 9 November 2013.
4 Gabriel Josipovici, *A Life*, London Magazine Editions, 2001, p. 93.
5 Jeannie, Vicomtesse de Clarens (née Rousseau), video interview with David Ignatius, courtesy of the International Spy Museum Archive, Washington, DC.
6 Dédée de Jongh, quoted in Stourton, *Cruel Crossing*, p. 192.

第一章

1 Ruth Franklin, 'A Life in Good Taste: The Fashions and Follies of Elsie de Wolfe', *New Yorker*, 27 September 2004 (http://www.newyorker.com/magazine/2004/09/27/a-life-in-good-taste).
2 Elsa Schiaparelli, *Shocking Life: The Autobiography of Elsa Schiaparelli*, Dent, 1954, p. 110.
3 http://vb.com/dior/aimeedeheeren/ August 2012.
4 Marjorie Lawrence, *Interrupted Melody: An Autobiography*, Sydney, Invincible Press, 1949, p. 123.
5 Janet Flanner, *Paris Was Yesterday, 1925-1939*, New York, Viking, 1972, p. 216.

6   Schiaparelli, *Shocking Life*, p. 109.
7   Flanner, *Paris Was Yesterday*, p. 220.
8   Richard Kreitner, 'Bastille Day and the Concept of Progress in 1939', 14 July 2014, *The Nation*
9   Noël Coward to Gladys Calthrop, *The Letters of Noël Coward*, ed. Barry Day, Methuen, 2007, p.378.
10 Adelia Sabatini, 'The House that Dreams Built', *Glass Magazine*, pp. 66-71.
11 Archives Départementales du Var, 158 W 848.
12 Noël Coward to Gladys Calthrop, Day, *Letters of Noël Coward*, p. 379.
13 Robert Lavigue, 'Panthéonisations résistantes . . . On l'a échappé belle!', 20 February 2014, http://lavigue. blogspot.gr/2014/02/pantheonisations-resis-tantes-on-la.html.
14, 15   Miriam Mania Stanton, 'Escape from the Inferno of Europe', ed. Ben Stanton, unpublished ms, courtesy Professor Lawrence Goldman, p. 8. See also http://www.amazon.co.uk/ Escape-inferno-Europe-Miriam-Stanton/ dp/09530007707.
16 Jacqueline Péry d'Alincourt, 'Surviving Ravensbrück: "Forgive, Don't Forget"', https://www.utexas.edu/cola/ insts/france-ut/_files/pdf/resources/Pery.pdf.
17 Jonathan Weiss, *Irène Némirovsky: Her Life and Works*, Palo Alto, Calif., Stanford University Press, 2006, p. 73.
18 'Les Nouvelles Littéraires', 4 June 1939.
19 Claire Chevrillon, *Code Name Christiane Clouet: A Woman in the French Résistance*, trans. Jane Kielty Stott, College Station, Tex., Texas A & M University Press, 1995, p. 3.
20 Hanna Diamond, *Women and the Second World War in France, 1939-48: Choices and Constraints*, Routledge, 1999, p. 19.
21 *Melbourne Argus*, 6 December 1939.
22, 23   Janet Teissier du Cros, *Divided Loyalties: A Scotswoman in Occupied France*, Hamish Hamilton, 1962, p. 24.
24 Dominique Veillon, *Fashion under the Occupation*, Oxford/New York, Berg, 2002, p. 6.
25 *Le Jardin des Modes*, September 1939.
26 Drue Tartière, *The House near Paris: An American Woman's Story of Traffic in Patriots*, New York, Simon & Schuster, 1946, p. 13.

第二章

1、2 Odette Fabius, *Un Lever de soleil sur le Mecklembourg,* Albin Michel, 1986, p. 47, p.55.
3 Wallis Windsor, *The Heart has its Reasons,* Michael Joseph, 1956, p. 228.
4 Duke of Windsor to Bernard Rickatson-Hatt, Thomson Reuter archives, n.d.
5 Philip Ziegler, *King Edward VIII* Collins, 1990, p. 417.
6 Davina Eastwood in conversation with the author, 2 October 2014.
7 Hanna Diamond, *Fleeing Hitler: France 1940,* Oxford, Oxford University Press, 2007, p. 6.
8 Patrick Buisson, *Années érotiques,* p.51.
9 Ibid. p. 54.
10 Jacqueline Mesnil-Amar, *Maman, What Are We Called Now?,* trans. Francine Yorke, Persephone Books, 2015, p. 28.
11 Irène Némirovsky, *Suite Française,* trans. Sandra Smith, Chatto & Windus, 2006, p. 19.
12、13 Edward Spears, *Assignment to Catastrophe,* vol. 2, p. 237.
14 Margaret Collins Weitz, *Sisters in the Resistance: How Women Fought to Free France, 1940-49,* New York, John Wiley, 1995, p. 2.
15 Edward Spears, *Assignment to Catastrophe,* vol. 2, p. 243.
16 John Sherwood, *Georges Mandel and the Third Republic,* Palo Alto, Calif., Stanford University Press, 1970, p. 186.
17 Spears, *Assignment to Catastrophe,* vol. 2, p. 316.
18 Vivou de Boysson: conversation with the author, 23 January 2015.
19 Noel Barber, *The Week France Fell: June 10-June 16 1940,* Stein & Day, 1976, p. 29.
20 William L. Shirer, *The Collapse of the Third Republic: An Inquiry into the Fall of France in 1940,* New York, Simon & Schuster, 1969, p. 813; and Barber, *The Week France Fell,* p. 223.
21 Hal Vaughan, *Doctor to the Resistance: The Heroic True Story of an American Surgeon and his Family in Occupied Paris,* Washington, DC, Brassey's, 2004, p. 177.
22 Corinne Luchaire, *Ma drôle de vie,* repr. Paris, Dualpha Editions, 2003, p. 127.

23 David Pryce-Jones, *Paris in the Third Reich*, New York, Holt, Rinehart & Winston, 1981, p. 19.

24 Personal information from Tom Bower, whose mother was a child in Vienna with Sereny and witnessed her removal from school on account of her being Jewish.

25 Helmuth James von Moltke, *Letters to Freya, 1939-1945*, New York, Alfred A. Knopf, 1990, p. 97.

26、27 Simone Signoret, *Nostalgia Isn't What It Used to Be*, Weidenfeld & Nicolson, 1978, p. 41.

28 Ian Ousby, *Occupation: The Ordeal of France, 1940-1944*, John Murray, 1997, p. 116.

29 Teissier du Cros, *Divided Loyalties*, p. 253.

30 Rosemary Say and Noel Holland, *Rosie's War: An Englishwoman's Escape from Occupied France*, Michael O'Mara Books, 2011, p. 53.

31 Jean Guéhenno, *Diary of the Dark Years, 1940-1944: Collaboration, Resistance and Daily Life in Occupied Paris*, trans. David Ball, Oxford, Oxford University Press, 2014, p. 20.

32 Nicole Alby, conversation with the author, 17 July 2015.

33、34 Say and Holland, *Rosie's War*, p. 70, p. 83.

35 Agnès Humbert, *Résistance: Memoirs of Occupied France*, Bloomsbury, 2008, p. 35.

36 Freddie Knoller, conversation with the author, 18 March 2015.

37、38 Veillon, *Fashion under the Occupation*, p. 23.

39 Luchaire, *Ma drôle de vie*, pp. 139-40.

第三章

1 Francine Muel-Dreyfus, *Vichy and the Eternal Féminine: A Contribution to a Political Sociology of Gender*, trans. Kathleen A. Johnson, Durham, NC, Duke University Press, 2001, p. 231.

2 Melanie Hawthorne and Richard J. Golsan, *Gender and Fascism in Modem France*, p. 78.

3 *La Gerbe*, July 1941, quoted in Alexandra Taylor, 'Part IV: France <3 Food - Adapting to the Ration System', https://tayloralexandra.wordpress.com/2012/02/18/

part-iv-france-3-food-adapting-to-the-ration-system/.

4、5 Agnès Humbert: *Résistance, Memoirs of Occupied France*, Bloomsbury, 2008, p. 11, p. 28.

6 Chevrillon, *Code Name Christiane Clouet*, p. 123. Even at the height of the Second World War brother and sister André Chevrillon and Adeline Pelletier were still arguing about the Dreyfus affair and whether or not there should be a retrial (ibid., p. 124).

7 Collins Weitz, *Sisters in the Resistance*, p. vi.

8 Humbert, *Résistance*, p. 32.

9 Gerald Feldman and Wolfgang Seibel (eds), *Networks of Nazi Persecution: Bureaucracy, Business and the Organization of the Holocaust*, Oxford, Berghahn Books, 2004, p. 70.

10 Lynn H. Nicholas, *The Rape of Europa: The Fate of Europe's Treasures in the Third Reich and the Second World War*, New York, Alfred A. Knopf, 1994, p. 136.

11 Archives Nationales, Carnets RV folio 115 18/10/43.

12、13、14 Jeanne Bucher to Sybille Cournand, 7 December 1934, Family Archives, courtesy Galerie Jeanne Bucher Jaeger, Paris, p. 66, p. 62.

15 Alan Riding, *And the Show Went On: Cultural Life in Nazi-Occupied Paris*, Duckworth Overlook, 2012, p. 171.

16 Henri Goetz, 'My Life, my Friends', http:// henrigoetz.com/index. php?/tests-goetz/my-life/.

17 David Ignatius, 'After Five Decades a Spy Tells her Taie', *Washington Post*, 28 December 1998.

18 Jeanne, Vicomtesse de Clarens, video interview with David Ignatius, International Spy Museum Archive, Washington, DC.

19 Claude du Granrut, conversation with the author, 8 September 2014.

20 Claude du Granrut, *Le Piano et le violoncelle*, Paris, Editions du Rocher, 2013, p. 65.

21 Claude du Granrut, conversation with the author, 8 September 2014.

22 Julian Jackson, *France: The Dark Years 1940-1945*, Oxford University Press 2001, p. 354.

23、24 Anne Sinclair, *My Grandfather's Gallery: A Legendary Art Dealer's Escape from Vichy France*, trans. Shaun Whiteside, Profile Books, 2014 (first published in France as *21 Rue La Boétie,* Grasset, 2012), pp. 33-4, p. 355.

25 http://www.nizkor.org/ftp.cgi/imt/nca/ftp.cgi?imt/nca/nca-06/nca-06-3766-ps.

26 *Irène Cahen d'Anvers,* oil on canvas, now in Zurich's Bührle Collection.

27 Elizabeth Melanson, 'The Influence of Jewish Society Patrons on Renoir's Stylistic Transformation in the Mid-1880s', *Nineteenth-Century Art Worldwide,* vol. 12, issue 2, Autumn 2013 (http://www.19thc-artworldwide.org/autumn13/melanson-on-renoir-and-the-influence-of-jewish-patrons).

28 Frederic Spotts, *The Shameful Peace: How French Artists and Intellectuals Survived the Nazi Occupation,* New Haven/ London, Yale University Press, 2010, p. 46.

29 Guéhenno, *Diary of the Dark Years,* p. 38.

30 Thierry Coudert: *Café Society, Socialites, Patrons, Artists,* Flammarion, 2010.

31 William Stevenson: *A Man Called Intrepid,* Lyons Press, 2009, pp. 323-6.

32 Charles Glass: *Americans in Paris: Life and Death under Nazi Occupation,* HarperCollins, 2009, p. 173.

33 My thanks to Alan Riding for showing me these.

34 Report prepared by the German army in France, 1942, concerning removal of French art objects through the German Embassy and the Einsatzstab Rosenberg in France. http://www.nizkor.org/ftp.cgi/imt/nca/ftp.cgi?imt/nca/nca-06/nca-06-3766-ps.

35 Pryce-Jones, *Paris in the Third Reich,* p. 262.

36 Alan Riding, *And the Show Went On: Cultural Life in Nazi-Occupied Paris,* Duckworth Overlook, 2012, p. 156.

37 Patrick Bade, *Music Wars 1937-45,* East and West Publishing, 2012, p. 72.

38 Luchaire, *Ma drôle de vie.*

39 Judith Thurman, *Secrets of the Flesh: A Life of Colette,* Bloomsbury, 1999, p. 454.

第四章

1、2 Inga Haag quoted in Martin Childs, 'Co- conspirator in the plot to assassinate Hitler', *Independent,* 11 January 2010.

3 Gisèle Casadesus, conversation with the author, 22 January 2015.

4 Veillon, *Fashion under the Occupation*, p. 121.
5 Lise London, interview with José Fort, *L'Humanité*, 2 August 2014.
6 Jesús Rodriguez, 'The Last Female Veteran', *El Pals*, 20 December 2011.
7 Rosemarie Killius, *Frauen für die Front: Gesprdche mit Wehrmachtshelferinnen*, Leipzig, Militzke Verlag, 2003, pp. 118-22.
8、9 Ina Seidel and Hanns Grosser, *Dienende Herzen: Kriegsbriefe von Nachrichtenhelferinnen des Heeres*, Berlin, Wilhelm Limpert-Verlag, 1942.
10、11 Ursula Rüdt von Collenberg, interview with Pryce-Jones, *Paris in the Third Reich*, p. 244.
12 Laurence Bertrand Dorléac, *Art of the Defeat: France, 1940-1944*, trans. Jane Marie Todd, Los Angeles, Getty Publications, 2008, p. 91.
13 Nicholas, *The Rape of Europa*, p. 182.
14 Jean-Claude Grumberg, conversation with the author, 9 November 2013.
15 Gisèle Casadesus, conversation with the author, 22 January 2015.
16 Caroline Moorehead, 'Sleeping with the Enemy', *Intelligent Life*, September/October 2013 (http:// www.intelligentlifemagazine.com/content/features/anonymous/ sleeping-enemy).
17 Hélène Berr, *Journal*, trans. David Bellos, MacLehose Press, 2008, p. 92.
18 Chevrillon, *Code Name Christiane Clouet*, p. 59.
19 David Rousset, *Le Pitre ne rit pas*, Paris, Christian Bourgeois Editeur, 1979, p. 39.
20、21、22 Berr, *Journal*, pp. 77, 83; p. 69; p. 72.
23 Rachel Erlbaum, conversation with the author, 16 July 2015.
24 Arlette Reiman, conversation with the author, 18 July 2015.
25 Weiss, *Irène Némirovsky*, p. 155.
26、27 Olivier Philipponnat and Patrick Lienhardt, *The Life of Irène Némirovsky, 1903—1942*, trans. Euan Cameron, Chatto & Windus, 2010, p. 375, p.115.
28 Philipponnat and Lienhardt, *The Life of Irène Némirovsky*, p. 377.
29 Renée Fenby, conversation with the author, 2 October 2013.
30 John Rogister, review of Yves Pourcher, *Pierre Laval vu par sa fille, d'après ses carnets intimes* (Paris, Cherche Midi, 2002), *Parliaments, Estates and Representations*, vol. 25, issue 1, 2005, p. 251.
31 Anonymous, conversation with the author, 9 September 2014.
32 Cécile Widerman Kaufer, interview with *Huffington Post*, 17 July 2012.

33 Arlette Reiman in conversation with the author, 18 July 2015.
34 Betty Maxwell, *A Mind of my Own: My Life with Robert Maxwell,* Sidgwick & Jackson, 1994, p. 169.
35 Veillon, *Fashion under the Occupation,* p. 101.
36 Michel Enrici, 'Edmonde Charles- Roux parle de la Comtesse Lily Pastré', *Culture 13,* http://www.culture-I3. fr/agenda/edmonde-charles-roux-parle-de-la-comtesse-lily-pastre.html.
37 Berr, *Journal,* p. 95.
38 Thomas Fontaine, 'Chronology of Repression and Persecution in Occupied France, 1940-44', *Online Encyclopedia of Mass Violence,* 2007, http://www.massviolence.org/ chronology-of-repression-and-persecution-in-occupied-france, citing Serge Klarsfeld, *Le Mémorial de la déportation des Juifs de France* (Paris, Beate and Serge Klarsfeld, 1978; re-edited in the 'La Shoah en France' collection, Paris, Fayard, 2001, 4 vols), p. 699.
39 Odette Fabius, *Un Lever de Soleil sur le Mecklembourg,* Paris, Albin Michel 1986 p. 76.
40 Marie-Claude Hayman, conversation with the author, 17 November 2014.
41 Fabius, *Un Lever de soleil,* p. 89.
42 Arlette Scali, *Une Vie pas comme une autre,* Neuilly-sur-Seine, Michel Lafon, 2003, p. 146.
43 1684 WM, Commissariat de Police de Vichy.
44 *La Splendeur des Camondos de Constantinople à Paris 1806—1943,* Musée d'art et d'histoire du Judaïsme, 2009, p. 150.
45 Centre de Documentation Juive Contemporaine (CDJC), XLV1-485, rapport du 24 Mars 1943. Paris, Mémorial de la Shoah.
46 Sylvie Raulet and Olivier Baroin, *Suzanne Belperron,* Antique Collectors Club, 2011, p. 48, citing a letter which Suzanne wrote after the Liberation.

第五章

1 Scali, *Une Vie pas comme une autre,* p. 74.
2 Peter Bradshaw, ' *Violette* Review - Fine Biopic of Simone de Beauvoir's Protégée', *Guardian,* 2 October 2014.
3 André Halimi, *La Délation sous l'Occupation,* Paris, Editions 1,1998, p. 20.

4   Mémorial de la Shoah, September 2013, *La Spoliation des Juifs: une politique d'état 1940-1944*.
5   Facsimile, 21 February 1943, reproduced in Sylvie Raulet and Olivier Baroin, *Suzanne Belperron*, Woodbridge, Suffolk, Antique Collectors Club, 2011.
6   Chevrillon, *Code Name Christiane Clouet*, p. 104.
7   Jacqueline Péry d'Alincourt testimony. 'Surviving Ravensbrück: "Forgive, Don't Forget"'.
8   Péry d'Alincourt, 'Surviving Ravensbrück: "Forgive, Don't Forget"'.
9   Chevrillon, *Code Name Christiane Clouet*, p. 115.
10 Vivou Chevrillon, conversation with the author, 23 January 2015.
11 Bernard de Gaulle, conversation with the author, 28 March 2014.
12 Colonel Rémy, *La Maison d'Alphonse*, Paris, Librairie Académique Perrin, 1968, pp. 305-11, for an account of these activities. Claire Chevrillon, in her account of her friend's activities (Claire Chevrillon, *Code Name Christiane Clouet*) p. 209, refers to an 'okay on the BBC', indicating there might have been a coded message sent, but most likely she means they were using a wireless.
13 Introduction to R. V. Jones, *The Wizard War: British Scientific Intelligence, 1939-1945*, Coronet Books, 1990, cited in David Ignatius: 'After Five Decades a Spy Tells her Tale', *Washington Post* interview, 28 December 1998.
14, 15 Caroline McAdam Clark, conversation with the author, 1 October 2014.
16 The National Archives, Kew, HS 9/9/10/3.
17 Sarah Helm, *A Life in Secrets, The Story of Vera Atkins and the Lost Agents of SOE*, Abacus, 2005, p. 10.
18, 19 Roderick Bailey, *Forgotten Voices of the Secret War, An Inside History of Special Operations During the Second World War*, Ebury Press, 2008, p. 39.
20 Noreen Riols, *The Secret Ministry of Ag. & Fish: My Life in Churchill's School for Spies*, Macmillan, 2013, p. 39.
21 Basu, *Spy Princess*, p. 95; see also Noor's Personal file, The National Archives, Kew, HS 9/836/5.
22, 23 Basu, *Spy Princess*, p. 117.
24 Leo Marks, *Between Silk and Cyanide: A Code Maker's War, 1941-45*, Stroud, The History Press, 2008, p. 329.
25 Jean Overton Fuller, Madeleine: the Story of *Noor-un-nisa Inayat Khan*, Gollancz, 1952, p. 139.

26 Archives BCRA (Bureau Central de Renseignements et d'Action), Vincennes, Côte PO86618.

27、28 Jacqueline Fleury, née Marié, conversation with the author, 28 March 2014.

29、30 Geneviève de Gaulle Anthonioz, interview with the author, 19 December 1999.

31 Claude-Catherine Kiejman, conversation with the author, 18 February 2014.

32、33、34 Fabius, *Un Lever de soleil*, p. 117, p. 128, p. 137.

35 Marie Claude Hayman, conversation with the author, 17 November 2014.

36 Franz Roden, 'Paris 1943: Eindrücke dieses Sommers', *Das Reich*, no. 31,1 August 1943.

37 George Perry, *Bluebell: The Authorized Biography of Margaret Kelly, Founder of the Legendary Bluebell Girls*, Pavilion Books, 1986, p. 116.

38 Bretty, *La Comédie-Française à l'envers*, p. 91.

39 Hervé Le Boterf, *La Vie parisienne sous l'occupation, 1940-1944*, Paris, Editions France-Empire, 1974, pp. 126-7.

40 John Sherwood, *Georges Mandel and the Third Republic*, Stanford University Press, 1970, p. 288.

41 Riding, *And the Show Went On*, p. 166; http://www.diplomatie.gouv.fr/fr/sites/archives_diplo/schloss/sommaire_ang.html.

42 Riding, *And the Show Went On*, p. 266.

43 Préfecture de Calvados to CGQJ, 22 March 1943.

44 Rogister, review of Yves Pourcher, *Pierre Laval vu par sa fille*, p. 251.

45 Rose Livarec (Lady Rosa Lipworth, CBE), conversation with the author, 29 May 2015.

46 Tartière, *The House near Paris*, p. 224.

47 Colette, *L'Etoile Vesper*, Geneva, Editions du Milieu, 1946, p. 23.

第六章

1 Ben, *Journal*, p. 285.

2 Sarah Helm, *If This Is a Woman: Inside Ravensbrück: Hitler's Concentration Camp for Women*, Little, Brown, 2014, p. 348.

3 Denise Dufournier, *La Maison des mortes: Ravensbrück*, Paris, Julliard, 1992,

p. 349.
4   Helm, *If This Is a Woman*, p. 351.
5   Virginia d'Albert-Lake, 'My Story', *An American in the French Résistance*, pp. 142-6 and xxv.
6、7 Geneviève de Gaulle Anthonioz, *God Remained Outside: An Echo of Ravensbrück*, Souvenir Press, 1999, p. 8, p. 24.
8   Péry d'Alincourt, 'Surviving Ravensbrück: "Forgive, Don't Forget"'.
9   Fabius, *Un Lever de soleil*, p. 149.
10 Email to the author from Georgina Hayman, Odette Fabius's granddaughter, 19 November 2014.
11 Jacqueline Fleury (née Marié), conversation with the author, 28 March 2014.
12、13、14 John Heminway, 'A Legendary Flying Doctor's Dark Secret', *Financial Times*, 21 May 2010.
15、16 Dufournier, *La Maison des mortes*, p. 86.
17、18、19 Philippe de Rothschild, *Milady Vine: The Autobiography of Philippe de Rothschild*, ed. Joan Littlewood, Century Hutchinson, 1985, p. 119, p. 18, p. 182.
20 Fabius, *Un Lever de soleil*, p. 73.
21 Helm, *If This Is a Woman*, p. 377.
22 Excerpt from testimony of Maguy Saunier, Geneva, July 1945, ADIR Archives, Bibliothèque de Documentation Internationale Contemporaine (BDIC), Paris, http:// www.histoire-politique.fr/index.php?numero=05&rub=sources&item=7.
23 Helm, *If This Is a Woman*, p. 378.
24 Jim Calio, 'Afterword', *An American Heroine in the French Resistance: The Diary and Memoir of Virginia D'Albert-Lake*. ed. Judy Barrett Litoff, Fordham University, 2006, 242-246.
25 Micheline Maurel, *Ravensbrück*, Anthony Blond, 1958, p. 102.
26 *An American Heroine in the French Resistance*, ed. Litoff, p. 170.
27 D'Albert-Lake family papers cited in ibid., Appendix 2, p. 252.
28、29 Her report appears in *The Wizard War* by Reginald Jones, head of Britain's scientific intelligence efforts during the war.
30 Helm, *If This Is a Woman*, pp. 425-6.
31 Jeannie, Vicomtesse de Clarens (née Rousseau), video interview with David Ignatius, International Spy Museum Archive, Washington, DC.

32 Jacqueline Fleury, History Policy no. 05, ADIR Archives.

33 Helm, *If This Is a Woman*, p. 426.

34 Sophie MacCarthy, conversation with the author, 14 October 2015.

35 Helmuth von Moltke, *Letters to Freya, 1939-1945* p. 88.

36 Violette Wassem, 'Violette's Story: Paris — Life during the Occupation', July 1997.

37、38 Teissier du Cros, *Divided Loyalties*, pp. 241-253, for a discussion of clothes and food shortages.

第七章

1 Cécile Roi-Tanguy, conversation with the author, 20 January 2014.

2 Maxwell, *A Mind of my Own*, p. 201.

3 Filmed interview with Frida Wittenberg, *Après la Shoah, Rescapés, Réfugiés, Survivants 1944-1947*, Exposition Mémorial de la Shoah, January-October 2016.

4 Lee Miller to Audrey Withers, 26-27 August 1944, Field Press Censor, *Lee Miller's War, Beyond D-Day*, Thames & Hudson, 2005, ed. Antony Penrose, p. 65.

5 Matthew Cobb, *Eleven Days in August*, Simon & Schuster, 2013, p. 352.

6 The full text can be found in Paul Eluard, *Au Rendez-vous allemand*, Paris, Editions de Minuit, December 1944 with a frontispiece portrait of the author by Picasso.

7 Eluard's poem appeared initially in *Les Lettres Françaises*, 2 December 1944, with this commentary.

8 Teissier du Cros, *Divided Loyalties*, p. 236.

9 Andrée Doucet, conversation with the author, 30 January 2014.

10 Collins Weitz, *Sisters in the Resistance*, p. 298.

11、12 Spotts, *The Shameful Peace*, p. 201, p. 202.

13、14 Arthur Gold and Robert Fizdale, *Misia: The Life of Misia Sert*, Vintage Books, 2002, p. 296, p. 288.

15 Justine Picardie, *Coco Chanel: The Legend and the Life*, HarperCollins, 2010, p. 262.

16、17 Malcolm Muggeridge, *Chronicles of Wasted Time*, vol. 2: *The Infernal Grove*, Fontana, 1975, p. 267, p. 269.

18　Jean-Jacques Richard, correspondence with the author, 22 August 2015.
19　Jean-Pierre Thibaudat, 'Le Jour où Copeau a exclu les acteurs juifs du Français', *Libération*, 2 january 1995 (http://www.liberation.fr/culture/1995/01/02/ le-jour-ou-copeau-a-exclu-les-acteurs-juifs-du-francais_117860).
20　Bretty, *La Comédie-Française à l'envers*, p. 98.
21　Lee Miller to Audrey Withers, August 26-7 1944, quoted in *Lee Miller's War*, ed. Antony Penrose, p. 65.
22　*Lee Miller's War*, ed. Antony Penrose, p. 50.
23　Mary Welsh Hemingway, *How it Was*, p. 110.
24　Charles Glass, *Americans in Paris*, p. 408.
25　*Lee Miller's War*, pp. 69- 71.
26　*Lee Miller's War*, p. 67.
27　Charles Chadwyck-Healey, 'The Literature of the Liberation 1944-1946', *The Book Collector*, March 2015, referring to a photograph by Roger Schall in The Chadwyck-Healey Collection of Liberation Literature, Cambridge University Library.

第八章

1　Jacqueline Fleury, 'Témoignage de Jacqueline Fleury (née Marié)', http://lesamitiesdelaresistance.fr/lien17- fleury.pdf.
2　'I want to die': Helm, *If This Is a Woman*, p. 525.
3、4、5　Fleury, 'Témoignage'.
6　Debra Workman, 'Engendering the Repatriation: The Return of Female Political Deportees to France Following the Second World War'.
7、8　De Gaulle Anthonioz, *God Remained Outside*, pp. 37-8, p. 39.
9、10、11、12　Helm, *If This Is a Woman*, p. 535, p. 575, p. 511, p. 551.
13　Vaughan, *Doctor to the Resistance*, p. 143.
14、15　Vaughan, *Doctor to the Resistance*, citing Jackson Family Archives, p. 195, p. 160.
16　Maurel, *Ravensbrück*, pp. 138-9.
17　Workman, 'Engendering the Repatriation'.
18　Regula Ludi, *Reparations for Nazi Victims in Postwar Europe*, Cambridge, Cambridge University Press, 2012, p. 62.

19 Workman, 'Engendering the Repatriation'.
20 Katell Le Bourhis, 'Vive la Différence', *Connoisseur*, January 1991, pp. 76-9; and interview with the author, 16 January, 2014.
21 Le Bourhis, 'Vive la Différence'.
22, 23 Alice Kaplan, *The Collaborator: The Trial and Execution of Robert Brasillach*, London, University of Chicago Press, 2000, p. 73, p. 74.
24 Sonia Kruks, *Simone de Beauvoir and the Politics of Ambiguity*, Oxford, Oxford University Press, 2012, p. 158.
25 Carole Seymour-Jones, *A Dangerous Liaison*, Century, 2008, p. 280.
26 Riding, *And the Show Went On*, p. 268.
27 Archives Nationales, Paris, 20 September 1948, Parquet de la cour de justice du département de la Seine information suivie contre Banque Charles, 511 409.
28, 29, 30 J. Kenneth Brody, *The Trial of Pierre Laval: Defining Treason, Collaboration and Patriotism in World War II France*, Piscataway, NJ, Transaction, 2010, p. 237, p. 243.
31 Interview with Yves Pourcher, 9 January 2009.
32 Antoine Sabbagh, 'Sir, you will no longer consider yourself my son', *Guardian*, 11 July 2009 (http://www.theguardian.com/lifeandstyle/2009/jul/11/antoine-sabbagh-family-nazis-resistance).
33 Signoret, *Nostalgia Isn't What It Used to Be*, p. 96.
34, 35, 36 Marguerite Duras, 'The War (Rough Draft)', *Wartime Notebooks and Other Texts*, trans. Linda Coverdale, MacLehose Press, 2011, p. 127, p. 120.
37 Ian Buruma, *Year Zero: A History of 1945*, Atlantic Books, 2013, p. 139.
38 Marguerite Duras, 'Did Not Die Deported', *Wartime Notebooks and Other Texts*, trans. Linda Coverdale, MacLehose Press, 2011, p. 213.
39 *A qui appartenaient ces tableaux?* exhibition catalogue published jointly by the Israel Museum, Jerusalem, and Musée d'art et d'histoire du Judaïsme, Paris, 2008.
40 *Après La Shoah, Rescapés, Réfugiés, Survivants 1944-1949*, Exposition Mémorial de la Shoah, January - October 2016.
41 Renée Poznanski, *Etre juif en France pendant la Seconde Guerre Mondiale*, Paris, Hachette, 1994, p. 675.
42, 43, 44 Leora Auslander, 'Corning Home? Jews in Postwar Paris', *Journal of Contemporary History*, vol. 40, 2005, pp. 237-59, p. 240, p. 248.

45 Jacqueline Fleury, all the above from conversation with the author, 28 March 2014.
46 Helm, *If This Is a Woman*, p. 642.
47 François Mauriac, Introduction to Maurel, *Ravensbrück*, pp. 5-7.
48 *Being Jewish in France, Comme un juif en France*, two-part TV documentary written and directed by Yves Jeuland, 2007, jewishfilm.org/Catalogue/films/beingjewishinfrance.htm.
49 Marceline Loridan-Ivens (née Rozenberg), *Et tu n'es pas revenu*, p. 35.
50 Marceline Loridan-Ivens, interview, *Sunday Times*, 17 January 2016.
51 Marceline Loridan-Ivens, *Et tu nés pas revenu*, p. 45.
52 Caroline Moorehead, Preface to Jacqueline Mesnil-Amar, *Maman, What Are We Called Now?*, p. xiv.
53 Rothschild, *Milady Vine*, p. 189.
54 Fabius, *Un Lever de soleil*, p. 73.
55、56 Caroline McAdam Clark, conversation with the author, 1 October 2014.
57、58 Granrut, *Le Piano et le Violoncelle*, p. 19.
59、60. 'We need to laugh now!': Workman, 'Engendering the Repatriation'.
61 Françoise Gilot, *Life with Picasso*, Virago Press, 1990, p. 77.
62、63 Gilot, *Life with Picasso*, p. 79.
64 Gold and Fizdale, *Misia*, p. 296.

第九章

1、2、3 Sarah Helm, *A Life in Secrets: The Story of Vera Atkins and the Lost Agents of SOE*, Little, Brown, 2005, p. 271. Prologue p. xxii, p. 205.
4 Squadron Officer Vera Atkins to War Office from HQ British Army of the Rhine, 15 April 1946, The National Archives, Kew, HS 9/910/3.
5 Rita Kramer, *Flames in the Field*, p. 119. Straub, the camp executioner, is sometimes referred to as Strauss, presumably because the German double SS resembles a B. See also The National Archives, Kew, WO 235/336.
6 Helm, *A Life in Secrets*, p. 241.
7 The National Archives, Kew, HS9/910/3.
8 Helm, *A Life in Secrets*, Prologue, p. xxi.
9 Bernard de Gaulle, conversation with the author, 28 March 2014.

10   Rita Kramer, *Flames in the Field: The Story of Four SOE Agents in Occupied France*, Michael Joseph 1995, p. 106.

11   Gisèle Sapiro, 'Portrait of the Writer as a Traitor: The French Purge Trials (1944-1953)', trans. Jennifer Birkett, 2006, https://erea.revues.org/257.

12   Luchaire, *Drôle de vie*, p. 242.

13   'The Nazi's Courtesan', *Life*, 24 June 1946.

14   Private in formation, 20 April 2015.

15   Patrick Modiano, 'Lettre à Thierry Laurent', http://lereseaumodiano.blogspot.co.uk/2011/11/lettre-thierry-laurent.html.

16, 17   Jacqueline Fleury, conversation with the author, 28 March 2014.

18   Jacqueline Péry d'Alincourt, *Surviving Ravensbrück* http://www.utexas.edu/cola/history/_files/downloads/features/pery-jacqueline-memoir.pdf.

19   June 1946, *Voix et Visages*, (1) ADIR archives held at BDIC.

20   Arlette Testyler (née Reiman), conversation with the author, 18 July 2015.

21   Workman, 'Engendering the Repatriation'.

22   Sylvie Jessua-Amar, 11 February 2016. Panel discussion at Mémorial de la Shoah.

23   Caroline Moorehead, Preface to Jacqueline Mesnil-Amar, *Maman, What Are We Called Now?*, p. xvii.

24, 25   Marghanita Laski, *Little Boy Lost*, Persephone Classics, 2008, p. 225, p.89.

26, 27   Vivette Samuel, *Rescuing the Children: A Holocaust Memoir*, Madison, University of Wisconsin Press, 2002, pp. 132-3, p. 133.

28   Lady Rosa Lipworth, CBE, conversation with the author, 29 May 2015.

29   Mesnil-Amar, *Maman, What Are We Called Now?*, p. 190.

30, 31, 32   Fabius, *Un Lever de soleil*, p. 220, p. 227, p. 231.

33   Jacqueline Péry-d'Alincourt's memorial address, 24 April 1990, on the death of Caroline Woolsey Ferriday.

34   SOS from Caroline Ferriday at France Forever, n.d. See F°delta rés 797/I: Archives de Caroline Ferriday et des amis américains de l'ADIR (1940-1983), BDIC.

35   Péry-d'Alincourt's memorial address, 24 April 1990.

36, 37, 38   Picardie, *Coco Chanel*, p. 278, p. 281, p. 278.

39   French National Archives at Pierrefitte-sur-Seine, Dossier FreCaran AJ/38/2.

40   Information from Sally Gordon Mark, letter to author, 28 August 2014.

41　Allanah Harper to Sybille Bedford, 19 September 1946, thanks to Harry Ransom Cerner, The University of Texas at Austin.
42　Mary Wallington, letters to her family, private collection, 16 August 1946.
43　Ibid., August 1946.
44　Ibid., 24 August 1946.
45、46　Janet Flanner, *Paris Journal, 1944-55*, New York, Harcourt Brace Jovanovich, 1965, p. 48, p. 72.
47　Mary Wallington to family, 21 October 1946.
48、49　Gilot, *Life with Picasso*, p. 133, p. 38.
50　Le Bourhis, 'Vive la Différence'.
51　Fabienne Jamet, *Palace of Sweet Sin*, W. H. Allen, 1977, pp. 93-97.
52　Mary Louise Roberts, 'The Price of Discretion: Prostitution, Venereal Disease, and the American Military in France, 1944-1946', *American Historical Review* vol. 115, no. 4 (October 2010), pp. 1002-1030.
53、54、55　*What Soldiers Do: Sex and the American GI in World War II France*, Chicago, University of Chicago Press, 2013, p. 176, p. 179.
56　Nancy Mitford, *The Blessing*, Hamish Hamilton, 1951, p. 113.

第十章

1　Sarah Helm, *A life in Secrets*, pp. 295-6.
2　Noreen Riols, *The Secret Ministry of Ag. & Fish*, pp. 80-81, and conversation with the author, 29 May 2014.
3　Basu, *Indian Princess*, p. 237.
4　Marks, *Between Silk and Cyanide*, p. 406; see also The National Archives, Kew, HS 9/836/5.
5　Basu, *Spy Princess*, p. 221.
6　Helm, *A Life in Secrets*, pp. 411, 422.
7　Ibid., p. 99; The National Archives, Kew, HS 9/59/2.
8　Marie-France Pochna, *Christian Dior: The Man Who Made the World Look New*, Aurum Press, 1998, p. 195.
9　Antony Beevor and Artemis Cooper, *Paris after the Liberation, 1944-1949*, Hamish Hamilton, 1994, p. 315.
10、11　Gitta Sereny, *The Healing Wound: Expériences and Reflections on Germany*,

1938-2001, New York, W. W. Norton, 2002, pp. 15-16.
12 Picardie, *Coco Chanel,* p. 283.
13 Pochna, *Christian Dior,* p. 167.
14 Ginette Spanier, *It Isn't Alil Mink,* Collins, 1959, p. 164.
15 Sandy Flitterman-Lewis, 'Anouk Aimée', *Jewish Women: A Comprehensive Historical Encyclopedia,* Jewish Women's Archive, 2009 (http://jwa.org/encyclopedia/article/aimee-anouk).
16、17 Emma Smith, *As Green as Grass: Growing up before, during and after the Second World War,* Bloomsbury, 2013, p. 259, p. 261.
18 Emma Smith, conversation with the author, 17 September 2014.
19 Greg Behrmann, *The Most Noble Adventure: The Marshall Plan and How America Helped Rebuild Europe,* New York, Free Press, 2008, p. 27.
20 *The Duff Cooper Diaries, 1913-1931,* ed. John Julius Norwich, Phoenix, 2014, 28 April 1946.
21 Susan Braudy, 'Camelot's Second Lady', *Vanity Fair,* February 2006.
22 Caroline de Margerie, *American Lady: The Life of Susan Mary Alsop,* Viking, 2011, p. 59.

第十一章

1 Julia Child, *My Life in France,* New York, Alfred A. Knopf, 2006, p. 24.
2 Beevor and Cooper, *Paris after the Liberation,* p. 388.
3 Ludi, *Reparations for Nazi Victims in Postwar Europe,* p. 52.
4 Louise Alcan, *Sans armes et sans bagages,* Limoges, Imprimerie d'Art, 1946.
5 Thierry Coudert, *Café Society: Socialites, Patrons and Artists 1920-1960,* Flammarion, 2010, p. 7.
6 Gold and Fizdale, *Misia,* p. 296.
7、8 William I. Hitchcock, *The Struggle for Europe: The Turbulent History of a Divided Continent, 1945-Present,* New York, Anchor Books, 2004, p. 160, p. 157.
9、10 Correspondence with the author, 8 July 2015.
11 Barbara Probst Solomon, conversation with the author, 19 May 2014.
12 Caroline Ferriday to Mr. Viret, 1 March 1948, American Aid to France, Ferriday archives.
13、14 Child, *My Life in France,* p. 22, p. 41.

15 Smith, *Green as Grass*, p. 274.

16, 17 Emma Smith, conversation with the author, 17 September 2014.

18, 19 Martine Guyot-Bender, 'Seducing Corinne: The Official Popular Press during the Occupation', in Melanie Hawthorne and Richard J. Golsan (eds), *Gender and Fascism in Modem France*, Hanover, NH/London, University Press of New England, 1997, p. 74, p. 82.

20 Alice Kaplan, *Dreaming in French: The Paris Years of Jacqueline Bouvier Kennedy, Susan Sontag and Angela Davis*, Chicago, University of Chicago Press, 2012, p. 43.

21 Claude du Granrut, conversation with the author, 8 September 2014.

22, 23 Edmonde Charles-Roux in interview with Michel Enrici for *Culture 13*.

24 Gabriel Dussurget, *Le Magicien d'Aix: mémoires intimes*, Arles, Actes Sud, 2011.

25 Flanner, *Paris Journal*, p. 110.

26 *Les Nouvelles de Bordeaux et du Sud-Ouest*, 23 September 1949, quoted in Sherwood, *Georges Mandel and the Third Republic*, p. 358, with the additional comment that although the local newspaper was the only one to print the letter in full, a copy of it is in the archives of *Le Monde*.

27 Nicolas Sarkozy, *Georges Mandel: le moine de la politique*, Paris, Grasset, 1994, p. 303.

28 Quoted in address by Paul Gray Hoffman to Association of American Colleges, 10 January 1950, p. 295. Paul G. Hoffman Papers, Harry S. Truman Library, Independence, Missouri.

29 Joseph Wechsberg, 'A Reporter in France: The Finest Butter and Lots of Time', *New Yorker*, 3 September 1949 (http://www.newyorker.com/magazine/1949/09/03/ the-finest-butter-and-lots-of-time).

30 Speech given by de Gaulle in Paris, 14 October. *Vers une France unie, discours prononcé à Paris le 14 Octobre 1944*, Paris, Plon, 1970.

31 Caroline Moorehead, 'Sleeping with the Enemy', *Intelligent Life*, September-October 2013, pp. 80-87.

32 Deutsche Welle, http://www.dw.com/en/french-children-of-wehrmacht-soldiers-seek-german-nationality/a-5382826.

33 Fabrice Virgili, *Naître ennemi: les enfants de couples franco-allemands nés pendant la Seconde Guerre mondiale*, Paris, Payot, 2009, p. 203.

34 Claude du Granrut, conversation with the author, 8 September 2014.

结语

1 Lee Miller, 'letter to Miss Crockett' *(Life* Magazine), 'Paris, its Joy. . . its Spirit. . . its Privations', in *Lee Miller's War*, pp. 67-87.

2 John Richardson, 'Picasso's Broken Vow', *New York Review of Books*, 25 June 2015.

3 Robert M. Edsel, *The Monuments Men: Allied Heroes, Nazi Thieves and the Greatest Treasure Hunt in History*, 2009, Preface, 'In the Footsteps of Rose Valland', p. 11.

4 *The Monuments Men: Allied Heroes, Nazi Thieves and the Greatest Treasure Hunt in History*, Preface, 2009, p. 412-13.

5、6 Denise Grady, 'Florence Waren, Jewish Dancer Who Resisted Nazis, Dies at 95', *New York Times*, 4 August 2012 (http://www.nytimes.com/2012/08/05/world/europe/ florence-waren-dancer-who-resisted-nazis-dies-at-95.ht).

7 Flanner, *Paris Journal, 1956-1964* p. 170.

8 Geneviève de Gaulle, conversation with the author, December 1999.

9 David Ignatius, 'After Five Decades, a Spy Tells her Tale', *Washington Post*, 28 December 1998 (http://www.tournemire.net/ jeannie.htm).

10 Marie-Odile Tuloup, Paris Conference, 'Hommage à Geneviève de Gaulle-Anthonioz et Germaine Tillion', 24 January 2015.

11 Helm, *If This Is a Woman*, p. 650.

12 Fabius, *Un Lever de soleil*, p. 231.

13 Ruth Franklin, 'The Art of Extinction: The Bleak Laughter of Thomas Bernhard', *New Yorker*, 25 December 2006 (http://www.newyorker.com/magazine/2006/12/25/ the-art-of-extinction).

14 Interview with Elisabeth Gille (née Epstein) in *The Mirador*, p. 238.

15 Flitterman-Lewis 'Irène Némirovsky.' *Jewish Women: A Comprehensive Historical Encyclopedia*, Jewish Women's Archive, 1 March 2009.

16 Thomas Nolden, 'Myriam Anissimov.' *Jewish Women: A Comprehensive Historical Encyclopedia*, Jewish Women's Archive, 1 March 2009.

17 Richard Cohen, *The Burden of Conscience: French Jewish Leadership during the Holocaust*, Bloomington, Indiana University Press, 1987, p. 141.

18 Elizabeth Grice, 'How the Diaries of Hélène Berr, the "Anne Frank of France", Came to be Published', *Daily Telegraph*, 30 October 2008 (http://www.telegraph.co.uk/culture/ books/3562700/How-the-diaries-of-Helene-Berr-the-Anne-Frank-of-France-came-to-be-published.html).
19 Berr, *Journal*, p. 272.
20 Mesnil-Amar, *Maman, What Are We Called Now?*, p. 90.
21 Lise London, *El Pals*, 9 April 2012.
22 Rodriguez, 'The Last Female Veteran, *El Pais*, 20 December 2011.
23 Lise London, interview with *El Pais*.
24 Caroline McAdam Clark, conversation with the author, 1 October 2014.
25 Samuel, *Rescuing the Children*, p. 141.
26 Vaughan, *Doctor to the Resistance*, p. 166.
27 Jonathan Fenby, *The General: Charles de Gaulle and the France He Saved*, Simon & Schuster, 2010, p. 265.
28 Humbert, *Resistance*, p. 309.

参考书目

Alcan, Louise, *Sans armes et sans bagages*, Limoges, Imprimerie d'Art, 1946
Assouline, Pierre, *Le Dernier des Camondo*, Paris, Editions Gallimard, 1997
Bade, Patrick, *Music Wars, 1937–1945*, Bishop's Stortford, East & West Publishing, 2012
Bailey, Roderick, *Forgotten Voices of the Secret War, An Inside History of Special Operations during the Second World War*, Ebury Press, 2008
Ballard, Bettina, *In my Fashion*, Secker & Warburg, 1960
Barber, Noel, *The Week France Fell: June 10–June 16 1940*, Stein & Day, 1976
Basu, Shrabani, *Spy Princess: The Life of Noor Inayat Khan*, Stroud, The History Press, 2008
Beevor, Antony and Cooper, Artemis, *Paris after the Liberation, 1944–1949*, Hamish Hamilton, 1994
Behrman, Greg, *The Most Noble Adventure: The Marshall Plan and How America Helped Rebuild Europe*, New York, Free Press, 2008
Berr, Hélène, *Journal*, trans. David Bellos, MacLehose Press, 2008
Bertin, Célia, *Femmes sous l'Occupation*, Paris, Stock, 1993
Blum, Suzanne, *Vivre sans la Patrie, 1940–1945*, Paris, Plon, 1975
Bonney, Mabel Thérèse, *Europe's Children, 1939–1943*, New York, Rhode Publishing, 1943
Bood, Micheline, *Les Années doubles: journal d'une lycéenne sous l'occupation*, Paris, Robert Laffont, 1974
Bourderon, Roger, *Rol-Tanguy: des brigades internationales à la libération de Paris*, Paris, Tallandier, 2004
Brandon, Ruth, *Ugly Beauty: Helena Rubinstein, L'Oréal, and the Blemished History of Looking Good*, New York, HarperCollins, 2011
Bray, Elizabeth Irvine, *Paul Flato: Jeweller to the Stars*, Woodbridge, Suffolk, Antique Collectors' Club, 2010
Bretty, Béatrice, *La Comédie-Française à l'envers*, Paris, Fayard, 1957
Brody, J. Kenneth, *The Trial of Pierre Laval: Defining Treason, Collaboration and Patriotism in World War II France*, Piscataway, NJ, Transaction, 2010
Buisson, Patrick, *1940–1945: Années érotiques*, Paris, Albin Michel, 2008

Burch, Noël, *The Battle of the Sexes in French Cinema, 1930–1956*, trans. Peter Graham, Durham, NC, Duke University Press, 2014

Burke, Carolyn, *Lee Miller on Both Sides of the Camera*, Bloomsbury, 2006

Burrin, Philippe, *Living with Defeat: France under the German Occupation, 1940–1944*, Hodder Headline, 1996

Buruma, Ian, *Year Zero: A History of 1945*, Atlantic Books, 2013

Callil, Carmen, *Bad Faith: A Forgotten History of Family and Fatherland*, Jonathan Cape, 2006

Carrard, Philippe, *The French Who Fought for Hitler: Memories from the Outcasts*, Cambridge, Cambridge University Press, 2010

Chadwyck-Healey, Charles, *Literature of the Liberation: The French Experience in Print, 1944–1946*, Cambridge, Cambridge University Library, 2014

Les Chambres à gaz, secret d'Etat, Paris, Editions de Minuit, 1984

Chevrillon, Claire, *Code Name Christiane Clouet: A Woman in the French Resistance*, trans. Jane Kielty Stott, College Station, Tex., Texas A & M University Press, 1995

Child, Julia, *My Life in France*, New York, Alfred A. Knopf, 2006

Cobb, Matthew, *Eleven Days in August: The Liberation of Paris in 1944*, Simon & Schuster, 2013

Cohen, Richard, *The Burden of Conscience: French Jewish Leadership during the Holocaust*, Bloomington, Indiana University Press, 1987

Collins Weitz, Margaret, *Sisters in the Resistance: How Women Fought to Free France, 1940–45*, New York, John Wiley, 1995

Cone, Michèle, *Artists under Vichy: A Case of Prejudice and Persecution*, Princeton, Princeton University Press, 1992

Conrad, Doda, *Dodascalies: ma chronique du XXe siècle*, Arles, Actes Sud, 1997

Coudert, Thierry, *Café Society: Socialites, Patrons, and Artists: 1920 to 1960*, Paris, Flammarion, 2010

d'Albert-Lake, Virginia, *An American in the French Resistance; the Diary and Memoir of Virginia d'Albert-Lake*, ed. Judy Barrett Litoff, New York, Fordham University Press, 2006

Dali, Salvador, *Hidden Faces*, Peter Owen, 1973

Day, Barry (ed.), *The Letters of Noël Coward*, Methuen, 2007.

de Gaulle Anthonioz, Geneviève, *God Remained Outside: An Echo of Ravensbrück*, Souvenir Press, 1999

de Gaulle, Charles, *Vers une France unie*, discours prononcé à Paris le 14 octobre 1944, Paris, Plon, 1970

de Margerie, Caroline, *American Lady: The Life of Susan Mary Alsop*, Viking, 2011

de Réthy, Esmeralda and Perreau, Jean-Louis, *Christian Dior: The Early Years, 1947–1957*, New York, Vendome Press, 2001

de Waal, Edmund, *The Hare with Amber Eyes: A Hidden Inheritance*, Vintage, 2011

Diamond, Hanna, *Fleeing Hitler: France 1940*, Oxford, Oxford University Press, 2007

Diamond, Hanna, *Women and the Second World War in France, 1939–48: Choices and Constraints*, Routledge, 1999

Doré-Rivé, Isabelle and others, *Pour vous, Mesdames! La mode en temps de guerre*, Lyons, Libel, 2013

Dorléac, Laurence Bertrand, *Art of the Defeat: France, 1940–1944*, trans. Jane Marie Todd, Los Angeles, Getty Publications, 2008

Doucet, Andrée, *Paroles de femmes d'artistes*, Paris, Somogy Editions, 2006

Drake, Alicia, *The Beautiful Fall: Fashion, Genius and Glorious Excess in 1970s Paris*, Bloomsbury, 2007

Dreyfus, Jean-Marc and Gensberger, Sarah, trans. Jonathan Hensher, *Nazi Labour Camps in Paris: Austerlitz, Lévitan, Bassano, July 1943–August 1944*, Oxford, Berghahn Books, 2011

Duchen, Claire, *Women's Rights and Women's Lives in France, 1944–1968*, Routledge, 1994

The Duff Cooper Diaries, 1915–1951, ed. John Julius Norwich, Phoenix, 2014

Dufournier, Denise, *La Maison des mortes: Ravensbrück*, Paris, Julliard, 1992

Duras, Marguerite, *The War: A Memoir*, The New Press, 1994

Duras, Marguerite, *Wartime Notebooks and Other Texts*, trans. Linda Coverdale, MacLehose Press, 2011

Dussurget, Gabriel, *Le Magicien d'Aix: mémoires intimes*, Arles, Actes Sud, 2011

Eder, Cyril, *Les Comtesses de la Gestapo*, Paris, Grasset, 2006

Edsel, Robert M., *The Monuments Men: Allied Heroes, Nazi Thieves and the Greatest Treasure Hunt in History*, Preface, 2009

Ehrlich, Evelyn, *Cinema of Paradox: French Filmmaking under the German Occupation*, New York, Columbia University Press, 1985

Eluard, Paul, *Au Rendez-vous allemand*, Paris, Editions de Minuit, 1945

Eparvier, Jean (ed.), *A Paris: sous la botte des Nazis*, Paris, Editions Raymond Schall, 1944

Escott, Beryl E., *The Heroines of SOE: Britain's Secret Women in France*, Stroud, The History Press, 2010

Fabius, Odette, *Un Lever de soleil sur le Mecklembourg: mémoires*, Paris, Albin Michel, 1986

Farago, Ladislas, *The Game of the Foxes: British and German Intelligence Operations and Personalities Which Changed the Course of the Second World War*, Hodder & Stoughton, 1972

Feldman, Gerald and Seibel, Wofgang (eds), *Networks of Nazi Persecution: Bureaucracy, Business and the Organization of the Holocaust*, Oxford, Berghahn Books, 2004

Fenby, Jonathan, *France on the Brink: A Great Civilisation Faces the New Century*, New York, Arcade Publishing, 1998

Fenby, Jonathan, *The General: Charles de Gaulle and the France He Saved*, Simon & Schuster, 2010

Fishman, Sarah, *We Will Wait: Wives of French Prisoners of War, 1940–1945*, New Haven/London, Yale University Press, 1991

Flanner, Janet, *Paris Journal, 1944–55*, New York, Harcourt Brace Jovanovich, 1965

Flanner, Janet, *Paris Journal, 1956–1964*, New York, Harcourt Brace Jovanovich, 1965

Flanner, Janet, *Paris Was Yesterday, 1925–1939*, New York, Viking, 1972

Fogg, Shannon L., *The Politics of Everyday Life in Vichy France*, Cambridge, Cambridge University Press, 2009

Foot, M. R. D., *SOE in France*, Her Majesty's Stationery Office, 1996

Fredj, Jacques, *The Jews of France during the Holocaust*, Paris, Gallimard/Mémorial de la Shoah, 2011

Galtier-Boissière, Jean, *Mon journal pendant l'occupation*, Paris, La Jeune Parque, 1944

Gensburger, Sarah, *Witnessing the Robbing of the Jews: A Photographic Album, Paris, 1940–1944*, trans. Jonathan Hensher with Elisabeth Fourmont, Bloomington, Indiana University Press, 2015

Gildea, Robert, *Fighters in the Shadows: A New History of the French Resistance*, Faber & Faber, 2015

Gildea, Robert, *Marianne in Chains: Everyday Life in the French Heartland under the German Occupation*, New York, Henry Hood, 2002

Gille, Elisabeth, *The Mirador: Dreamed Memories of Irène Némirovsky by her Daughter*, New York, New York Review Books, 2000

Gilles, Cornut-Gentille, *Florence Gould: une Américaine à Paris*, Paris, Mercure de France, 1989

Gilot, Françoise, *Life with Picasso*, New York, McGraw-Hill, 1964

Glass, Charles, *Americans in Paris: Life and Death under Nazi Occupation, 1940–44*, HarperCollins, 2009

Goering, Emmy, *My Life with Goering*, David Bruce & Watson, 1972

Gold, Arthur and Fizdale, Robert, *Misia: The Life of Misia Sert*, Vintage Books, 2002

Goldfarb, Michael, *Emancipation: How Liberating Europe's Jews from the Ghetto Led to Revolution and Renaissance*, Victoria, Australia, Scribe Publications, 2009

Granrut, Claude du, *Le Piano et le violoncelle*, Paris, Editions du Rocher, 2013

Grumberg, Jean-Claude, *Zone Libre*, Paris, Flammarion, 2010

Grunberg, Albert, *Journal d'un coiffeur juif à Paris sous l'Occupation*, Paris, Editions de l'Atelier, 2001

Guéhenno, Jean, *Diary of the Dark Years, 1940–1944: Collaboration, Resistance and Daily Life in Occupied Paris*, trans. David Ball, Oxford, Oxford University Press, 2014

Guéno, Jean-Pierre and Pecnard, Jérôme, *Paroles de l'ombre: lettres et carnets des Français sous l'Occupation (1939–1945)*, Paris, Les Arènes, 2009

Guenther, Irene, *Nazi Chic?: Fashioning Women in the Third Reich*, Oxford, Berg, 2004

Guillemot, Gisèle, *Elles . . . Revenir*, Paris, Editions Tirésias–AERI, 2006

Guyot-Bender, Martine, 'Seducing Corinne: The Official Popular Press during the Occupation', in Melanie Hawthorne and Richard J. Golsan (eds), *Gender and Fascism in Modern France*, Hanover, NH/London, University Press of New England, 1997, pp. 69–82

Halimi, André, *La Délation sous l'Occupation*, Paris, Editions Alain Moreau, 1998

Hardy, Françoise, *Le Désespoir des singes . . . et autres bagatelles*, Paris, Editions Robert Laffont, 2008

Hawthorne, Melanie and Golsan, Richard J. (eds), *Gender and Fascism in Modern France*, Hanover, NJ/London, University Press of New England, 1997

Hazan, Katy and Weill, Georges, *Andrée Salomon: une femme de lumière*, Paris, Collection Témoignages de la Shoah/Editions Le Manuscrit, 2011

Helm, Sarah, *If This Is a Woman: Inside Ravensbrück: Hitler's Concentration Camp for Women*, Little, Brown, 2014

Helm, Sarah, *A Life in Secrets: The Story of Vera Atkins and the Lost Agents of SOE*, Abacus, 2006

Hitchcock, William I., *Liberation: The Bitter Road to Freedom, Europe 1944–1945*, New York, Free Press/Simon & Schuster, 2008

Hitchcock, William I., *The Struggle for Europe: The Turbulent History of a Divided Continent, 1945–Present*, New York, Anchor Books, 2004

Humbert, Agnès, *Résistance: Memoirs of Occupied France*, Bloomsbury, 2008

Jackson, Julian, *France: The Dark Years, 1940–1944*, Oxford, Oxford University Press, 2001

Jamet, Fabienne, *Palace of Sweet Sin*, W. H. Allen, 1977

Janin, Geneviève, *Mémoires de jeunesse, 1934–1945*, Paris, Editions Pays et Terroirs, 2006

Jones, Colin, *Paris: Biography of a City*, Allen Lane, 2004

Jones, R. V., *The Wizard War: British Scientific Intelligence, 1939–1945*, Coronet Books, 1990

Josipovici, Gabriel, *A Life*, London Magazine Editions, 2001

Kaplan, Alice, *The Collaborator: The Trial and Execution of Robert Brasillach*, University of Chicago Press, 2000

Kaplan, Alice, *Dreaming in French: The Paris Years of Jacqueline Bouvier Kennedy, Susan Sontag and Angela Davis*, Chicago, University of Chicago Press, 2012

Kedward, Rod, *Occupied France: Collaboration and Resistance, 1940–44*, Oxford, Wiley-Blackwell, 1991

Killius, Rosemarie, *Frauen für die Front: Gespräche mit Wehrmachtshelferinnen*, trans. Turlach O'Broin, Leipzig, Militzke Verlag, 2003

Kladstrup, Don and Petie, *Wine & War: The French, the Nazis and France's Greatest Treasure*, Coronet Books, 2001

Knoller, Freddie and Landaw, John: *Desperate Journey, Vienna – Paris – Auschwitz*, Metro Books 2002

Koreman, Megan, *The Expectation of Justice: France, 1944–1946*, Durham, NC, Duke University Press, 1999

Kramer, Rita, *Flames in the Field: The Story of Four SOE Agents in Occupied France*, Michael Joseph, 1995

Kruks, Sonia, *Simone de Beauvoir and the Politics of Ambiguity*, Oxford, Oxford University Press, 2012

Laski, Marghanita, *Little Boy Lost*, Persephone Classics, 2008

Lawrence, Marjorie, *Interrupted Melody: An Autobiography*, Sydney, Invincible Press, 1949

Le Boterf, Hervé, *La Vie parisienne sous l'occupation, 1940–1944*, Paris, Editions France-Empire, 1974

Leduc, Violette, *La Bâtarde*, Peter Owen, 1965

London, Lise, *La Ménagère de la Rue Daguerre*, Souvenirs de Résistance, Paris, Seuil 1995

Loridan-Ivens, Marceline, *Et tu n'es pas revenu*, Paris, Grasset, 2015

Lowe, Keith, *Savage Continent: Europe in the Aftermath of World War II*, Viking, 2012

Luchaire, Corinne, *Ma drôle de vie*, repr. Paris, Dualpha Editions, 2003

Ludi, Regula, *Reparations for Nazi Victims in Postwar Europe*, Cambridge, Cambridge University Press, 2012

Malcolm, Janet, *Two Lives: Gertrude and Alice*, New Haven/London, Yale University Press, 2007

Marks, Leo, *Between Silk and Cyanide: A Code Maker's War, 1941–45*, Stroud, The History Press, 2008

Maurel, Micheline, *Ravensbrück*, Anthony Blond, 1958

Maxwell, Betty, *A Mind of my Own: My Life with Robert Maxwell*, Sidgwick & Jackson, 1994

Mesnil-Amar, Jacqueline, *Maman, What Are We Called Now?*, trans. Francine Yorke, Persephone Books, 2015

Mitford, Nancy, *The Blessing*, Penguin Books, 2010

Modiano, Patrick, *Dora Bruder*, Paris, Editions Gallimard, 1997

Modiano, Patrick, *The Search Warrant*, Harvill Secker, 2014

Moltke, Helmuth James von, *Letters to Freya, 1939–1945*, New York, Alfred A. Knopf, 1990

Moorehead, Caroline, *Dunant's Dream: War, Switzerland, and the History of the Red Cross*, New York, Carroll & Graf, 1999

Moorehead, Caroline, *A Train in Winter: An Extraordinary Story of Women, Friendship and Resistance in Occupied France*, HarperCollins, 2011

Moorehead, Caroline, *Village of Secrets: Defying the Nazis in Vichy France*, Chatto & Windus, 2014

Muel-Dreyfus, Francine, *Vichy and the Eternal Feminine: A Contribution to a Political Sociology of Gender*, trans. Kathleen A. Johnson, Durham, NC, Duke University Press, 2001

Muggeridge, Malcolm, *Chronicles of Wasted Time*, vol. 2: *The Infernal Grove*, Fontana, 1975

Némirovsky, Irène, *Suite Française*, trans. Sandra Smith, Chatto & Windus, 2006

Nicholas, Elizabeth, *Death Be Not Proud*, Cresset Press, 1958

Nicholas, Lynn H., *The Rape of Europa: The Fate of Europe's Treasures in the Third Reich and the Second World War*, New York, Vintage, 1995

Ousby, Ian, *Occupation: The Ordeal of France, 1940–1944*, John Murray, 1997

Paxton, Robert, *Vichy France: Old Guard and New Order, 1940–1944*, New York, Alfred A. Knopf, 1972

Paxton, Robert and Marrus, Michael, *Vichy France and the Jews*, New York, Basic Books, 1981

Penrose, Antony (ed.), *Lee Miller's War Beyond D-Day*, Thames & Hudson, 2005

Perrault, Gilles, *Paris under the Occupation*, André Deutsch, 1989

Perry, George, *Bluebell: The Authorized Biography of Margaret Kelly, Founder of the Legendary Bluebell Girls*, Pavilion Books, 1986

Philipponnat, Olivier and Lienhardt, Patrick, *The Life of Irène Némirovsky, 1903–1942*, trans. Euan Cameron, Chatto & Windus, 2010

Picardie, Justine, *Coco Chanel: The Legend and the Life*, HarperCollins, 2010

Pochna, Marie-France, *Christian Dior: The Man Who Made the World Look New*, Aurum Press, 1998

Poznanski, Renée, *Etre juif en France pendant la Seconde Guerre Mondiale*, Paris, Hachette, 1994

Pryce-Jones, David, *Paris in the Third Reich*, New York, Holt, Rinehart & Winston, 1981

Raulet, Sylvie and Baroin, Olivier, *Suzanne Belperron*, Woodbridge, Suffolk, Antique Collectors' Club, 2011

Rémy, Colonel, *La Maison d'Alphonse*, Paris, Librairie Académique Perrin, 1968

Renault, Maisie, *La Grande Misère/Great Misery*, trans. Jeanne Armstrong, Lincoln, Nebr., Zea Books, 2013 (http://digitalcommons.unl.edu/zeabook/19/)

Richard, Jean-Jacques, *L'Histoire des Van Cleef et des Arpels*, Books on Demand, 2010

Richard, Jean-Jacques, *Renée Rachel Van Cleef: l'oubliée de la place Vendôme*, Books on Demand, 2015

Riding, Alan, *And the Show Went On: Cultural Life in Nazi-Occupied Paris*, Duckworth Overlook, 2012

Riffaud, Madeleine, *On l'appelait Rainer (1939–1945)*, Paris, Julliard, 1994

Riols, Noreen, *The Secret Ministry of Ag. & Fish: My Life in Churchill's School for Spies*, Macmillan, 2013

Roberts, Mary Louise, *What Soldiers Do: Sex and the American GI in World War II France*, Chicago, University of Chicago Press, 2013

Rothschild, Philippe de, *Milady Vine: The Autobiography of Philippe de Rothschild*, ed. Joan Littlewood, Century Hutchinson, 1985

Rousset, David, *Le Pitre ne rit pas*, Paris, Christian Bourgois Editeur, 1979

Rousso, Henry, *The Vichy Syndrome: History and Memory in France since 1944*, Boston, Mass., Harvard University Press, 1994

Sabbagh, Antoine, *Lettres de Drancy*, Paris, Editions du Seuil, 2004

Samuel, Vivette, *Rescuing the Children: A Holocaust Memoir*, Madison, University of Wisconsin Press, 2002

Sarkozy, Nicolas, *Georges Mandel: le moine de la politique*, Paris, Grasset, 1994

Say, Rosemary and Holland, Noel, *Rosie's War: An Englishwoman's Escape from Occupied France*, Michael O'Mara Books, 2011

Scali, Arlette, *Une Vie pas comme une autre*, Neuilly-sur-Seine, Michel Lafon, 2003

Schiaparelli, Elsa, *Shocking Life: The Autobiography of Elsa Schiaparelli*, Dent, 1954

Seidel, Ina and Grosser, Hanns, *Dienende Herzen: Kriegsbriefe von Nachrichtenhelferinnen des Heeres*, Berlin, Wilhelm Limpert-Verlag, 1942

Sereny, Gitta, *The Healing Wound: Experiences and Reflections on Germany, 1938–2001*, New York, W. W. Norton, 2002

Seymour-Jones, Carole, *A Dangerous Liaison*, Century, 2008

Shakespeare, Nicholas, *Priscilla: The Hidden Life of an Englishwoman in Wartime France*, Harvill Secker, 2013

Sherwood, John, *Georges Mandel and the Third Republic*, Palo Alto, Calif., Stanford University Press, 1970

Shirer, William L., *The Collapse of the Third Republic: An Inquiry into the Fall of France in 1940*, New York, Simon & Schuster, 1969

Sigmund, Anna Maria, *Women of the Third Reich*, Richmond Hill, Ontario, NDE Publishing, 2000

Signoret, Simone, *Adieu, Volodya*, Random House, 1986

Signoret, Simone, *Nostalgia Isn't What It Used to Be*, Grafton Books, 1979

Sinclair, Anne, *My Grandfather's Gallery: A Legendary Art Dealer's Escape from Vichy France*, trans. Shaun Whiteside, Profile Books, 2014 (first published in France as *21 Rue La Boétie*, Grasset, 2012)

Smith, Emma, *As Green as Grass: Growing Up before, during and after the Second World War*, Bloomsbury, 2013

Spanier, Ginette, *It Isn't All Mink*, Collins, 1959

Spears, Edward, *Assignment to Catastrophe*, vol. 1: *Prelude to Dunkirk, July 1939–May 1940*; vol. 2: *The Fall of France, June 1940*, William Heinemann, 1954

Spotts, Frederic, *The Shameful Peace: How French Artists and Intellectuals Survived the Nazi Occupation*, New Haven/London, Yale University Press, 2010

Stevenson, William, *A Man Called Intrepid: The Incredible WWII Narrative of the Hero Whose Spy Network and Secret Diplomacy Changed the Course of History*, Sphere, 1977

Stourton, Edward, *Cruel Crossing: Escaping Hitler across the Pyrenees*, Black Swan, 2014

Tartière, Drue, *The House near Paris: An American Woman's Story of Traffic in Patriots*, New York, Simon & Schuster, 1946

Teissier du Cros, Janet, *Divided Loyalties: A Scotswoman in Occupied France*, Hamish Hamilton, 1962

Testyler, Arlette and Charles, *Les Enfants aussi!*, Paris, Editions Delattre, 2009

Thurman, Judith, *A Life of Colette: Secrets of the Flesh*, Bloomsbury, 1999

Tillion, Germaine, *Ravensbrück*, Paris, Editions du Seuil, 1973 (1st edn 1946)

Todorov, Tzvetan, *A French Tragedy: Scenes of Civil War, Summer 1944*, Hanover, NH, University Press of New England, 1996

Tooze, Adam, *The Wages of Destruction*, Allen Lane, 2006

Ullmann, Bernard, *Lisette de Brinon, ma mère: une juive dans la tourmente de la collaboration*, Paris, Editions Complexe, 2004

Valland, Rose, *Le Front de l'art: défense des collections françaises, 1939–41*, Paris, Plon, 1961

Vaughan, Hal, *Doctor to the Resistance: The Heroic True Story of an American Surgeon and his Family in Occupied Paris*, Washington, DC, Brassey's, 2004

Veillon, Dominique, *Fashion under the Occupation*, Oxford/New York, Berg, 2002

Verity, Hugh, *We Landed by Moonlight*, Ian Allan, 1978

Villiers, José, *Granny Was a Spy*, Quartet Books, 1988

Virgili, Fabrice, *La France 'virile': des femmes tondues à la Libération*, Paris, Editions Payot & Rivages, 2004

Virgili, Fabrice, *Naître ennemi: les enfants de couples franco-allemands nés pendant la Seconde Guerre mondiale*, Paris, Payot, 2009

Weiss, Jonathan, *Irène Némirovsky: Her Life and Works*, Palo Alto, Calif., Stanford University Press, 2006

Weiss, Stephen J., *Second Chance: In Combat with the US Texas Infantry, the OSS, and the French Resistance during the Liberation of France, 1943–1946*, Saffron Walden, Military History Publishing, 2011

Welsh Hemingway, Mary, *How It Was*, New York, Alfred A. Knopf, 1976

Wieviorka, Annette, *Déportation et Génocide: Entre la mémoire et l'oubli*, Plon, 1992

Wrona, Carole, *Corinne Luchaire: un colibri dans la tempête*, Paris, La Tour Verte, 2011

Zuccotti, Susan, *The Holocaust, the French, and the Jews*, New York, Basic Books, 1993

Zuccotti, Susan, *Père Marie-Benoît and Jewish Rescue: How a French Priest Together with Jewish Friends Saved Thousands during the Holocaust*, Bloomington, Indiana University Press, 2013

Articles etc

A qui appartenaient ces tableaux?, exhibition catalogue published jointly by the Israel Museum, Jerusalem, and the Musée d'art et d'histoire du Judaïsme, Paris, 2008

Auslander, Leora, 'Coming Home? Jews in Postwar Paris', *Journal of Contemporary History*, vol. 40, 2005, pp. 237–59

Bradshaw, Peter, '*Violette* Review – Fine Biopic of Simone de Beauvoir's Protégée', *Guardian*, 2 October 2014 (http://www.theguardian.com/film/2014/oct/02/violette-review-biopic-simone-de-beauvoir)

Childs, Martin, 'Co-conspirator in the plot to assassinate Hitler', *Independent*, 11 January 2010

Clarens, Jeannie, Vicomtesse de (née Rousseau), video interview with David Ignatius, International Spy Museum, Washington, DC

Enrici, Michel, 'Edmonde Charles-Roux parle de la Comtesse Lily Pastré', *Culture 13*, http://www.culture-13.fr/agenda/edmonde-charles-roux-parle-de-la-comtesse-lily-pastre.html

Fenby, Jonathan, 'Charles de Gaulle and the French Resistance', http://fivebooks.com/interview/jonathan-fenby-on-charles-de-gaulle-and-the-french-resistance/

Fleury, Jacqueline, 'Témoignage de Jacqueline Fleury (née Marié)', http://lesamitiesdelaresistance.fr/lien17-fleury.pdf

Flitterman-Lewis, Sandy, 'Anouk Aimée', *Jewish Women: A Comprehensive Historical Encyclopedia*, Jewish Women's Archive, 2009 (http://jwa.org/encyclopedia/article/aimee-anouk)

Fontaine, Thomas, 'Chronology of Repression and Persecution in Occupied France, 1940–44', *Online Encyclopedia of Mass Violence*, 2007, http://www.massviolence.org/chronology-of-repression-and-persecution-in-occupied-france

Fort, José, interview with Lise London: 'Lise London, Combattante depuis son enfance', *L'Humanité*, republished 1 April 2012

Franklin, Ruth, 'The Art of Extinction: The Bleak Laughter of Thomas Bernhard', *New Yorker*, 25 December 2006 (http://www.newyorker.com/magazine/2006/12/25/the-art-of-extinction)

Franklin, Ruth, 'A Life in Good Taste: The Fashions and Follies of Elsie de Wolfe', *New Yorker*, 27 September 2004 (http://www.newyorker.com/magazine/2004/09/27/a-life-in-good-taste)

Goetz, Henri, 'My Life, my Friends', http://henrigoetz.com/index.php?/tests-goetz/my-life/

Grady, Denise, 'Florence Waren, Jewish Dancer Who Resisted Nazis, Dies at 95', *New York Times*, 4 August 2012 (http://www.nytimes.com/2012/08/05/world/europe/florence-waren-dancer-who-resisted-nazis-dies-at-95.ht)

Grice, Elizabeth, 'How the Diaries of Hélène Berr, the "Anne Frank of France", Came to be Published', *Daily Telegraph*, 30 October 2008 (http://www.telegraph.co.uk/culture/books/3562700/

How-the-diaries-of-Helene-Berr-the-Anne-Frank-of-France-came-to-be-published.html)

Heminway, John, 'A Legendary Flying Doctor's Dark Secret', *Financial Times*, 21 May 2010

Ignatius, David, 'After Five Decades, a Spy Tells her Tale', *Washington Post*, 28 December 1998 (http://www.tournemire.net/jeannie.htm)

Ivry, Benjamin, 'Confronting Father's Mountain of Exaggerations', *Forward*, 13 October 2012

Lavigue, Robert, 'Panthéonisations résistantes . . . On l'a échappé belle!', 20 February 2014, http://lavigue.blogspot.gr/2014/02/pantheonisations-resistantes-on-la.html

Mania Stanton, Miriam, 'Escape from the Inferno of Europe', ed. Ben Stanton, unpublished ms

Melanson, Elizabeth, 'The Influence of Jewish Society Patrons on Renoir's Stylistic Transformation in the Mid-1880s', *Nineteenth-Century Art Worldwide*, vol. 12, issue 2, Autumn 2013 (http://www.19thc-artworldwide.org/autumn13/melanson-on-renoir-and-the-influence-of-jewish-patrons)

Modiano, Patrick, 'Lettre à Thierry Laurent', http://lereseaumodiano.blogspot.co.uk/2011/11/lettre-thierry-laurent.html

Moorehead, Caroline, 'Sleeping with the Enemy', *Intelligent Life*, September/October 2013 (http://www.intelligentlifemagazine.com/content/features/anonymous/sleeping-enemy)

Péry d'Alincourt, Jacqueline, 'Surviving Ravensbrück: "Forgive, Don't Forget"', https://www.utexas.edu/cola/insts/france-ut/_files/pdf/resources/Pery.pdf

Richardson, John, 'Picasso's Broken Vow', *New York Review of Books*, 25 June 2015

Roberts, Mary Louise, 'The Price of Discretion: Prostitution, Venereal Disease, and the American Military in France, 1944–1946', *American Historical Review*, October 2010, pp. 1002–30

Roden, Franz, 'Paris 1943: Eindrücke dieses Sommers', *Das Reich*, no. 31, 1 August 1943

Rodríguez, Jesús, 'The Last Female Veteran', *El País*, 20 December 2011

Rogister, John, review of Yves Pourcher, *Pierre Laval vu par sa fille, d'après ses carnets intimes* (Paris, Cherche Midi, 2002), *Parliaments, Estates and Representations*, vol. 25, issue 1, 2005, p. 251

Sabbagh, Antoine, 'Sir, you will no longer consider yourself my son', *Guardian*, 11 July 2009 (http://www.theguardian.com/lifeandstyle/2009/jul/11/antoine-sabbagh-family-nazis-resistance)

Sapiro, Gisèle, 'Portrait of the Writer as a Traitor: The French Purge Trials (1944–1953)', trans. Jennifer Birkett, 2006, https://erea.revues.org/257

Taylor, Alexandra, 'Part IV: France <3 Food – Adapting to the Ration System', https://tayloralexandra.wordpress.com/2012/02/18/part-iv-france-3-food-adapting-to-the-ration-system/

Thatcher, Nicole and Tolansky, Ethel (eds), 'Six Authors in Captivity: Literary

Responses to the Occupation of France', *New Zealand Journal of French Studies*, vol. 28, 2007, chapter on Madeleine Riffaud, pages 111–141

Thibaudat, Jean-Pierre, 'Le Jour où Copeau a exclu les acteurs juifs du Français', *Libération*, 2 January 1995 (http://www.liberation.fr/culture/1995/01/02/le-jour-ou-copeau-a-exclu-les-acteurs-juifs-du-francais_117860)

Wassem, Violette, 'Violette's Story: Paris – Life during the Occupation', July 1997, http://timewitnesses.org/english/~viol2.html

Wechsberg, Joseph, 'A Reporter in France: The Finest Butter and Lots of Time', *New Yorker*, 3 September 1949 (http://www.newyorker.com/magazine/1949/09/03/the-finest-butter-and-lots-of-time)

Workman, Debra, 'Engendering the Repatriation: The Return of Female Political Deportees to France Following the Second World War', http://quod.lib.umich.edu/w/wsfh/0642292.0035.017/--engendering-the-repatriation-the-return-of-female-political?rgn=main;view=fulltext